普通高等教育“十一五”国家级规划教材
普通高等教育“十二五”规划教材·金融学系列

金融学

（第三版）

主　编　李　成
副主编　胡　碧　邓道才
　　　　张惠茹　狄瑞鸿

科学出版社
北　京

内 容 简 介

本书在考虑本科生课时和接受能力上对第二版进行了全面修订，按照金融学发展历史的基本思路整理编写，对主要内容进行归类梳理，使学生更容易理解和掌握金融知识；在系统介绍金融知识的同时引导学生认识金融发展的内在规律，辨别金融现象和本质，为进一步学习专业知识奠定良好基础。本书将马克思的货币信用理论与现代金融发展理论相结合，将世界金融发展的脉络与我国金融演进的历史有机融合，将金融知识的介绍与数理模型描述适当结合，将金融基础问题解答与金融前沿动态相结合，是一部特别适合本科生的金融学基础教材。

本书配有电子课件，适合金融、经济等专业本科生、专科生使用。

图书在版编目（CIP）数据

金融学 / 李成主编. —3 版. —北京：科学出版社，2016.3

普通高等教育“十一五”国家级规划教材　普通高等教育“十二五”规划教材·金融学系列

ISBN 978-7-03-047456-8

Ⅰ. ①金…　Ⅱ. ①李…　Ⅲ. ①金融学-高等学校-教材　Ⅳ. ①F830

中国版本图书馆 CIP 数据核字（2016）第 043287 号

责任编辑：兰　鹏 / 责任校对：葛小双

责任印制：徐晓晨 / 封面设计：蓝正设计

科 学 出 版 社出版

北京东黄城根北街 16 号

邮政编码：100717

http://www.sciencep.com

三河市骏杰印刷有限公司印刷

科学出版社发行　各地新华书店经销

*

2004 年 8 月第　一　版　　开本：787×1092 1/16

2009 年 2 月第　二　版　　印张：22 1/2

2016 年 3 月第　三　版　　字数：553 000

2018 年11月第十九次印刷

定价：49.00 元

（如有印装质量问题，我社负责调换）

第三版前言

金融学是经济学专业的基础性课程，是金融学专业的核心课程，也是非经济类专业的重要选修课程。认真学习金融学，对于掌握金融知识和了解金融运行的内在规律是重要基础，对于学好经济类其他专业课程具有直接的影响。伴随经济金融全球化发展步伐的加快，金融在经济生活中的作用越来越重要，无论是从事经济工作，还是做好管理工作，或是在行政岗位，了解基本的金融理论和知识成为当务之急。

由于金融在现代经济中的影响越来越大，地位越来越重要，涉及的范围越来越广泛，也使得金融学课程包含的内容越来越丰富。根据目前高等院校的课时安排，适应教学和在校大学生学习的需要，我们主要介绍金融学的基本理论和基础知识，同时，浓缩了金融学的文字内容，对部分章节进行了删减，使读者能够通过本书的学习，从整体上把握金融学知识的框架，掌握金融学的基本规律，为今后金融类专业课程学习奠定良好的专业基础。

本书坚持历史唯物主义与辩证唯物主义相结合，坚持金融基本理论与金融发展现实相结合，坚持国际金融与国内金融相结合，系统介绍了金融发展的轨迹、现代金融的运行规律和内在逻辑，主要目的在于培养读者的金融学思维方式，以及分析金融问题的基本思路。

本书在已出版的《货币金融学》和《金融学》（第二版）的基础上，听取了使用院校的意见，征求了国内金融专家的建议，结合国内外当前金融发展的前沿动态，修订完成。李成教授框定了编写大纲，各章编写分工如下：李成（第 1 章）；张金梅（第 2 章）；陶玲琴（第 3 章）；方建武（第 4 章）；张博（第 5 章）；张惠茹（第 6 章）；袁静文（第 7 章）；王国林（第 8 章）；狄瑞鸿（第 9 章）；胡碧（第 10 章）；陈卫东（第 11 章）；杨丽荣（第 12 章）；赵天荣（第 13 章）；邓道才（第 14 章）。最后，由李成教授总纂定稿。

由于参编教师教学科研任务繁重，加之时间紧张，写作中的缺憾在所难免，希望得到广大读者的批评与指正。

李　成
2016 年 1 月于西安交通大学

目录

第 1 章 货币制度

【本章提要】 本章主要介绍货币演变的历史进程；货币的不同表现形态及其主要原因；现代货币层次的划分；金属货币和信用货币的功能；货币制度的发展；货币制度从贱金属货币向贵金属货币，到信用货币制度的变迁；我国货币制度的历史与现状。

1.1 货币形态的变迁

1.1.1 货币的产生与货币材料

货币产生的社会背景是人类的物品交换，货币诞生于商品交换，货币从萌芽到稳定于金属货币，是生产力水平不断发展的体现。

1. 价值形态的变化

人类剩余物品的交换源于原始社会末期，由于当时社会生产力水平十分落后，剩余产品很少，交换活动在部落之间仅仅是偶然的。在这种偶然的、个别的交换中，双方都是根据自己的需要选定对方的物品，只有交换的物品恰好满足了双方的需要，这种交换才可能成功。同时，这种物品必须通过一定的劳动才能获得，否则就无所谓交换。例如，甲用两把石斧换取乙的一只山羊，因为甲的石斧有多余，需要换取肉类充饥，而乙有多余的山羊，缺乏石斧。接下来的是，这种成交为什么是一只山羊换两把石斧，而不是一把或三把石斧?这是因为制作两把石斧花费的社会必要劳动时间，与饲养一只山羊付出的社会必要劳动时间一样（大体相当）。双方的交换是一种等价交换，商品中包含的价值量（用社会必要劳动时间来衡量）一致，不同的只是商品的使用价值。这种偶然的、个别的交换行为被称为“简单的价值形态”的交换。

人类社会第一次大分工后，出现了畜牧业和农业的分离，劳动生产效率有了一定程度的提高，商品交换由偶然性行为变为经常性的活动，这时一种商品不只是简单地与另一种商品交换，而是经常与多种商品交换，表现为交换对象的扩大和交换范围的扩展。从理论上概括，一种商品的价值可以扩大地表现在一系列商品上，如一只山羊可以交换一袋小麦、或两把石斧、或……，即小麦和石斧等都成为山羊的价值表现形态。经常的、扩大的商品交换活动，使参加交易的商品都包含同样的社会必要劳动量，这种经常的、扩大的交换活动被称为“扩大的价值形态”的交换。

随着社会分工的进一步细化，商品交换成为人类生活和生产发展的不可或缺的环节。频繁的交换和不断的交易，客观上要求能够有一种共识和公用的物品作为衡量价值的标志，并把这个“公用”物品作为共识的接受体，用“公用”物品作为衡量价值量大小的“标准”。这种共同的交易需求在人们长期的交换活动中自发地产生了“公共物品”。也就是从普通商品中分离出的某种特殊商品，其价值不再仅限于生活或生产的使用，更主要体现在固定地充当交换媒介的作用。而地域和自然环境的不同，决定了特殊商品在形态上的不一致，如非洲是象牙、欧洲是牲畜、亚洲多是粮食等。生产力水平差异使同一地区的特殊商品在不同时期也不一样，中国历史上曾用粮食、布匹、贝壳等充当公共物品。由于许多商品的价值都集中表现在一种物品上，克服了商品价值多样化带来的混乱，方便了商品交换，促进了生产发展。这种由一种商品作为交换媒介的现象，被称为“一般的价值形态”。

作为一般价值形态的专门用于交换的商品成为价值的化身后，交换者获取公共物品的主要目的是换回需要的其他物品，即一定的“特殊商品”贮备，可以在需要某种物品的时候及时在市场上换回。当然，人们对这种特殊商品的自然属性有一定的要求，否则，特殊商品一旦腐烂就造成交换困难，其损失只能由个人承担。随着交换越来越细致和严格，人们对特殊商品的“同质性”和“可分性”产生了需求，“同质性”的特殊商品避免了交换中的鉴别，“可分性”满足了不同数量的交换需要。冶炼技术的出现使人类获得了金属，金属的自然属性，如抗腐性、同质性和可分性都优于一般物品。在当时的冶炼技术条件下，这是一项难度很大的专门劳动，需要花费大量劳动才能够获得——体现了金属的社会属性；金属作为工具比石器有十分明显的优势，可以用于制造农具满足生产，也可以制成猎具用于捕兽——体现了金属的自然属性。于是，金属很快取代了其他商品成为当时被社会普遍接受的特殊商品。最初的金属一般都是贱金属，如铜、铁，随着冶金技术的提高逐步过渡到白银和黄金。自从黄金成为表现价值的一般等价物以后，在很长时间里没有更为优越的特殊商品能够取代它，从而使黄金成为货币的代名词，也称为“货币形态”。

综上所述，货币的产生经历了简单的价值形态→扩大的价值形态→一般的价值形态→货币形态的历史过程。

2. 黄金作为货币的属性

黄金能够在诸多商品中脱颖而出独居货币宝座，除了它是社会劳动的商品这一基本前提条件外，还因为黄金是作为货币最理想的材料，“货币天然不是黄金，但黄金天然是货币”。黄金作为货币的天然属性主要表现在：①黄金质地均匀，易于分割；②黄金抗腐蚀，耐高温，便于长期保存；③黄金价值大，体积小，携带容易，交换方便；④黄金色泽光彩，易于鉴别。由于以上自然属性优于当时几乎所有的商品，黄金成为人们普遍乐于接受的一般等价物，“随着劳动产品转化为商品，商品就在同一程度上转化为货币”。货币的筛选优化是自发的过程，是社会检验的结果，是人们交易需求的必然产物，而不是协商的结果。

作为货币的黄金首先是商品，任何不经过劳动就能够得到的物品不是商品。不经过劳动或交换便可以得到的物品，就不可能成为再交换的对象。其次，黄金是一种特殊商品，它的自然属性决定了其作为一般等价物最为理想，在没有更好的物品替代之前，黄金就会一直稳居货币的地位。最后，黄金在一定的社会制度下，能够折射出一定的生产关系。在奴隶社会制度下，黄金可以交换奴隶，反映出这种社会制度下人与人之间的不平等地位。需要强调的是，货币不是阶级的产物，也不是阶级产生的根源。货币是一种外在的表现形式，由于依附于不同的社会经济制度，在不同的环境下被特定的生产关系利用，因而容易使人们产生误解，把现象当做本质；特别是当社会出现为了获得货币而发生的暴力、凶杀、虚伪和无情等不良现象时，人们便诅咒“货币是万恶之源”。在现代社会中，货币为经济发展提供良好环境的同时，也有可能诱发金融危机。

1.1.2 货币形态的演进及其特征

1. 实物货币形态

实物货币形态，是指有特定使用价值的商品作为等价物充当货币的表现形式。实物货币形态的特点可以概括为：①货币材料多样性。在不同地区有不同商品担当货币角色，在同一地区的不同时期，货币队列的成员不一。②货币单位多变性。不同商品作为货币，单位差异很大，羊的基本单位是“只”，粮食的单位（袋）要小得多，任何一种商品成为货币都使货币单位发生变化。③货币交换有限性。生产力水平决定了人类征服自然的能力和剩余产品的数量，也决定了货币商品的数量以及交易的范围。④货币标准粗犷性。商品交易的非经常性和充当等价物商品的不断更迭，使货币商品在交换中没有固定的标准，因而货币商品虽然在理论上抽象为“等价交换”，但实际交易中难以做到准确或精确。

2. 金属货币形态

金属货币形态，是指使用金属商品作为等价物充当货币的表现形式。金属货币也属于实物货币，但金属货币在演进中有其独特性，故应加以区分进行研究。金属货币一般经历了从贱金属向贵金属的过渡，在不同国家和地区金属货币的稳定形态存在差异。无论何种金属作为货币，都先后经过称量货币和铸造货币两个阶段。称量货币阶段以金属货币的重量为单位来表现商品的价值，其信誉基于商业信誉，金属条块上铸有商户名称；铸造货币阶段以金属货币数量为单位，作为商品价值的体现，它是国家产生以后权力介入货币的产物，其信誉基于国家权力对流通的强制力。金属货币形态集中表现为四个特点：①货币材料的单一性。无论何种金属作为货币，在相当长一段时间内货币都会固定于该金属材料，从贱金属向贵金属的过渡期间虽然一般会有一段“并行期”，但在绝大多数时期内金属货币是单一的。②货币单位的稳定性。金属币材价值的稳定性奠定了货币单位稳定的基础，也是商品交易的客观需要。例如，中国秦代的“半两”钱、汉代的“五铢”钱作为单位货币流通了几百年。③货币标准的准确性。金属货币单位在交易中呈现出交易的准确性，较小的货币单位使不同数量的商品交易，通过一定单位货币数量得以顺利实现。④货币交换的广域性。贵金属货币价值大、体积小，携带交易十分便利，跨地区交易易于实现。因此，金属货币对交换的积极作用，推动了商品经济的发展。

3. 信用货币形态

信用货币形态，是指以货币符号等信用工具作为货币的表现形式。信用货币的前身是代表贵金属货币流通的贵金属重（数）量的价值符号，或称货币符号。欧洲早期的银行对存款客户开出的银行券和我国早期钱庄票号发出的银票，都属典型的价值符号。

信用货币形态可分为两个阶段——兑现的信用货币阶段和不兑现的信用货币阶段。兑现的信用货币，是指持有货币符号者可以随时到发行机构按照票面标明的符号货币兑现贵金属，贵金属货币与标明贵金属的货币符号在流通中的作用完全一样。银行券是早期欧洲银行发行的兑现信用货币，即银行对存入贵金属货币的客户，开具标明相同数量单位贵金属的银行券，客户持有该银行券，可以通过购买商品进行转让。流通中的银行券替代了同等数量的贵金属货币，开出银行必须无条件兑现任何持有银行券者的贵金属货币要求。中国清代钱庄和票号对客户存入的白银开出银票，银票在流通中发挥同等数量白银的作用，开出银票的钱庄或票号，必须随时满足银票持有者兑现白银的要求。总之，兑现信用货币所代表的是现实中一部分贵金属货币，主要是以重量单位在票面上加以标明，代替流通中需要的金属货币。因此，流通中的信用货币符号总量绝对不会超过现实中贵金属货币的实际需要总量。不兑现的信用货币，是指持有货币符号者可以随时在市场上购买相应价值的商品，任何持有人不能要求发行机构兑现相同价值的贵金属货币，只能在流通中转让。不兑现的信用货币可以分为狭义的不兑现信用货币和广义的不兑现信用货币两种。狭义的不兑现信用货币，是指国家凭借权力发行的强制流通的纸币，这种纸币有规范的形式和固定的面值；广义的不兑现信用货币还包括由商业银行开出的本票、汇票、支票等可替代金属货币流通的信用票据，这些信用票据没有十分严格规范的形式，票面价值根据交易需要确定，在指定时间内有效。

信用货币形态具有以下四个特点：①货币材料纸制化。在兑现的信用货币时期，尚有一部分贵金属与银行券（银票）并行流通，到了不兑现信用货币时期，流通中的货币完全是政府统一发行的纸制货币，贵金属退出了国内流通领域，主要在国际贸易交往中发挥作用。②货币单位主观化。货币单位名称和重量的确定，完全取决于当权者从流通方便和需要方面的考虑，如英国货币单位是镑，德国货币单位是马克，中国古代货币单位先后使用过铢、串、两等。③货币数量权力化。由于某一时期货币流通符号的数量由垄断货币发行权的政府决定，因此，投入流通的货币符号可能与交易需要的金属货币价值量一致，但更多的可能是不一致。④货币流通国内化。绝大部分国家发行的货币符号仅限于本国法律保护领域之内流通，货币成为国家主权的组成部分，一般不被其他国家接受。只有国家经济实力强大，政府信誉高，货币代表的价值稳定时，货币符号才可能跨出国门。当多个国家达成协议共同使用超出国家法律范围的“统一货币”时，货币符号同样能够超越国界。

4. 电子货币形态

电子计算机在银行的应用催生了电子货币，网络发展极大地加速了电子货币的成长，货币发展进入了一个新时代，金融业全面迈向虚拟化时期。对电子货币形态的特点可以作以下概括：①形态无纸化。电子货币贮存在各类信息卡中，除去一张卡片外没有任何外在表现形式，无法直观辨认，卡中货币符号（数字）的数量只有通过特定的技术设备才能够读认。②流通网络化。电子货币无法像传统货币那样在不同所有者之间直观转让；发生购买行为引起的货币流通必须借助于网络才能完成，没有网络的地区、地点和部门不能实现电子货币的流通。③风险多样化。电子货币除了传统货币具有的一般性通货膨胀风险、利率变动风险、流动性风险和汇率风险等之外，还有网络系统风险、技术选择风险、信息安全风险以及物理性能风险等。

1.1.3 货币层次与划分方法

货币产生和发展的历史表明，货币是商品交易的产物，是一个动态概念。从最初货币定位于金属货币，到贵金属退出流通，再到信用货币（包括电子货币）以多样形式充当流通手段，货币从一个狭义概念发展为广义概念。

1. 现代货币的概念

在现代信用经济条件下，货币可以分为狭义货币和广义货币两个概念。狭义货币可以理解为：由中央银行统一发行，受国家权力保护，能够在交易中直接支付流通的货币符号，典型形式是现钞纸币。广义货币概念包括以下三个方面：第一，能够在交易中充当流通手段，满足支付清算需要；第二，代表一定价值的符号，通过规定程序可以转化为支付流通手段；第三，符合国家有关金融法规法令，由合格法人机构发行并在约定期限兑付现钞。其主要形式包括银行存款、商业票据、政府债券等。

2. 货币层次划分的依据

各国中央银行在确定货币层次时都以货币的流动性作为标准。货币流动性是指不同的信用工具在市场上能够转化为直接支付能力的速度和方便程度。流动性高，即转化为直接支付能力的能力强；流动性低，即转化为直接支付能力的能力弱。例如，现金作为购买力十分方便，能够随时支付流通，对市场的影响最为直接；定期存款要转化为购买力就不够方便，一般要到期后才能形成市场购买力。因而，现金是流动性高的货币，定期存款是流动性低的货币。这样划分是为了掌握不同层次货币的分布和变化规律，以及由此引起的市场总供求和供求结构的变化，为中央银行宏观金融调控提供决策参考依据。随着金融创新的不断深化发展，新的金融工具层出不穷，金融市场的复杂性日益突出，科学划分货币层次的意义也更加重要。

3. 货币层次划分的方法

各国经济与金融发展状况不一，金融工具的种类和创新程度存在差异，金融对经济发展的影响不同，中央银行对金融调控的重点和技术要求也有差距，因此，各国对货币层次划分的口径不统一。

（1）美国联邦储备银行对货币层次的划分：

M_{1A} = 流通中的现金 + 活期存款

M_{1B} = M_{1A} + 可转让存单 + 自动转账储蓄存款 + 信贷协会存款账户 +互助储蓄银行活期存款

M_2 = M_{1B} + 商业银行隔夜回购协议 + 美国居民持有的即期欧洲美元存款 +货币市场互助基金账户 + 所有存款机构的储蓄存款和小额定期存款

M_3 = M_2 + 大额定期存单（10万美元以上）+ 定期回购协议 +美国居民持有的定期欧洲美元存款

L = M_3 + 银行承兑票据 + 商业票据 + 储蓄债券 + 短期政府债券等

（2）英格兰银行对货币层次的划分：

M_1 = 现金 + 私人部门持有的英镑活期存款

M_2 = 现金 + 英国居民（公共及私人部门）持有的英镑存款

M_3 = M_2 + 英国居民持有的各种外币存款

（3）日本银行对货币层次的划分：

M_1 = 现金 + 活期存款

M_2 = M_1 + 企业定期存款

M_1 + CD = M_1 + 企业可转让存单

M_2 + CD = M_1 + 定期存款 + 可转让存单

M_3 = M_2 + CD + 邮局、农协、渔协、信用组合、劳动金库的存款 + 信托存款

（4）国际货币基金组织对货币层次的划分：

M_0 = 现金

M_1 = M_0 + 活期存款（私人活期存款、邮政划汇、企业活期存款）

M_2 = M_1 + 储蓄存款 + 定期存款 + 政府债券

（5）中国人民银行对货币供应层次的划分：

M_0 = 流通中的现金

M_1 = M_0+企业活期存款 + 机关团体部队存款+农村存款+个人信用卡类存款

M_2 = M_1+单位定期存款 + 储蓄存款+外币存款+信托类存款 +证券公司的客户保证金存款

M_3 = M_2 + 金融债券 + 商业票据 + 大额可转让存单

根据世界各国中央银行对货币层次划分情况的分析，总的规律表现为：金融市场越发达、金融工具多样化程度越高的国家，货币层次划分得越多；金融市场化程度高、金融调控技术性要求高的国家，货币层次划分较细，反之亦然。

货币和金融处在不断发展之中，随着社会进步和科技在金融领域的广泛应用，货币

内涵和外延会发生一定的变化。金融管理伴随货币信用的发展也将不断完善，货币层次在金融分析和决策中的重要性将更加突出。

1.2 货币的功能与变化

伴随商品交换的不断发展，货币形态也发生了变化，货币形态的发展变化使货币功能也发生了变化。货币定位于黄金时，其功能得到了全面展现。信用货币的出现对货币功能产生了一定的影响。

1.2.1 价值尺度功能

价值尺度，是指货币以自身的价值去衡量普通商品价值量大小的功能。价值是人类社会劳动的结晶，是物化在商品中的社会必要劳动时间，价值无法直接自我表现，必须通过同质的物品才能够得以表现。货币以自身的同质性对商品进行“鉴定”，以自身的价值量对商品进行“标价”，使同质不同形的多样商品实现相互交换。价值尺度是货币的最基本功能。

1. 价值尺度的特点

货币在发挥价值尺度功能时，具有以下三个显著特点：①作为价值尺度的货币必须具有内在价值。即必须是真实的贵金属，只有自身包含实实在在价值的商品，才能衡量其他商品的价值。②作为价值尺度的货币具有独占性和排他性。作为一种衡量标准，客观上要求具有唯一性，才能形成社会认同的一致性，使交易双方能够在习惯上、视角上便于确认和鉴别。③作为价值尺度的货币可以不需要亲临现场。货币的真实性和流通性在长期商品交换中已经被人们接受，形成了观念上和记忆中的货币，交易双方不必出示货币商品，通过文字、语言表达的货币，就可以使对方理解商品的价值。

2. 价格标准

价格标准，是指包含一定重量的贵金属货币单位。在现实中商品种类很多，各种商品的价值量不同，要比较不同商品之间的价值量大小，需要一个共同认可的单位，如早期实物货币时期牲畜以“头”计算，绢帛以“匹”计算，贵金属货币以重量来计量等。各国有自己的文字和重量单位，贵金属重量单位在英国是“镑”，在中国是“两”，在其他国家又称“盾”“铢”等。

价格标准与价值尺度是同一事物的两个方面，二者的区别在于：① 价值尺度是商品在交换中自发分离的一种固定充当一般等价物的特殊商品；价格标准是由国家通过法律形式强制规定的贵金属货币重量单位。② 价值尺度在于鉴定商品价值和衡量商品价值量；价格标准是通过货币重量单位表现商品价值量的多少。③ 价值尺度随着生产货币商品的劳动生产率变化而相应变动；价格标准的变化取决于政府法令，与劳动生产率无关。价格标准与价值尺度的联系在于：① 价值尺度离开价格标准便无法得到外在表现，价值尺度的功能也就不能实现。② 价格标准的基础是价值尺度，离开了价值尺度，价格标准也就失去了存在的意义。只有两者在时间和空间上同时发挥作用，价值尺度功能才能得以实现。

3. 信用货币是否具有价值尺度功能

按照前述原理，发挥价值尺度功能的货币必须是价值十足的贵金属实体，没有真实价值的物品不能衡量商品的价值。在货币发展历史进程中，银行券流通时期，每张票面表明黄金数量的银行券代表真实的黄金重量。这种与真实黄金完全一致的价值符号，除了本身没有贵金属重量的特征以外，其功能与贵金属功能没有区别。当流通中的银行券不能兑现时，银行券成为不兑现的信用货币，这样，理论上可能出现以下三种情况：①信用货币发行量=贵金属货币量，单位信用货币代表真实的黄金重量，具有完全意义上的价值尺度功能。②信用货币发行量>贵金属货币量，单位信用货币代表的贵金属货币量减少，在替代贵金属衡量商品价值量时，表现为名义货币单位低于真实货币单位的价值量，这种偏离幅度越大，单位信用货币代表的真实货币量越小，商品的名义货币单位相对越多，称为贬值的价值尺度。③信用货币发行量<贵金属货币量，单位信用货币代表的贵金属货币量增加，名义货币单位高于真实单位货币的价值量，单位信用货币代表的真实货币量越多，商品的名义货币单位相对越少，可称为升值的价值尺度。（电子货币是信用货币的高级表现形式，其价值尺度的表现特征符合信用货币的内在规律。）单位货币符号代表的价值量计算公式如下：

$$\frac{\text{流通中实际需求的金属货币量}}{\text{流通中发行的货币符号数量}}=\text{单位货币符号代表的价值量}$$

不兑现的信用货币流通时，黄金的价值尺度被不兑现的信用货币替代，其发行量的人为性使价值尺度的稳定性受到影响，但在逻辑上毕竟还与黄金保持名义联系，许多国家通过规定本国单位货币含金量的方法，维持两者之间的名义比值关系。在技术上，当信用货币表现某种商品价格时，一定数量的信用货币单位还能够间接换算出黄金的重量，即黄金的价值尺度通过信用货币的单位含金量，间接衡量和表现商品的价值量。当黄金非货币化以后，在逻辑上黄金与信用货币的名义联系已经不存在，信用货币没有了“价值体”的参照依据和数量标准，技术上失去了单位货币含金量的规定，不可能换算出商品的黄金价值。那么，信用货币的价值尺度如何理解呢？唯一能够解释的是，信用货币的流通总量与商品价值的社会交易总量之间的比值关系，通过单位货币代表的单位社会平均商品价值量以货币符号形式外在体现出来。通俗地说，当前信用货币本身已经失去价值尺度的功能，单位信用货币符号只是其流通总额与当期社会商品交易总量比例关系的一种标价方式。新华社在 1948 年 12 月 7 日的社论中指出：人民币“从产生的第一天开始，即与金银完全脱离关系”。

1.2.2 流通手段功能

流通手段，是指货币在完成商品交换时所充当的中间媒介功能。货币的价值尺度功能可以衡量或表现商品的价值，货币的流通手段功能使商品的价值得到社会的认可，“价值尺度与流通手段的统一是货币”。在金属货币流通中一方是商品，一方是贵金属，等价交换的过程，是货币流通手段与商品社会劳动同时实现的过程。在信用货币流通时期，交易过程形式完全一样，不同的是一方出售商品，另一方交付信用货币。

1. 流通手段的特点

货币在发挥流通手段功能时，主要表现出两个特点：作为流通手段必须是现实的货币。货币在商品交换过程中，出让商品者必须拿到真实的货币，而不能是想象的、观念的货币，这时，才转让自己的商品。作为价值尺度，只要买卖双方能够在观念中信息对称，其功能就能够体现，作为流通手段的货币必须亲临现场，让渡占有权才能实现其功能。

作为流通手段可以是贵金属，也可用价值符号替代。贵金属条块流通既有真实价值的可靠性，也存在每次交易鉴别称量的烦琐性。铸币的出现极大地方便了流通，又隐含着不足值铸币流通的可能性。磨损的铸币在转手中依然被对方接受，缘于每一个人持币是为了下一次交换，因此，人们对货币更关心的是能否顺利被对方认可接受，而轻视了铸币本身是否完全足值。由此，首先出现了民间私铸的“小钱”，我国秦朝初年统一铸造的“半两”钱，到汉代初年已经蜕变为“鹅眼半两”，“五铢”钱到了西汉末年也成了“榆钱五铢”。

2. 金属货币流通需要量

假设流通中都是足值的贵金属，那么在价值等量交换过程中，货币流通与商品流通对等换位，每一次换位商品退出流通或被消费，或成为另一种商品的原料，货币仍在流通中，一枚货币多次在流通中转换所有者，据此，在理论上的货币流通需要量：

$$货币需要量=\frac{交换商品的价格总额（单位价格\times 商品数量）}{货币流通速度（次数）}$$

上述公式揭示了以下基本原理：①交换商品价格总额与货币需要量呈正方向变化。单位时间里（年、月）交易的商品价格总额（商品数量）越多，货币需要量越大；反之亦然。②货币流通速度与货币需要量呈反方向变化。单位时间里（年、月）同一货币周转次数越多，相对而言，货币需要量越少。

用 Q 代表商品数量，P 代表商品价格，V 代表货币流通速度，M 代表货币需要量，那么：

$$M=\frac{P\cdot Q}{V}$$

理解公式的重要提示：①商品价格是商品价值的外在表现，价值尺度与价格标准没有发生分离。② 在货币流通速度不变的情况下，金属货币需要量取决于商品交易的数量，即商品交易的价格总额增减决定了金属货币需要量的变化。③ 金属货币周转次数加快可以替代部分货币需要量，周转次数减慢需增加金属货币投入量。

3. 信用货币流通供给量

相对于足值金属货币流通，信用货币流通的性质发生了根本性变化。流通中的货币符号具有以下三个特点：① 流通中的货币都是价值符号，只能间接代表一定价值量。② 货币供应量取决于发行者的意志和判断，货币间接代表的价值量与货币供应量密切相关。③ 货币一旦投放市场，若离开了发行机构的回笼，便不会自动退出流通领域。由此，形成了信用货币总量与商品价值总量之间的市场关系，即社会总需求与社会总供给之间的关系。

$$M \cdot V（社会总需求）=P \cdot Q（社会总供给）$$

以上公式反映了信用货币发行条件下的市场供求变化：①Q和V不变时，M增加，P亦增长，即商品名义价格上升（货币供给量过多造成货币贬值）。②Q和M不变时，V增大，P亦增长，即商品名义价格上升（货币流通速度加快等于货币数量增加）。③当Q不变，M和V同时增加时，P快速上升（社会总需求过度扩张造成的货币大幅度贬值）。当变化方向相反时，结果亦相反。这一现象容易给人造成货币数量决定商品价格的误解，其实质是信用货币供给量的增减，使单位货币符号所代表的价值量发生变化，在商品价格上表现为货币符号的数量也相应发生变化。换句话说，劳动生产率决定商品的价值，商品交换的价值总量决定金属货币需要量，金属货币价值量决定信用货币符号供应量，货币符号实际供应量与金属货币需要量之间的比值决定单位信用货币代表的金属货币价值量，单位信用货币代表的金属货币价值量表现商品的价值量，商品的价值量通过信用货币数量得到标价。

1.2.3 贮藏手段功能

贮藏手段，是指货币根据商品交易的需求，自动进入流通或退出流通，自发调节货币供给的功能。

货币发挥贮藏手段功能必须具备三个前提条件：①货币本身是具有十足价值的贵金属商品。②货币的社会存量大于社会当时货币的流通量。③没有强制性权力介入货币流通。这样，当商品交易量扩大时，等价交换的规律要求增加货币的供给量，即需要商品者必须把自己的货币拿出来支付给转让商品者，交换才能完成，同时，也使货币量增加；反之，当没有人愿意购买时（商品交易量减少），一部分货币被人们保存起来，退出流通形成货币贮藏，这种基于等价交换的货币现象实现了货币供需的自动平衡。“货币贮藏的蓄水池对流通中的货币来说，既是排水渠，又是引水渠，货币永远不会溢出流通渠道。”

贮藏货币是货币贮藏功能的表现形式。贮藏货币的形式多样，而只有具备了以下两个条件才能发挥贮藏手段功能：①一段时间里退出流通，而不是永久退出流通。②虽未在流通中，但能够随时进入流通。若将足值货币作为“随葬品”埋入地下，永久地离开流通就不是贮藏手段功能，也不能起到自发调节货币流通的作用。理解货币贮藏手段功能，应主要把握货币流通供求的短期平衡和长期平衡调节，即分为短期的货币贮藏手段和长期的货币贮藏手段。短期货币贮藏手段由商品周期性变化决定，货币在短期内暂时表现为静止状态，如粮食生产有明显的季节性变化；长期货币贮藏手段由经济周期性变化决定，货币在较长时期内退出流通表现为沉淀状态，如经济繁荣期与萧条期的变化。这是决定货币贮藏的经济原因。

货币是兼具在质上的无限性和量上的有限性的矛盾统一体，这是决定货币贮藏的社会根源。货币质的无限性，是指货币可以与其他所有商品相交换，随着商品系列的延长，货币能够购买的对象无限增多；货币量的有限性，是指一定单位的货币只能交换相应价值的商品，货币代表的价值量限定了购买量。人们容易沉醉和困惑于货币的无限性，心理上倾向于多多占有货币，商品世界越繁荣占有货币的欲望越强烈，越是对个人未来的不确定性充满恐慌，获得货币的心理就越急切。由此引发了暴力、无情、虚伪、欺骗等社会现象，“货币是万恶之源”的诅咒由此产生。

兑现的信用货币可以通过与贵金属的相互转换，实现货币流通与货币贮藏手段之间的转化，理论上仍能够保持货币流通的自动调节；不兑现的信用货币由于割断了与贵金属的转换联系，一旦投入流通不会自动退出，因而，失去了贮藏手段功能，无法自动调节货币供求平衡，“引水”和“排水”的功能需要借助于中央银行的有意识调节才能实现。

1.2.4 支付手段功能

支付手段，是指货币以信用方式买卖商品、借贷行为或单方面货币转让时发挥的功能。商品经济初期交易额小，形式单一，货币主要发挥流通手段功能。随着商品经济有了一定的发展，交易额不断扩大，交易方式也变得多样化，货币主要发挥支付手段功能。传统理论将商品先购买后偿债称为货币支付手段，即商品流通与货币流通不是同时换位，而是在时间和空间上完全分离。随着现代经济的发展，现代支付手段概念的外延更宽：①商品价款的延期支付；②购货款的预付；③银行贷款的借出与归还；④税收款的征交与财政款的下拨；⑤赠款、捐款、罚款等都是货币支付手段功能。

货币支付手段功能可以是足值货币，也可以是信用货币等价值符号，都能够达到清偿债务和购买力转移的目的。但是，足值的贵金属货币能够漫游全球，发挥支付手段功能；而货币符号受到国界的约束，通常一国只承认本国发行的货币符号，不接受他国发行的货币符号。在许多时候，债权人与债务人之间相互买卖交融，可以抵消一部分货币流通，减少实际货币流通数量。

1.2.5 世界货币功能

世界货币，是指货币跨出国界，在国际间发挥商品交换一般等价物的功能。世界货币必须是足值的贵金属货币，并以条块重量作为价值的化身在不同国家之间转移，完成商品交换或债权债务清偿。“货币一旦越出国界，便失去了这一领域获得的价格标准、铸币、辅币和价值符号等地方形式，恢复到原来的贵金属条块的形式。”

世界货币功能体现在三个方面：①国际间的流通手段。早期的国际贸易使用贵金属作为流通手段，特别是不固定的国际间商人购买行为，商品与贵金属必须同地点、同时间、同价值交换。②国际间的支付手段。在经常性交易的国家之间，交易差额最终以金银支付清偿。③财富的单方面转移。单方面转移的货币与商品交易没有联系，如国际信贷、战争赔款、跨国投资、资本外逃等。

在贵金属完全退出流通领域之后，国家之间的商品贸易和劳务清算不能中断，个别国家的信用货币开始发挥世界货币功能。国家货币成为世界货币主要取决于以下因素：①该国经济实力强大，在国际经济中有重要影响。越是具有火车头地位的经济大国，其货币的国际化程度越高。②货币币值稳定，国际信誉度高。国内没有明显的通货膨胀，持有国际货币的国家和个人具有安全感，不担心货币贬值。③该国政治体制稳定，决策透明度比较高。政治体制稳定是经济发展稳定的基本前提；信息透明度是判断国家形势的重要依据，其他国家和机构可以依据公开信息对该国形势进行判断和预测。④国家允许货币自由兑换，不受管制。

1.3 国家货币制度

1.3.1 货币制度的形成

货币制度，通常是指国家以法律形式规定的货币结构、货币发行、货币流通和货币组织管理等的总称。从货币发展的历史阶段看，金属货币的出现是货币制度形成的基础，国家的建立使货币制度成为现实。

金属材料充当货币以后，条块形态使每次交易均需称量和检验成色、分割等，十分不便。出于交易方便的考虑，一些富商巨贾对自己铸造的金属条块上镌铸印戳，表明重量与成色，成为铸币的雏形。国家产生后，为了规范管理和促进经济的发展，对流通中的金属货币做出强行规定，形成了各国的货币制度。我国战国时期，秦、齐、楚、燕、韩、赵、魏等国都有各自的货币制度。秦国统一六国后的一项重要措施是统一货币制度，包括铸币材料（黄铜）、铸币形状（天圆地方）、铸币重量（半两）等。到了汉武帝时重新修订了币制，在继承秦朝货币制度的基础上，以“五铢”为标准单位流通。封建社会的币制与现代币制相比当然不可同日而语，但从中能窥探到货币制度的原生构架。在欧洲封建社会，没有统一的国家，封建主的城堡是权力的象征，统领地域是权力的范围，各个封建主都有一套行政、司法、军事和财产管理制度，分别铸造货币在其管辖范围内流通。中世纪，德国封建主的铸币机构就有 600 多家。

货币制度的萌芽较早，在封建社会已经有了基本框架，较为规范的货币制度的形成经历了漫长的历史发展过程。推动货币制度形成的因素主要有：①商品经济的不断发展，孕育了统一货币的需求。杂乱无章的货币结构对商品贸易极为不便，甚至引发货币流通中的投机行为。欧洲封建社会时期主要使用白银作为货币材料，也使用铜作币材，铜与银掺和铸成不同成色的合金币也流通，不同的货币单位造成计量上的无序，妨碍商品交易。中国清代白银成为主要币材，货币单位为“两”（1 斤=16 两），但当时的“两”在不同地区代表不同的概念，具有代表性的有广平两、漕平两、关平两、库平两等。②国家政府为了稳定政权和经济需要制定货币制度。各国在封建社会时期都有不同程度的货币制度，在当时不发达的商品经济条件下，粗线条的货币制度已经能够满足货币流通的需要；资本主义制度产生以后，商品经济发展速度加快，贸易范围不断扩大，交易方式和种类不断增加，对货币制度产生了新的需求，货币制度的规范化和稳定化成为迫切要求，各国政府为了改变货币流通紊乱的情况，先后以法令或条例的形式完善了货币制度。根据货币制度变迁的历史进程划分，各国货币制度大体可分为两大类型，即金属货币制度和信用货币制度。

1.3.2 金属货币制度

狭义的金属货币制度是指以金属作为货币材料，流通中的货币具有内在的价值，可以自由铸造和输出输入的货币制度。广义的金属货币制度还包括以金银作为货币材料，但流通中使用银行券的货币制度。金币本位制属于前者，金块本位制和金汇兑本位制属于后者。欧洲国家纪元初期以白银作为流通货币，后逐步转变到黄金，到20世纪30年代后相继宣布停止黄金货币流通。中国春秋时期开始大量使用黄铜作为流通货币，20世纪30年代中期逐渐停用金属货币的使用。由于欧洲国家商品经济发展较早，贸易规模相对大，由此推动了金融的发展，在全世界范围都有很大的影响，尤其是英国，作为最早的国际金融中心，对后期各国金融发展和金融理论研究产生了举足轻重的影响，在大部分文献研究中，多以英国作为研究背景探索欧洲货币制度的变迁轨迹。

1. 金属货币制度的构成

金属货币制度的发展历程是一个逐渐发展完善的过程。金属货币制度是较为稳定的货币制度，主要包括四个方面的要素——货币金属、货币单位、货币管理、准备制度。

1）货币金属

货币金属是指规定的充当货币的金属材料，这是金属货币制度的基础。不同的金属作为货币材料便形成不同的货币制度，如用银作本位货币材料就是银本位货币制度，用金作本位货币材料就是金本位货币制度。一个国家选用何种金属作为货币，取决于该国生产力发展水平和商品交易的需要。我国在封建社会绝大部分时期使用铜作为货币材料。

2）货币单位

货币单位是指规定的货币单位的名称和单位货币的金属重量，即价格标准。英国1816年5月的《金币本位法》规定，货币单位为"镑"，1镑货币内含成色11/12的黄金（折合797克）。我国1914年颁布的《国币条例》规定，货币单位为"圆"，每圆含纯银库平白银6钱4分8厘（折合23.977克）。

3）货币管理

货币管理包括货币铸造、发行和流通。金属货币分为本位币（主币）和辅币。本位币是用货币金属按照规定的货币单位铸造的货币，是足值货币，可以自由铸造。自由铸造货币有两层含义：其一，公民将持有的货币金属材料送到国家造币厂，铸造成本位货币，交纳一点造币费用。其二，公民可以将持有的本位铸币熔化为金属条块保存。金属货币铸造与熔化的相互转换过程，是个人对货币流通供求判断做出的选择，其实质是货币流通手段与贮藏手段功能的转换过程。个人基于市场判断的主观选择，客观上实现了货币流通的自发调节。由于本位货币的名义重量与实际重量一致，是价值的真正代表和体化物，因而，无论是持有货币还是把货币换成商品，价值量都完全一样。本位货币是一种无限法偿货币。无限法偿即本位货币在支付中，无论金额大小都不得拒绝接受。各国货币法令中均明确规定，本位货币是无限法偿货币，不得以任何理由拒收。然而，金属铸币在流通中经过长时间磨损，多多少少会损失微小重量；众多铸币的损失重量可以通过称量发现，在大额商品交易中商家当然会计较这一问题。为了维护货币流通的稳定，政府在制定货币制度时规定了允许的"磨损公差"——流通中单位铸币实际重量低于法定重量的最大限度，低于磨损公差的铸币由国家熔化重铸。

辅币是小于单位本币的小额货币，在货币流通中起辅助作用，主要用于小额交易和找零用途。各国辅币通常使用贱金属制作，其实际价值往往都低于名义价值，以便节约流通费用。尽管辅币不足值，但各国货币法都明确规定，辅币可以按固定比例与本位币兑换，在法律上与本位币受同等保护。需要指出的是，辅币不足值的基本前提决定了辅币必须实行限制铸造和有限法偿，否则将引起流通中“辅币驱逐主币”现象。所谓限制铸造是指辅币只能由国家统一铸造，其发行辅币的差价收入归国家所有，防止辅币自由铸币酿成流通的混乱。所谓有限法偿，是指辅币在每一次支付使用中受法律保护的最高数额，收款人可以拒绝接收超过规定限额的辅币。当时美国货币法规定，10 美分以上的银辅币每次支付最高限额为 10 美元；铜镍铸造的分币每次支付最高限额为 25 美分。需要说明的是，广义金本位制中，商业银行发行的银行券成为流通手段之一，代替大额金属货币的支付。银行券实行分散发行管理，政府允许有兑现能力的银行签发自身名义的银行券，承诺满足持有者随时兑现其所持贵金属的要求。19 世纪以后，欧洲各国开始集中统一由中央银行发行银行券，并兑现黄金。

4）准备制度

金属货币的实体流通阶段，严格意义上讲没有货币发行的准备制度。金属货币本身具有价值，持有贵金属与把贵金属铸造成金币，只是贵金属外在形态的转换，价值没有发生变化。货币的自由铸造制度导致贵金属分散在民间而非政府，贵金属形态的转换取决于市场需求，而非国家意志。从金融学角度而言，也可以将贵金属实体流通阶段的发行准备归为分散化准备制度，其典型特征是仅有贵金属形态的转换，也可以说，贵金属实体流通阶段的发行准备形态是贵金属条块，流通形态是贵金属铸币。

广义金属货币制度阶段发行银行券，特别是中央银行统一发行银行券以后，准备制度成为货币制度的重要构成要素之一。货币发行准备制度，是要求发行银行券的机构必须有一定数额的贵金属储备。主要原因有：其一，要满足银行券持有者随时兑换贵金属的要求；其二，作为国际间贸易或非贸易支付的准备金。充足的货币发行准备金（贵金属）能够坚定公民持有银行券的信心，也有利于树立该国良好的国际形象。随着各国中央银行统一发行货币，并宣布对国内公民停止银行券兑换黄金，银行券成为以政府信誉担保和法律强制流通的货币形式。货币发行准备制度不再是货币制度的构成要素，国家的贵金属储备功能主要体现为国际间的支付需要。国内银行券原有的两个功能——流通手段和兑换黄金，也相应退化为唯一功能——流通手段，这一过程被称为银行券的纸币化过程，不兑换的银行券成为信用货币。目前，世界各国由中央银行发行流通的纸币，也就是功能单一的银行券。

2. 金属货币制度的类型

金属货币的演进轨迹是从贱金属到贵金属，金属货币制度的变迁路径相应经历了银本位货币制度、金银复本位货币制度和金本位货币制度阶段。

1）银本位货币制度

银本位货币制度简称银本位制，是以白银作为本位货币的货币制度。这种货币制度最早在欧洲国家实行，主要是为了与当时的商品经济和贸易相适应。银本位制以白银作为本位币材料，在流通中白银流通数量不受限制。白银作为流通货币的名义单位与实际包含的白银价值完全一致。当时，1 英镑白银货币单位与 1 磅重量的白银相等。由于货币单位与实际价值一致，国家允许持有白银的公民到国家指定的造币厂把白银铸成银币，国家造币厂的统一标准和严格程序保证了货币的足值和成色。当然，持有银币的公民也可以将铸币熔化为银块，这种“自由铸币”的管理制度遵守了价值规律，银币与银块之间的自由转换确保了流通中的铸币必须足值，超值引起熔化，欠值被拒收，实现了货币流通的稳定。当某一时期商品交易扩大时，公民为了购买商品，会将白银通过造币厂铸成银币，公民用银币换回商品的同时，实际上增加了流通中的货币；反之，当某一段时间商品交易量相对减少时，一部分铸币自动退出流通，进入静止贮藏状态，通过民间自由储藏和形状的转换，实现了对货币流通供求的自发调节。银本位制时期的货币具有普通商品和特殊商品的“两重身份”，没有国界的限制，白银或银币输出国外和输入国内完全受市场供求的决定，在市场信息引导下的白银输入与输出，在国际范围内平抑了白银的供求。从 19 世纪后期开始，随着世界银矿的不断被发现和开采技术的提高，白银数量大幅增加，价格不断下降，在国内外贸易中的地位相对下降，原白银贮藏者因白银价格下降而受到损失，加之银币重量较大，已经不能适应日益扩张的商品交易需要，客观上需要更理想的货币材料充当价值尺度和流通手段的职能。

2）金银复本位货币制度

金银复本位货币制度，是国家以法律规定用金和银同时作为本位货币材料，并确定两种本位币单位的货币制度。贵金属替代贱金属成为本位货币是个渐进的过程，由商品交易数量和黄金的市场供给决定。17 世纪在美洲发现了比较丰富的金矿，黄金开采量随之增加，黄金从美洲不断流入欧洲，当时欧洲的商品贸易正处在快速增长时期，在大额贸易中开始使用黄金做交易，白银主要在小额交易中使用，从而拉开了金银复本位制的序幕。金银复本位制在历史演进过程中，经历了金银平行本位制和金银双本位制两个主要阶段。

金银平行本位制是指金币与银币在流通中，由市场决定两者比价关系的货币制度。金币与银币实际包含的价值量是两者市场比价的基础，当银的价值量下降时，单位金币兑换银币的数量相对增多；反之亦然。由于劳动生产率和市场供求的变化，两者的比价经常发生变动，在商品价格方面表现为两种货币表示的数量单位时有变化，对商品生产和商人判断市场带来不利影响。作为货币首要功能的价值尺度要求稳定，以确保流通的稳定性。因而，金银平行本位制在商品交易不断发展中，逐渐呈现出其负面效应。为了使货币的价值尺度功能相对稳定，客观上需要使金币与银币在流通中保持固定的比例，减少商人在交易中的货币风险，金银双本位制应运而生。

金银双本位制，是指政府以法律形式规定金银的比价，两者同时发挥本位货币功能的制度，是金银复本位制度的主要形式。金银双本位制初期对稳定市场和贸易发展发挥了积极作用。金银双本位制是基于国家法律保护的货币比价，消除了交易者的不稳定心理，繁荣了商品贸易。随之而来的是，货币流通中出现了一种奇特现象，虽然政府规定了金币与银币的固定比价，法律保护金币与银币并行流通，但在实际中往往仅有一种货币使用，另一种货币逐渐退出现实流通，被人们贮藏或熔化。对于这种现象，英国政治经济学家汤姆斯·格雷欣经过研究，揭示了现象背后存在的货币制度缺陷，指出这是“劣币驱逐良币”规律，是货币价值尺度的自发性与政府管制货币主观性矛盾的必然结果。

所谓“劣币驱逐良币”规律，是在两种本位币同时流通的条件下，政府通过法令确定两者的固定比价，由于两种货币的内在价值发生了变化，其实际比价偏离了政府过去做出的固定比价，而政府法令又没有及时做出相应调整时，人们都选择使用价值被高估的货币（劣币）进行贸易，实际价值被低估的货币（良币）则被贮藏（退出），在流通中出现实际价值较低的货币充斥市场的现象。汤姆斯·格雷欣据此上书英国女王，提出改革货币制度的建议。其后，英国经济学家麦克劳德在其著作《经济学纲要》中引用了这一结论，并命名为“格雷欣法则”。

在金银双本位货币制度中出现“劣币驱逐良币”有两个基本前提：一是国家强行规定金币与银币的官方固定比价；二是市场金币与银币的实际比价已经偏离国家的规定。英国在16世纪曾按当时的市场状况，规定金币与银币比价为1∶15，白银开采技术提高使白银价值下降，市场金银的实际价值含量比价是1∶16，政府规定的白银价值被高估，被政府低估价值的金币成为良币，在同一种货币的“双重价格”机制中，出现货币的投机行为不难理解。一部分人将金币熔化成金块，按照市场1∶16的比率换成银块，铸成银币，再按照1∶15的比价换成金币，如此循环从中获利。当大多数人都发现这一获利途径时，金币成为争相保留的货币，流通中的金币因被储藏而在市场上销声匿迹，银币充斥流通领域。从金银平行本位与金银双本位货币制度的两种不同效应中，我们可以看出，货币价值尺度的独占性和唯一性是货币流通稳定的前提，两种或两种以上不同货币在同一市场流通，其实质是价值尺度多元化，将导致要么由市场自发调整这些货币的比价，使价值尺度经常波动；要么政府强行规定两种（或两种以上）货币的固定比价。否则，当政府的调整滞后于市场的变化时，就会出现“劣币驱逐良币”的现象。

在金银复本位货币制度的后期，曾出现“跛行本位制”。这种货币制度规定，金币和银币都可以作为本位货币，两者间有兑换比例，其中，金币可以自由铸造，银币不能自由铸造。由于银币限制铸造，使银币的名义价值与实际价值无法保持一致，银币的名义价值取决于银币与金币的法定兑换比率。在现实中，银币无法起到本位币的作用，仅仅充当辅币角色，因此，跛行本位制无法长期存在，成为复本位制度向金本位制度的一个过渡阶段。

3）金本位货币制度

金本位货币制度，是指国家法律规定以黄金作为本位货币金属，确定货币单位、铸造方式和进行管理的货币制度。这种货币制度先后经历了三种形式，即金币本位制度、金块本位制度与金汇兑本位制度。

金币本位制度是金本位制度的最初形式，也是典型形式。金银复本位制度末期，流通中的本位货币已经由黄金充当，金本位制度最初建立于金币本位是非常自然的。英国于1816年正式采用金币本位制度，德国1817年颁布金币本位制度法令，丹麦和瑞典1837年实行金币本位制度，到19世纪末大部分欧美国家推行了金币本位制度。金币本位制度的主要内容包括：① 黄金作为本位货币材料，可以自由铸造，无限法偿。② 银和铜、镍为辅币材料，名义价值高于实际价值，限制自由铸造，有限法偿。③ 黄金可以自由输出与输入。④ 商业银行可以发行银行券，但必须以相应数量黄金作为发行准备。金币本位制度是一种稳定的货币制度，在国内流通中，本位币的实足价值确保了价格的稳定，不会出现通货膨胀。在国际范围内，黄金的自由输出和输入使其国际价值与国内价值基本一致，实现了黄金供求在国家之间的相对均衡。第一次世界大战对欧洲各国经济造成了极大破坏，国际贸易因此遭受严重打击，金币本位体系受到致命挫伤。第一次世界大战后，欧洲大部分国家纷纷放弃了金本位制度，随着战后经济的恢复，欧洲主要国家相继重拾金本位制度，并在一不定期范围内金币开始流通，但由于大部分国家金本位货币制度的基础已经受到严重削弱，一些国家从本国利益出发限制黄金的自由输出与输入，在贸易中设置关税壁垒抑制了黄金自由流动的灵活性。除经济发展较快的美国以外，其他国家没有恢复金币本位制度，而是采用了金块本位制度和金汇兑本位制度。

金块本位货币制度，是指国内不铸造金币，而发行银行券代表一定的黄金量进行流通，银行券可以有条件地兑换金块的货币制度。法国 1928 年的《货币法》明文规定，1 法郎的含金量为 0.065 克纯金，兑换黄金至少为 21.5 万法郎。英国 1925 年规定，银行券每次兑换金块最低为 1 700 英镑。实行金块本位制度虽然在流通中没有真实黄金，而只是价值符号作为黄金替身充当流通媒介，但当货币符号过多时，一部分银行券通过兑换黄金退出流通，保持了流通中货币需要量与货币符号实际流通量的一致。黄金的自由输出与输入实现了国家之间黄金供求关系的自发调节，使黄金价值尺度在国家范围内保持平稳，因此金块本位制度也是一种比较稳定的货币制度。但是金块本位货币制度的条件是国际收支平衡，一旦国际收支出现逆差，黄金外流数量过多时，这种货币制度就难以维持。所以在第一次世界经济大危机之后，英国、法国、荷兰、比利时等国家在经济危机冲击下，先后被迫停止了金块本位制度。

金汇兑本位货币制度又称“虚金本位制”，是指国家不铸造金币，流通中使用银行券，银行券可以兑换外汇，持有外汇可以在货币挂钩国家兑换黄金的货币制度。这种制度仍属于金本位制度的种类之一，除了具有规定货币含金量银行券流通之外，本国货币与另一个实行金币或金块本位制度国家的货币保持固定的比价，并将本国的黄金存放在这个国家作为外汇基金。实行金兑汇本位制度的国家主要是殖民地和经济发展不够坚实的国家，通过这种方式可以用相对少的黄金稳定本国货币的价值。印度和菲律宾作为英国的殖民地，先后在 1893 年和 1903 年实行金汇兑本位制度，将其货币与英国货币保持固定比价，在国内可以兑换英镑，用英镑在英国兑换黄金。由于金汇兑本位制度是一种依附性较强和残缺不全的货币制度，在执行中受国内和国外双重因素的压力，因此，在第一次世界经济大危机之后失去了存在的基础。

1.3.3 信用货币制度

前述将信用货币分为可兑现的信用货币与不兑现的信用货币，这种划分主要是依据货币符号是否能够兑换贵金属。从货币制度的角度划分，可兑现的信用货币制度与金属货币制度在内容上和性质上有更多相同之处，而不兑现的信用货币制度的管理有其特殊性，因此，对其进行独立研究更有利于理解。这里介绍的信用货币制度针对的是不兑现的信用货币制度。

1. 信用货币制度的内容

信用货币制度，是指国内不流通金属货币，国家（或机构）统一发行代表一定金属货币的价值（货币）符号，该符号只能在流通中使用，不能兑换贵金属的货币制度。信用货币制度的主要内容包括：货币发行机构和权力，货币单位和结构，货币流通范围和对外比值，货币发行准备和保证。

（1）货币发行机构和权力。发行不兑现的信用货币，是货币发展历史上一次质的变迁。信用货币制度与金属货币制度不同之处是没有了贵金属兑换的约束。从理论上讲，不兑现信用货币作为价值符号，仅用纸张制作印刷的很小成本，就可以制作出标有不同数量价值符号的货币，具有极大的利益和诱惑力，很容易造成发行数量的扩张。因此，各国在不兑现信用货币发行阶段实行了货币的垄断发行，通过法律明确中央银行是本国货币发行的唯一机构，其目的是防止不兑现信用货币盲目发行造成通货膨胀，也确保货币发行的铸币税归国家所有。进入20世纪90年代以来，信用货币发行出现了两个变化：其一，电子信息技术在银行广泛运用，使电子货币成为继信用货币之后的一种新形式。电子货币的制作和发行绝大多数由商业银行自主管理，尽管商业银行电子货币的发行数量一般受制于存款数量，但信用卡的透支功能可以产生创造货币的效果。从流通手段角度讲，电子货币的分散发行已经使货币发行机构多元化。其二，区域经济合作基础上形成的区域货币合作，使货币发行跨国流通成为现实。1998年6月1日欧洲中央银行的成立，标志着欧洲主要国家将实行统一的货币政策和货币制度。2002年7月跨国货币——欧元成为欧盟11国的统一货币，使得货币发行权力更加集中，货币发行数量不再取决于某一国家的意志，而决定于欧洲中央银行的统一决策。

（2）货币单位和结构。通过金融法律条令明确货币的单位名称，货币发行结构也需要做出严格限定，根据国家经济发展和现实情况，货币单位可以改称，货币结构可以做相应调整。目前，美国货币单位为“美元”，1美元=100美分。本币结构为100美元、50美元、20美元、10美元、5美元、1美元，辅币结构是50美分、25美分、10美分、5美分和1美分。英国货币单位为“英镑”，1英镑=100便士。本币结构是50英镑、20英镑、10英镑、5英镑、1英镑，辅币结构是50便士、20便士、10便士、5便士、2便士、1便士和1/2便士。日本的货币单位是“日元”，货币结构是10 000日元、5 000日元、2 000日元、1 000日元、500日元、100日元、50日元、10日元、5日元、1日元。我国的货币单位是人民币“元”，1948年12月1日发行的第一套人民币结构达62种；目前流通的是第五套人民币，主币是100元、50元、20元、10元、5元、1元，辅币是5角、1角。

（3）货币流通范围和对外比值。不兑现的信用货币要取得市场的认可与接受，必须使持有者确信自己不受损失，且能够购买相应价值的物品，因此国家法律保护是基础，即国内任何交易者不得拒收本国发行的信用货币。一个国家法律保护的范围限于本国疆域，跨国界的行为不受本国法律保护，信用货币亦如此，国际交易中对方有权拒收他国货币。绝大多数国家的货币流通范围限于国内，只有极少数国家的货币能够被其他国家接受，能够跨国界流通的信用货币一般被称为“硬通货”。国家发行的信用货币曾一度公布其单位货币的含金量，尽管货币含金量只体现在名义上，不能兑现黄金，但据此能够比较两国货币的比价。美国政府在1944年规定1美元含1/35盎司黄金，若某国政府确定该国单位货币含1/105盎司黄金，那么美元与该国货币的比价（汇率）即为1 ∶ 3。

当前实行外汇管制的国家，汇率均由该国中央银行依据经济、政治、金融等各种因素综合考虑，确定本币与外汇的比价（汇率），并根据实际情况作一定的调整。对实行自由兑换的货币制度而言，汇率变动主要受外汇市场的影响，汇率反映不同货币的购买力价值和市场供求状况，但即使在实行自由兑换货币制度的国家，中央银行对外汇市场的关注和引导也一直没有中断。

（4）货币发行准备和保证。不兑现信用货币的发行准备，是指货币发行机构对货币投放数量的客观约束和最高限量。各国货币发行准备可以归为三类：以外汇资产作准备，以市场商品作准备，以有价证券作准备。大部分国家主要以市场商品供应量作准备，根据商品市场需求与供给关系决定货币发行量。

2. 信用货币制度的类型

在信用货币制度下，价值符号是唯一流通手段，因此，按照以何种物品作保证，可以把信用货币制度分为三大类：商品作保证的信用货币制度、有价证券作保证的信用货币制度和外汇资产作保证的信用货币制度。

（1）商品作保证的信用货币制度。商品作保证的信用货币制度，是指货币发行以国内商品市场供应状况作为货币发行数量的主要依据，以经济稳定发展为目的决定货币发行量。目前，绝大多数国家采用这种发行制度。政府在垄断信用货币发行权以后，由于很难准确测定市场货币发行的必要量，贵金属与货币发行又失去了联系，因此，货币当局发行货币的数量取决于可供应商品价格总额交易的需要，既要考虑活跃市场发展，又要确保不致引发通货膨胀。我国的货币发行就是采用以商品作保证的信用货币制度。

（2）有价证券作保证的信用货币制度。有价证券作保证的信用货币制度，是指货币发行以相应数量的各种有价证券，作为相应约束的信用货币制度。这种制度在某种意义上限制了货币发行的最高限，货币发行与经济发展需要保持了大体相等的节奏，有助于货币供求平衡。1980 年美国《联邦储备法》规定，可以作为货币发行保证的有价证券包括联邦政府债券、合格的商业票据和银行承兑票据、经联邦银行审查合格的地方政府债券、黄金证券等。

（3）外汇资产作保证的信用货币制度。外汇资产作保证的信用货币制度，是指信用货币发行与外汇资产保持固定比例关系，受制于外汇资产数量的信用货币制度。具体讲，货币发行机构首先要有一定数额的外汇资产储备，按照当时的汇率折合成相应数量的本币数额，作为发行本币的最高限。我国特别行政区香港的港币发行实行“联系汇率制度”，即始终保持 1 美元兑 7.8 港元的比价联系。发行港币的银行须向香港政府外汇基金管理局上缴美元外汇，换得“负债证明书”，标明相应数额的美元债务，以此为凭折合相应数额的港币数量，该银行的港币发行不得超过折合的港币数量。这是外汇资产作保证的信用货币制度，是以 100%的美元外汇作为港币发行准备，以确保港币发行的足值外汇兑换能力，保证港币的价值稳定。目前，香港汇丰银行有限公司、渣打银行（香港）有限公司和中国银行（香港）有限公司三家机构在香港发行港币。

1.4 国际货币制度

国际货币制度，是指一种货币制度规则的相关内容适应多个国家，参加国际货币制度的国家无权单方面修改货币制度的内容，但有权选择加入或退出该国际货币制度。

1.4.1 国际货币制度形成的基础

货币发展决定于两个关键因素——商品性因素和货币性因素。商品性因素的含义是，有商品交易往来的国家之间必然伴随货币流通，这种货币本身有价值才使接受者放心，不因国家经济政治等原因导致货币被拒绝接受。因此，从价值的角度讲，作为国际性货币应该是具有十足价值的贵金属，体现世界货币的功能。货币性因素的含义是，货币因为具有内在价值被市场接受，如果货币符号能够确保代表稳定的商品价值，并被广泛认同时，也能够被市场接受。从流通的角度讲，作为国际性货币也可以是信誉度很高，稳定代表一定价值量的货币符号。

对货币制度的了解可知，国际货币制度是跨国界的货币游戏规则，这种规则形成的基本原则是商品交易中的利益对等，规则存在的基础是商品交易各方的信誉和信任，交易方无论接受普通商品或是接受货币都不会丧失价值，交换才能够在国际间顺利完成。如果说金属货币时期货币内在价值的真实性，使货币的国际游戏规则具有自发性和市场性的话，那么，在信用货币时期货币代表价值的虚拟性，使货币的国际流通必须具有组织性和可操作性。

1.4.2 国际货币制度的内容

为了学习的需要，我们对各种国际货币制度进行了梳理，归纳为以下内容：确定货币汇率或统一货币；确定国际储备资产；确定国际清算规则；协调国际收支。

1. 确定货币汇率

货币汇率即不同国家货币之间的比价关系，这是国际货币制度中最主要的内容。无论在金属货币时期还是在信用货币时期，各国单位货币的金属重量，或单位信用货币代表的价值量各异，不同货币单位的统一衡量首先要确定比价。金属货币不同单位间的比价决定于单位重量，信用货币不同单位间的比价决定于其代表的价值量。第二次世界大战后，布雷顿森林会议确立了以美元为中心的“双挂钩”国际货币制度，各国货币均需确定与美元的比价（汇率），才能以此为据确定与其他国家货币的比价。20 世纪 90 年代后期，欧洲货币联盟实行了统一的货币制度，实现了信用货币的跨国界自由流通，参加欧洲货币联盟的国家之间实行了单一欧元货币，但欧元与欧洲货币联盟以外的国家依然保持汇率。

2. 确定国际储备资产

各国为了应付国际支付需要必须有一定的国际储备，这种储备只有被世界各国普遍接受，才能实现在国际间的支付。在金币本位时期，各国的国际储备资产是黄金；在金汇兑本位时期，黄金与外汇都是国际储备资产。第二次世界大战后的相当一段时期，黄金和美元保持固定比价关系，使国际储备资产主要表现为黄金和美元。目前，各国的国际储备资产主要包括外汇、黄金、特别提款权。

3. 确定国际清算规则

国际商品交往引起的跨国间债权债务清算，是一项十分复杂的工作，需要双方信任，更需要有共同遵守的统一清算规则。国际间目前广泛采用的主要结算工具是信用证、汇票结算等，由一定的国际金融机构制定统一规范的操作程序，对可能发生的问题做出明确的处置方法，对相关的权利和义务做出准确界定，保证国际间贸易往来、投资活动和非商品支付的正常进行。

4. 协调国际收支

国际间的贸易和投资活动往往会出现不同国家之间失衡的问题，某一国出现大量顺差的同时，其他国家会出现一定的逆差，引发一些矛盾和冲突。当国家间不能通过协商解决时，国际金融组织可以通过一定途径，协调和解决国际收支的失衡问题。当某国出现货币危机和金融秩序混乱，本国政府已失去控制能力时，国际金融组织按照一定的规程，针对具体情况制订相应的方案给予一定的融资，帮助其恢复正常的金融秩序。

1.4.3 国际货币制度形式

从货币发展历史的角度，可以将国际货币制度划分成四类，即国际金本位制度、国际固定汇率制度、国际浮动汇率制度和区域性货币制度。

1. 国际金本位制度

黄金作为货币的代表形态，本身的社会属性和自然属性决定了黄金既是国家货币，也是国际货币。在国家货币制度进入金币本位制度的同时，也就成为国际金本位制度。

国际金本币制度的特点可以概括为四个主要方面：①黄金作为国际统一货币。“货币天然是黄金”的自然属性，使黄金不必经过任何组织机构的协商认可就可作为货币，完全是一个自然、自发的过程。金币本位制度时期，工业革命使英国成为全球经济最强的国家，殖民地和国际贸易遍及世界，因而，英镑在国际金本位中发挥着中坚作用，西方经济学者把第一次世界大战前的国际金本位制称作英镑本位制度。②各国都规定单位货币的黄金含量。同质不同量的各国金币，需要通过确定各国金币中黄金含量才能进行比较，从而确定不同国家黄金货币的比价，又称铸币平价。黄金对外价值的长期稳定和对内自由铸造，使金币流通保持平稳，是一种严格意义上的固定汇率制。③自发调节国际收支。国际金本位制度下，如果某一国家国际贸易大量“入超”出现逆差时，相应差额的黄金流向国外，黄金外流使国内货币量减少。贸易逆差越大，黄金外流使货币量减少越多，通货紧缩造成国内商品价格相应下降，物价下跌使商品价格有所下降，有助于增加商品出口。随着商品出口量的增加，国外黄金逐渐流入国内，国际贸易逆差消除，国际收支自动调节平衡。同样，当出现国际贸易顺差时，自动调节的方向相反。英国经济学家休谟据此研究并首先提出了著名的“价格—铸币流动机制”。④没有固定的组织机构制定规则。国际金本位制度的形成，是市场机制作用和价值规律在国际交换中的必然结果，各国政府确定本国货币的币材和单位货币含金量，其运行依据价值规律和约定俗成的"国际惯例"。由于"价格—铸币流动机制"自动调节了国际贸易失衡和黄金自发流动，客观上没有必要建立一个组织机构协调这些问题。

第一次世界大战破坏了国际金本位制度，金块本位和金汇兑本位制度勉强维持着金币本位制度的运行，在银行券大量流通不断扩大的同时，国际金本位制度的生命力渐渐衰竭。1929 年世界金融经济危机的大爆发，宣告了国际金本位制度退出历史舞台。

2. 国际固定汇率制度

1943 年 4 月 7 日，基于第二次世界大战胜局已定和战后经济恢复的考虑，美国政府提出了"怀特计划"，英国政府提出了"凯恩斯计划"，1943 年 7 月在美国布雷顿森林召开的 44 国参加的会议上"怀特计划"得到认可，并通过《布雷顿森林协定》，建立了以美元为中心的国际货币制度体系，即布雷顿森林体系。

布雷顿森林体系实质是没有贵金属（黄金）流通的国际固定汇率制度，是继国际金本位制度之后新的国际货币制度。这种制度的内容概括为：①建立国际性金融机构，促进国际货币合作。国际货币基金组织（International Monetary Fund，IMF）是第二次世界大战后国际货币制度的核心，各项规定构成了国际金融运行的基本框架，通过国际货币基金组织这样的机构，将大部分国家的货币金融问题集中在可协调的统一平台上，建立共同利益基础上的金融规则，加强各成员国的相互联系，为发展中国家融通资金，维护国际金融秩序的稳定。②确定美元作为最主要国际储备货币。实行两个固定比价——"双挂钩"制度，即黄金与美元保持固定比价（1 盎司黄金=35 美元），其他国家货币与美元保持固定比价，各国中央银行可用美元向美国中央银行兑换黄金。③向国际收支逆差国家提供短期融资。国际货币基金组织成员国因发生国际收支困难需要一定的国际储备时，可用本币向国际货币基金组织按规定程序购买一定数额的外汇，在约定期限内偿还。④取消外汇管制和实行限额分配。国际货币基金组织成员国不得限制经常项目的支付，不得采取歧视性货币措施。当国际货币基金组织成员国的货币在国际货币基金组织库存下降到其份额的 75%以下时，宣布该国货币为"稀缺货币"，国际货币基金组织可按需要实行限额分配，其他国家有权对"稀缺货币"采取临时性限制兑换，或限制进口该国商品及劳务。

布雷顿森林体系营造了一个相对稳定的国际金融环境，促进了国际经济贸易的增长。但由于布雷顿森林体系是一种美元本位制度，要求美国提供足够的美元作为国际储备货币满足国际清偿需要，同时又要保证美元按比价兑换黄金，由此引发了"特里芬难题"，即美元供给太少会发生国际清偿力不足的问题，影响国际经济的正常发展；美元供给太多就会发生难以兑换黄金的风险，从而动摇信心引发货币危机。美国耶鲁大学教授罗伯特·特里芬（Robert Triffin），在 20 世纪 50 年代通过研究布雷顿森林货币体系的内在机理，针对这一现象提出了"特里芬难题"。1960 年 10 月，爆发了第一次抛售美元抢购黄金的危机。1971 年 8 月，美国面对本国巨额国际收支逆差和各国中央银行兑换黄金压力，宣布实行"新经济政策"，停止美元兑换黄金。1971 年 12 月，"十国集团"在美国首都华盛顿的史密森召开会议，达成了《史密森协议》，主要内容：1 盎司黄金=38 美元，但仍然停止兑换黄金；调整各国货币与美元的汇率；允许各国货币对美元汇率波

动范围从 ± 1 %扩大到 ± 2.25%。美国在没有能力改变美元颓势的压力下，1973 年被迫宣布美元再次贬值，1 盎司黄金=42.22 美元。到了 1973 年 3 月各国中央银行相继放弃努力，汇率进入全面自由浮动，至此，国际固定汇率制度寿终正寝。

3. 国际浮动汇率制度

国际固定汇率制崩溃后国际货币秩序一度陷入群龙无首状态，对国际经济贸易带来极大负面效应，由于国际贸易衰退使各国的经济利益都在不同程序上受到损害，寻求新的国际货币制度成为各国政府的共同愿望。1976 年国际货币基金组织的“国际货币制度临时委员会”在牙买加召开会议，达成《牙买加协定》。同年 4 月，国际货币基金组织理事会通过了《国际货币基金组织协定》的第二次修正案，形成了新的国际货币制度——国际浮动汇率制度。

国际浮动汇率制度体现在《牙买加协定》中，该协议的主要内容概括为五个方面：①黄金非货币化。废除黄金条款和官价，按照市场价格交易黄金，取消成员国之间以及与国际货币基金组织之间用黄金进行清算的要求，并将国际货币基金组织所保存的黄金逐步变卖处理。②汇率选择多元化。成员国自由选择汇率制度，汇率政策应与国际货币基金组织协商并接受监督。实行浮动汇率制的会员国，根据经济发展条件逐步恢复固定汇率制，尽量缩小汇率波动幅度，避免操纵汇率获取不公平竞争利益。③提高特别提款权的国际储备地位。规定特别提款权逐步取代黄金和美元，成为主要国际储备资产，会员国间可以自交易特别提款权，尽量扩大特别提款权在业务交易中的使用范围。④扩大对发展中国家的资金融通。用出售黄金所得收益设立“信托基金”，以优惠条件向最贫困的发展中国家提供贷款或援助，解决其国际收支困难。扩大国际货币基金组织贷款额度，从占成员国份额的 100%增加到 145%，放宽“出口波动补偿贷款”额。⑤增加成员国的基金份额。成员国对国际货币基金组织所缴纳的基本份额由原来的 292 亿特别提款权增加到 390 亿特别提款权，各成员国应缴份额比重也有所改变。主要石油输出国比重提高 1 倍，由 5 %增加到 10%，其他发展中国家维持不变。

《牙买加协定》后的国际货币制度使黄金的国际货币作用严重削弱，美元地位不断下降，马克、日元、特别提款权的国际地位不断提高，但美元在诸多储备货币中仍居主导地位。多元化的货币储备体系基本上摆脱了固定汇率制时期美元主导与其他国家货币依附相互牵连的弊端，在一定程度上解决了“特里芬难题”，对世界经济发展起到了促进作用。在国际浮动汇率制度中各国汇率制度可以自由选择，出现了多种汇率制度，主要发达国家货币汇率实行单独浮动或联合浮动，发展中国家普遍采用了盯住汇率制度，使本国货币盯住美元、英镑、特别提款权和欧洲货币单位。经济实力强大的国家选择单独或联合浮动汇率制，是为了在国内政策上取得更大的独立性；经济实力不够强的国家为了避免汇率浮动对国内物价、进出口的影响，倾向于采取某种形式的固定汇率制度。对外贸易依存度高且与贸易伙伴之间通货膨胀率差异大的国家多采用浮动汇率，以便根据通货膨胀变化及时调整汇率，贸易伙伴比较集中的国家乐于与贸易国维持固定汇率，以便加强贸易往来和相互信任。国际浮动汇率制的多样性被有些西方经济学者称为混合体制（hybrids system），这种体系中的国际收支平衡主要通过汇率机制和利率机制调节，以及动用国际储备资产等方式解决。从理论上讲，当一国国际收支（主要是经常项目）发生逆差时，该国汇率上升（直接标价法），本币出现贬值，本币贬值能够激励国内贸易出口减少进口，从而使国际收支状况得到改善；反之亦然。在实践中，发展中国家进口需求一般都很低，出口供给弹性也不大，不能满足“马歇尔–勒纳条件”。发达国家的汇率变化也存在“J 曲线效应”，难以立即产生效果。1985 年美国因出现国际贸易逆差，美元对马克、日元等多种“硬通货”宣布贬值，但美元贬值以后的美国贸易收支状况并没有立即改变，国际贸易逆差不仅没有减少，反而在 1987 年达到历史最高水平，一直到 1988 年以后贸易收支状况才开始好转，国际贸易逆差逐步下降。

国际浮动汇率制度中的国际货币储备多元化体系，由于缺乏统一稳定的货币标准，汇率随经济金融多变引发的外汇市场动荡在所难免，因而激发了国际热钱的投机冲动，投机资金介入更加剧了汇率动荡的波幅，对国际贸易、国际投资和国际经济带来严重的影响。面对汇率动荡的冲击和国际贸易风险的加大，建立一种共同的货币制度稳定汇率，从而使国际经济健康发展众望所归。

4. 区域性货币制度

区域性货币制度也称区域货币一体化制度，是指在一个区域内相近的多个国家通过协商制定统一货币制度，共享一个中央银行、使用单一货币流通和管理的货币制度。目前，欧洲中央银行体系和欧元流通，就是区域性货币制度的代表。欧洲货币一体化与欧元的使用，是欧洲主要国家共同利益协商的产物，是国际固定汇率制崩溃后一种新的“固定汇率制”，多国货币被一种货币取代消除了不同货币的比价，成为这些国家间没有货币汇率的货币制度。1969 年 12 月欧洲经济共同体在海牙召开首脑会议，提出了建立欧洲经济与货币联盟的方案，通过了《维尔纳报告》，报告预定 1980 年之前分三阶段实现货币统一。作为建立货币联盟的尝试，1973 年创立欧洲汇率机制实行 6 国联合浮动，但因外汇市场共同干预机制缺陷而告失败。1979 年 3 月 13 日欧洲货币体系正式建立，先后有 12 个国家加入，其核心是实行可调整的内部固定汇率制，并相应规定欧洲货币单位（European currency unit，ECU）由欧洲共同体 12 国货币组成，在欧洲共同体内具有流通手段职能。规定了各国货币与 ECU 的汇率。集中各成员国黄金储备的 20%，以及其他外汇储备的 20%建立了欧洲货币共同基金，当汇率波幅超过 ±2. 25%偏离中心汇率时，该国要进行干预以恢复规定的平价。1989 年 4 月以德洛尔为首的欧洲共同体委员会提出了《欧洲共同体经济与货币联盟报告》，又称《德洛尔报告》，并于 6 月获得批准。根据《德洛尔报告》，欧洲经济与货币联盟第一阶段于 1990 年 7 月 1 日启动，由欧洲共同体成员国中央银行行长组成委员会进行货币政策协调。1994 年 1 月进入第二阶段，欧洲货币局设立，取代成员国中央银行行长委员会。1995 年 12 月欧盟首脑会议通过《马德里决议》，确定欧洲单一货币正式定名为欧元。1998 年 5 月 26 日欧元区 11 国正式任命欧洲中央银行行长、副行长及委员会其他成员，1998 年 6 月 1 日欧洲中央银行正式成立，欧洲货币局自行撤销。1999 年 1 月 1 日欧洲货币联盟进入第二阶段，欧元成为参加国的非现金交易货币，各国货币与欧元汇率被锁定，欧洲中央银行统一接管货币管理职能。2002 年 1 月 1 日起 700 亿欧元现金进入流通，7 月 1 日各国货币完全退出流通，欧元成为11个参加国的统一货币，欧洲货币一体化进程就此完成，标志着一种新的国际货币制度成功建立。

国际货币制度的建立与正常运行的生命力在于货币代表价值的稳定性，能够确保任何持有者不因时间和地点的变化而损失利益，满足国际贸易和经济的持续发展。在金本位货币制度之后的多种国际货币制度变迁中，大都表现为生命的阶段性。欧洲货币一体化诞生的欧元，是当前国际货币制度的新阶段，已经表现出对区域经济和世界贸易的积极贡献，为其他区域货币合作提供了有益借鉴。中东地区货币一体化以丰富的石油资源为基础，通过海湾国家银行和阿拉伯货币基金组织，在稳定成员国汇率、协调货币政策和调节国际收支平衡方面做了大量工作。亚洲货币合作在理论上进行了大量的探索，特别是东盟各国在实现自由贸易区和货币一体化方面有了积极的进展。

1.5 中国的货币制度

1.5.1 中国古代的货币

中国是货币萌芽最早的国家之一。中国史书记载，粮食、布匹等都曾充当过等价物，如“氓之蚩蚩，抱布贸丝”。据《周礼·九贡》记载，殷商时期的贝币是较早且较长时间充当一般等价物的货币，现行文字中含贝字的内容多与财富相关，如财、赏、贵等。贝作为货币的原因同样是其社会属性和自然属性决定的，农耕时代人群居住和农业生产主要在内陆，获得海贝要经过手工打捞和长途携运等环节，在当时的生产力和运输工具条件下非常艰辛，需要花费很长的时间和很大的体力。贝的自然属性表现为单位规整、色泽鲜亮、坚固耐磨、不易腐烂等，适合在当时贸易条件下作为货币，以至后期金属货币流通初期，外形上沿用了贝币的形状，称铜贝，也有金贝。

中国西周时期进入封建社会，冶炼技术有所发展，铜材成为最早的金属货币，在诸侯林立的地域分割格局下产生了不同的货币外形，大体可以分成四个体系，即刀币体系、布币体系、楚币体系和圜币体系。秦国统一六国后，实行圆边方孔（天圆地方）钱，标准货币单位是“半两”，意在“于一钱之中，法备天下，天覆地载，万宇一统，象征君临万方，皇权至上”。汉武帝时期，统行“五铢”钱，从公元前118年开始流通，延续了500多年。

1.5.2 中国货币制度史

按照前述货币制度的内容，可以将中国的货币制度大体分为四个阶段，分别是铜本位货币制度、银铜复本位货币制度、银本位货币制度和信用货币制度。

1. 铜本位货币制度

铜本位货币制度，是指以铜材作为本位货币形成的货币制度。这种货币制度虽然在春秋时期已经存在，但较规范的管理形成于秦朝。秦朝的铜本位货币制度通过法律制度建立，主要内容包括：①黄铜作为货币材料。②规定本位货币的单位。③货币外形为圆边方孔，自由铸造。④货币不受国界限制，自由输出、输入。黄铜作为货币材料与中国冶炼技术有极大相关性，人类获取铜的时间早于冶铁技术，冶铁技术的发展和铁矿石的丰富储量使生产铁的成本很快降低，铁器的自然属性使铁大量用于制造劳动工具和武器。铁曾一度在中国历史上充当货币，但因其自然和社会属性决定了它不能长期担当货币。用铜作货币在中国货币发展历史上时间最长，许多学者据此称这一时期中国实行的是“铜本位”货币制度。

2. 银铜复本位货币制度

银铜复本位货币制度，是指以白银和黄铜作为本位货币材料流通的货币制度。其主要内容包括：①白银与黄铜铸币作为货币材料。②白银货币单位为“两”，黄铜货币单位为“钱”。③白银以条块流通，民间自铸；黄铜以铸币流通，由官府造币机构铸造。唐末宋初时，白银开始成为当时的金属货币之一，流通中黄铜与白银并行，黄铜主要用于日常少量物品交易，民间交往和交换大多使用黄铜，称为下品钱；白银主要用于大宗交易以及交纳官税，解京的税金均为白银，白银为上品钱；当时，我国与中亚地区已经建立了商贸往来，波斯商人将当地金币携入长安，称为极品钱。极品钱稀少珍贵，更多用于妇女饰品和家珍储藏，流通中主要是银两和铜钱。

3. 银本位货币制度

据史书记载，唐朝末年白银货币广泛流通，宋代的朝贡和商贸已较普遍使用白银，清朝宣统二年（1910 年）颁布《币制条例》，确认实行银币本位制度：①白银作为本位货币材料。②规定以“圆”为货币单位，单位货币重七钱二分。③铸币权统归中央，禁止各省自由铸造。④银币在流通中无限法偿。到了民国三年（1914 年），政府公布的《国币条例》仍以“圆”为货币单位，同年，在天津总厂铸造带有袁世凯头像的银圆，民间俗称“袁大头”。1928 年北伐战争结束，政府改铸孙中山开国纪念币，俗称“孙币”或“孙圆”。从《币制条例》开始推行的银币本位制，虽在币材上得到相对统一，但流通中银两与银币并行流通，主要原因是商品经济发展缓慢和地区间差异较大，加之外国银币在国内的流通，民间视银两为足值币材，银两作为流通手段没有彻底退出流通领域。1933 年 4 月，国民党政府公布《银本位币铸造条例》，实行“废两改圆”，银圆才成为真正的本位货币，即银币本位制度。新规定的银圆重 26.697 1 克，每圆含纯银 23.493 克，无限制使用。

4. 信用货币制度

我国宋代末期的“交子”、清代的“银票”都可以兑换白银，可以看做是兑现的信用货币。明代洪武八年（1375 年）发行“大明通行宝钞”，禁止金银和铜钱流通，推行单一纸币，可以视作不兑现的信用货币制度初试。但“大明通行宝钞”很快贬值，流通混乱，不得已重归金属货币制度。民国时期，1935 年 11 月币制改革后，实行法币制度，货币发行权统归中央银行，这是通过法律形式开始推行不兑现的信用货币制度。先后发行的货币有法币、金圆券、银圆券等。

1.5.3 人民币制度

在人民币制度建立之前，国内存在两种货币制度，一种是国民党政府的货币制度，另一种是共产党领导的革命根据地货币制度。1935 年国民党政府实行了货币改革，放弃银本位制度发行钞票，“法币”具有无限法偿能力，1 法币=14.5 便士，或=0.297 5 美元。革命根据地由于处在包围之中，实行的是统一政策分散发行的货币制度，到 1948 年，先后发行的货币有“晋察冀边区货币”“西北农民银行币”“东北银行币”“辽东银行币”“华中银行币”“内蒙银行币”“中州农民银行币”“关东银行币”“长城银行币”等。

人民币首发于 1948 年 12 月 1 日，标志着人民币制度的正式建立。在人民币发行之前，各解放区都发行了自己的货币，称作边区货币，简称“边币”。对于已经发行流通的边币，中国人民银行采用“固定比价、混合流通、逐步收回、负责到底”的政策，用新发行的人民币兑换、回收边区货币，如当时人民币兑冀南银行券 1∶1 000，人民币兑西北农民银行券 1∶2 000，人民币兑东北银行券 1∶200。对国民党政府发行的钞票，实行了无限制和无差价的收兑方针，按照人民币兑金圆券 1∶100 000 兑换，前后 7 天收兑完毕。

人民币制度的内容可概括为以下四个方面：①人民币是我国的合法通货，具有无限法偿能力。国内不允许金银外币计价流通，一切货币收付、结算、债务清理均以人民币为统一计价单位。②人民币本位币基本单位为“元”，结构是 1 元=10 角，1 角=10 分。1955 年 3 月 1 日发行的第二套新版人民币，按照 1 元新人民币兑 1 万元旧人民币的比率，收回第一套人民币。第二套新版人民币票面结构，主币是 10 元、5 元、3 元、2 元、1 元，辅币是 5 角、2 角、1 角、5 分、2 分、1 分。目前流通的是第五套人民币。③人民币垄断发行，与贵金属无联系。除中国人民银行外，其他机构不得发行流通工具。人民币是不兑现的信用货币，无限法偿，不能兑现贵金属，中国人民银行按照经济发展需要发行人民币和调节人民币发行量。④人民币限于国内流通。人民币不能自由兑换外汇，而必须通过国家外汇管理局批准，按照许可额度兑换外汇。个人可以携带一定数额的人民币出境。

1.5.4 香港特别行政区货币制度

由于历史的原因，我国香港地区曾租借给英国政府，1997 年 7 月 1 日，中国政府恢复了对香港行使主权，实行“一个主权国家，两种社会制度”的管理体制，相应的货币制度也实行人民币与港币共存的货币制度。

人民币与港币在中国同属合法货币，但实行不同的发行方式：①人民币由中国人民银行统一发行和管理，人民币的货币单位、货币结构和市场流通规则，由中国人民银行统一制定和监督；香港特别行政区的港币由香港汇丰银行有限公司、渣打银行（香港）有限公司和中国银行（香港）有限公司三家商业银行发行，其他商业银行若申请发行港币，需经香港金融管理局审核批准。②人民币发行以国内商品供应为基础，随着经济发展和商品交易的扩大相应增加货币供应量，主要受经济发展状况和市场物价变动幅度约束；港币发行实行“联系汇率制度”，港元与美元保持固定汇率，从 1983 年开始，1 美元兑 7.8 港元，每发行 7.8 港元需向外汇基金提交 1 美元作为发钞准备，港币发行受外汇储备数量限制。③人民币在大陆地区流通，不能自由兑换；港币在香港特别行政区流通，可以自由兑换。香港货币单位为“元”，用“HK”表示。货币结构：纸币 1 000 港元、

500港元、100港元、50港元、20港元、10港元、5港元，硬币5港元、2港元、1港元、5毫、2毫、1毫（1港元=10毫）。

➤本章小结

1. 货币是商品交换的必然产物。货币变迁的历史轨迹是实物货币、金属货币、信用货币和电子货币，其根本推动力是生产力水平的不断提高。影响货币材料的主要因素包括社会生产力的发展、对生产和生活有直接影响的物品、商品的自然属性和自然环境、民族风俗等。货币层次划分的主要依据是流动性，划分的主要目的是掌握不同层次货币的分布和变化规律，为中央银行金融调节提供预测和参考依据。

2. 黄金作为货币，其主要功能表现在五个方面。价值尺度功能的主要特点为：必须具有内在价值，具有独占性和排他性，可以不需要货币本体亲临现场。流通手段功能的主要特点为：必须是现实的货币，可以用货币符号代替，潜伏着买卖脱节的可能性。贮藏手段功能的基本条件为：具有足值的贵金属商品，货币社会存量大于流量，没有强制性权力介入货币流通。支付手段功能主要表现为：方便了商品交换，减少实际货币流通数量，节约了流通费用。世界货币的功能主要表现为：国际间的流通手段、国际间的支付手段、财富的单方面转移。

3. 货币制度主要分为金属货币制度和信用货币制度。金属货币制度内容包括货币金属、货币单位、货币管理和准备制度。其类型有银本位货币制度、金银复本位货币制度、金本位货币制度。信用货币制度内容包括：货币发行机构和权力；货币单位和结构；货币流通范围和对外比值；货币发行准备和保证。其类型有商品作保证的信用货币制度、有价证券作保证的信用货币制度和外汇资产作保证的信用货币制度。

4. 国际货币制度的内容包括：确定货币汇率或统一货币；确定国际储备资产；确定国际清算规则；协调国际收支。其形式包括国际金本位制度；国际固定汇率制度；国际浮动汇率制度；区域性货币制度。

5. 中国是货币起源较早的国家，先后经历了铜本位货币制度、银铜复本位货币制度、银本位货币制度和信用货币制度。目前人民币制度内容包括：人民币是国内合法通货，人民币货币单位为“元”，由中国人民银行垄断发行，是不兑换货币。

➤关键术语

货币发行　货币制度　货币符号　价值尺度　流通手段　储藏手段　世界货币　货币流通　金属货币　信用货币　银本位货币制度　金本位货币制度　电子货币

➤复习思考题

1. 简述金属货币的基本功能。
2. 为什么货币制度从贱金属到贵金属演进？
3. 我国的货币制度为什么没有经历金本位货币制度？
4. 金属货币制度和信用货币制度的主要内容是什么？
5. 简述我国货币制度发展的进程。

第 2 章

信用制度

【本章提要】　本章介绍信用的形成与发展，信用制度的经济学分析。从信用制度的业务层面，分析现代经济中商业信用、银行信用、消费信用、国家信用等多种信用形式以及信用工具等内容。论述信用制度建立的必要条件及其技术支持，研究和探讨我国信用体系建设过程中的问题。

2.1　信用的形成与发展

2.1.1　信用及其特征

信用一词最早源于拉丁文 credo，意为相信、信任、声誉、恪守诺言等。经济学意义上的信用将词义进行了一定的转化与延伸，侧重于体现特定关系的借贷行为。长期以来，信用被定义为以偿还本金和支付利息为条件的借贷行为。但也存在许多从不同角度对信用含义的解释。例如，从新制度金融学角度分析，信用的实质是财产借贷或财产权利借贷；从信用在市场交易中所显示的隐契约特征分析，信用是基于各种财产的当期或跨期交易，维护交易双方利益的制度规则。

商品经济条件下信用具有三大构成要素，即信用关系主体、信用载体和信用制度规则。信用关系主体是交易活动中的交易双方，其中转移信用的一方为授信方（债权人），拥有将来收回价值的权利；接受信用转移的一方为受信者（债务人），承担将来支付价值的义务。在交易中，信用以及信用关系通过信用载体反映出来，这一载体可以是内化在交易双方行为中的价值准则，也可以是带有非正式契约性质的口头承诺，或者基于完备的制度规则的各种工具。信用制度产生之初，信用关系自由松散，通常通过口头协议方式议定债务人到期偿付承诺。当时，信用关系完全根据当事人双方的记忆与诚信，由于缺乏法律及契约保证，容易产生纠纷，加之实际交易仅局限于相互熟悉的人群之间，极大地限制了信用的发展，降低了效率。在现代市场经济条件下，市场交易的发展和完成通过一定的契约关系表现，契约的履行和遵守必须依靠一套完整的交易制度规则，否则，交易双方缺乏平等的交易基础，信用无法完成。

信用的特征可归结为三方面：① 信用是以到期偿还本金和支付利息为基本特征的借贷关系。人们日常借贷行为可分为有利息借贷和无利息借贷。在货币经济条件下，交易双方从等价交换原则出发，考虑各自的经济利益产生有条件的借贷行为，即必须到期偿还本金和支付利息。商品经济越发达，借贷行为越趋于普遍，信用形式也越多样化。② 信用是价值运动的特殊形式。信用关系引起的价值运动通过一系列借贷、偿还、支付活动来实现，授信方只是执行不发生资金所有权变化的价值单方面让渡或转移，货币以独立的价值形式进行单方面转移。③ 信用的运行机制以契约为基础，以履约为核心。信用反映交易双方的相互信任，实质是交易双方对交易规则的一致认同，对交易行为与结果实施完备的制度保证。信用是契约的基础，契约是信用关系的表现形式和维系信用的手段与保证。契约是有形的协议，更是一种契约精神和契约观念。

2.1.2 信用的产生与发展

1. 信用的产生

信用是商品交换发展的产物。商品交换的原始形式是物物交换，货币产生后物物交换转化为以货币为媒介的商品流通。简单商品经济条件下，货币主要发挥流通手段职能，服务于“一手交钱，一手交货”的商品交易方式。随着商品货币经济的发展，出现商品交易的延期支付，信用交易产生。卖者因赊销商品成为信用交易中的债权人，买者作为信用交易的债务人在约定期限以货币偿还债务。信用产生于商品流通，但不局限于商品流通，商品经济条件下，资金供求双方形成借贷关系，信用活动超出商品流通范围，但仍以商品流通为基础。

2. 信用的历史发展阶段

根据商品经济的发展历史，可将信用的发展划分为三个阶段，即实物货币阶段的信用、金属货币阶段的信用和货币符号（信用货币）阶段的信用。

（1）实物货币阶段的信用存在于商品经济发展的早期。实物货币作为商品必须被交换者普遍接受，既可以作为货币流通，也可以作为商品消费。人类历史上许多实物都曾经充当过实物货币的角色。当人们在日常生活中由于各种原因出现收不抵支时，为了维持基本生活必须借贷实物货币。实物货币的自然属性具有一定弊端，如体积庞大、笨重、不易分割、难以保存、不够均质等，从而阻碍了商品交易的进一步发展。因此，实物货币不是商品交换中理想的媒介物，随着经济发展，人们发现金、银等金属更适合充当货币材料。

（2）金属货币阶段的信用。在金属货币信用阶段，出现过高利贷信用。高利贷信用存在的社会环境是自然经济占统治地位，金融机构和信用工具比较落后，资金的供给方主要是商人、宗教机构、封建统治者等，资金的需求方主要是小生产者。在小生产者作为生产主体的自然经济条件下，小生产者一旦遇到天灾人祸便会产生被迫性借款需求，接受苛刻的偿还条件，支付高利率。高利贷导致的金融效应是货币分布的极度失衡、社会财富的两极分化、小生产者大量破产和失去土地。财富的拥有者通过土地、设备投资和招募劳动力，开始了以资本形式获得剩余价值的增值运动。

（3）货币符号（信用货币）阶段的信用。20 世纪 30 年代由于金融危机和世界经济危机的爆发，西方主要国家被迫放弃金本位制度，发行不兑现的信用货币，信用货币制度随之产生。信用货币突破了金属货币流通的各种限制，特别是商业性金融机构的建立发展，使银行的竞争打破了高利贷的垄断，借款者有了选择，借款利率趋于平均化。目前，信息经济的发展为金融市场的信息对称创造了环境，网络经济的发展为资金转移提供了平台，金融全球化的发展为国家和地区之间的资金相对均衡开通了道路。可以预见，随着信用货币转化为电子货币以及经济全球化快速发展，借贷活动通过电子货币的及时方便划转和资金的全球转移的实现，能够更大限度地降低借贷成本、均衡利率价格和提高交易效率。

在中国明清时期，山西票号是最早的信用机构。票号主要办理国内外汇兑和存放款业务，为适应国内外贸易的发展而产生。最早的票号产生于道光年间，最具影响的是山西平遥人雷履泰，他在管理“日升昌”的颜料铺时，生意兴隆，经营范围扩大到四川，由于出入四川采购原料必须随身携带大量现金，面临极高风险，于是决定由“日升昌”开出票据，持票人在四川指定的地点兑换现银，类似于现在的汇票，降低了交易风险。雷履泰后来将“日升昌”改造成票号，从事金融票据、存款、贷款和汇兑等业务，之后的一百多年里，许多山西商人效仿该商号模式开设类似商号，办理汇兑和存放款业务，促进了商业繁荣。

2.1.3 信用制度的建立方式

信用及信用制度使社会分工程度不断细化，市场交易日趋深化。在现实中，交易双方通常不可能拥有充分信息，由此产生的不确定性使交易难以实现。在信息不充分条件下，信息在交易双方的分布非对称。拥有较多信息的一方在交易中居于优势地位，经济理性诱使其采取损害对方利益的交易行为；拥有较少信息的一方在交易中居于劣势地位，担心对方损害自身利益，在交易中趋于谨慎。信用的功能在于对交易优势一方的行为进行约束，对损害对方利益的行为承担相应责任。在长期的交易实践中，多次重复博弈交易过程形成了相互承认和遵守的互利互惠交易准则，以规则形式加以固定，信用制度是建立在交易双方理性基础上交易关系的体现。

信用制度通过非正式制度安排和正式制度安排两种方式形成。非正式制度安排的信用制度由地方风俗、交易习惯、意识价值等长期演化而来，被人们自觉遵守认同。在复杂的市场经济条件下，交易范围不断扩展、交易空间日益扩大、交易产品更加丰富，跨地区货物流量和资金流量增加，交易信息的不对称性日益增强；人员流动性加剧和个人声誉、宗族伦理约束力下降，失信成本相对减小，失信现象日益增加。因此，建立正式契约成为保障双方利益，促使交易正常进行的迫切要求，并逐渐形成了信用关系的法律制度。正式制度安排的信用制度主要是对交易双方行为进行强制约束，表现为法律条文约束的各种交易规则。信用由最初交易双方的自我道德约束行为转变为外在的法律制度约束。

现代信用制度可分为三个方面内容：第一是业务形式，表现为各种信用形式及信用工具；第二是规则，反映信用关系的法规及约定；第三是技术，包括信用评估机构和信用评估层次。信用制度的三个层面相互依存，缺少任一层面都会影响信用及其关系，导致市场交易受阻。

2.2 信用制度的业务形式

信用制度的业务是现代信用制度的核心内容，表现为各种信用形式及信用工具。信用作为一种借贷行为通过一定的具体形式表现出来，信用形式是表现借贷关系特征的各种方式，按照不同的标准可以划分为不同的类型。根据借贷关系，信用主要分为商业信用、银行信用、国家信用、消费信用以及其他信用形式。

2.2.1 商业信用

1. 商业信用的含义与特点

商业信用是企业之间以赊销商品或预付货款等方式相互提供的与商品交易直接联系的信用形式。具体形式除了赊销和预付货款两种基本的形式以外，还包括分期付款、预付定金、委托代销等。商业信用是商品经济发展的产物，是最基本的信用形式，也是信用制度的基础。现代经济条件下，商品交易是预付货款或延期支付，许多相互联系的企业利用商业信用满足资金需求，商业信用成为社会再生产的纽带。

商业信用的借贷行为与商品交易相联系，商品买卖行为与货币借贷相结合。商业信用同时包含两个经济行为，即买卖与借贷。它提供的不是暂时闲置的货币资本，而是处于再生产过程中的商品资本。卖者将商品赊销给买者，商品的所有权发生转移，但由于贷款没有立即支付，提供商业信用的卖者变成了债权人，买卖双方形成了债权债务关系，买卖行为同借贷行为相结合。

商业信用的特点如下：① 商业信用的主体是生产或经营商品的企业。商业信用中的债权人（信用贷出者）在商品赊销行为中是商品的卖方，债务人（信用借入者）是商品的买方，因此，授信的债权人和受信的债务人都是直接参与商品生产或流通的企业。② 商业信用的客体是商品资本。商业信用所提供的是处于社会再生产过程最后一个阶段的商品资本，而不是社会上闲置的资本。③ 商业信用的规模与产业周期的动态变化一致，即商业信用状况与经济景气状况密切相连。经济繁荣时期，生产规模扩大，商品增加，商业信用的供给与需求随之增加；经济危机时期，生产缩减，商业信用的供求相应减少。

2. 商业信用的作用和局限性

商业信用的优点表现为方便和及时。商业信用有利于解决资金融通困难，协调商品买卖矛盾，有效缩短融资时间，减少交易成本，其作用主要体现在：第一，加快商品销售速度，促进经济较快增长。销售企业提供商业信用后，如果票据到期之前急需资金，可通过票据贴现向银行或其他金融机构融入资金。商品购买方以商业信用方式购买商品，资金不足问题可以得到有效解决。第二，强化信用约束，规范市场交易行为。商业信用是工商企业之间发生的借贷关系，具有分散性和自发性。商业票据化可以通过商业票据的法律条款约束交易者行为，保证商业信用的健康发展。金融机构通过票据承兑和贴现参与商业信用，提高了商业信用的信誉度。

商业信用也存在一定的局限性：①商业信用规模受企业资本数量的限制。企业之间相互提供的以及企业所能提供的信用数量受其资本周转的限制。②商业信用受商品使用价值流转方向的严格限制。商业信用的对象是商品资本，信用只能是由产品的生产者提供给产品的需求者，而不能反方向提供信用。③商业票据的接受性存在限制。商业票据作为商业信用工具，使用范围受到一定限制，只能通过票据贴现等方式转换为货币才具有广泛的可接受性。④可能导致债务危机。商业信用链条具有不稳定性，一旦债务人到期不能履行契约，可能冲击信用体系。

3. 商业信用的工具

商业信用的工具是商业票据。商业票据是企业间由于信用关系而形成的短期债权债务凭证的总称。商业票据具有三个特点：一是商业票据具有抽象性。只反映交易双方的债权债务关系，不反映交易的具体内容。二是商业票据具有无可争辩性。只要商业票据真实，符合票据所载条件的付款人，无权拒绝履行义务。三是商业票据的无担保性。商业票据的签发依靠签发人的信用，不需要提供其他保证。

商业票据包括期票和汇票两种形式。期票是债务人对债权人开出的，在约定期限内无条件支付款项的债务凭证。期票到期，出票人必须按票面金额向持票人付款，未到期的期票可以经过债权人“背书”后流通转让，也可以向金融机构申请贴现。汇票是债权人签发的，命令债务人无条件将一定款项支付给持票人，或者第三者的命令书。由于汇票是由债权人发出的，因此，必须经过债务人“承兑”才具有法律效力。承兑是指付款人承诺在汇票到期日支付汇票金额的票据行为。汇票的债务也可以由汇票债务人以外的他人（保证人）承担保证责任。汇票经保证后，保证人对持票人承担付款的连带责任，即汇票到期后若得不到付款，持票人有权向保证人请求付款，保证人有责任足额偿付。保证人清偿汇票债务后，可以行使持票人对被保证人及其前手的追索权。在金融市场高度发达的现代社会，商业票据已逐步演变为信誉良好的大公司融通短期资金的一种方式。

2.2.2 银行信用

1. 银行信用的含义与特点

银行信用是银行及其他金融机构以货币形式通过存款、贷款等业务提供的信用。银行信用克服了商业信用的局限性，特点表现为：①银行信用具有灵活性。银行信用不受方向制约和数量限制，信用的范围广、规模大、灵活性强。②银行信用具有间接性。银行和其他金融机构是信用活动的中间环节，是借款人与贷款人的中介。但若当银行及其他金融机构发行债券筹资时，也有直接性特征。③银行信用具有广泛的可接受性。银行具有很高的社会信誉，债务凭证具有广泛的可接受性，增强了服务功能，促进了经济发展。

2. 银行信用的工具

银行信用工具主要有银行票据、支票、大额可转让定期存款单、金融债券等。

（1）银行票据。银行票据包括银行本票和银行汇票。银行票据以银行信用为基础，信用度较高，在市场上较商业票据更易于流通，特别是大银行的银行票据，具有极为广泛的流通领域。银行本票是由银行签发的、承诺到期日无条件向受款人或指定人支付一定款项的票据。银行本票包括许多类型：按是否记名可分为记名本票和无记名本票；按是否支取现金可分为现金本票和转账本票。银行本票可背书转让。

（2）支票。银行活期存款存户通知银行在其存款额度内或约定透支限额内，无条件支付一定金额给持票人或指定人的书面凭证。按照是否支取现金可分为现金支票和转账支票。现金支票可支取现款，转账支票只能用于转账。

（3）金融债券。通常是指由银行及其他金融机构所发行的借款凭证，期限一般为1～5年，利率略高于同期银行定期存款。金融债券的发行者是金融机构，资信较高，多为无担保债券。

（4）大额可转让定期存单。通常是指由银行发行的不记名、金额固定且数额较大的存款凭证。其利率高于银行同期存款利率，到期前可流通转让。由于存单到期前不能兑取，且存款数额较大，能稳定使用资金，商业银行往往对存单规定最低发行限额，如美国规定为10万美元，日本规定为1亿日元。

2.2.3 国家信用

1. 国家信用的含义与特点

国家信用又称政府信用，是一国政府及其附属机构作为借贷主体而形成的信用关系。从广义角度讲，国家信用中国家既可以是债权主体，也可以是债务主体。在现代经济中，国家作为债务人形成的借贷活动更普遍。狭义的国家信用是指政府以债务人的身份筹集资金的一种借贷行为，主要特点是：①国家信用的债权人是购买国家债券的单位和个人，债务人是发行债券的中央政府或地方政府。②国家信用与银行信用密切相关。金融机构一般为国家代理发行债券，将部分资金直接或间接投资于国家债券，中央银行可以通过买卖国家债券进行公开市场操作，增强宏观调控能力。③国家信用以财政收入作为偿付保证。国家信用筹集的资金不直接与商品生产和商品流通相联系，主要用于财政开支，还款来源主要是财政收入。由此，国家信用的信誉度高。

2. 国家信用的作用

国家信用是政府弥补财政赤字的有效途径。当政府财政支出大于收入时，解决财政赤字的途径主要有三种，即增加税收、发行国债和从中央银行透支。其中，增加税收的立法程序复杂，容易引起社会不满；从中央银行透支则可能导致物价上升，引起通货膨胀，有些国家法律禁止财政透支。国家通过发行债券筹集资金比增加税收更易被接受，而且不会影响物价水平。对于国债购买者而言，在收益性、安全性和流动性方面都是较理想的投资选择。

国家信用是政府调节经济的重要手段。当经济发展出现衰退，经济增长因有效需求不足而萎缩时，政府通过国债投资增加财政支出，可以对经济扩张产生推动作用。由于国债投资是政府行为，通过国债投资产生传递效应，引起银行贷款和民间投资增加，刺激经济增长。因此，政府可以通过国家信用达到调节经济的目的。

3. 国家信用的工具

国家信用工具主要有三类，即中央政府债券、地方政府债券、政府担保债券。

中央政府债券是一国中央政府为弥补财政赤字，或筹措集中性建设资金而发行的债券。美国联邦政府发行的证券包括可转让证券和不可转让证券两大类。可转让证券最主要的是国库券、国库票和国库债。美国国库券分为定期发行国库券和不定期发行国库券。定期发行国库券是美国财政部基于一般性短期融资需要，于每周和每月定期出售的国库券。每周发行的国库券包括 3 个月和 6 个月两种期限；每月发行的国库券只有 1 年期一种。不定期发行国库券是美国财政部为平衡国库税收不均衡而发行的国库券，这种国库券一般在税收淡季发行弥补国库。美国联邦政府发行的不可转让证券主要包括储蓄债券、个人退休债券、存款凭证等，其中以储蓄债券最为重要，是联邦政府为吸收个人储蓄而发行的借款凭证，期限一般为 10 年。

地方政府债券是地方政府为了筹集资金而发行的债务凭证，又称市政债券。利息收入可免缴联邦所得税，本州居民购买本州债券免缴地方所得税。美国地方政府债券分为一般义务债券、收益债券和转手债券。一般义务债券以地方政府的税收、行政费等各项收益作为偿还来源，期限种类较多，从 1 年以下到 30 年不等。收益债券是以某一特定工程或某种特定业务的收入为偿债来源的债券。转手债券是地方政府借给最终借款人而发行的债券，最终借款人负责偿还债券的本息，地方政府只发挥中介作用。发行转手债券的目的是使最终借款人筹措到廉价资金，从事对某一地域公益事业有利的投资。

政府担保债券是政府作为担保人而由其他主体所发行的债券，政府一般只对其所属企业或有关部门发行的债券提供担保。一旦债券发行者失去偿债能力，政府有义务代其偿还债券本息。政府担保债券的信用仅次于中央政府债券，利率一般与地方政府债券利率相同，但不享受利息免税优惠。政府机构债券一般属于政府担保债券，它是由政府机构发行并保证还本付息的债券，发行主体为政府机构，债务由发行单位自行负责。

我国在 1950 年为了弥补财政赤字、稳定物价，发行了“人民胜利折实公债”，面额有 1 分、10 分、100 分和 500 分四种，按实物折价即公债值根据当时上海、天津、西安、汉口、广州和重庆六大城市的大米 6 斤（1 斤=0.5 千克）、面粉 1 斤半、白细布 4 尺（1 尺=0.333 米）、煤 16 斤的批发价格加权平均计算，以保证购买者不受物价和币值波动的影响。1953 年开始国民经济第一个五年计划，为了筹集建设资金，1954~1958 年连续每年发行约 6 亿元“国家经济建设公债”，1968 年公债本息全部还清。随后，受国家举债不能体现社会主义制度优越性等错误思想影响，我国相当长时期内没有运用国家信用方式筹集资金。1978 年我国开始进行经济体制改革，需要利用国家信用为国民经济发展筹集资金，解决现实中的财政赤字问题。1981 年恢复国债发行。1988 年初步形成国债二级市场，允许国库券流通转让，为国债的市场化发行创造了条件。1992 年试行国债无券竞争招标发行；1993 年推出国债一级自营商制度；1995 年在确定国债发行利率和发行价格的前提下，进行以划款先后为标的招标发行；1996 年所有可流通国债发行均采用招标方式，竞争标的为债券价格和收益率。2014 年，国债发行规模已达到 21 747 亿元，国债在经济生活中的作用显著增强。

2.2.4 消费信用

1. 消费信用的含义与形式

消费信用是由工商企业或金融机构向消费者提供的、用以满足其消费需求的信用形式。就信用性质而言，消费信用是由工商企业以赊销或分期付款形式向消费者提供商品或劳务，也可由金融机构直接或通过工商企业向消费者个人发放贷款。消费信用主要有三种形式：①商品赊销。商品赊销多用于日常零星的购买，所购商品的价值不大，属于短期信用。②分期付款。分期付款运用较为广泛，多用于耐用消费品的购买，属于中期信用。③消费贷款。消费贷款是银行或其他金融机构以货币形式对消费者发放的贷款。由于贷款的期限差异，消费贷款可分为一次偿还和分期偿还两种方式。我国商业银行目前的消费贷款主要有住房贷款、汽车贷款和助学贷款等。

2. 消费信用的工具

消费信用的信用工具主要是信用卡。信用卡是由银行或专业公司对具有一定信誉的消费者提供的，可用以向指定商店或其他服务性企业购买商品或享受服务的凭证。持有信用卡的消费者可以凭卡先消费后付款。商店或服务部门凭签购单在发卡机构办理贷款结算，消费者只需定期向银行或信用卡公司支付贷款本息。消费信用具有鼓励消费和刺激生产等特点，成为近年来西方国家颇为流行的消费方式。

美国 1915 年出现了信用卡。20 世纪 50 年代之前，信用卡只是发卡企业与持卡人之间的双边关系。1950 年美国获纳斯俱乐部组织全国联营，各地参加联营的旅店、餐馆所发行的信用卡可以通用，由银行统一办理结算，信用卡作用明显扩大。1952 年美国加利福尼亚州富兰克林国民银行作为金融机构首先进入信用卡领域，改变了信用卡仅限于买卖双方之间关系的状况。银行最初发行信用卡是分散独立的，不能最大限度地发挥信用卡功能。由于多家分散发行导致清算手续复杂，持卡人消费不方便。为此，信用卡机构开始实施兼并与联合，信用卡成为国际通用的支付方式。联营也产生了许多国际著名的信用卡公司，美国的维萨集团（VISA）是在 1966 年吸收中小银行参加联营形成和发展起来的信用卡公司，美国万事达（Master Card）信用卡公司也由此发端。

我国 1978 年由中国银行广州分行率先与香港东亚银行签订协议，在国内代理“万事达”“维萨”等 7 种外国信用卡。1985 年，中国银行珠海分行珠江信用卡发行，它是我国内地发行的第一张信用卡。1989 年中国工商银行发行全国通用的牡丹信用卡。1990 年中国建设银行在广州发行了第一张人民币万事达卡，以后又发行了龙卡，1991 年中国农业银行开始在全国发行金穗卡。交通银行发行了太平洋卡，招商银行发行了“金葵花卡”。2000年以后，各大银行相继推出真正可透支的信用卡，如中国工商银行牡丹金盛卡、中国建设银行龙卡信用卡、招商银行信用卡等。到2014年年底，我国信用卡累计发卡量达4.6亿张，人均持卡量达0.34张。

2.2.5 其他信用形式

除以上主要信用形式外，其他信用形式包括国际信用、公司信用、民间信用和合作信用。

国际信用是国家之间相互提供的信用，是国际经济发展过程中资本运动的主要形式。国际信用是信用形式在地域上的扩大和发展，包括国际商业信用、国际银行信用、国际金融机构信用、国际政府间信用等。

公司信用是股份公司通过发行公司债券筹集资金所发生的借贷活动。公司债券是企业发行的承诺在一定时期支付利息和偿还本金的债务凭证，是筹措中长期资金的重要方式。由于公司发展具有周期性，其发行的债券风险相对较大，利率一般高于政府债券和金融债券。为了保证投资者利益，许多国家对公司债券发行进行限制，如对公司进行信用评级、规定发债公司资信水平必须达到的标准、要求发行公司提供抵押担保、限制公司债券的发行额等。

民间信用是指社会公众之间自发形成的以货币形式提供的信用，主要形式包括直接货币借贷、通过中介人进行的间接货币借贷、以实物作抵押取得贷款的“典当”等。民间信用的债权人与债务人是个体经营者或个人，其目的是解决生产经营资金的不足，或用于生活消费。民间信用利率一般根据资金供求状况和借贷双方意愿确定，随行就市，往往采用口头约定方式（也有书面契约），其债务偿付不仅依赖于债务人的经济实力，更取决于债务人的信誉。民间信用一定程度上有利于发展商品生产，但存在随意性和自发性，可能冲击正常的金融秩序，国家对民间信用应积极引导，加强规范管理。

合作信用是指在一定范围内出资人之间相互提供信用的形式，其机构主要有信用合作社、互助储金会等。我国合作信用主要在农村，机构形式是农村信用合作社。目前，我国农村信用合作社实质上并非典型意义的合作性质，已经超越了传统的合作原则，演变为商业性金融组织。从2004年开始，我国在部分地区进行农村信用社改造成农村商业银行的试点，探索新形式下合作信用发展的道路。

2.3 信用制度的规则与技术

2.3.1 信用制度的规则

信用制度规则是指在经济交易中约束信用关系的约定，包括法律制度、国际惯例和商业习惯等。这种制度规则是建立在交易双方理性基础上的一种交易关系的体现，如果交易规则或信用制度得不到人们的认同，就无法发挥约束和规范交易行为的作用，信用秩序无法保证。

1. 信用立法是信用制度规则的宏观层次

信用立法是指国家或地区通过建立相关法律条文的方式，规范约束信用活动和惩罚失信败信行为的管理措施。信用立法是维护市场经济秩序和强制约束不规范行为的需要，是信用制度结构的权利保障，也是规范企业和个人经济行为、保护其权益不受侵害的准则。经济交易活动中，市场主体追求自身利益最大化是市场机制的动力，通过经济活动牟利是商家的需要。没有信用法律制度为交易双方提供可信任的依据，对信用资格差和缺乏信用信誉的企业加以制约和处罚，会造成交易双方经济利益损害。因此，要通过法律的各种条款监督和约束整个交易过程，保障交易活动的正常进行。建立信用立法制度，能够最大限度地保障企业和个人利益不受侵害，也可协助企业及时掌握对方的信息，保障交易双方获得利益。对于交易标的较大和产生经济效益周期长的项目，如果合作初始不了解对方的信用程度，没有法律法规作保障，企业将会蒙受较大的经济损失。失信行为需要信用法律法规加以约束、予以制裁和惩戒，形成守信者受益、失信者承担相应责任的良性机制。

2. 企业信用是信用制度规则的中观层次

企业信用主要是由权威信用评估机构根据企业的资本、资金、资信和发展状况等，对企业做出的客观评价。信用评估机构作为信用中介组织，其主要是通过采集数据对企业、金融机构和消费者进行信用调查及评估，从而形成信用评价机制。信用评估机构一般具有较为稳定的评估对象，如美国邓白氏集团是世界上规模最大的企业资信调查类信用公司，美国的 Trans Union、Equifax 和英国的 Experian 则是世界上最大的三家消费者信用中介机构。企业作为市场经济的行为主体必须依靠信用与其他经济主体发生联系，每一个交易都是市场的组织细胞，也是降低交易成本、提高资源配置效率的关键。因此，企业信用状况不仅决定着自身命运，而且影响着银行等利益相关主体甚至整个市场的经济活动。信用制度的建立有利于维护信用关系，创造公平、公正、公开的环境。

建立和完善企业信用制度，是金融市场解决信息不完全和不对称问题的必然选择。在金融市场上，由于信息不对称，资金借贷双方的信任程度受到限制，阻碍了交易规模的扩大和经济的快速发展，提高信息透明度和信息容量成为交易主体的重要问题。信息不对称表现为“逆向选择”和“道德风险”。逆向选择是指由于借款人对自己借款用途乃至收益非常清楚，而贷款人并不完全掌握借款人的“私人信息”，资质差的借款人在争取贷款时较为积极，贷款人往往轻信了他们。道德风险是指发生借贷时，在订立贷款合同和转移资金使用权之后到债务还清之前，信息不对称诱使借款人脱离监控，擅自改变资金用途，增加风险。

金融市场正常运作的关键是保证信息的充分公开与透明，信息、信任与信用交易之间的紧密关系，使信用问题成为金融制度演进的重要决定因素。在长期演进过程中有专门机构对信用进行评估，建立信用制度是克服由信息不对称所带来的各种金融交易困难的一种有效制度安排。健全的企业信用制度会形成融洽的银企关系，有利于银行防范借款信用风险。无论是理论分析还是个案调查都表明，建立企业信用制度是遏制银行不良贷款增长的有效前提。

3. 个人信用是信用制度规则的微观层次

个人信用是由国家或权威机构建立，用于监督和保障个人信用活动健康规范发展的一系列具有约束力的规章制度和行为规范。其目的主要是证明、解释和查验个人资信情况，并通过制度规范个人信用活动和当事人的信用行为，提高守约意识，建立良好的市场经济秩序。个人信用制度是市场经济的基础，也是整个社会信用制度重要的微观基础。个人是市场经济的重要组成部分，完善个人信用制度、建立健全个人信用评级制度对于整个社会信用秩序具有重要作用。在市场经济比较完善的国家，为了鼓励诚信和惩罚失信，构筑良好的社会微观信用基础，国家或权威机构对每个公民建立了个人信用档案系统，详细记录个人的债务清偿、职业经历、消费能力以及失信行为等，以便个人在求职、负债、晋升和创业时供相关部门参考和判断。公民个人信用档案系统对个人行为有很大的约束力和引导力，个人的失信记录伴随终身，对其今后发展有一定影响，甚至需要付出很大的经济代价，每个人在经济活动中的信用行为都要考虑带来的后果，权衡得失，谨慎行事，对全社会形成诚信风尚产生积极作用。

2.3.2 信用制度规则建立的必要条件

1. 国家建立权威的法律制度体系

信用是企业与个人的立足之本，也是社会的通行证，良好的信用记录可以方便地获得信用支持，否则，会受到社会准则和道德规范的惩罚。只有在严格的信用制度环境中，才能建立稳定的社会诚信秩序，减少信用中的道德风险，节约交易成本。如果有关信用制度的法律法规体系缺失，信用活动各环节缺乏明确的操作规则及法律保证，很容易诱发投机心理和短期行为，背信者的背信行为得不到惩罚甚至成为受益者，势必导致更多的企业和个人效仿，信用秩序的混乱无序在所难免。我国在向市场经济转轨进程中，失信现象难以根除与法律不健全有极大的关系，行政机关常常被迫采用“运动式执法”方式加以治理。这种措施虽然有一定效果，但产生了许多负面效应，“运动式执法”使执法者产生某种预期，寄希望于执法运动之后继续活动，导致执法机关和违法者之间的重复博弈。“运动式执法”使执法工作人员疲于应付，不同时期执法标准宽严程度的悬殊，导致执法人员对法律权威缺乏认同，执法存在随意性。法律规定不明确、执法过程缺乏透明度以及地方保护主义等，都会削弱法律的权威性，妨碍信用制度的建立和完善。信用立法是一个长期过程，市场经济发展初期尤其需要建立严格的法律惩戒机制。

2. 建立现代企业制度和明晰产权关系

产权是信用制度的基础，清晰的产权是追求长期利益的动力，产权不清晰的企业经营者往往缺乏承担信用缺失风险的意识，对培育企业信用缺少积极性，甚至以失信为代价追求短期利益，导致企业信用危机。我国产权制度是信用混乱的根源之一，国有企业不具有独立的产权，所有损失最终由政府承担，整个社会无信用规则约束，失信行为未能得到有效惩治，社会的信用链条不能连接整个经济运行。因此，需要通过建立现代企业制度明晰企业产权关系，完善法人治理结构，使企业精心培育和开发信用资源、珍惜和维护自己的信用形象，加快产权制度改革，建立和完善社会信用体系。

3. 健全社会信用系统，形成良好的信用关系环境

用信用关系调节人们的经济关系，既需要相应的社会制度安排和社会信用观念的传

播，更需要确立信用关系的制度环境。在发达的市场经济国家，不仅有一套针对企业的信用评价体系，而且公民个人拥有一个终身的“社会安全号”，通过这个号码，每人拥有一份信用记录，任何不良信用记录都会造成经济活动的极大代价。中国计划经济向市场经济转轨，市场经济快速发展，信用系统出现滞后，信用缺位造成的信用危机严重制约着经济的可持续发展，迫切需要健全社会信用系统。

4. 构筑公民自我约束和相互监督风尚

法律是预防、惩治失信违法行为的有力手段，但只能提供一个为社会普遍接受的道德水平最低限度。当失信成为一种普遍社会行为时，法律对遏制信用环境显得力不从心，社会信用基础很大程度上由社会主体间的信任和诚信理念维系。在欧美国家，市场主体较强的信用意识促进了信用体系的发展，缺乏信用或信用历史记录很差的企业或个人很难长期发展。企业一般不愿与没有资信记录的客户打交道，消费者都注重自身的信用状况，尽可能避免在信用管理部门的报告中出现负面信息。每个企业和公民的自我约束构筑了国家的信用基石。我国应在加强信用法治的同时，强化公民道德教育，培育全民信用意识，使讲信用成为社会经济生活中的一种基本公德，诚实守信成为人们的自觉行动。

2.3.3 信用制度的技术

信用制度的技术层面包括信用评估机构、企业信用评估和个人信用评估。

1. 信用评估机构

信用评估机构是征集企业或个人信用信息、提供信用风险调查与分析、信用等级评定以及信用咨询服务的中介机构。评级机构中征信数据的采集与评估是信用制度建立的核心，包括企业资信调查评估、消费者信用调查评估和资产信用调查评估，有政府主导和市场化运作两种形式。法国、印度、墨西哥等是由政府主导，信用制度最为发达的美国主要实行市场化运作，目前国际趋势是由政府主导逐渐转化为市场化运作。征信的核心产品主要是信用报告和相应的评级评估。证券评级始于20世纪初的美国，随着世界经济一体化进程的加快，其积极作用也逐步为其他国家所认识。目前，在日本、英国、法国、瑞典、加拿大、澳大利亚等国家，评级制度都有不同程度的发展。考虑到制度变迁路径选择的不同，以美国、德国和日本的证券评级制度作为三种不同类型的代表。

1）美国证券评级制度

1909年美国的约翰·穆迪（John Moody）在《铁路投资的分析》中，首次运用评级方法对当时的各种铁路债券进行分析。其后，普尔出版公司（S&P 公司的前身）、标准统计公司（1941年与普尔出版公司合并）和菲奇公司（Fitch）先后于1922年和1924年开始对工业证券进行评级。由于证券评级在20世纪30年代经济大危机中对投资者利益的保护，美国金融监管当局开始在资产评估、银行监管等方面引入评级的分类方法。进入20世纪70年代以后，投资者对投资情报分析的需求提高，推动了证券评级制度的发展。根据美国商法的规定，评级机构属于一般股份公司。证券交易委员会的立场是“评级机构的地位应由投资者予以确定，政府不得进行干涉，不得以任何手段加以限制”。为了保证评级公正，坚持“向投资者提供准确的情报”，评级机构极为重视自身的独立性和中立性。这样做对于投资者来说，有利于其规避风险、保护自身利益；对于发行者来说，有利于其按照优惠条件迅速实现发行，并为在更大范围内筹资提供可能；对于监管当局来说，有利于其实施监管，提高监管效率；对于社会来说，可以降低信息成本，提高证券市场的效率，实现资源的合理配置。表 2-1 是国际著名评级公司的债务评级。

表 2-1　国际著名评级公司长期债和短期债的信用等级

标准普尔		穆迪		惠誉	
长期债	短期债	长期债	短期债	长期债	短期债
AAA	A-1	Aaa	Prime-1	AAA	F-1
AA	A-2	Aa	Prime-2	AA	F-2
A	A-3	A	Prime-3	A	F-3
BBB	B	Baa	Not Prime	BBB	B
BB	C	Ba		BB	C
B	R	B		B	D
CCC	SD and D	Caa		CCC	
CC	N. R	Ca		CC	
C		C		C	
R				DDD	
SD and D				DD	
N. R				D	

美国证券评级的制度性安排和制度变迁，更多受到投资者影响。究其原因，主要是美国企业对直接融资的依存度远大于间接融资。1933 年《格拉斯–斯蒂格尔法》和 1935 年《银行法》的相继出台，标志着自由银行制度的终结。投资银行业务与商业银行业务合法分离，同时禁止商业银行对活期存款支付利息，以及对利率和银行买卖证券的限制严重影响银行的盈利状况。另外，法律限制银行在全国范围内的经营，分支机构在跨州经营须得到州政府批准。1984 年，每个美国银行平均只有 2.6 个分支机构。因此，大公司在融资时必须在金融市场上寻找多家区域性银行，或采用直接融资的方式获得资金。根据企业公开信息进行的评级，为多家银行提供了重要的投资情报，大大降低了银行处理信息的成本。在美国，各企业提供关于自身的有限信息，投资者通过对这些信息进行分析，选择企业作为投资对象。投资者对投资情报分析的需求，促进了评级制度的发展。大公司在筹措长期资金时，往往通过投资银行进行，从而也刺激了投资银行对评级的需求。因此，与美国的企业制度和银企关系相适应，证券评级制度应运而生，不断壮大。

2）德国证券评级制度

德国没有专门的评级机构，成因与经济体制内部的制度性安排密切相关。第二次世界大战后，德国奉行社会市场经济体制，指导思想是建立有法律保证的经济自由和有社会保障的福利国家综合体。银行和企业作为独立自主的参与方进入市场，联邦银行和各级政府只能通过制定有关的法律和规定间接干预。德国历史上的综合银行制度使银行通过股权操作和人事安排，实现对工商企业的监督和控制。具体的机制安排：投资者融资形成投资基金，由投资公司管理，基金投资者与投资公司之间是契约合同关系。该公司一般由若干家银行持股，控股银行是投资者的真正受托人。根据投资银行法的规定，银行可利用投资基金所持有股票的代表权在股东大会上表决。这种银行参与企业内部管理的监控方式，有利于银行准确把握企业的内部信息，从而使评级制度丧失了经济基础。德国法律允许商业银行超越通常的银行储蓄、信贷、汇兑和结算的职权范围，从事证券市场等所有的投资、融资业务。企业也愿意将公司股票和债券的发行交由银行做主承销，这样，一方面银行可以通过投资基金购买企业所发行的债券，保证资金迅速到位；另一方面，银行通过买卖在二级市场上的有关证券，可以使公司股票有较好的市场形象。银行在债券市场上同时作为发行者和投资者的双重身份，使得以“向投资者提供准确的情报”为宗旨的评级机构丧失了存在的必要性。

企业发行债券原则上不受限制，直到 1990 年年底，德国民法规定，除联邦政府、州政府、联邦铁路局、联邦邮政局和“负担平衡基金”之外，其他借款人均需获得官方批准，德国工业债券的发行总额下降了很多。公司债规模的减少也是造成评级需求不足的一个重要原因。另外，企业有不愿公开信息的传统。欧洲企业不同于美国企业，一般不愿公开其信息，对于那些要求企业公开信息的筹资手段，往往不予选择。在德国，大企业中有许多是同族公司，不愿将企业信息外露。因此，依赖于公开信息原则的美国式评级无法进行。

3）日本证券评级制度

日本评级制度的发展大致可分为两个阶段：第一阶段，由发债会评级。1947 年日本建立发债调整协议会（简称发债会），统一决定各种债券的发行条件和发行利率。1959 年以后，发债会开始对债券评级，划分为 A、B、C 三个等级。20 世纪 60 年代中后期，评级制度由注重规模向注重质量转变，指标设置日趋完善，级别分类也参照美国评级制度进行调整。第二阶段，建立专门评级机构。1979 年，日本经济新闻社附设的日本公社债研究所率先开展评级业务，1981 年成立了御国信用评级社。1985~1986 年，日本信用评级公司和日本投资者服务公司也相继成立。产业资本对借贷资本的高度依赖，推动了银行垄断资本与工商业资本相互融合，进一步形成以银行为核心的企业集团。在这些集团中，工商企业相互持股，同时也对银行持股。第二次世界大战后，日本金融市场处于政府严格控制之下，不允许个人和非金融机构参与票据贴现市场和活期放款市场，严格规定债券发行总量以及有效期限。因此，金融市场规模较小，虽然初级市场比较活跃，但次级市场相对“呆滞”。在政府强力扶持下形成的日本银企关系，造成了日本经济中银行作用显著，证券市场作用相对微弱。因而，日本银行同样可以发挥德国银行在银企关系中的作用。20 世纪 80 年代后，日本经济体制发生了显著变化，大企业降低对主办银行的借款依赖，通过对外发行证券融资。日本金融市场自由化和国际化加快，为日本企业国际化和外国资本进入创造条件。随着日本公司进入欧美市场融资以及外国公司进入日本市场融资增多，参照美国模式建立专门评级机构的要求日益强烈，导致日本评级机构的出现。

评级制度模式与该国经济体制中的银企关系密切相关。在以直接融资为主的金融体制中，对评级需求较强，以美国为代表；以间接方式为主，对评级需求不足，其代表国家是德国。

2. 企业信用评估

信用评估机构评估业务主要有两种模式：一是企业之间的信用评级，二是企业向银行贷款时的信用评级。

1）企业信用评估咨询服务

（1）商业资信报告。商业资信报告是企业广泛使用的资信产品，企业借助国际及地区的信息网络，可以方便、及时、全方位地了解客户的资信状况，并交叉核实自己已掌握的客户信息，监控老客户或问题客户的风险变化，还可以快速洞悉新客户的信用状况，为业务决策提供信息支持。商业资信报告主要包括注册信息、历史记录、付款记录和付款指数、财务信息、公共信息、营运状况及企业家族关系，以及评级风险指数和行业标准。

（2）信用管理咨询服务。信用管理咨询服务是由商务咨询顾问运用信用风险知识，提供旨在帮助企业建立和调整信用管理体系的咨询服务，支持企业更好地管理客户资料和应收账款，减少坏账，优化现金流量。商务咨询顾问首先通过与企业各相关部门的访谈，了解企业的行业状况、业务需求和现有信用管理水平。其次提供项目报告，协助企业确立今后发展各阶段的信用管理目标，提出相应的信用管理解决方案，并为项目的具体实施提供支持和培训。信用管理咨询服务可以为企业提供的职能有：①信用管理职能，包括制定连续稳定的信用政策，确定标准化的信用申请和审批流程，创建客户化的评估模型，设定信用相关人员和部门的职责等；②应收账款管理职能，包括系统化应收账款管理流程和建立催收政策等；③客户档案管理职能，包括建立集中、完善、可及时更新的客户档案等。

（3）风险评估管理系统。风险评估管理系统是集客户管理、信用评估及应收账款管理于一体的自动化信用管理工具，将企业内部数据以信息仓库的形式保存，通过一系列客户化决策模型融入企业自己的信用决策准则，进而将商业信息提升为商业情报。同时，该系统可以对每个客户自动评出风险分数，并能够细分客户群体，将不同的信用风险进行归类。

（4）数据库管理咨询服务。通过数据整合优化，确保企业所有的分支机构、职能部门在具有相同质量信息的基础上进行运作。这一服务将企业所有业务部门的客户和供应商信息整合在一起，使企业准确了解自己与各公司或集团公司的总体业务关系，确认以顾客身份出现的供应商，从而发现属于同一企业族系的客户和供应商的额外业务发展机会。借助这一服务，企业可在节省大量时间和资源的同时，提高自身分析顾客、评估供应商、设定信用额度和确定风险的能力。数据库管理咨询服务的过程包括：标准化和清理客户及供应商的主要数据；删除重复记录；统一、及时整合不同来源的数据；识别已停止和有潜在欺骗性的商业个体；提供能够被企业资源规划系统接受的客户与供应商的数据格式等。

（5）付款信息交流项目。付款信息交流项目是一个集客户信用分析与公司信息采集于一体的信用信息系统。评估公司采用这一方法对客户提供信用分析服务，同时采集大量信用分析评估所需的信息资料。具体的运作方法为：参加付款信息交流项目的客户根据交易周期的长短，将企业的付款信息按月或按季提交给评估公司，评估公司将这些付款记录分门别类地输入相应的公司档案里，通过相应的数学模型软件进行分析比较，然后将分析结果反馈给参与项目的客户。这一项目给客户提供的服务，一是迅速判断回收货款时间及其对利润的影响；二是准确把握付款变化的趋势；三是对公司的付款记录与行业水平进行对比；四是对某一公司与其他供应商在付款上的差异进行比较，评估潜在的业务损失。信用评估公司可通过这一交流项目获取大量有关企业付款方面的信息，并以此建立相关行业、相关企业的付款及风险分析系统。据了解，目前邓白氏公司在我国主要是通过这一项目拓展业务，我国共有包括联想集团、北大方正、西安杨森、深圳中兴通信等 250 家公司参与了该项目。商业类公司信用评估具有完善的保障系统和发达的技术手段。

2）邓白氏公司

（1)邓白氏全球数据库。邓白氏全球数据库是全世界信息量最大的企业信用数据库，也是邓白氏公司的信用产品和服务的主要来源。邓白氏数据基地在美国东部，在全球 37 个分支机构建有数据库分基地，有 3 000 多人从事数据的收集和加工工作。数据库由 5 个子系统组成：邓白氏全球数据库联机服务系统、全球企业家谱和联系系统、全球数据库支持系统、全球市场分析系统和全球市场方案系统。为了满足客户需求，邓白氏数据库采取多渠道、多形式收集信息。目前收集信息的主要渠道有当地商事登记部门、当地信息提供机构、当地报纸和出版物、官方公报、商业互联网站、银行和法庭，有时也采取拜访和访谈的形式收集有关信息。目前，邓白氏全球数据库拥有全球企业信息 7 000 多万条，覆盖 214 个国家和地区，使用 95 种语言、181 种货币。在全球拥有客户 15 万家，其中包括《财富》杂志 500 强中的 80%和《商业周刊》全球 1 000 强中的 90%的企业。数据库累积了多年收集的信息，每天以 100 万次的频率更新。邓白氏全球数据库采用高科技手段实行联机服务，客户可以通过计算机系统在“视窗”或网上定时检索世界各国企业的商业和资信信息，此外，客户还可以通过邓白氏的全球数据库的联机服务在网上订购邓白氏公司的各种征信产品。

（2）邓白氏编码系统。邓白氏公司信息库及其信用分析系统所使用的编码系统由 9 位数字组成。每个邓白氏编码对应邓白氏全球数据库中的一条记录，被广泛用做标准工具，以识别、整理、合并各个企业的信息。其主要作用是管理现有客户和潜在客户档案，识别企业家家族族系，连接相关贸易伙伴，扩大商机，帮助客户清理内部档案，整合企业内部数据库。公司使用邓白氏编码与供应商、客户以及贸易伙伴建立联系，同时对自己的供应链进行有效管理。此外，邓白氏编码在国际上得到包括国际标准化组织、欧盟、联合国、美国国家标准学会、美国联邦政府等 50 多个组织机构和工业及贸易协会认可和推荐。

（3）邓白氏信用评级方法。根据邓白氏信用风险指数和邓白氏指数行业指标，按照客户规模由小到大的三种信用额度区间，将三种区间由低到高对应于邓白氏风险指数，最终确定其风险水平。具体为三种机制：第一，优胜劣汰机制。从邓白氏公司对企业信用评级的操作过程看，企业守信状况，包括履行合同、按期付款以及经营行业等是确定信用评分等级的重要依据。在经济高度市场化的国度里，了解一个企业信用情况的主要方法是信用评级报告。信用等级高的企业，在寻求经营合作伙伴、银行贷款方面都会得到便利。因此，信用评估对企业发展起到扬善惩恶、优胜劣汰的作用。第二，守法经营机制。从邓白氏公司的情况看，公司建有严密的评估程序，建立了一整套科学的评估指标和评估方法，人为干扰和影响评估结果几乎不可能。第三，规避危机机制。邓白氏公司的信用报告，提供了大量有关企业风险方面的资料，据此对企业的风险程度、还贷能力等做出评估和预测。这些资料可使相关的企业和金融机构及时了解经营合作伙伴和信贷客户的信用风险状况，做出正确的经营决策，防范经营风险和规避市场危机。

3. 个人信用评估

个人信用评估是对个人在市场经济交往中履约能力和信誉程度的评价。个人信用市场征信产品的主要供应者专门从事个人信用资料的收集、加工整理、量化分析、制作和售后服务，形成了个人信用产品的“一条龙”服务。美国个人信用服务机构实行市场化运作模式，有1 000多家信用局为消费者服务，大多数附属于Equifax、Experian和Trans Union三家最主要的征信局，包含超过1.7亿消费者的信用记录，构成了信用局制度的核心。

信用局制度管理形成了一整套科学体系，主要包括三个环节：① 个人信用资料的收集和登记。信贷提供者向征信局提供信息，并按合同规定从公司购买信用报告。个人信用信息包括消费者身份信息、信贷信息、公开信息。进行消费者个人信用调查时一般将上述信息指标分为两大类，即广度指标和深度指标。广度指标为个人信用分析提供了一般性构架准则，包括品德、能力、资本、条件、担保五个方面，又称5C准则。深度指标则是对5C准则的深化，具体包括工龄、信用卡、债务收入比例、银行开户情况、信用档案年限、毁誉记录、职务、住房、居住时间、个人收入、公用事业记录等指标。② 个人信用数据的加工处理和信用评估。个人信用数据须经过分类、比较、分析、评估等一系列加工处理，最终形成征信产品。个人信用评估报告是区分每个人信用质量的关键，评估有主观评级法和客观计量模型量化法。信用评分模型（Fair Isaac Corporation，FICO）是20世纪50年代产生的信用计量模型，该模型主要利用高达100万大样本数据使个人信用可以被精确地度量和区分，目前美国三大征信局都采用FICO信用分数量化个人信用。③ 个人信用产品的销售使用。美国对个人信用产品的销售使用有明确法律规定，要求到信用局调用他人个人信用资料需要得到被调用人的同意或者司法部门的授权，防止个人信用资料的滥用。随着信息技术的发展，越来越多的信用中介服务机构开始向用户提供在线服务，互联网优势使信息传递与交流更加方便，信用数据的记录与更新更加容易，信用中介服务机构的影响日益扩大。

2.4 中国信用体系的建设

2.4.1 中国信用体系建设现状

目前我国上海市政府建立了以自然人为主体，以消费信贷为主要服务领域的上海资信有限公司，实现银行同业内个人信用信息的联合征集、评价与发布；北京市建立以中小企业为主体，以企业各类信用信息为主要服务领域，以政府构建信息平台为依托的社会化信用体系；中国人民银行建立了银行信贷登记咨询系统；中国商业联合会开始组建商业信用中心。民间已拥有信用征集、信用调查、信用评价、信用咨询及风险管理等各类信用中介100多家，中国诚信、华安、华夏、远东、联合新华信以及中国联合信用网、中国企业信用网、个人信用信息网等社会信用中介机构积极开拓业务领域。1999年7月，著名的惠誉国际评级公司与中国诚信证券有限公司在北京成立第一家合资评级公司，美国穆迪投资服务公司与大众国际资信评估公司签署合作协议，标志着中国信用服务向国际化发展。我国信用体系建设的当务之急是加快立法，尽快形成促进信用行业健康和规范发展的完备的信用管理法律体系。依法加大对失信行为的惩戒力度，并运用市场机制发挥惩戒作用。借鉴各国建立信用体系的经验，通过法律和行政强制或协调有关部门开放数据，建立统一的数据检索平台，积极推动信用体系的全面建立，为专业信用服务机构在市场上进行信息的收集、评级、服务等提供法律支持，为其开展业务创造有利条件。对现有的征信企业进行整合，合理配置资源，成立信用管理行业协会，承担信用教育、从业人员资格认定等方面的工作。加强对征信企业的规范和管理，防止以任何形式对信用资源和信用经营的垄断，运用市场和法律手段进行管理，保证企业在法律和制度的框架内合规经营。个人信用联合征集是发展市场经济的基础，个人信用消费迅猛发展迫切需要建立联合征信系统，以便及时并全面掌握个人信用状况。强化失信惩罚机制，通过降低市场交易中的信息不对称程度来达到防范信用风险的作用，形成诚实守信的社会环境。上海市在多年试点的基础上，开始实施《上海市个人信用征信管理试行办法》，是国内首次以政府令形式发布为个人信用征信的政府规章。

2.4.2 政府在建立社会信用体系中的作用

1. 制定社会信用体系建设的相关制度与规则

制定和建设信用体系相关的法律法规，是建立健全社会信用体系的一项核心任务，也是我国信用事业得以健康发展的一个根本措施。社会信用体系建设的主要任务和目标，是建立一个国家良好的信用环境。而信用环境的建立要依靠社会主体良好的信用意识指导下的守信行为。这些行为则需要必要的制度和法律法规的规范和约束，形成规范的信用秩序。在信用体系建设的初期，在全国性的统一法律法规未能及时出台的情况下，各地和各有关部门出台一些相关的法规和部门规章，用以指导信用管理的实践，是非常有必要的。

2. 制定社会信用体系建设的中长期规划

由于信用体系是一项复杂的社会系统工程，涉及面很广，在信用体系建设初期，政府的力量非常重要。特别是在加强信用道德宣传，普及现代经济的契约意识，促进政府信用信息公开和相关立法方面，政府将发挥重要作用。由政府负责制定社会信用体系建设的中长期规划，确定规划期内体系建设的基本原则，明确工作重点和部署具体措施，使政府、部门和企业、个人了解规划期内的具体任务，自觉按照这些部署工作。

3. 实现信息资源的社会共享

我国信用数据的市场开放度低，缺乏企业和个人信息的正常获取和检索途径。在征信数据的开放与使用等方面没有明确的法律规定，政府部门和一些专业机构掌握的可以公开的企业信息资讯没有开放，增加了征信和企业信息获取的难度，形成相互分割的“信息孤岛”现象，使信用信息公开和联网无法实现。很显然，在建立社会信用体系的过程中，政府的重要任务之一就是加快信息的公开和开放。

4. 加强对社会信用体系的监管

我国的社会信用体系建设中，政府监管力量相对薄弱。政府管理职责不清，管理职能交叉，企业无所适从，对征信行业基本处于管理松散的状态，导致中介行业秩序比较混乱。在一些失信和诈骗案件的审理中，存在严重的地方保护主义倾向。政府对信用市场的监督管理薄弱，对从事企业和个人信用信息服务的征信机构缺乏有效监管。

5. 健全失信惩戒机制加大失信成本

由于社会没有建立系统有效的信用联防机制，信用信息不对称，导致很多失信者在一地“失利”，并不影响在其他地方继续进行违规活动。失信惩戒机制不健全助长了失信行为的气焰，不讲信用的企业和个人遭受不到社会的谴责，间接打击守信者信心，扰乱社会信用道德的评价标准。我国制度供给的不充分和对失信行为的惩戒不力，必须依靠政府强有力的监管维持良好的社会信用秩序。政府监管主要体现在对守信行为的激励、防止失信行为的发生和对失信行为的惩戒上。

总之，政府在培育信用体系方面发挥着重要作用。信用体系的培育是一个相当长的过程，在这个过程中，市场的不完善性可能产生消极作用，因此政府的作用尤为重要。市场经济发达国家的经验表明，单纯依靠市场的力量难以建立完善的信用体系，必须借助政府的力量。从某种意义上说，政府的推动是构建完善和发达的信用体系的核心动力，无论是信用评级体系、征信制度的建立，还是政府信息的披露、征信机构的培育等，都离不开政府的制度供给和积极推动。

2.4.3 中国社会信用制度的建立和完善

从1989年至今，我国的社会信用体系建设经历了三个发展阶段。第一阶段，信用业的起步。由于对外贸易企业对信用调查的需求，国内出现了部分信用调查机构和企业咨询策划机构。第二阶段，民营信用业的初步发展和外资的进入。从1995年始，随着银行信用和商业信用规模的不断扩大，对企业信用调查的市场需求增加，推动了我国信用业的发展。第三阶段，政府推动信用业发展。2000年至今，在加入世界贸易组织（World Trade Organization，WTO）的经济发展背景下，市场更加开放，社会信用规模进一步扩大，促使政府重视信用体系的建设和信用机构的建立。目前，中国已建立了四类不同的信用机构：一是政府部门所属、专门提供企业资信调查活动的机构，这类机构由于先天不足已逐步退出市场；二是中资民营的企业征信公司，主要从事企业信用调查和咨询、风险管理等业务，如安博尔等；三是已经进入中国的外国征信机构，提供企业征信服务；四是正在试点的个人征信机构。尽管我国信用体系的建设已经有了一定发展，市场化运作模式也初步形成，企业征信市场的集中程度逐步提高，个人征信试点初见成效，但是，就全国信用体系的建设状况而言，这仍然是初步的发展，与建设信用社会的整体目标仍存在较大差距。

1. 加强产权制度建设

产权制度建设要遵循两条原则，其一是有效性，其二是经济性。有效性要求产权制度必须被社会大多数成员遵从；经济性是指产权制度建设带来的收益必须大于制定及维护它的成本。市场经济国家花费几百年时间建立，根本原因在于产权制度建设的长期性。产权制度建设是一个充满了人与人之间的相互作用和博弈的动态过程，渐进性决定了社会信用形成的长期性，不能奢望社会信用短期形成。社会信用替代不了产权制度，没有产权制度保障的社会信用容易被侵蚀，社会信用缺失往往意味着产权制度的缺乏。如果信用评级结果失真，扭曲和虚假信息的广泛传播必然导致市场秩序混乱，企业“寻租”现象更加严重，社会信用必将陷入更大的危机中。仅通过建立“信用理念系统”“信用评价系统”，解决不了违法犯罪问题，也解决不了制度缺陷导致的信用危机和秩序混乱，只有建立起稳固的产权制度，信用评价系统才会有效地发挥作用。

2. 实行严格责任原则

法律与利益的矛盾可以归结为安全与灵活的矛盾。商事活动要求灵活、迅捷，但如果离开了交易的安全性，此种灵活和迅捷就丧失了意义。因此，维护交易安全构成商法的一项基本原则。商法对于交易安全维护的主要表现之一就是对于商事交易条件采取严格责任主义的统制。在严格责任原则下，只要不存在免责事由，违约行为本身就可以使违约方承担责任。严格责任原则不仅为英美法系国家所采用，也被国际公约采用。《联合国国际货物销售合同公约》、《国际商事合同通则》及《欧洲合同法规则》均采纳了该原则，严格责任可能成为合同法的发展趋势。

3. 建立信用信息查询与披露制度

进入信息化时代，商事信用呈现信息化和公示化的特征。信用信息公开，为信用的快速传递、识别和判定提供了便利，降低和削弱了市场交易风险，顺应了现代商业高效、快捷、安全的需要。信息的量化为信用的快速传递、识别和判定提供了条件。信用量化意味着商事信用信息已不再是纯粹的个人隐私或商业秘密。信用信息公开使交易对方极易了解其信用能力，判定其是否具备适宜的交易资格。为此，商事登记制度对企业的设立、变更、终止，均要求将与其有关的经营内容、经营状况等事项进行登记注册，并予以公告。在社会分工日益细化，经济交往日益频繁的现代市场经济社会中，“陌生人”之间的关系更加密切，在社会关系的网络中，任何人都无法逃避与他人合作，信用成为社会规则体系运行的基石。在信用公开与私生活权利保护的协调与处理方面，最主要的问题是正确区分个人信息与公共信息，区分标准应该是主体利益标准。凡涉及公共利益应当向全社会开放，其资产状况、纳税情况、重大诉讼、严重违约记录等涉及信用评价的基本要素的公开不仅不会影响其利益，反而有助于其商事交易的便利与安全。

4. 理性认识国家在信用制度建设中的作用

社会信用体系是一项牵涉面广、十分复杂的系统工程，不是一个部门、一个单位、一个企业和某一个人能够单独完成的。政府要解决和承担社会性、系统性的问题。国家须尽快制定“信用信息公开法”，保证国家部门信用信息的完整性与易查询性。在信用行业发展的初期，由于信用机构掌握的违约类信用记录较少，国家部门掌握的信用信息显得非常重要。鼓励民营资本进入信用行业，杜绝对信用行业的行业管制。目前，政府部门参与信用评定的程度过高，该行为在法律上属于具体行政行为，可这种具体行政行为却没有法律依据。因为按照法治的观点，政府的行政行为必须有法律的授权。所以，这种信用评定行为的合法性受到质疑，建议各级政府谨慎发展国资的信用评价机构。

➤本章小结

1. 经济学意义上的信用侧重于研究体现特定关系的借贷行为。商品经济条件下信用具有三大构成要素，即信用关系主体、信用载体和信用制度规则。信用是商品交换发展的产物，信用发展经历了曲折漫长的演变过程，这种演变与生产力发展水平和生产方式的转变高度适应。根据商品经济的发展历史，可相应地将信用的发展划分为三个阶段，即实物货币阶段的信用、金属货币阶段的信用和货币符号阶段的信用。

2. 信用制度通过非正式制度安排和正式制度安排两种方式形成。非正式制度安排的信用制度主要是由地方风俗、交易习惯、意识价值等长期演化而来，是内在和隐性的但又被人们自觉遵守的，并得到社会认可的一系列规范约束。正式制度安排的信用制度主要是对交易双方行为进行强制约束，表现为通过外在的、公开的和可依的法律条文约束为中心的各种交易规则，维护各方利益。现代信用制度的内容可分为三个方面：第一是业务形式，表现为各种信用形式及信用工具；第二是规则，是反映信用关系的法规及约定；第三是技术，包括信用评估机构和信用评估层次。信用制度的三个方面相互依存，缺少任一层面都会影响信用及其关系，导致市场交易受阻。

3. 信用制度的业务形式是现代信用制度的核心内容。具体表现为各种信用形式及其对应的信用工具。信用作为一种借贷行为通过一定的具体形式表现出来，信用形式是表现借贷关系特征的各种方式，按照不同的标准可以划分为不同的类型。根据借贷关系中债权人与债务人的不同和国际惯例，信用主要分为商业信用、银行信用、国家信用、消费信用以及其他信用形式。

4. 信用制度的规则和技术。信用制度规则是指在经济交易中约束信用关系的约定，包括法律制度、国际惯例和商业习惯等。现实中的交易是对交易规则和制度的自然接受，这种制度规则是建立在交易双方理性基础上的一种交易关系的体现。如果交易规则或信用制度得不到人们意识或心理的认同，就无法发挥其约束和规范人们交易行为的作用，信用秩序也无法得以体现和保证。信用制度的技术包括信用评估机构、企业信用评估和个人信用评估。

5. 政府在建立社会信用体系中具有非常重要的作用。包括制定社会信用体系建设的相关制度与规则；制定社会信用体系建设的中长期规划；促进并实施征信数据开放，实现信息资源的社会共享；加强对社会信用体系的监管；健全失信惩戒机制，加大失信成本。制定中国完善社会信用体系的有效措施。除了政府充分发挥自身的作用外，社会信用体系的建设还需要加强产权制度建设，实行严格责任原则，建立信用信息查询与披露制度。

关键术语

信用制度　商业信用　商业票据　信用卡　国库券　银行信用　国家信用　消费信用　国际信用　企业信用评估　个人信用制度　信用局制度　信用信息查询　产权制度

复习思考题

1. 信用的构成要素及其相互关系。
2. 商业信用的特点、作用及其局限性。
3. 如何理解银行信用与商业信用的关系？
4. 我国政府在完善社会信用体系中发挥哪些作用？
5. 如何借鉴发达国家经验对个人信用进行评估？

第 3 章

金融体系

【本章提要】 本章介绍金融体系的一般构成；主要国家的金融体系架构；银行机构体系的主要构成，即中央银行、商业银行、专业银行；非银行金融机构体系的基本构成及各自特点；世界各国金融体系变迁的共同趋势，决定和影响金融体系变迁的因素。

3.1 金融体系的构成

一国金融体系与经济发展水平、经济体制、货币信用发达程度密切联系。因此，世界各国的金融体系既具有相似之处，又各具特点。

3.1.1 金融体系的概念

1. 金融体系的概念

金融体系是一个国家从事金融活动的组织，按照一定结构所形成的整体。在市场经济中，金融机构经营金融资产，金融资产在一定程度上可被视为一种准公共产品。由于金融活动具有很强的外部性，金融机构的资产负债结构具有高杠杆、高风险的特征，金融风险极易相互传递，所以，金融监管成为金融体系中一个密不可分的组成部分。良好的法律制度是金融体系正常运行的保障，是金融体系的重要基础性组成部分。国家金融体系很大程度上受到政府政策、金融管制的影响。

2. 金融体系的类型

从世界各国的金融中介机构作用看，一种类型是德国，大银行在金融体系发挥支配作用，金融市场的地位不突出；另一种类型是美国，金融市场作用大，银行信贷的作用次之。日本、法国在传统上是银行在金融体系中发挥主要作用。

近年来，随着金融的快速发展，金融市场的作用越来越大；加拿大、英国的金融市场比德国发达，但银行部门的集中程度却高于美国。因此，根据金融机构的作用不同，金融体系可分为两类：一类是以美国为代表的“以市场为基础的金融体系”；一类是以德国为代表的“以银行为基础的金融体系”。

以市场为基础的金融体系（market-based financial system），又称为市场主导型的金融体系，证券市场在金融体系中的地位超过了银行机构。在经济发达的国家中，银行机构、非银行金融机构以及股票市场都比较有效率，股票市场相对于银行信贷而言更加活跃，金融体系更多以市场为导向。

以银行为基础的金融体系（bank-based financial system），又称为银行主导型的金融体系。在金融体系中，银行占据着绝对重要的地位，发挥着关键性作用，金融市场作用小。在经济不发达的国家或经济处于赶超的发展中国家，由于面临着严重的资金短缺以及法律的不健全，不具备管理和监督股票市场的资源，因而，股票市场在动员储蓄方面的作用小于银行机构。

3.1.2 金融体系的一般架构

国家金融体系通常由银行机构体系、政策性金融机构体系和非银行金融机构体系三大部分组成，银行机构居于支配地位，政策性金融机构作为补充，非银行金融机构与其并存。

1. 银行机构体系

银行机构主要由中央银行、商业银行、专业银行组成，中央银行在银行机构中处于领导地位，商业银行在银行机构中处于主体和基础地位。

中央银行是现代金融制度的重要组成部分，代表国家对金融活动进行管理，制定货币政策。中央银行是国家金融体系的中心，处于领导地位，具有对全国金融活动进行宏观调控的特殊功能。

商业银行是以经营资产、负债和中间业务为主，提供各种金融服务的金融机构。在金融体系中，商业银行以机构数量多、业务渗透面广的优势，居于金融机构的主体地位。

专业银行是指经营指定范围内的业务和提供专门性金融服务的银行机构。其业务活动与方式有别于一般商业银行，特定的业务范围和客户。专业银行的种类很多，名称各异，主要有投资银行、不动产抵押银行、储蓄银行等。

2. 非银行金融机构体系

非银行金融机构是办理某类金融业务，但在名称上没有冠名“银行”的金融机构的总称。主要有保险公司、证券公司、金融公司、信用合作社、投资基金、养老基金等。

保险公司是分散社会风险、经营保险业务的金融机构。证券公司是从事证券承销、证券交易和证券服务的金融机构。金融公司是通过发行商业票据、股票和债券或向银行借款以获得资金，发放特别适合消费者和工商业需要的小额贷款的金融机构。信用合作社是由小商品生产者或农民组成的、办理存放款业务的一种合作性质的金融组织，分为城市信用合作社和农村信用社两种。投资基金是通过向许多小投资者发放股份或受益凭证来聚合社会闲散资金，并以适度分散的组合方式投资于各种金融资产、为投资者谋求最高利益的金融中介。养老或退休基金会是一种向参加养老金计划者以年金形式提供退休收入的金融机构。

非银行金融机构与商业银行、专业银行都是以信用方式进行融资性业务活动，获取利润。然而，非银行金融机构与商业银行在资金来源、资金运用上有所不同：①商业银行以吸收存款为主要资金来源，以发放贷款特别是短期贷款为主要的资金运用方式；非银行金融机构主要依靠发行股票和债券筹措资金，从事非贷款的某一项金融业务为主要方式。②商业银行在业务活动中可以“创造”存款，具有“创造信用”、信用扩张的能力；非银行金融机构只是作为信用中介，不能创造信用，不具备信用创造的功能。随着各国金融管制、限制的缓和，商业银行与非银行金融机构之间出现了业务的交叉，两者之间的区别和界限也变得日趋模糊。

3. 政策性金融机构体系

政策性金融机构是不以营利为目的，专门配合政府经济政策或意图，提供政策性金融服务的金融机构。政策性金融机构是由政府创立、参股或保证，配合政府的经济政策，在特定的业务领域内，直接或间接从事政策性融资活动。

为了配合政府不同时期的经济政策的需要，政策性金融机构一般都有特定的业务领域和范围，呈现经营范围的界定性、资金投向的方向性、业务对象的特定性的特征。各国的政策性金融机构多种多样，按照活动范围，分为全国性政策性金融机构和地方性政策性金融机构；按照主业，分为信贷机构和保险机构；按照业务领域，分为农业、中小企业、进出口、住房、经济开发、基础产业、主导产业，以及环境、国民福利等政策性金融机构。

随着经济发展不断突破时间、地域以及各种社会传统的界限，金融工具、金融技术、金融机构以及金融市场也产生了明显的创新和变革，各种类型的非银行金融机构不断涌现，并在业务上呈现全能化的发展趋势。

3.1.3 主要国家的金融体系

金融体系是商品货币经济发展的产物，是社会化大生产发展的结果。一个国家的金融体系，反映着一国各类银行与各种非银行金融机构的职责分工和相互关系。

1. 美国的金融体系

美国是金融业高度发达的国家，金融活动深入经济发展的各个部门、各个领域。美元是世界的主要通货，美国的金融体系不仅是全国经济活动的中心，而且，金融资本市场的变动对美国经济甚至对整个世界金融都具有巨大的影响力。美国金融资本市场是法规和会计规则等制度的透明度很高的市场，因而，美国金融机构对金融衍生商品的开发与运用、各种风险的防范，以及使用最新的通信技术的电子交易等方面的业绩显著。

美国金融体系的形成是自然构造和人为构造相互交替、相互适应和共同作用的结果，主要由中央银行系统（联邦储备系统）、商业银行、非银行金融机构以及政府专业信贷机构（政策性金融机构）所组成。其构成如图 3-1 所示。

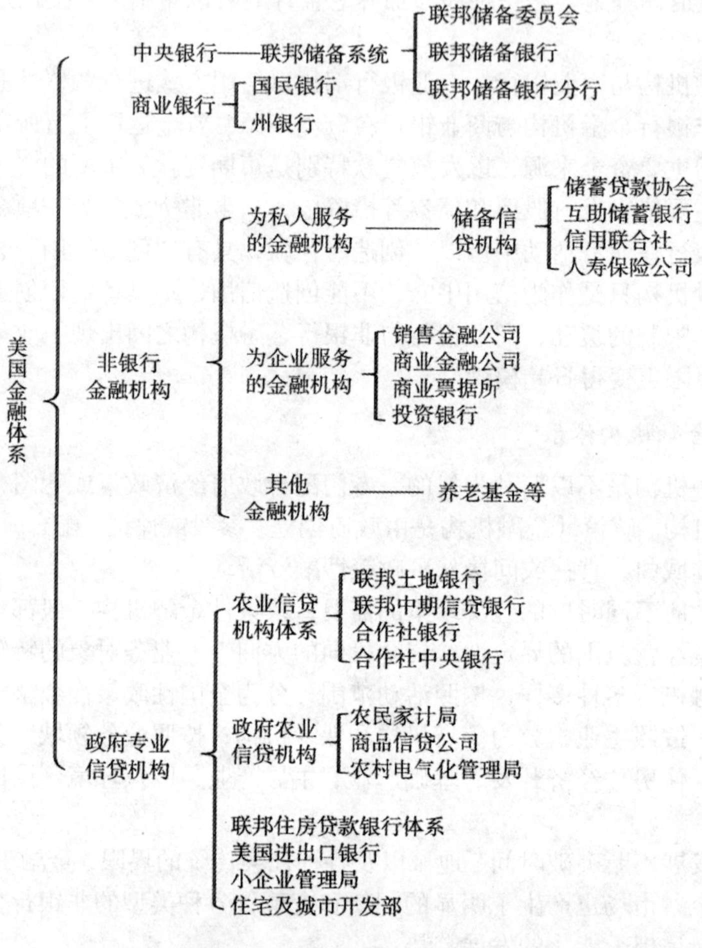

图 3-1 美国金融体系的构成

美国金融体系具有一些独有的特征，主要表现在以下方面。

（1）商业银行的双轨注册制度。美国联邦政府和州政府都有权分别接受银行注册登记，并对注册银行进行管理监督。美国商业银行可以任意选择是向联邦政府还是向各州政府注册，在联邦政府注册的是国民银行，由联邦级有关机构进行监管；在州政府注册的是州立银行，由州级有关机构进行监管。

（2）联邦储备系统组织上形成“多头”金融监管体系。依据《联邦储备法》的规定，所有国民银行必须成为联邦储备系统的会员银行，州银行是否参加或退出联邦储备系统，任其自由选择。目前，大约 1/10 的州银行参加了联邦储备系统，受联邦储备银行管理的州银行只是少数银行，从而形成了金融监管机构的多元化，即“多头”的监管体系。美国对银行与金融机构的监督与管理，通过多家机构来进行，每个州都有银行立法和银行监督管理机构，联邦一级主要的银行监管机构就有财政部货币监理署、联邦储备系统、联邦存款保险公司等，多家机构共同对金融机构行使监督管理职能。

（3）独特的单一银行制度。美国商业银行制度最大特点就是单一银行制度，即原则上商业银行不能建立分支机构。美国大约有 1/3 的州允许州立银行在其州内开设分支机构，有 1/3 的州只允许州立银行在其所在的城市范围内开设分支机构，其余 1/3 州根本不允许银行开设任何分支机构，形成了独具特色的单一银行制度。银行设立分支机构是提高效率和盈利水平，增强安全性的有力措施，因此，在美国现在仍存在州际业务限制状况下，大银行以银行持股公司的方式将银行扩展到全国，银行持股公司急剧发展。随着美国金融法律的修改，单一银行逐步被银行持股公司形式的大银行所替代。

（4）实力雄厚的非银行金融机构。美国拥有实力雄厚、规模较大的非银行金融机构，其资产总额大大地超过了商业银行的资产总额，如金融公司、退休金基金、保险公司等。随着美国金融业的高度发展，金融的深化，非银行金融机构也相当发达。

（5）政策性金融机构具有一定规模。美国拥有一定规模的、由政府创立、不以营利为目的，服务于农业、住房、进出口和中小企业等行业、领域的政策性金融机构，这些政策性金融机构是美国政府建立的永久性专门信贷机构，在高度发达的经济金融环境下，承担着政策性金融的业务，贯彻、配合政府经济政策和产业政策的实施。

2. 英国的金融体系

英国的金融业有六百多年的历史，中央银行是西方各国中成立最早的，伦敦也是世界最大的金融中心之一，经过几百年的发展，英国的金融体系在不断变革、完善。在资本主义的发展中，不仅英国的原始积累和工业革命具有典型性和较大影响力，英国的金融体系对世界许多国家金融业的发展和金融体系的建立，也有着重要的影响。

英国的金融体系是由中央银行、银行与非银行的金融机构三大部分构成，主要分为经营以短期贷款业务为主的清算银行，以企业金融、证券发行业务为主的商人银行，类似于日本的短期信贷公司的票据贴现所，满足银行法基本条例的被许可使用银行名称的其他国内银行，以及主要从事住宅贷款的住宅金融组合、外国金融机构等。英国金融体系的构成如图 3-2 所示。

英国金融体系的形成和发展中，创造了中央银行等制度的典型模式，其具有以下几个特点。

（1）传统的中央银行模式。英国是西方国家中最早建立中央银行制度的国家，英格兰银行作为世界上最早的中央银行，由私营的商业银行逐渐演变为管理金融的中央银行。英格兰银行在业务和金融管理上所积累的经验和教训、特别是所形成的中央银行的三大职能，成为西方国家建立中央银行的一种传统的模式。

（2）西方商业银行的典型模式。英国的商业银行普遍实行的是分支行制，即银行将总行设在大城市，在国内外广泛设置分支机构的银行制度。英国商业银行的分支行制被其他国家广泛采用，成为西方各国商业银行制度的一种典型模式，被称之为英国模式。

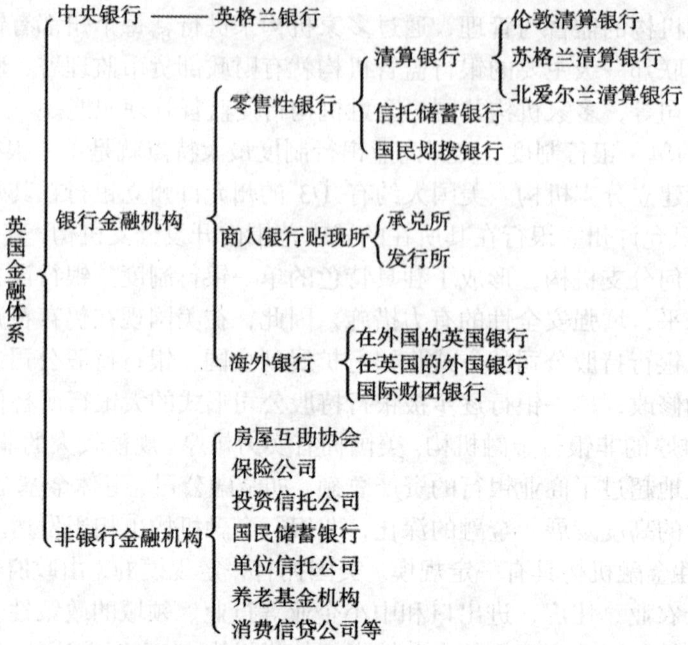

图 3-2 英国金融体系的构成

（3）传统的金融机构与现代的金融机构并存。随着国际金融环境的变化和金融机构本身业务职能等方面的发展，特别是经过 20 世纪 70、80 年代的改革，英国的金融体系发生了一系列的变化。在现行金融体系中，仍然保留着一些传统的旧式金融机构，如商人银行、贴现所等，这些传统的金融机构与现代的金融机构并存于英国现代的金融体系中。

伦敦是西方国家最早的重要的国际金融中心。英国对外国银行分支机构的设置及业务活动的限制较少，大量的外国银行云集伦敦。伦敦不仅是世界上最早的金融中心，现在仍是世界主要的国际金融中心，对各国金融市场的建立与发展具有一定的影响。

（4）金融机构的兼并加速，加快了金融业的集中。随着金融机构之间竞争的加剧，英国金融业出现了大规模的调整，银行的兼并、合并加速，银行资产规模增大，银行数目减少。

3. 法国的金融体系

法国的金融体系从 19 世纪开始形成并逐步发展，第二次世界大战结束后，法国政府对金融业进行改组，加强了国家对金融业的管理、干预和调节，形成了以中央银行为领导、商业性金融机构为主体、政策性金融机构为补充的现代金融体系。法国的金融体系是以国有银行为中心的、金融监管相当强烈的封闭的金融制度和严格的外汇管制为特征的。在法国，相对于人口的银行数量是过多的，平均每 2 200 人就有一家银行或支行存在。法国金融体系的构成如图 3-3 所示。

- 法国金融体系
  - 中央银行——法兰西银行
  - 商业性金融机构
    - 狭义银行
      - 存款银行
      - 实业银行
      - 中长期信贷银行
    - 非银行金融机构
      - 消费信贷机构
      - 证券公司
      - 不动产抵押放款机构
      - 金融公司
      - 租赁公司
      - 保险公司
      - 互助银行
  - 政策性金融机构——专业信贷机构
    - 法国农业信贷银行
    - 法国对外贸易银行
    - 法国土地信贷银行
    - 法国国民信贷银行
    - 国家市场金库
    - 中小企业设备信贷银行

图 3-3 法国金融体系的构成

法国在实行了多次银行国有化之后，金融体系有别于其他国家的特点包括以下几个方面。

（1）“三驾马车式”的金融监管体系。法国对金融机构的管理机构有三家，即国家信贷委员会、法兰西银行和银行管理委员会，形成一个金融立法、执行、监督三权分立又密切配合的金融监督管理机构体系。国家信贷委员会是法国信贷和货币政策的最高决策机构和咨询机构，有权对全国银行发布命令和指示；法兰西银行是货币政策的执行机构；银行管理委员会是行政监督和行政司法机构，监督银行执行各项金融政策与法规。从形式上看，三个管理机构三权分立，实际上，三权基本上统一在法兰西银行总裁身上，因为法兰西银行总裁兼任国家信贷委员会的副主席、银行管理委员会的主席。

（2）商业银行的国有化程度很高。在西方主要国家的金融体系中，法国商业银行的国有化程度是最高的，这是法国执政的社会党执行国有化政策的结果。法国国有化的商业银行在法律上并不享有任何特权，也不接受政府的补贴，仍然按照私营银行的原则进行经营、开展金融业务，并受金融监管机构的统一管理。

（3）政策性金融机构基本上是官方或半官方性质的。作为政策性金融机构的专业信贷机构基本上是官方或半官方性质的，法国政策性金融机构大部分是国有或政府领导的公有机构，在组织与业务上更多地受经济与财政部国库司领导。

4. 德国的金融体系

德国是世界上先进的工业国之一，德国的金融体系随着国家工业化的发展而逐步发展起来的。第二次世界大战后，金融结构发生了重大变化，形成了具有代表性的商业银行制度，金融体系经历了由分散趋向集中的演变过程。德国的金融体系由中央银行、商业银行以及其他金融机构所构成，如图 3-4 所示。

- 德国金融体系
  - 中央银行——德意志联邦银行
  - 商业银行
    - 大银行
      - 德意志银行
      - 德累斯顿银行
      - 商业银行
    - 地方银行
      - 巴伐利亚联合银行
      - 巴伐利亚抵押汇兑银行等
    - 私人银行
    - 外国银行
  - 专业银行
    - 抵押银行
    - 消费信贷银行
    - 复兴信贷银行
    - 出口信贷银行
  - 其他金融机构
    - 储蓄机构
    - 信用合作银行
    - 保险公司等

图 3-4　德国金融体系的构成

德国作为以银行为基础的金融体系的典型国家，金融体系的特点如下。

（1）健全的中央银行制度。德意志联邦银行享有很高的独立性和权威性，有权独立地制订与决定其业务政策，可以不接受政府所发布的指示。联邦银行与联邦信贷监督局共同对整个金融体系进行严格的监督与管理。在欧洲各国中，德意志联邦银行是独立性最强的中央银行。

（2）实行“全能”的商业银行制度。德国实行的是“全能”的银行制度，商业银行既可以经营存贷款等银行业务，也可经营证券业务，商业银行可以从事各种金融业务，呈现多样化和综合化的业务格局，与 “专业化”的银行制度形成了鲜明的对照。

（3）商业银行与企业的关系极为密切。在德国，企业从开办到经营，商业银行都积极参与，帮助策划、募股、发行债券和提供贷款。商业银行通过参股的方式，对工商企业进行控制，形成了许多以银行为核心的大的垄断集团。商业银行不仅与工商企业的关系十分密切，而且对工商企业具有较强的控制力。

5. 日本的金融体系

日本的近代金融制度形成于 19 世纪末期，现代金融制度是在第二次世界大战结束后，在美国的指导下，对金融制度进行了全面改革。日本的金融体系由中央银行、民间金融机构、政府的政策性金融机构等组成，形成了以中央银行为领导、民间金融机构为主体、政策性金融机构为补充的金融体系。日本金融体系的构成如图 3-5 所示。

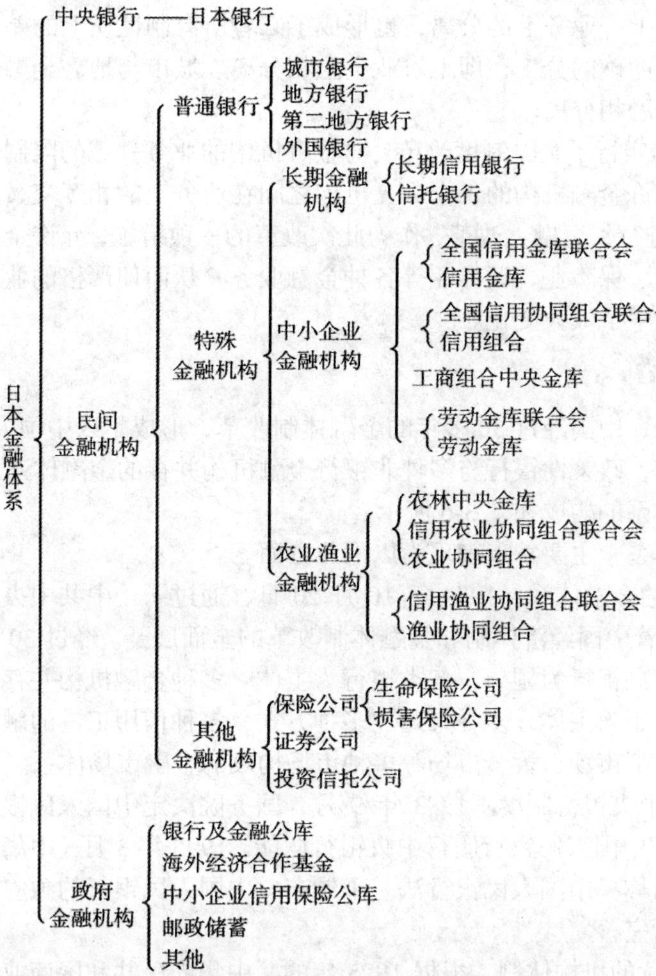

图 3-5 日本金融体系的构成

日本实行的是典型的“专业化”的金融制度，基本特征在于金融机构业务有严格的分工，实行业务限制，禁止不同类型金融机构之间的业务交叉。主要表现在以下几个方面：①长短期金融业务相分离。从 20 世纪 50 年代开始，日本政府重新调整了民间金融机构的分工，将民间金融机构划分为两大类：一类是以吸收各项存款为其主要资金来源的金融机构（如城市银行、地方银行、相互银行等普通银行），它们的资金主要用于短期贷款；另一类是主要通过发行金融债券和信托等方式筹集资金的金融机构（如长期信用银行、信托银行等），资金主要运用于中长期贷款，从而确立了长期金融业务与短期金融业务相分离的制度。②银行一般业务与专业业务相分离。专业业务一般是指证券、外汇与信托业务。1948 年日本公布的《证券交易法》，禁止银行与信托公司经营国债、地方债和政府担保债券以外的证券业务，这些证券的发行与买卖业务只能由证券公司经营，从而确立了银行一般业务与证券业务相分离的制度。③商业性金融业务与政策性金融业务分离和机构分立。民间金融机构一般以营利为目的，从事商业性金融业务，但由于民间资本在运用上的客观局限性，民间金融机构不能自觉地从事政策性金融活动。因而，政策性金融业务只能由政府出资创设的政策性金融机构承担。民间金融机构与政策性金融机构在机构上、业务上的分离，也形成了二者所有制性质上的差别。④民间金融机构的服务对象有明确的分工，即工农业金融相分离、城市与地方金融相分离、大工商企业与中小企业金融相分离。

1993年，日本实行了金融制度改革，对金融机构的业务领域的限制逐渐有所缓和与减弱，有限制地允许金融机构的各个分支机构之间在业务上的相互交叉。特别是，日本在1998年3月，进行了金融大改革，作为此次改革的一项措施，允许金融机构建立的持股公司经营银行业、保险业、证券业等各种金融业务，从而使严格的业务领域限制的专业化金融制度，发生了极大变化。

6. 中国的金融体系

改革开放以来，中国经过30多年的金融体制改革，形成了以中国人民银行为主导，商业性银行为主体，政策性银行与多种非银行金融机构并存的金融体系。

中国的金融体系的构成如图3-6所示。

中国的金融体系，主要特点表现为以下几方面。

（1）多元化的金融体系。1984年10月20日，通过了《中共中央关于经济体制改革的决定》，标志着中国经济体制和金融体制改革的全面展开。经过30多年的金融体制改革，建立了以中央银行为领导，各类银行为主体、多种金融机构并存和分工协作的金融体系。以银行信用为主体，多种渠道、多种方式、多种信用工具的融资方式；股票市场、债券市场、外汇市场、黄金市场等多种市场构成的金融市场体系。

（2）独立的中央银行制度。1983年9月，国务院决定中国人民银行专门行使中央银行职能，1984年中国人民银行履行中央银行职能。1995年3月《中华人民共和国中国人民银行法》（简称《中国人民银行法》）颁布，中国人民银行的独立性强化，金融宏观调控的方式不断完善。

（3）分业经营的机构体制。根据1995年的《中华人民共和国商业银行法》、《中华人民共和国保险法》及《金融机构管理规定》，银行业、证券业、信托业、保险业分离。银行不得经营证券、保险业务，不得直接持有工商企业的股票、不得直接从事除国债以外的其他证券交易。

（4）分业管理的金融监管体制。2003年4月28日，中国银行业监督管理委员会（简称中国银监会）成立后，形成了以中国人民银行、中国银监会、中国证券监督管理委员会（简称中国证监会）、中国保险监督管理委员会（简称中国保监会）即所谓“一行三会”为主的金融分业监管体制。

（5）不断开放的金融市场。2006年12月11日，国务院颁布的《中华人民共和国外资银行管理条例》正式生效，取消了外资银行经营人民币业务的地域和客户限制，允许外资银行对所有客户提供人民币服务，标志着中国全面对外开放了中国的金融市场，外资银行成为中国金融体系的构成部分。根据外资银行在我国设立运营的实际情况，2014年7月29日和2014年11月27日，我国先后两次对《中华人民共和国外资银行管理条例》进行了修订，在确保有效监管的前提下，进一步放宽了外资银行准入和经营人民币业务的条件，为外资银行设立运营提供了更加宽松、自主的制度环境。

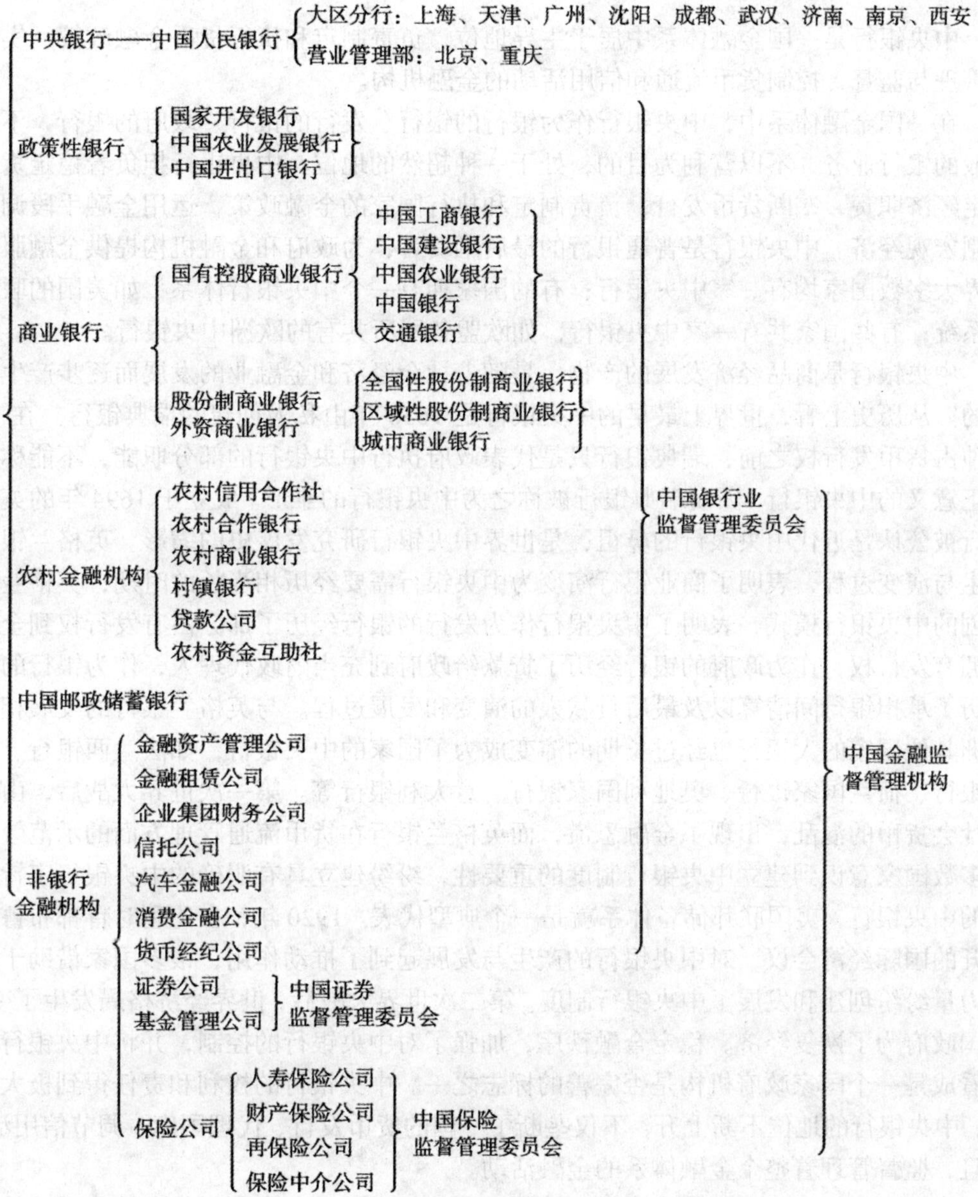

图 3-6 中国金融体系的构成

3.2 银行机构体系

银行机构由中央银行、商业银行、专业银行组成，中央银行在银行机构中处于领导地位，商业银行处于主体地位。

3.2.1 中央银行

中央银行是一国金融体系中居于主导地位，负责制定和执行货币金融政策，实行金融管理与监督，控制货币流通和信用活动的金融机构。

在一国金融体系中，中央银行作为银行的银行、发行的银行、政府的银行，不经营一般的银行业务，不以营利为目的，处于一种超然的地位。中央银行担负着稳定货币、稳定经济职责，垄断货币发行，负责制定和执行国家的金融政策，运用金融手段调节和控制宏观经济。中央银行是普通银行的最后融资者，为政府和金融机构提供金融服务。世界大多数国家均有一家中央银行；有的国家拥有一个中央银行体系，如美国的联邦储备系统；有些国家共有一家中央银行，如欧盟各国所共有的欧洲中央银行。

中央银行是商品经济发展的产物，是随着社会经济和金融业的发展而逐步产生和演变的。从历史上看，世界上最早的中央银行是 1656 年由私人创建的瑞典银行。在 1897 年独占货币发行权之前，瑞典银行只是代表政府执行中央银行的部分职能，不能称其为真正意义的中央银行，因而瑞典银行被称之为中央银行的雏形。成立于 1694 年的英格兰银行被公认是近代中央银行的鼻祖，是世界中央银行研究发展史的缩影。英格兰银行的产生与演变过程，表明了商业银行演变为中央银行需要经历相当长的时期；英格兰银行独创的中央银行模式，表明了中央银行作为发行的银行经历了部分占有发行权到全部独立拥有发行权，作为政府的银行经历了贷款给政府到充当财政代理人，作为银行的银行经历了承担银行间清算以及最后贷款人的演变和发展过程。与英格兰银行的发展相似，欧洲其他国家的大银行也经过长期的演变成为了国家的中央银行，如法兰西银行、德意志银行、荷兰国家银行、奥地利国家银行、意大利银行等。第一次世界大战后，由于国际社会货币的混乱，出现了金融恐慌，而英格兰银行在货币流通管理方面的示范效应，大多数国家意识到建立中央银行制度的重要性，纷纷建立具有明确的中央银行宗旨和功能的中央银行，美国联邦储备体系就是一个典型代表。1920 年，在比利时首都布鲁塞尔召开的国际经济会议，对中央银行的产生与发展起到了推动作用，很多国家借助于政府的力量纷纷创建和发展了中央银行制度。第二次世界大战后，世界经济格局发生了变化，各国政府为了恢复经济、稳定金融秩序，加强了对中央银行的控制，并将中央银行的存在看成是一个国家政府机构是否完善的标志之一。中央银行的权利和责任得到极大地增强，中央银行的地位不断上升，不仅垄断了一国的货币发行、代理国库、调节信用活动，而且，监督管理着整个金融体系的金融活动。

中国人民银行是我国的中央银行，是国务院领导下的负责制定和实施货币政策的国家机关。中国人民银行担负着中央银行的专业金融管理职能。1948 年 12 月 1 日，中国人民银行成立。1984 年以前，中国人民银行既行使中央银行职能，又行使商业银行职能；1984 年，中国人民银行专门行使中央银行职能；1995 年，《中国人民银行法》获得通过，中国人民银行独立执行货币政策权力得到确立；1997 年 4 月，中国人民银行货币政策委员会成立，负责货币政策控制目标的确定、货币政策工具的运用、货币政策的制定与调控，从直接调控转变为间接调控，逐步建立了控制货币政策的新机制。1998 年，我国实行了中国人民银行体制的重组，跨行政区设置分行。中国人民银行分支机构根据中国人民银行的授权，负责其辖区内的金融监督与管理，承办有关的业务，加强了中央银行对金融机构的监督与管理。2003年4月，中国人民银行把对银行业金融机构的金融监管职责剥离出来，交由新成立的中国银监会负责，其主要承担“制定和执行货币政策，提供金融服务，维护金融稳定”职责。2005年8月10日，中国人民银行上海总部成立，这是我国中央银行体制的一次自我完善，是为了更好地发挥中央银行在宏观调控中作用的重要制度安排，上海总部主要围绕金融市场和金融中心的建设来加强中央银行的调节职能和服务职能。

3.2.2 商业银行

商业银行是以利润最大化为目标，通过多种金融负债筹集资金，向社会提供多功能、综合性服务的金融企业。

商业银行是西方国家金融体系中唯一接受活期存款的银行，吸收存款是商业银行的主要资金来源，也是商业银行的业务基础，因此，商业银行也被称为存款银行、存款货币银行。商业银行为工商企业提供金融服务，与工商企业发生着直接的广泛密切的联系，在政策上接受中央银行的领导。

按照我国商业银行的资产规模大小，可划分为大型商业银行、中型商业银行、小型商业银行和微型银行。

大型商业银行是指国有控股的大型商业银行（原国有商业银行），其资产总额占全部银行机构的很大比重。主要有五家：中国银行、中国建设银行、中国工商银行、中国农业银行、交通银行。

中国银行成立于1912年2月，是中国历史悠久的银行。1953年10月27日，中央人民政府政务院公布《中国银行条例》，明确中国银行为外汇专业银行。1979年3月13日，中国银行行使国家外汇管理总局职能，直属国务院领导。1983年9月，中国银行统一经营国家外汇的职责不变。至此，中国银行成为国家外汇专业银行。1994年，中国银行向国有商业银行转化。2003年，引进美国高盛集团、亚洲金融控股公司等境外战略投资者，2006年7月5日，中国银行A股在上海、H股在香港同时成功上市。

中国建设银行成立于1954年10月1日（当时名为中国人民建设银行，1996年3月26日更名中国建设银行）。建设银行自成立至今，经历了三个阶段：第一阶段，经办国家财政拨款时期。1954年10月，建设银行经中央人民政府政务院决定成立后，经办国家基本建设投资的拨款，管理和监督使用国家预算内基本建设资金和部门、单位的自筹基本建设资金。第二阶段，国家专业银行时期。1985年起，为适应经济发展的要求，先后开办了居民储蓄、企业贷款、国际金融、住房贷款和各种委托业务。第三阶段，国有商业银行时期。1994年，按照国家投融资体制改革的要求，建设银行将财政职能和政策性基本建设贷款业务分别移交给财政部和国家开发银行，迈向现代商业银行。2004年9月15日，中央汇金投资有限责任公司、中国建银投资有限责任公司、国家电网公司、上海宝钢集团公司和中国长江电力股份有限公司在京召开会议，决议设立中国建设银行股份有限公司，2007年公开发行股票上市。

中国农业银行于1979年2月恢复，主要任务是：统一管理支农资金，集中办理农村信贷，领导农村信用合作社，发展农村金融事业。1994年4月中国农业发展银行从中国农业银行分设成立，粮棉油收购资金供应与管理等政策性业务与农业银行分离，农业银行实行商业银行运营机制。2009 年 1 月 16 日成立中国农业银行股份有限公司。2010 年 7 月 15 日、16 日分别在上海和香港成功上市。

中国工商银行 1984 年成立，2005 年 10 月 28 日，中国工商银行股份有限公司正式成立。2006 年 10 月 27 日中国工商银行股份有限公司在香港、上海两地同时发行上市。

交通银行成立于 1908 年。1958 年以后，本行的内地业务分别被并入当时的人民银行和中国人民建设银行（建设银行前身），香港分行继续营业。1987 年 3 月 30 日，交通银行在国家工商局注册登记成立，成为我国第一家全国性股份制商业银行。2005 年、2007 年先后在香港、上海上市，是第一家在境外上市的国有控股大型商业银行。

中型商业银行是指资产规模小于大型商业银行，业务经营领域涉及全国范围的银行机构，包括招商银行、中信银行、兴业银行、光大银行、华夏银行、民生银行、平安银行、上海浦东发展银行、广东发展银行、中国邮政储蓄银行。

招商银行成立于 1987 年 4 月 8 日，是我国第一家完全由企业法人持股的股份制商业银行，总行设在深圳。中信银行成立于 1987 年，隶属于中国国际信托投资公司（简称中信公司），总行设在北京。深圳发展银行成立于 1987 年 12 月 28 日，是国内首家上市银行。兴业银行成立于 1988 年 8 月，是经国务院、中国人民银行批准成立的首批股份制商业银行。2003 年 3 月 3 日更名为兴业银行股份有限公司。光大银行成立于 1992 年 8 月，1997 年 1 月完成股份制改造，成为国内第一家国有控股并有国际金融组织参股的全国性股份制商业银行。华夏银行成立于 1992 年 10 月，1995 年进行股份制改造，更名华夏银行股份有限公司（简称华夏银行），总行设在北京。民生银行成立于 1996 年 1 月 12 日，是首家由非公有制企业入股的全国性股份制商业银行，总行设在北京。平安银行的前身深圳发展银行 1987 年 5 月公开发行股票，1987 年 12 月正式成立，总行设在深圳市，在全国设立分支机构，2012 年 6 月吸收合并原平安银行并于同年 7 月更名为平安银行。广东发展银行成立于 1988 年，总行设在广州，全国设立分支机构。上海浦东发展银行成立于 1992 年 8 月 28 日，1993 年 1 月 9 日正式开业，总行设在上海。中国邮政储蓄银行成立于 2006 年 12 月 31 日。2012 年 1 月 21 日，中国邮政储蓄银行经国务院同意，依法整体变更为中国邮政储蓄银行股份有限公司。

小型商业银行，主要是指城市商业银行和农村商业银行。1995 年，国务院决定在一些经济发达的城市，在合并重组城市信用合作社的基础上，组建城市商业银行。同年 2 月，第一家城市商业银行在深圳成立。截至 2014 年年底，中国已设立城市商业银行 133 家，资产总额占所有银行机构总资产比重为 13.4%，业已成为中国银行体系中的一个重要组成部分。与全国性银行不同，城市商业银行业务被限定于其所属的中心城市，由于不同城市之间在经济总量以及金融生态环境方面存在着巨大的差异，导致了不同地区城市商业银行的差异。农村商业银行是国内经济发达地区农村信用社通过合并建立的商业银行。由于城市商业银行和农村商业银行的发展基础以及发展空间不同，决定了不同的发展取向。目前主要有两种发展取向，一是大型城市商业银行公开上市，成为全国性股份制银行；二是一些城市商业银行通过合并重组成立以省为单位的区域性银行。

微型银行是指村镇银行。村镇银行是中国银监会依据有关法律、法规批准，由境内外金融机构、非金融机构企业法人、自然人出资，在农村地区设立的主要为农民、农业和农村经济发展提供金融服务的银行机构。2007年3月1日，四川仪陇惠民村镇银行、吉林东丰诚信村镇银行、吉林磐石融丰村镇银行正式挂牌开业。仪陇惠民村镇银行注册资本为200万元，南充市商业银行作为发起人，出资100万元进行控股，四川明宇集团、四川海山国际贸易有限公司等5家企业，分别出资20万元参股。截至2014年年底，我国已设立村镇银行1 153家。

在金融全球化和金融开放中，我国商业银行融入了全球混业经营的时代。主要通过两种模式实现集团化发展：一是以银行为母公司，建立金融控股集团（金融控股集团是母公司以金融为主导，通过控股兼营工业、服务业的控股公司）；二是通过交叉型金融工具创新实现跨银行机构的业务品种合作，如银保合作、银证合作和银基合作等。

1979年，中国银行在香港成立了财务公司，从事海外资本市场业务。后注册成立了中银国际，这是中行在海外设立的全资附属的全功能投资银行，有11家附属子公司和2个内地代表处。2001年12月，中银国际重组，总资产达到7 455亿港元，成为继汇丰银行后香港的第二大金融控股集团。2001年12月下旬，中银保险在深圳挂牌，开始办理产险业务，中国银行的金融控股公司构架已形成。招商银行于1991年8月组建了证券部。1994年经改建为招商银行全资专业证券公司，注册资本和实收资本均为1.5亿元。1998年，经中国证券监督管理委员会核准，增资改制并更名为国通证券有限责任公司，注册资本8亿元，2002年7月，更名为招商证券股份有限公司。中国建设银行与摩根士丹利于1995年合作成立了中国国际金融有限公司，中国建设银行拥有42.5%的股权。根据特许，可从事众多投资银行业务。2005年9月28日，中国建设银行、美国信安金融集团和中国华电集团共同组建的建信基金管理公司在北京成立，中国建设银行持股65%。中国工商银行与香港东亚银行于1998年收购英国国民西敏证券亚洲区证券银行业务，成立了工商东亚金融控股公司，从事香港和内地的投资银行业务。2000年7月，工商银行全面收购香港友联银行，成立工银亚洲，直接涉足零售业务，并展开投资银行业务。2001年5月，工商银行宣布将在香港的业务进行重组，将中国工商银行香港分行的业务注入香港上市的中国工商银行（亚洲）有限公司（简称工银亚洲），工银亚洲成为中国工商银行在香港业务的旗舰。形成批发业务、零售业务和投行业务的有机结合。

3.2.3 专业银行

专业银行是指经营指定范围内的业务和提供专门性金融服务的银行机构，一般有特定的业务范围和客户。由于社会分工的不断发展，要求银行提供专门服务，以适应社会经济发展的要求，推动了各种专业银行涌现。专业银行的种类很多，名称各异，主要有投资银行、不动产抵押银行、储蓄银行等。

1. 投资银行

投资银行是专门办理投资和长期信贷业务，满足固定资本需求的专业银行。大多数国家称为投资银行，如欧洲、美国等工业化国家称之为投资银行；也有称为金融公司、证券公司，如英国称为商人银行，日本称之为证券公司。

投资银行的资金来源主要是发行股票和债券，吸收定期存款。主要业务是为工商企业发行和包销证券，包销本国政府和外国政府公债；向工商企业等提供中长期贷款；对工商企业的股票和债券直接投资；参与企业的创建和改组活动，提供投资、合并等的咨询服务。

投资银行是股份公司制度发展到特定阶段的产物，是发达证券市场和成熟金融体系的重要主体，在经济发展中发挥着沟通资金供求、推动企业并购、优化资源配置的重要作用。

2. 不动产抵押银行

不动产抵押银行是专门经营以土地、房屋等不动产为抵押的长期贷款的专业银行。

抵押银行办理业务的资金来源主要通过发行不动产抵押证券，不动产抵押品有土地、房屋、股票、债券和黄金。以土地为抵押的长期贷款的对象主要是土地所有者或购买土地的农业资本家；以城市不动产为抵押的长期贷款的对象，主要是房屋所有者或经营建筑业的资本家。

随着金融业竞争的加剧，商业银行已涉足不动产抵押贷款业务，一些抵押银行也开始经营信贷业务，而且，这种相互兼营、融合发展的业务方式正在加速。

3. 储蓄银行

储蓄银行是专门办理居民储蓄、以储蓄存款为主要资金来源的银行。对于储蓄银行，各国的称谓不同，有的称储蓄银行、互助储蓄银行、国民储蓄银行、信托储蓄银行，有的称储蓄放款协会、信贷协会等。储蓄银行以储蓄存款为主的资金来源相对稳定，资金运用主要购买政府公债、公司股票和债券；或将部分资金转存入商业银行以赚取利差。近年来，储蓄银行的业务范围有所突破，开始经营商业银行业务。在西方许多国家，储蓄银行是专门的、独立的专业银行，并有管理法规。

我国在 1994 年以前，实行国有专业银行制度，四家国有银行有主要业务分工：中国银行主要经营管理外汇存贷款业务；中国建设银行主要经营管理基本建设存贷款业务；中国农业银行主要经营管理农村存贷款业务；中国工商银行主要经营管理城市工商企业存贷款业务。1994 年以后，国有专业银行剥离政策性业务，向商业银行转轨。

3.3 非银行金融机构体系

3.3.1 保险公司

保险公司是分散社会风险、经营保险业务的金融机构。保险公司集合有同类性质危险的多数人的资金建立保险基金，分散其中少数人可能遭受的损失。保险公司是保险活动的组织者，依靠投保人所交纳的保险费而聚集起大量的、比银行存款更为稳定的货币资本，通过投资于公司债券和股票、市政债券、政府公债等进行长期投资，以及发放不动产抵押贷款、保单贷款等方式，开展资金运用业务，并将资金运用所获得的收入用于支付保单所确定的权益。

保险公司开办的保险业务种类繁多，大致分为四大类，即财产保险、人寿保险、政策性保险以及社会性保险。财产保险主要包括普通财产保险、运输工具保险、货物运输保险、工程保险、责任保险以及保证保险等业务种类；人寿保险主要包括人寿保险、人身意外伤害保险以及健康保险等业务种类；政策性保险主要包括出口信贷保险、投资保险、农业保险、存款保证保险等业务种类；社会性保险主要包括养老保险、遗嘱保险、工商保险、医疗保险、失业保险以及生育保险等业务种类。因此，各国存在的各类保险机构是各国最重要的非银行类金融机构，在整个社会金融体系中占据很重要的地位。

按照经营性质的不同，保险机构分为商业性保险机构、社会性保险机构和政策性保险机构。商业性保险机构是以营利为目的的保险机构，主要是以营利为目的的、按照企业化要求运作的一般的保险公司、再保险公司、保险经纪公司、保险公估公司、保险代理公司等；社会性保险机构是国家为了劳动者在年老、生病、失业、工伤、生育时能够得到基本生活保障而设立的非营利性保险机构；政策性保险机构是国家为了实施宏观经济政策对特殊行业进行扶持和保护而设立的事业性保险机构，主要有出口信用保险公司、农业保险公司、存款保险公司等。

3.3.2 信用合作社

信用合作社是指由小商品生产者或农民组成，办理存放款业务的一种互助合作性质的金融组织。

信用合作社主要是解决小商品生产者和农民的资金需求。资金来源于社员交纳的股金和储蓄存款，贷款对象以本社社员为主，主要用于解决社员的资金需求，部分资金用于购买不动产和政府公债。信用合作社的规模一般不大，行业性很强，贷款方式种类比较单一、缺乏多样性，因而承受风险的能力较弱。

按照地区的不同，信用合作社分为城市信用合作社和农村信用合作社。城市信用合作社是以城市的中小工商业、劳动者等为服务对象的、专营业务为主的信用合作社；农村信用合作社是以农民、合作企业等为服务对象的信用合作社。按照组织成员的不同，信用合作社分为基层信用合作社和信用合作联合社。基层信用合作社是以自然人、一些不以营利为目的的法人也可以申请加入的基层组织单位；信用合作联合社是以单位社员为对象的、构成完整的信用合作社组织系统的联合组织。

1923 年，中国第一家农村信用社在河北香河成立。新中国成立后，中国合作金融事业经历了曲折发展。改革开放之后，1979 年我国成立第一家城市信用社，主要为城市中小集体企业和个体工商户提供金融服务。1979~1988 年的快速发展时期：城市信用社迅速发展，数量急剧增加，特别是 1985 年以后，城市信用社开始大规模组建。1986 年，为了鼓励支持城市信用社的发展，中国人民银行颁布了《城市信用合作社管理暂行规定》，对城市信用社的性质、业务、管理体制等进行了明确规范，城市信用社的发展从此开始步入正轨。1989~1993 年的整顿提高时期：经过快速发展，城市信用社经营中的问题凸显，国家决定治理整顿。1993~2003 年的改革分化时期：城市信用社建立之初，定位是为城市和街道小企业及个体户服务，但在后期发展中，大多数城市信用社成为以营利为目的的商业化金融机构。1995 年，国务院下发《关于组建城市合作银行的通知》，要求全国符合条件的城市开始分期分批组建城市合作银行，城市合作银行定性为股份制。2003

年至今的发展时期：2003 年 4 月，中国银监会成立，对城市商业银行的发展和监管进入了新阶段。支持城市商业银行“立足地方经济、立足中小企业、立足城市居民”的市场定位，支持城市商业银行之间开展联合与合作，实现资源共享，增强抗风险能力；支持城市商业银行通过吸引国内外高素质的战略投资人和上市等多种方式，引进先进的经营管理经验，不断完善资本金补充机制，提高资本充足率，全面提升竞争力。

3.3.3 投资基金

投资基金是通过向许多小投资者发放股份或受益凭证来聚合社会闲散资金、并以适度分散的组合方式投资于各种金融资产、为投资者谋求最高利益的金融中介。通过发行小面额股份并购买大量金融资产的资产转换过程。投资基金作为一种间接的金融投资机构或工具，具有投资组合、分散风险、专家理财、规模经济的优势。而且，投资基金既可以用来积累个人财富，也可以作为价值储藏的工具，还可以成为一种追求高收益的手段。

按组织形态不同，分为公司型基金和契约型基金；按所发行的基金能否赎回或追加，分为开放型基金和封闭型基金；按投资目标的不同，分为成长基金、收益基金和平衡基金；按所投资的工具不同，分为股票基金、债券基金和货币基金；按资金来源不同，分为国际基金和国内基金等。

由于投资基金具有独特的优势，在各国特别是市场经济发达的国家发展十分迅速。在不同的国家，投资基金的称谓是不同的。有的称为互助基金、共同基金，如美国；有的称为单位投资信托，如英国，随着金融创新的发展，出现了投资于高度流动性的短期债券工具的货币市场互助基金，发展速度很快。美国货币市场互助基金的资产大约占到投资基金总资产价值的四分之一。

中国的基金业自 1998 年发展初期开始，经历了不规范到逐步规范的发展过程，逐渐走上了一条与国际接轨、规范运营的发展道路。中国的开放式基金的正式推出，标志着中国基金市场进入新的发展阶段，随着基金行业的不断发展，“科学管理”与“诚信运作”成为决定基金管理公司成长壮大的决定因素。

3.3.4 金融公司

金融公司是指通过发行商业票据、股票和债券或向银行借款以获得资金，发放特别适合消费者和工商业需要的小额贷款的金融机构。

金融公司主要有三种类型，即销售金融公司、消费者金融公司和工商金融公司。销售金融公司是向从特定的零售商或制造商处购买商品的消费者发放贷款的金融中介，如美国的通用汽车承兑公司为购买通用汽车公司的汽车提供资金；消费者金融公司是向购买家具、家用器具、装修住房、偿付小额债务的消费者提供贷款的金融公司；工商金融公司是通过提供贷款或贴现购买应收账的方式，向工商企业提供特殊形式的信贷（代理收款业务）的金融公司。

目前，我国拥有的金融公司主要有汽车金融公司和消费金融公司。汽车金融公司是指为中国境内的汽车购买者及销售者提供贷款的非银行金融机构，主要从事《汽车金融公司管理办法》中规定的部分或全部的业务。消费金融公司是指不吸收公众存款，以小额、分散为原则，为中国境内居民个人提供以消费为目的的贷款的非银行金融机构。

3.3.5 信托公司

信托公司是以代人理财为主要经营内容，以受托人的身份经营信托业务的金融机构。

信托是委托人基于对受托人的信任，将财产权委托给受托人，由受托人按照委托人的意愿，为受益人的利益或特定目的，进行管理的行为。信托的成立必须具备信托行为、信托目的、信托关系人以及信托财产四个基本要素。从委托人的角度来看，信托公司的业务主要分为：个人信托业务、法人信托业务、通用信托业务。个人信托业务是以个人作为委托人，以信托公司为受托人而办理的各种业务，主要包括生前信托和身后信托。法人信托业务是以具有法人资格的企业、公司、社团等作为委托人而设立的信托，主要包括公司债信托、动产信托、雇员受益信托、商务管理信托等。通用信托业务是既可以由个人作委托人、也可以由法人作委托人的信托业务，主要包括信托投资基金、不动产信托、公益信托等。

1979 年 10 月，国务院批准建立中国国际信托投资公司，是中国第一家信托投资公司。在发展最高峰的 1988 年年底，数量达到 1 000 多家。中国的信托业先后经历了 6 次整顿。截至 2014 年年末，全国共有信托公司 68 家。

3.3.6 金融租赁公司

金融租赁公司是指以经营融资性租赁业务为主的非银行金融机构。融资性租赁是由出租方为承租方提供所需设备，具有融资、融物双重职能的租赁交易，涉及出租方、承租方、供货方三个当事人，由购买合同、租赁合同等两个或两个以上合同构成。西方国家的租赁公司主要有三种类型：金融机构型租赁公司、厂商机构型租赁公司、独立机构型租赁公司。其中，金融机构型租赁公司，是从事融资性租赁业务的银行或非银行金融机构，从事融资性租赁业务的非银行金融机构就是金融租赁公司。

1980 年，中国国际信托投资公司率先开办了现代租赁业务，利用国际租赁形式开辟了利用外资的新渠道。之后，中国租赁公司的数量不断增加。2007 年 3 月 1 日起施行的《金融租赁公司管理办法》，界定和规范了金融租赁公司的业务范围。2014 年 3 月，中国银监会发布了新修订的《金融租赁公司管理办法》，重点对金融租赁公司的准入条件、业务范围等内容进行了修订完善。放宽了市场准入条件，将主要出资人制度调整为发起人制度，不再区分主要出资人和一般出资人，符合条件的五类机构均可作为发起人设立金融租赁公司；取消了主要出资人出资占比 50%以上的规定。同时考虑到金融租赁公司业务开展、风险管控以及专业化发展的需要，规定发起人中应该至少包括一家符合条件的商业银行、制造企业或境外融资租赁公司，且其出资占比不低于 30%。同时，扩大了业务范围，放宽了股东存款业务的条件，拓宽了融资租赁资产转让对象范围，增加了固定收益类证券投资业务、为控股子公司和项目公司对外融资提供担保等；在基本业务基础上，允许符合条件的金融租赁公司开办发行金融债、资产证券化以及在境内保税地区设立项目公司等升级业务。并且允许金融租赁公司试点设立子公司，旨在引导金融租赁公司纵向深耕特定行业，提升专业化水平与核心竞争力。截至 2014 年年底，我国已设立金融租赁公司 30 家。

3.3.7 证券机构

证券机构是从事证券经营业务的有限公司或股份有限公司。作为一个国家金融市场中最主要的金融机构之一，证券机构在证券市场上扮演着重要的角色。中国的证券机构主要由证券交易所、证券公司、基金管理公司等组成。

1990年11月26日，经中国人民银行批准，我国第一家证券交易所——上海证券交易所正式成立，同年12月19日正式开业，成为国内最主要的资本市场。1991年7月，第二家证券交易所——深圳证券交易所正式成立。1992年10月，设立了国务院证券委员会和中国证监会，并于1998年11月合并为一，确立了中国证监会在证券管理的权责与地位。中国证监会是直属国务院的事业单位，主要负责依法对证券市场和期货市场的监督管理。

3.3.8 金融监管机构

金融监管机构是一个国家或地区具有金融监督和金融管理职能的机构。世界各国金融监管机构设置不尽相同。目前主要有四类：一是负责制定和执行货币政策的中央银行；二是按分业设立的监管机构；三是同业自律组织；四是社会性公律组织。

中国目前承担金融监管职责的机构有中国银监会、中国证监会和中国保监会。

1. 中国银行业监督管理委员会

中国银监会的主要职责：①负责制定有关银行业金融机构监管的规章制度和办法；②草拟有关法律和行政法规，提出制定和修改建议；③审批银行业金融机构及分支机构的设立、变更、终止及其业务范围对银行业金融机构实施现场和非现场监管，依法对违法违规行为进行查处；④审查银行业金融机构高级管理人员任职资格；⑤负责统一编制全国银行数据、报表，并按照国家有关规定予以公布；⑥会同有关部门提出存款类金融机构紧急风险处置的意见和建议；⑦负责国有重点银行业金融机构监事会的日常管理工作；⑧承办国务院交办的其他事项。

2. 中国证券监督管理委员会

中国证监会的主要职责：①研究和拟定证券期货市场的方针政策、发展规划；起草证券期货市场的有关法律、法规；制定证券期货市场的有关规章。②统一管理证券期货市场，按规定对证券期货监管机构实行垂直领导。③监管股票、可转换债券、证券投资基金的发行、交易、托管和清算；批准企业债券的上市；监管上市国债和企业债券的交易活动。④监管境内期货合约的上市、交易和清算；按规定监督管理境内机构从事境外期货业务。⑤监管上市公司及其有信息披露义务股东的证券市场行为。⑥管理证券期货交易所；按规定管理证券期货交易所的高级管理人员；归口管理证券业协会。⑦监管证券期货经营机构、证券投资基金管理公司、证券登记清算公司、期货清算机构、证券期货投资咨询机构；与中国人民银行共同审批基金托管机构的资格并监管其基金托管业务；制定上述机构高级管理人员任职资格的管理办法并组织实施；负责证券期货从业人员的资格管理。⑧监管境内企业直接或间接到境外发行股票、上市；监管境内机构到境外设立证券机构；监管境外机构到境内设立证券机构、从事证券业务。⑨监管证券期货信息传播活动，负责证券期货市场的统计与信息资源管理。⑩会同有关部门审批律师事务所、资产评估机构及其成员从事证券期货中介业务的资格并监管其相关的业务活动。⑪依法对证券期货违法行为调查、处罚。⑫归口管理证券期货行业的对外交往和国际合作事务。⑬国务院交办的其他事项。

3. 中国保险监督管理委员会

中国保监会的主要职责：①拟定保险业发展的方针政策，制定行业发展战略和规划；起草保险业监管的法律、法规；制定业内规章。②审批保险公司及其分支机构、保险集团公司、保险控股公司的设立；会同有关部门审批保险资产管理公司的设立；审批境外保险机构代表处的设立；审批保险代理公司、保险经纪公司、保险公估公司等保险中介机构及其分支机构的设立；审批境内保险机构和非保险机构在境外设立保险机构；审批保险机构的合并、分立、变更、解散，决定接管和指定接受；参与、组织保险公司的破产、清算。③审查、认定各类保险机构高级管理人员的任职资格；制定保险从业人员的基本资格标准。④审批关系社会公众利益的保险险种、依法实行强制保险的险种和新开发的人寿保险险种等的保险条款和保险费率，对其他保险险种的保险条款和保险费率实施备案管理。⑤依法监管保险公司的偿付能力和市场行为；负责保险保障基金的管理，监管保险保证金；根据法律和国家对保险资金的运用政策，制定有关规章制度，依法对保险公司的资金运用进行监管。⑥对政策性保险和强制保险进行业务监管；对专属自保、相互保险等组织形式和业务活动进行监管。归口管理保险行业协会、保险学会等行业社团组织。⑦依法对保险机构和保险从业人员的不正当竞争等违法、违规行为以及对非保险机构经营或变相经营保险业务进行调查、处罚。⑧依法对境内保险及非保险机构在境外设立的保险机构进行监管。⑨制定保险行业信息化标准；建立保险风险评价、预警和监控体系，跟踪分析、监测、预测保险市场运行状况，负责统一编制全国保险业的数据、报表，并按照国家有关规定予以发布。⑩承办国务院交办的其他事项。

3.4 金融体系的变迁

各国金融体系不尽相同，发展变化也不一致，但是，金融体系在经济发展中的地位和作用越来越突出，以其巨大的力量影响着世界经济发展的进程。而且，宏观经济的发展状况、微观经济基础、现代技术的进步、金融改革与发展、金融监管的变革、经济制度等各种因素，在一定程度上决定和影响着各国金融体系的变迁。

3.4.1 各国金融体系变迁的共同趋势

随着世界经济全球化和金融自由化的不断发展，各国金融体系的变迁虽然在表现形式和表现速度存在诸多不同，但在总体取向上具有一些共性，呈现出业务多元化、机构大型化、市场多层次化、工具多样化等的结构变化特点，具体表现在以下几个方面。

1. 金融行业界限模糊化的变化

20 世纪 70 年代以来，在金融自由化的冲击下，发达国家的金融行业开始以各种形式的金融创新摆脱约束，追求多样化的金融产品、“一站式”的金融服务，实现业务领域的不断扩大。1999 年，美国国会通过的《金融服务现代化法案》取消了限制金融机构跨业经营的《格拉斯-斯蒂格尔法》，标志着全能银行运作在美国得到了推广。随着欧洲国家相继的效仿、亚洲国家的借鉴，世界各国的金融机构呈现出金融业务多元化发展，金融机构行业界限越来越模糊，金融控股公司的成长，推动了金融产业结构多元化变化趋势的进程。

2. 货币市场与资本市场的配合

资本市场主要满足长期性资金需求，货币市场在短期资金方面提供流动性，货币市场与资本市场是金融市场两种相互补充的制度安排，分担着不同的金融功能。随着货币市场的发展，货币市场除了提供流动性的最基本的功能之外，所具有的微观经济主体管理效率的功能和为政府宏观调控提供传导渠道的功能得到了关注。英国、美国等以金融市场为基础的发达国家通过实践，充分认识到高效的金融体系，有赖于发达的资本市场和工具种类齐全的货币市场的支持。货币市场与资本市场同等重要的趋势必将具有长期性，两者的协调配合，决定着金融市场对金融体系的稳健作用。

3. 证券性金融资产不断攀升

随着金融市场的发展，金融资产证券化已成为必然趋势。从各国实践看，资产证券化在品种上经历了从住房抵押贷款证券化到汽车贷款、信用卡贷款、企业应收款以及资产支撑商业票据等非抵押债权资产证券化的过程。从范围看，经历了从美国、欧洲等国家的起步到韩国、日本、香港地区等亚洲地区的响应，无论是发达国家还是发展中国家、国内市场还是国际市场，资产证券化都迅速发展。在各国的金融资产结构中，证券性金融资产呈现不断攀升的趋势，具有广阔的发展空间。

4. 直接融资与间接融资协调发展

随着金融发展的深化，形成了直接融资与间接融资并存的融资结构形式，股权融资与债权融资也逐渐形成并存的局面。在信用体系不断拓展下，经济主体对于风险性和多元性投资的需求呈现上升趋势，信息透明度高的直接融资有利于提升资金配置效率，因而得到迅速发展。

3.4.2 决定和影响金融体系变迁的因素

金融体系的变迁实际反映了涉及经济体系各种主体的制度变迁，它与政治体系、法律体系等非经济金融体系的制度演进是密切配合的。一个国家金融体系的变迁，受到各种因素的影响，金融体系变迁的效果和程度取决于每一个国家自身的经济发展水平、政治和社会体制的基本状况、现代技术水平、金融改革程度等。

1. 宏观经济发展状况

国家宏观经济发展状况制约着金融体系变迁的进程与选择。发达国家金融体系的变迁是市场经济体系发展的“诱致性变迁”，表现为在不同的经济金融发展背景下，金融体系的自动调整；新兴市场经济国家金融体系的变迁具有超前模仿的特征；转轨经济国家的金融体系的变迁是在政府主导下推进。

发达国家金融体系变迁的自然演进。发达国家金融体系自然演进的变迁方式源于市场力量和经济自由主义发展的思路，当市场对金融资源的供求结构产生更多样的需求、对市场规模产生更大的要求时，金融体系的结构在市场利益的引领之下，会自动顺应潮流进行从局部到整体的调整。强大的市场力量甚至能够迫使监管当局做出有利于金融体系顺应市场之势变迁的政策让步，从而使得发达国家在金融体系结构安排上具有很多共同的取向。传统的非银行金融机构向商业银行业务扩张，商业银行向投资银行、保险公司和外汇等业务领域渗透，金融产业结构呈现界限模糊的变化。

新兴市场经济国家金融体系变迁的超前模仿。新兴市场经济国家的金融体系变迁源于20世纪70年代开始的大规模经济改革和金融自由化，由于改革的内容大多模仿发达国家经济金融体制，因而金融体系呈现出与发达国家表面的相似性。但是，新兴市场经济国家脱离实际经济发展的超前模仿，因基础薄弱导致金融体系的脆弱性，成为金融危机的原因之一。因此，金融体系要符合本国宏观经济发展的需要。

经济转轨国家金融体系变迁的政府主导。20世纪90年代，近30个中央计划经济国家进行了市场化经济转轨，凭借政府力量加强金融机构、金融市场特别是银行和证券市场的建设，推动金融自由化进程，促使金融体系迅速发生结构性变迁。东欧国家金融体系的结构调整趋向于德国、法国等国家的模式；俄罗斯等独联体国家存在混合体制的特征。经济转轨国家的经济中留有传统计划经济的痕迹，因而金融体系的结构调整在短时间内对金融功能没有得到强化。

发展中国家金融体系的缓慢前行。低收入的落后的发展中国家的金融体系变迁，呈现缓慢前行的特点。在低收入的落后的发展中国家，由于宏观经济发展呈现基础薄弱、发展水平低下的特点，金融机构存在但金融领域仍缺乏吸纳存款、对风险和流动性进行管理的有效的金融工具，金融体系在深度和广度上都处于较低的水平，金融结构存在的欠缺导致金融服务中不规范，在金融自由化改革后扩大。这些国家虽然在努力改进金融状况，建立银行间市场、允许银行持有证券等，但金融体系的结构改进仍然十分缓慢。

2. *微观经济基础*

银行与企业作为微观经济主体，对金融体系的变迁在一定程度上产生影响。银行与企业通过向政府提出要求，影响金融演进规则的变迁，银行与企业经济力量的强弱以及对规则变迁的迫切程度，决定了银行与企业愿意付出的代价，对金融体系的变迁产生间接影响。

金融企业的发展状况，特别是银行的市场集中度、数量等指标反映银行体系的质量和结构状况，影响着银行业重组的难易程度。在计划经济体制下，经济转轨国家基本上实行国家银行体制，银行体系结构呈现银行数量较少、国有银行占有很大比重，从而导致了银行重组的初始条件与改革的最终目标之间的差距加大，使得金融体系的变迁缓慢进行。

3. 经济制度

金融体系的运行受制于经济制度，金融制度创新只能在特定的经济制度框架内进行。经济制度框架下所形成的金融产权格局，决定着金融制度创新的可能性与范围，一定程度上决定着金融体系变迁的程度。经济高度集权的国家与经济市场化的国家，金融制度创新的动力与空间不同。经济市场化国家的金融制度产权明晰，市场竞争激烈，由此产生的金融制度创新需求旺盛，金融体系的变迁呈现自然演进形式；经济高度集权国家的金融体系变迁，主要依靠政府力量，呈现强制性推进形式。因此，金融制度创新、金融体系变迁与经济制度的变迁呈正相关。

4. 金融发展

金融发展推动了金融体系、金融制度的变迁，金融体系变迁影响金融产权形式、金融组织形式以及行为，带来金融发展。在新制度经济学视野中，产权结构影响金融发展通过对金融产权、金融组织形式的改变，促进经济增长。因而，金融产权决定了金融组织行为，从而影响金融制度的设计、金融体系的变迁。

金融改革、金融发展对金融体系变迁的影响可以用逻辑链条表述：金融改革→金融制度供给者与需求者博弈→决策者利益偏好→金融改革政策→金融制度变迁→金融产权形式及行为→金融发展→经济增长→金融制度供给者与需求者博弈→经过修正的决策→金融改革政策→金融体系、金融制度变迁。

5. 科技进步

技术进步对金融体系的影响，主要通过金融交易成本的降低以及信息不对称问题的解决实现。计算机的广泛应用、便宜的数据传输导致了金融交易成本锐减，交易数量增加，以及金融机构低成本的产品和服务，金融体系的融资效率提高。计算机和通信技术在信息领域的应用，使得投资者能够及时获取所需的信息，能够更容易识别和判断各种风险，一定程度上解决了金融市场信息不对称问题。技术进步所带来的金融交易成本降低、信息不对称问题解决，在很大程度上弥补了金融市场的劣势，使金融市场的重要性日益凸显，呈现银行主导型金融体系向市场主导型金融体系融合的变迁。

6. 金融监管的变革

金融监管的最终目的是促进金融的稳定和发展。金融市场的不确定性是影响金融系统稳定的因素，由此也带来一定的风险。如果旧的监管体制不能适应金融发展的需要，出现无章可循的“真空”时期，往往就是金融危机爆发的时期。为了促进金融发展，要求金融体系与金融监管的变化相互适应，实现动态协调。从某种意义上讲，金融体系的变动直接影响着金融监管的变革取向，金融监管在适应金融体系变动的同时，也影响着金融体系变动的进程。

金融体系结构变动与金融监管变革的关系是重要的宏观金融关系之一，两者的适应与协调能促进金融发展，两者的错位与失调抑制金融发展，甚至有可能引起金融动荡。在金融体系运作中，金融体系结构变动与金融监管变革的协调并不一帆风顺，而是需要磨合才能实现。在动态协调过程中，金融结构变动决定着金融监管变革表现在：金融宏观结构变动与金融监管变革的时期与幅度具有一致性。金融宏观结构迅速变动的时期，也是金融监管迅速调整的时期。金融宏观结构中的金融产业结构的变动和完善在一定程度上改变了金融监管，促进了金融监管结构、制度的变革。

金融机构逐渐向综合化、全能化的发展，逐渐成为功能齐全的“金融超市”。金融微观结构的这种变动要求金融监管进行调整，金融监管由机构监管向功能性监管的转变，是金融结构变动对金融监管产生的影响，是金融监管主体适应金融结构变动需要的反映。

➢本章小结

1. 金融体系是国家所有从事各种金融活动的组织，按照一定结构所形成的整体。一般是由银行机构以及非银行金融机构组成。国家金融体系，反映着各类银行与各种非银行金融机构的分工和相互关系。各国经济与金融环境、发展状况不同所形成的金融制度不同，金融体系的构成各具特色。

2. 银行机构的具体设置形式是不尽相同的，同类性质的银行称谓有所不同。一般来说，银行机构由中央银行、商业银行、专业银行组成，中央银行在银行机构中处于领导地位，商业银行在银行机构中处于基础地位。

3. 非银行金融机构只是作为信用中介，不能创造信用，不具备信用创造的功能。非银行金融机构的主要类型有：保险公司、信用合作社、金融租赁公司、投资基金、信托公司、证券公司等。

4. 各国金融体系不尽相同，发展变化趋势也不一致。金融体系的变迁呈现一些共同趋势，金融体系影响着经济发展的进程。宏观经济的发展状况、微观经济基础、现代技术进步、金融改革与发展、金融监管变革等各种因素，决定和影响着金融体系的变迁。

➢关键术语

金融体系　中央银行　商业银行　银行机构　非银行金融机构　专业银行　金融制度

➢复习思考题

1. 一国金融体系主要构成金融机构主要包括哪些？
2. 我国现在的金融体系是如何构成的？
3. 银行机构体系主要构成的银行有哪些？
4. 非银行金融机构体系及其主要业务领域和功能是什么？
5. 决定和影响金融体系变迁的因素主要有哪些？

第 4 章

国际金融机构

【本章提要】 本章介绍世界银行的建立、演变与发展，世界银行的宗旨及主要业务活动。国际货币基金组织的建立与发展，宗旨及主要业务活动。亚洲开发银行的发展与现状，管理宗旨以及办理的主要业务种类。同时，介绍了欧洲投资银行、泛美开发银行、非洲开发银行和国际清算银行的基本情况。

4.1 世 界 银 行

世界银行（World Bank）是国际复兴开发银行（International Bank for Reconstruction and Development，IBRD）的简称。世界银行与国际开发协会（International Development Association，IDA）、国际金融公司（International Finance Corporation，IFC）、多边投资担保机构（Multilateral Investment Guarantee Agency，MIGA）、国际投资争端解决中心（International Center for Settlement of Investment Disputes，ICSID）共同组成了世界银行集团。

4.1.1 世界银行建立的背景

第二次世界大战结束前，为了在战后尽快恢复经济，以美国为代表的许多国家认为有必要创办一个国际性金融组织，为生产性项目提供贷款或投资。为此，美国于 1943 年提出了“联合国复兴开发银行计划”。1944 年 7 月，参加布雷顿森林会议的各国代表就美国提出的计划进行了研究，最终通过了《国际复兴开发银行协定》。据此协定，国际复兴开发银行成立于 1945 年 12 月 27 日，1946 年 6 月 25 日开始营业。世界银行总部设在华盛顿，在纽约、巴黎、日内瓦、东京等地设立了办事处，在东非、西非地区和 26 个发展中国家设立了常驻代表。凡参加世界银行的国家必须是国际货币基金组织的成员国。世界银行在成立之初只有 33 个成员国，发展至今已增加到 188 个。我国于 1980 年 5 月恢复了在世界银行的合法席位。

4.1.2　世界银行的宗旨和作用

根据《国际复兴开发银行协定》规定，世界银行的宗旨是：对用于生产目的的投资提供便利，以协助会员国的复兴与开发，鼓励较不发达国家生产与资源的开发；利用担保或参与私人贷款和私人投资的方式，促进会员国的私人对外投资；通过鼓励国际投资，开发成员国的生产资源，促进国际贸易的长期均衡发展，维持国际收支平衡；在提供贷款保证时，应同其他方面的国际贷款配合。世界银行虽然是营利性组织，但不是以利润最大化作为经营目标。世界银行的主要任务是向会员国提供长期贷款，促进战后经济的复兴，协助发展中国家发展生产，开发资源。

世界银行主要着眼于帮助最贫困的人民和最贫穷国家。对于所有借款国强调以下需要：投资于人，特别是通过提供基本卫生和教育服务投资；保护环境；支持和鼓励民营企业发展；加强政府的能力，提高效率，增加透明度，提供高质量的服务；促进改革，创造一个有利于投资和长期规划的稳定的宏观经济环境；注重社会发展。世界银行主要在消除贫困、发展教育、促进农业发展、促进私营部门发展、解决债务危机以及改善医疗卫生、在世界范围内协助开展反腐败斗争等方面发挥着重要作用，并做出了相当多的贡献。利用其资金、高素质的人才和广泛的知识基础，帮助各发展中国家走上稳定、可持续和均衡的发展之路。

4.1.3　世界银行的组织机构

世界银行属于企业，按股份公司原则组织建立，设有理事会、执行董事会、行长和办事机构，如图 4-1 所示。

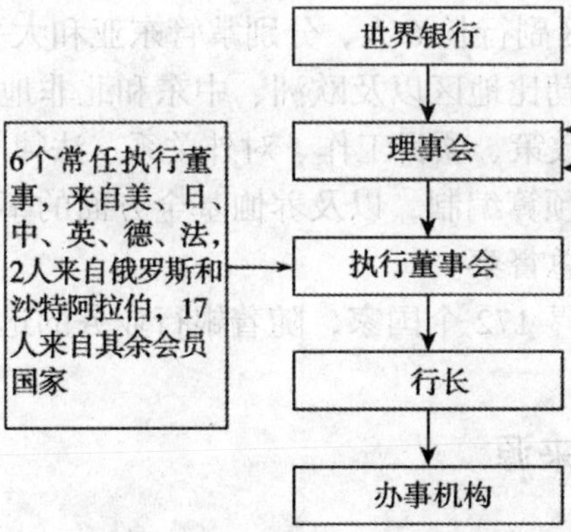

图 4-1　世界银行的组织机构

理事会是世界银行的最高权力机构。世界银行的成员国就是世界银行的股东，拥有最终决策权。每个成员国委任一名理事和一名副理事来行使其职责。理事通常由财政部长或中央银行行长担任，任期 5 年，可以连任。理事会每年 9 月与国际货币基金组织一起举行一次年会，必要时可召开特别会议。理事会年会必须有代表投票全总数 2/3 以上的理事出席，才具有合法性，副理事只有在理事缺席时才有投票权。理事会的主要职权包括：批准接纳新成员国；增加或减少银行资本；停止成员国资格；裁决银行董事在解释银行协定方面发生的争执；批准其他机构签订的正式协定；决定银行净收入的分配以及其他重大问题等。

执行董事会是负责办理日常事务的机构，行使理事会授予的职权。世界银行有 25 名常驻华盛顿特区的执行董事，其中，6 名常任执行董事由持有股份最多的美国、日本、中国、英国、德国和法国委派，另外 19 人由其他会员国的理事按地区分别选举。俄罗斯和沙特阿拉伯各单独选派 1 人，其他国家联合成多国选区，每个人都由一个或一组国家通过每两年一度的选举产生。这 25 名执行董事通常每周开两次例会来监督管理世界银行的业务，包括批准贷款和担保项目、新的方针政策、行政预算、国际援助战略以及借款和财政决策。

执行董事会选举一人为行长，行长无投票权，只有在董事会表决中双方票数相当时，才能投决定性的一票。行长是世界银行办事机构的首脑，在执行董事会决定的方针指导下负责领导银行和办事机构的日常工作，负责任免银行的高级职 员和工作人员。行长下设副行长，协助行长工作。

执行董事会与以行长为首的办事机构之间的关系，大致类似于股份公司的董事会与以经理为首的业务机构之间的关系。行长和办事机构根据执行董事会批准的方针政策，经营银行的实际业务。一切贷款的发放、债券的发行、预算的编制以及递送理事会的报告和其他有关方针政策性事项，必须报告执行董事会审议决定；而执行董事会通常根据办事机构的建议采取行动。

世界银行的办事机构很庞大。目前，在总部内，按地区和专业设有约 50 个相当于局的机构，分别由 18 位副行长领导。其中负责规划和预算编制事务的副行长兼任负责基金事务副行长，副行长实际为 17 人。副行长中有高级副行长 2 人，一人掌管银行的业务活动，另一人掌管银行的财务。地区副行长 6 人，分别掌管东亚和太平洋地区、中亚地区、东非地区、西非地区、拉美和加勒比地区以及欧洲、中东和北非地区 6 个地区的事务。另有副行长 9 人，分别掌管发展政策、项目工作、对外关系、法律与会计、司库、秘书、行政，组织和人事管理，规划和预算编制，以及养恤基金方面的事务。此外，还设有一些相当于副行长级别的业务评议总督察。

世界银行的工作人员来自世界 172 个国家，随着银行业务的迅速发展，工作人员迅速增加，目前已超过 11 900 人。

4.1.4 世界银行的资金来源

1. 成员国缴纳的股金

世界银行是采用由成员国入股方式组成的企业性金融机构，凡世界银行的成员国都要认缴一定数额的股金。每个成员国缴纳的股金数量以该国的经济、财政力量为根据，参照其在国际货币基金组织认缴的份额，同世界银行协商，经理事会批准。

成员国所认缴的银行股份分两部分缴付：①成员国在加入世界银行时，必须缴纳其认缴额的 20%，这部分为实缴股金。其中的 2 %以黄金或美元缴付，世界银行对这部分股金有权自由使用；其余的 18%以成员国本国货币缴付，世界银行将这部分股金用于贷款时，必须征得该成员国的同意。②成员国认缴股金的 80%是待缴股金，通常由成员国保存，当世界银行遇到资金困难或其他危机时，可要求成员国以黄金、美元或银行所需要的货币支付。世界银行自成立以来，还一直未要求成员国缴纳过待缴股金。尽管如此，待缴股金却为世界银行在国际资金市场借款提供了信用保证。最初，世界银行的法定资本为 100 亿美元，每股 10 万美元，1978 年 4 月 1 日以后，每股按 10 特别提款权计算。为了满足老成员国增加认缴股份和新成员国认缴股份的需要，理事会对银行的法定资本进行了数次增资。但是，增资的结果却使得实缴股金在成员国认缴额中所占的比例逐渐下降。在世界银行的资本总额中，实缴股金只占很小的一部分，其中有一部分是不能由世界银行自由运用的各成员国本国货币。截至 2015 年 6 月 30 日，总认缴股金约为 2 526 亿美元，实缴股金约为 152 亿美元。

2. 借入资金

借入资金是世界银行最主要的资金来源，主要通过在国际金融市场上发行债券获得。直接向成员国政府、机构或中央银行发行中短期债券和通过投资银行、商业银行等中间包销商，向私人投资银行发行债券是世界银行在各国和国际金融市场发行债券筹集资金所采用的主要方式。世界银行发行债券期限从 2 年到 25 年不等，利率随国际金融市场行情的变化而变化，但由于世界银行资信较高，利率往往低于公司债券和国家政府债券。世界银行提供贷款的资金有 70%来自债券发行，随着银行贷款业务的迅速发展，通过发行债券筹措的资金不断增加。

3. 转让债权

世界银行通过将贷出款项的债权转让给以商业银行为主的私人投资者，可以收回一部分资金，加速贷款资金的周转能力。

4. 业务净收益

从贷款的利息收入和投资收益中扣除业务支出即为净收益。世界银行历年收益不分配，都留作准备金（赠予国际开发协会和撒哈拉以南非洲地区特别基金的款项除外），作为世界银行的资金来源。

4.1.5 世界银行的主要业务

1. 贷款业务

世界银行主要的业务活动是提供贷款。世界银行成立之初，贷款主要集中于欧洲国家，帮助恢复受到战争破坏的经济。1948 年以后，欧洲各国开始主要依赖美国“马歇尔计划”（Marshall plan）复兴战后经济，世界银行便主要向亚非拉发展中国家提供中长期贷款，帮助这些国家发展经济。

20 世纪 70 年代以前，世界银行贷款的 2/3 用于资助基础结构方面的项目，特别是运输（公路、铁路、港口、航空设施等）和电力。但这一贷款政策由于忽视了对发展中国家的农业投资，造成有的发展中国家粮食不能自给自足。20 世纪 70 年代以后，世界银行又将援助和优惠贷款的重点放在最贫穷的国家。世界银行的贷款方向也发生了变化，将优先发展的重点放在农业和农村发展项目上，增加了对发展中国家教育、卫生、人口和城市发展等项目的投资。1980 年以来，世界银行开始重视发展中国家的经济结构和政策调整，增设了结构调整贷款，协助解决因国际收支失衡而引起的经济调整问题。接受结构调整贷款的国家必须愿意采取改变政策和改革机构的结构调整计划，但与世界银行一般项目贷款比较，结构调整贷款到位迅速，期限长。近年来，世界银行着重对能源项目（石油、天然气、电力等）扩大了贷款的数额。

世界银行对发展中国家贷款的资金主要来自于世界银行向投资者发行的债券以及在国际信贷市场的贷款，资金成本相对较高，因此，条件要求非常严格。

只有成员国才能申请贷款。贷款必须用于申请贷款国特定的生产性项目。项目必须经世界银行审定为在技术和经济上可行，并与借款国商定确属经济发展应最优先考虑的项目。世界银行只有在特殊情况下，才发放非项目贷款。申请世界银行贷款的国家及项目，只有当世界银行确认它不能按合理的条件从其他渠道获得资金时，才有可能得到贷款。

世界银行只向有偿还能力的成员国发放贷款，以确保贷款能按期收回。近年来世界银行为了达到项目贷款的经济效益和社会效益的统一，主要向处于经济和社会发展较高阶段的发展中国家提供贷款。贷款期限较长，一般在 5 年以上，最长的可达 30 年，平均约 17 年。贷款有还款宽限期，宽限期 4 年左右，在宽限期内只付息不还本。贷款利率实行浮动利率，随金融市场利率的变化定期调整，但一般低于市场利率。世界银行早期提供的贷款都是固定利率的，自 20 世纪 80 年代以来，浮动利率贷款最为普遍，利率随金融市场行情变化每季度调整一次，基本上是按世界银行在国际资本市场筹借贷款资本的成本再加息 0.5%计算。借款国要承担汇价变动的风险。世界银行的贷款以美元计价。借款国提取贷款时，银行按贷款协议的美元数额，以当时汇价折付给它所持有的货币；借款国还本付息时，也必须以同样的货币支付。这样一来，借款国就要承担某种货币与美元之间汇价变动的风险。

世界银行的贷款主要有项目贷款、非项目贷款、部门贷款和联合贷款等几种类型，其中项目贷款和非项目贷款是传统贷款业务，是世界银行贷款业务的主要组成部分，属一般性贷款。

项目贷款（preparation of project），又称为特定贷款，是指世界银行对成员国某个具体发展项目所提供的贷款。这类贷款主要目的是创造新的生产能力，增加现有投资产出，或确保合适的维修。世界银行对农业和农村发展、教育、能源、工业、交通、城市发展和供水等方面的大部分贷款属此类。此类贷款执行期为 4～9 年。由于项目本身就是贷款的物质担保，项目成败及效益直接决定着贷款能否按时归还，因此，世界银行非常重视项目贷款的审批、投入及偿还等管理工作，积累了丰富的经验，制定了一整套比较科学的项目评估标准及管理技术程序，为世界银行贷款走向制度化、规范化打下了坚实的基础，为其他金融机构发放贷款提供了范例。

非项目贷款，是指没有具体项目作保证，只在特殊情况下才予以发放的贷款。非项目贷款只能用于以下方面：第一，解决成员国克服自然灾害、实行发展计划的资金需要；第二，为成员国提供进口国内短缺的原料和先进设备所需的外汇；第三，对出口结构单一的成员国为弥补出口收入的突然下降提供贷款；第四，调整成员国因进口商品价格急剧上升而产生的国际收支严重逆差。非项目贷款包括结构调整贷款和应急贷款。

部门贷款根据投向分为部门投资及维护贷款、部门调整贷款和中间金融机构贷款三种。部门投资及维护贷款重点是改善部门政策和投资重点，加强借款国制定和执行投资计划的能力。目前世界银行对运输部门的贷款大部分采用这一形式。贷款的执行期一般为 3～7 年。部门调整贷款主要目的是支持某一具体部门的全面政策和体制改革，它所涉及的范围比结构贷款要小，贷款的执行期为 2～4 年。中间金融机构贷款是指世界银行将资金贷放给借款国的中间金融机构（如开发金融公司和农业信贷机构），再由中间金融机构分贷给各分项目，转贷利率和期限由中间金融机构自行决定。贷款执行期为 3～7 年。

联合贷款是指世界银行与借款国以外的其他贷款机构联合起来，对世界银行的项目共同筹资和提供贷款。其方式有两种：一是平行贷放（parallel financing），即参与联合贷款的各方分别与借款国签订协议，分别对世界银行确定的某一项目的不同部分提供贷款；二是共同贷放（joint financing），即参与联合贷款的各方按商定的出资比例将资金集合起来，由世界银行出面与借款国签订协议。共同贷款便于管理，世界银行和借款国都倾向于采用这种形式。联合贷款的资金除世界银行提供的贷款资金外，主要有三个来源：第一，官方援助，包括各国政府、政府所属外援机构和各种多边的金融机构，如地区的发展银行、联合国的专门机构、各种阿拉伯基金等；第二，私人金融机构，主要是指私人商业银行，也包括保险公司、抚恤金和其他私人来源的资金；第三，出口信贷机构，包括各种进出口银行和一般商业银行提供的出口信贷。

世界银行贷款多与待定的项目相结合，经过多年的实践，世界银行在项目选择、建设和管理方面积累了非常丰富的经验，逐步形成了一套严格的管理制度、管理程序和管理方法。一般说来，成员国从申请贷款到按项目进度使用贷款，包括以下几个阶段。

（1）项目的选定（identification of project）。借款国与世界银行合作，对借款国初步提出的项目分别进行筛选，将那些需要优先考虑并符合世界银行贷款原则的项目列入贷款规划。为此，借款国必须向世界银行提供有关经济、财政和与贷款项目有关的情况和统计资料。

（2）项目的准备（preparation of project）。项目意向通过检查后，借款国必须组织专家就项目的技术、经济、财务、市场等各方面情况进行论证，并提出可行性分析报告。此期间世界银行的责任是审查借款国的准备工作，并提供帮助和指导。准备阶段一般需 1～2 年，所需时间的长短取决于项目的性质、申请国项目计划人员的经验和能力。

（3）项目的评估（appraisal of project）。世界银行工作人员根据借款国项目可行性分析报告，派出由专家组成的工作组对项目的各个方面，包括技术、组织方案、各项计划及竣工后经济效益的核算等，进行全面系统的审查核实。考察结束后，工作人员要编写评估报告，提出贷款的额度、条件等建议。项目建设被评估报告认可，借款申请国才能与世界银行进行贷款谈判。

（4）项目的谈判（negotiation of project）。上一阶段结束后，世界银行通常邀请申请借款国派出代表团到总部就贷款协议进行谈判。谈判的内容包括贷款金额、期限、偿还方式，更重要的是应包括为保证项目的顺利执行所采取的措施。谈判达成协议后，申请国与世界银行共同签署谈判协议，另由申请国财政部代表该国政府签署担保协议，这两个协议须报世界银行执行董事会批准。批准后，项目的协议就完成了法定手续，并送联合国注册登记。

（5）项目的执行（implementation of project）。首先是工程项目招标，世界银行规定项目公开招标时，参加投标的国家只能是成员国。为了保证贷款的合理使用，项目单位要定期提交报告。世界银行按工程进度发放贷款，并派遣专家到借款国考察，对项目的执行或施工情况进行监督。世界银行项目执行期平均为 6～7 年。

（6）项目的总结（conclusion of project）。世界银行在项目贷款全部发放完毕后 1 年左右，要对其资助的项目进行总结。在这一阶段，世界银行负责该项目贷款的业务主管人员要编写一份“项目完成报告”。这个报告必须经由业务评价局进行全面评价和审查，再由评价局写出评审总结，报告执行董事会。总结评价的目的是总结项目贷款中的经验教训，并对改进和提高今后的项目管理提出意见。

2. 担保业务

世界银行的投资担保业务，即世界银行促进发达国家向发展中国家进行直接投资而提供的担保业务。1988 年 4 月，多边投资担保机构成立。该机构的主要业务是对“合格的投资”提供担保，以使投资者不致因遭受非商业性风险而造成损失，并促进国际间直接投资的发展。多边投资担保机构提供非商业性风险担保的种类主要有：①由于投资所在国政府对货币兑换和转移的限制而造成的转移风险；②由于投资所在国政府的法律或行政行动而造成投资者丧失其投资的所有权、控制权的风险；③在投资者无法进入主管法庭，或这类法庭不合理地拖延或无法实施已做出的对他有利的判决时，政府撤销与投资者签订的合同而造成的风险；④武装冲突和国内动乱造成的风险。

3. 技术援助

在社会经济发展政策、建设项目、投资计划等方面对成员国提供技术方面的援助也是世界银行业务活动的重要组成部分。这种技术援助往往是与贷款结合在一起的，世界银行派出人员、专家帮助借款国进行项目的组织和管理，提高项目资金使用效益。世界银行还设立经济发展学院，为成员国中的发展中国家培训中高级管理干部。世界银行也经常帮助成员国制定社会经济发展计划，为某些特殊问题提供咨询意见和解决方案。

我国是世界银行的创始成员国之一。1980 年 5 月 15 日，世界银行执行董事会恢复我国在世界银行代表权的地位，向世界银行派出了理事与副理事。中国从 1981 年起开始向世界银行借款，此后，中国与世界银行的合作逐步展开、扩大，世界银行通过提供期限较长的项目贷款，推动了中国交通运输、行业改造、能源、农业等国家重点建设以及金融、文卫环保等事业的发展，同时还通过本身的培训机构，为中国培训了大批了解世界银行业务、熟悉专业知识的管理人才。

2010 年 4 月 25 日世界银行发展委员会春季会议通过了发达国家向发展中国家转移

投票权的改革方案，这次改革使中国在世界银行的投票权从 2.77%提高到 4.42%，成为世界银行第三大股东国，仅次于美国和日本。

4.2　国际货币基金组织

4.2.1　国际货币基金组织建立的背景

第二次世界大战后，鉴于战前金本位制崩溃后国际货币体系出现的长期混乱及其所产生的严重后果，进行新的国际货币制度安排成为日益突出的问题。第二次世界大战战后对经济实力在战争期间迅速膨胀的美国而言，迫切需要建立一个以其为主导的国际机构来 实现在战后控制国际金融活动、扩大商品和资本对外输出的目标。受战争重创的欧洲工业国家面临在战后迅速恢复经济的任务，也希望借助国际金融机构的建立来满足其对资金及重建国际金融秩序的需要，使国内经济问题可以在稳定的外部环境中加快解决。

美、英两国政府都从本国的利益出发设计新的国际货币秩序，并于 1943 年 4 月 7 日分别发表了各自方案，即美国的“怀特计划”和英国的“凯恩斯计划”。两个计划反映了美英两国经济地位的变化和两国争夺世界金融霸权的斗争。1943 年 9 月到 1944 年 4 月，两国政府代表团在有关国际货币计划的双边谈判中展开了激烈的争论。由于美国在政治上和经济上的实力大大超过英国，英国被迫接受美国方案，美国也对英国作了一些让步，最后双方达成协议，又经过 30 多个国家的商讨，于 1944 年发表了《专家关于建立国际货币基金的联合声明》。同年 7 月，在美国新罕布什尔州的布雷顿森林城召开有 44 国参加的“联合和联盟国家国际货币金融会议”，并通过决议成立国际货币基金组织作为国际性的常设金融机构。1945 年 12 月 27 日，代表该基金初始份额 80%的 29 国政府，在华盛顿签署了《国际货币基金组织协定》，自此，国际货币基金组织正式宣告成立。

1946 年 3 月，国际货币基金组织在美国佐治亚州萨凡纳召开首次理事会创立大会，选举了首届执行董事，并决定总部设在华盛顿。同年 5 月，国际货币基金组织召开第一届执行董事会，会上选出比利时人戈特（G.Gutt）为总裁兼执行董事会主席。同年 9 月、10 月，国际货币基金组织和世界银行理事会第一届年会在华盛顿召开；12 月，国际货币基金组织公布当时 32 个成员国的货币对黄金和美元的平价。1947 年 3 月，国际货币基金组织宣布开始办理外汇交易业务，同年 11 月 15 日，国际货币基金组织成为联合国的一个专门机构。国际货币基金组织成立之初有创始国 39 个，目前拥有 188 个成员国，遍布世界各地。

4.2.2　国际货币基金组织的宗旨和职能

1. 国际货币基金组织的宗旨

《国际货币基金协定》对国际货币基金组织的宗旨作如下阐述：第一，建立一个永久性的国际货币机构，就国际货币问题进行磋商和协作，以促进国际货币合作。第二，促进国际贸易的扩大和平衡发展，借此提高就业和实际收入水平，并开发成员国的生产资源。第三，促进汇率的稳定，维持各国有秩序的外汇安排和正常的汇兑关系，避免竞争性的货币贬值。第四，协助成员国建立经常性交易的多边支付和汇兑制度，并设法消除对国际贸易发展形成障碍的外汇管制。第五，在临时性基础上和具有充分保障的条件下，向成员国提供临时性的资金融通，使之无须采取有损于本国及国际经济繁荣的措施，达到纠正该国国际收支不平衡的目的。第六，根据上述宗旨，缩短成员国国际收支不平衡的持续时间，并减轻不平衡的程度，促进国际贸易的均衡发展，实现就业和实际收入水平的提高及生产的扩大。

2. 国际货币基金组织的职能

国际货币基金组织的基本职能主要表现在三方面：第一，通过汇率监督和政策协调来行使其管理职能。汇率监督是国际货币基金组织的一项重要职能，国际货币基金组织对成员国的汇率政策及与经常项目相关的支付以及货币的兑换性等实施监督。根据协议，国际货币基金组织实施汇率监督的根本目的在于保证有秩序的汇率安排和汇率体系的稳定，消除不利于国际贸易发展的外汇管制，避免成员国操纵汇率或采取歧视性的汇率政策以谋取不公平的竞争利益。同时国际货币基金组织还通过制定、协调和管理国际金融和货币事务来保证其政策的顺利实施及宗旨的最终实现。第二，通过向国际收支发生困难的成员国提供必要的资金融通，以遵守国际货币基金组织所要求的行为准则。如要求成员国稳定汇率，维持与其他成员国之间有秩序的汇兑安排，实行货币自由兑换及取消外汇限制等，并 避免采取不利于其他国家经济发展的政策措施。第三，向成员国提供国际货币合作和协商的场所，加强各成员国在国际金融领域的协调和合作。

4.2.3 国际货币基金组织的组织机构

国际货币基金组织的机构设置和管理方法与股份公司相似，其组织机构由理事会、执行董事会、临时委员会、发展委员会、总裁和常设职能部门等组成，如图 4-2 所示。

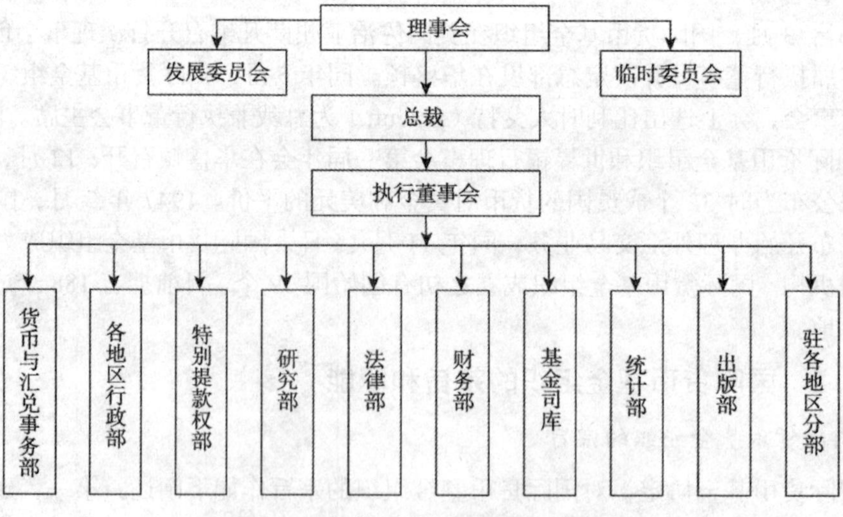

图 4-2 国际货币基金组织的组织机构

1. 理事会

理事会是国际货币基金组织的最高决策机构，由各成员国选派一名理事和一名副理事组成，任期为5年。理事通常由该成员国的财政部长或中央银行行长担任，有投票表决权。副理事一般为各国外汇管理机构的负责人，只有在理事缺席时才有投票权。理事会的主要职权是：批准接纳新的成员国；修改基金份额和特别提款权的分配；批准成员国货币平价的普遍调整；决定成员国退出国际货币基金组织；讨论有关国际货币制度的重大问题。理事会通常每年秋季举行一次定期会议，一般同世界银行的理事会年会联合举行，必要时也可召开特别会议。

2. 执行董事会

执行董事会是国际货币基金组织负责处理日常业务工作的常设机构，由执行董事和总裁组成，总裁出任主席。目前，执行董事会由24人组成，其中，出资最多的美国、英国、法国、日本、德国、沙特阿拉伯各选派1人；中国和俄罗斯为单独选区，可各自选派1人；其余16人由包括若干国家和地区的16个选区各选派1人。执行董事不能兼任理事，每两年改选一次。执行董事会的职权主要有：处理国际货币基金组织的各种行政和政策的日常事务；向理事会提交年度报告；对成员国的重大经济问题特别是国际金融方面的重大问题进行全面研究。执行董事会每周至少召开三次正式会议，履行协定指定的和理事会赋予它的职权。理事或执行董事按所代表国家的投票权进行投票，联合推选的执行董事则按区域国家总投票权投票。

3. 临时委员会

临时委员会，即国际货币基金组织理事会关于国际货币制度的临时委员会，成立于1974年10月，是国际货币基金组织的一个重要决策机构，由22名执行董事相对应的成员国选派理事或同等级别的人员组成。该委员会的主要职能是就一些重大问题向理事会做出报告或提议，包括监督国际货币制度的管理与改进，审议执行董事会关于修订《国际货币基金组织协定》的提案，处理对国际货币制度形成威胁的突然干扰，审查全球流通手段的扩充情况以及与此有关的向发展中国家转移实际资源的情况，就理事会征求意见的问题提出报告等。临时委员会每年举行两次会议，通常一次在华盛顿，另一次在美国以外的国际货币基金组织其他成员国家举行。在大多数情况下，它所做出的决定就等于理事会的决定。

4. 发展委员会

发展委员会，即世界银行和国际货币基金组织理事会关于实际资源向发展中国家转移的联合部长级委员会。其目的是对发展中国家转移实际资源的问题进行研究，并就促进措施提出建议，尤其关注最不发达国家的问题。它由国际货币基金组织理事、世界银行理事、部长级人士及职位与此相当的人士组成。发展委员会一般与临时委员会同时、同地举行会议。

5. 总裁

总裁是国际货币基金组织的最高行政长官，由执行董事会选举产生，并兼任执行董事会主席，任期 5 年。总裁负责管理国际货币基金组织的日常事务，可以参加理事会和执行董事会会议，但平时没有投票权，只有在会议表决中双方票数相等时，才可以投决定性的一票。总裁下设副总裁 1 人，辅助总裁工作。

6. 常设职能部门

国际货币基金组织设有 15 个职能部门，负责经营业务活动。此外，国际货币基金组织还有 2 个永久性的海外机构，即欧洲办事处（设在巴黎）和日内瓦办事处，并向纽约联合国总部派出 1 名特别代表。

4.2.4 国际货币基金组织的资金来源

1. 基金份额

份额（quotas），是指成员国参加国际货币基金组织时，认缴一定数额的款项，这是国际货币基金组织最主要的资金来源。成员国所缴纳的份额根据其在世界经济中的相对规模来确定，即综合考虑成员国的国民收入、黄金和外汇储备、进出口贸易额以及其他经济指标等多方面因素。国际货币基金组织最初规定：成员国基金份额的 25%以黄金缴纳，75%以本国货币缴纳。1976 年牙买加会议以后，黄金的地位发生了变化。因此，国际货币基金组织于 1978 年 4 月 1 日正式通过修改协定，取消了黄金的缴纳，改为份额的 25%以特别提款权或可自由兑换货币（美元、日元、欧元、英镑）缴纳，份额的 75%仍以各成员国的本国货币缴纳，并且可存放于成员国本国的中央银行，在国际货币基金组织需要时可以随时动用。

根据《国际货币基金组织协定》，份额需要在不超过 5 年的时间里进行一次普遍的检查（又称普遍增资），在认为合适的情况下，对成员国的份额进行调整。目的是为了使份额能比较真实地反映成员国在世界经济中的相对地位。国际货币基金组织成立之初，成员国缴纳的基金份额总计 76 亿美元，此后随着新成员国的不断增加以及份额的不断调整，份额总数也在不断扩大。

份额的作用是多方面的，它既是国际货币基金组织的最大资金来源，也是决定成员国 投票权、借款权的最主要因素。国际货币基金组织规定：每一成员国有 250 张基本票，另按份额计算，每认缴 10 万特别提款权可增加 1 票，成员国认缴的份额越多，所获得的票数就越多，表决权也就越大。基本投票权旨在承认各成员国主权平等，按份额分配票旨在承认认缴份额的不同，并保证那些占国际贸易与金融往来较大份额的成员国的利益与合作。理事会或执行董事会的大多数决议须由过半数的投票决定，但在决定有关国际货币基金组织的机构、份额的变动、特别提款权的分配等重大的或有争议的问题时，则需要 80%~85%的绝对多数票才能通过。在国际货币基金组织成立之初，美国拥有的投票权约达 23%，到 2001 年仍有 13%。因此，任何重大问题不经美国同意都无法予以实施。针对美国的这种否决权，西欧工业国家建立了“十国集团”予以抗衡，而发展中国家则建立“二十四国集团”予以抗衡，从而形成了国际货币基金组织中的两大利益集团。但是总的来说，国际货币基金组织还是为发达国家尤其是美国所控制，发展中国家所认缴的份额不到 40%，因此发展中国家在国际货币基金组织中的发言权仍受到制约。

2. 借款

国际货币基金组织的另一个主要资金来源，是国际货币基金组织向成员国借入的款项。这种借款是在国际货币基金组织与成员国协议的前提下实现的。国际货币基金组织可以选择任何货币和任何渠道来寻求借款资金来源，不仅可以通过政府渠道（如向成员国的财政部或中央银行借款），而且也可以向私人机构借款。借款的主要形式有四种：①借款总安排（general arrangement to borrow，GAB）。例如，1962 年 10 月国际货币基金组织向“十国集团”借入 60 亿美元，用以维持美元汇率的稳定；1974~1976 年向石油输出国和发达国家借入 69 亿特别提款权，用以解决石油消费国的国际收支困难。②补充资金贷款借款安排。例如，国际货币基金组织于 1979 年与 13 个成员国签订的借款协议就属于这种形式。③扩大资金贷款安排。例如，国际货币基金组织于 1981 年 5 月与一些官方机构协商签订的借款协议。④新借款安排（new arrangement to borrow，NAB），1997 年建立，25 个成员国向国际货币基金组织提供了 340 亿特别提款权（约合 450 亿美元），以满足当国际货币基金组织用份额向成员国提供金融援助在数量上受到限制，或国际金融体系稳定性受到潜在威胁，需要动用大量资金时使用。

3. 信托基金

1976 年 1 月，国际货币基金组织将其持有的黄金的 1/6（约合 2 500 万盎司），按市价每盎司 42.22 美元）分 4 年出售，用所得利润建立信托基金，用于向成员国发放贷款。这是国际货币基金组织的一项新的资金来源。

国际货币基金组织还可以根据实际情况，寻求其他资金来源，如创设特别提款权储备资产。

4.2.5　国际货币基金组织的业务活动

创建国际货币基金组织的最初目的是由其作为一个核心机构来维持布雷顿森林体系的运行，业务活动主要包括贷款业务、汇率监督与政策协调、储备资产创造与管理、技术援助等。

1. 贷款业务

发放贷款是国际货币基金组织最主要的业务活动。贷款对象只限于成员国政府机构。国际货币基金组织只同成员国的财政部、中央银行、外汇平准基金组织或其他类似的财政金融机构往来；用途限于弥补成员国国际收支不平衡或用于经常项目的国际支付；额度受成员国缴纳份额的限制，与借款国份额的多少成正比；期限只限于短期，一般 1 ~ 5 年。贷款利率除向资金来源国支付的浮动利率再加一差额（一般为 0.2%~0.325%）外，所有贷款年率 6.25%的固定使用费，即利息。此外，每笔收手续费 0.5%。贷款方式采取成员国以本国货币向国际货币基金组织换购外汇或特别提款权的方法，成员国还款时，用黄金、外汇或特别提款权买回本国货币（一般称为“回购”）。

普通贷款（normal credit tranches）也称基本信用贷款，是国际货币基金组织最基本的一种贷款，用于解决成员国国际收支逆差的短期资金需要。各成员国借取普通贷款的最高额度为成员国所缴纳份额的125%，贷款期限为3～5年，利率随期限递增，第1年利率为4.375%，1～2年为4.875%，2～3年为5.375%，3～4年为5.875%，4～5年为6.375%。国际货币基金组织对普通贷款实行分档政策，即把成员国可借用的贷款分成以下不同部分。

储备部分贷款，即成员国申请不高于本国份额25%的贷款，也称为黄金份额贷款（这是由于在牙买加会议前，成员国份额的25%需用黄金缴纳）。这部分贷款无附加条件，成员国可以自由提用而不计利息，也无需特殊批准，成员国用其所缴纳的份额作保证。

信用部分贷款，即成员国申请贷款的额度在其所缴纳份额的25%~125%的部分。这部分贷款又分为四个档次，每个档次均占25%。成员国使用完储备部分贷款之后，可依次使用第一、第二、第三、第四档的信用部分。随着贷款额的增加，审批手续也越来越严格。成员国在申请第一档信用部分贷款时只需提交克服国际收支困难的具体计划，即可获得批准。借取这部分贷款，可采用直接购买外汇的方式，即在申请贷款获准后，立即从国际货币基金组织提款；也可采用备用信贷安排方式，即申请贷款的成员国与国际货币基金组织商妥贷款额度后，在商定的时间内，根据实际需要分次提取。第二档信用部分贷款及其以上部分贷款，称为高档信用部分贷款。使用高档信用贷款，除了需要向国际货币基金组织提供令其满意的改善国际收支的方案外，借款国还要制订全面的财政稳定计划和采取适当的财政、货币、汇率政策等，并且在贷款的使用过程中，国际货币基金组织还要进行一定的监督。如果借款国未能履行计划，国际货币基金组织还要采取进一步措施，以保证目标的实现。

特别贷款包括补偿与应急贷款和缓冲库存贷款。

补偿与应急贷款（compensatory and contingency financing facility），前身是出口波动补偿贷款，设立于1963年。当成员国在出口下降或谷物进口支出增大而发生国际收支困难时，可在原有的普通贷款之外，另向国际货币基金组织申请此项贷款。1988年8月将应急机制结合进原来的补偿贷款，并把贷款名称更改为补偿与应急贷款。成员国在执行国际货币基金组织支持的经济调整计划中，如遇突发性、临时性的经济因素而造成经常项目收支偏离预期调整目标时，可申请该项贷款。这项贷款要求成员国的国际收支困难必须是暂时的，出口收入下降是成员国本身不能控制的原因造成的，同时借款国必须同意与国际货币基金组织合作采取适当的国际收支调整措施。此项贷款期限为3～5年，要求借款国的出口收入一旦恢复，要尽早偿还款项。

缓冲库存贷款（buffer stock financing facility），是1969年6月国际货币基金组织应发展中国家要求而设立的一种贷款，用于支持初级产品出口国稳定国际市场初级产品价格而建立国际缓冲库存的资金需要。该项贷款的最高限额为成员国份额的50%，期限为3～5年。

中期贷款（extended financing facility），又称为延伸贷款或扩展贷款，是国际货币基金组织于1974年9月设立的一种专门贷款，用于解决成员国较长期的、结构性的国际收支不平衡。中期贷款期限为4~10年，贷款额度也较高，最高可达成员国份额的140%。由于数额较大，国际货币基金组织对该项贷款的审批比较严格，它规定了借款国应遵守的行为准则和必须分阶段实施的具体政策措施和政策目标等，如果借款国达不到要求，国际货币基金组织有权停止贷款。其贷款条件也比较严格，成员国申请该项贷款的条件是：第一，申请贷款的成员国必须由国际货币基金组织确认发生国际收支困难，确实需要提供较为长期的贷款才能解决；第二，申请国必须提出贷款期内改进国际收支的计划，以及在第一年准备实施的政策措施的详细报告，并在其后的每一年都要向国际货币基金组织提供有关工作进展的详细说明和实现目标的政策措施；第三，贷款要根据成员国执行目标计划的实际情况分期发放。

临时贷款，包括石油贷款、补充贷款和信托基金贷款。

石油贷款（oil facility）于 1974 年 6 月设立，是专门向因石油价格上涨而引起国际收支困难的国家发放的临时性贷款。这项贷款的资金由石油输出国（如沙特阿拉伯、伊朗、科威特、委内瑞拉等）和发达国家（如原联邦德国、荷兰、瑞士）借入，专款专用，不能移作他用。1974 年此项贷款的最高额度规定为份额的 75%，1975 年提高到 125%，但是贷款条件更为严格。贷款期限为 3 ~ 7 年，还款要求按季度分 16 次归还，利率高于普通贷款。为减轻最困难的发展中国家借取石油贷款的利息负担，1975 年国际货币基金组织决定建立利息补贴账户（subsidy account），其资金来源由 24 个发达国家和石油输出国捐献。到 1976 年 5 月，此项贷款资金已经全部贷出，贷款即告结束。

补充贷款（supplementary financing facility）设立于 1977 年，贷款资金由石油输出国和有国际收支顺差的发达国家提供，总额为 100 亿美元。补充贷款主要用于补充普通贷款的不足，即在成员国遇到严重的国际收支困难，需要比普通贷款所能提供的更大数额和更长期限的资金时，可申请此项贷款。贷款最高额度为成员国份额的 140%，期限为 3.5~7 年，每半年偿还一次，分期偿清。补充贷款分配完毕后，国际货币基金组织于 1981 年 5 月又开始实施扩大贷款政策，作为对补充贷款的一种延续。

信托基金贷款（trust fund facility）设立于 1976 年，资金来源于国际货币基金组织将其持有黄金的 1/6 按市价出售所获得的利润收入。该项贷款以优惠条件向贫穷的发展中国家提供帮助，以解决它们的国际收支困难。贷款条件是：第一，申请国必须是 1973 年人均国民收入低于 300 美元的国家和 1975 年人均国民收入低于 520 美元的国家；第二，必须经国际货币基金组织审核申请国的国际收支、货币储备及其他发展情况，证实确有资金需要，而且有调整国际收支的适当计划。信托基金贷款的利率为 0.5%，期限为 10 年，从提用后 5 年 6 个月开始还款，每半年一次，分 10 年还清。到 1981 年，信托基金贷款的资金已全部发放完毕。

国际货币基金组织根据其业务发展情况，相继设立了多种专门贷款，如结构调整贷款和扩大的结构调整贷款、制度转型贷款等。

结构调整贷款（structural adjustment facility）设立于 1986 年 3 月，用于帮助低收入的发展中国家摆脱沉重的外债负担，加速其经济增长和国际收支的改善。贷款的条件优惠，年利率仅为 0.5%~1%，期限为 10 年，且有 5 年的宽限期，贷款的最高限额为借款国份额的 70%。成员国要获取该项贷款，必须有详细的经济调整计划，并且有国际货币基金组织或世界银行的工作人员参与计划的制订，最终由国际货币基金组织核定批准。为了增强对低收入成员国的资金援助，国际货币基金组织于 1987 年 12 月增设了扩大的结构调整贷款，其目的和条件与结构调整贷款基本一致，但贷款额扩大了，最高贷款额可达份额的 250%，在特殊情况下还可提高到份额的 350%。但国际货币基金组织对借款国经济结构改革的计划要求较高，对贷款效果的监督也较严格。成员国能否获得贷款以及贷款数额大小，除取决于本国国际收支和收入水平外，还取决于该国与国际货币基金组织的合作程度以及对本国经济调整做出的努力。

制度转型贷款（systemic transformation facility）设立于 1993 年 4 月，主要用于帮助苏联和东欧国家克服从计划经济向市场经济转变过程中出现的国际收支困难，包括：由计划价格向市场价格转变引起的收支困难，由双边贸易向多边贸易转化引起的收支困难，由游离于国际货币体系之外到融入该体系之内引起的收支困难。该项贷款的最高额度为成员国份额的 50%，期限为 4~10 年。成员国要获取该项贷款，必须制订一项经济稳定和制度改革方案，内容包括财政货币制度改革和货币稳定计划、控制资本外逃计划、经济结构改革计划以及市场体系培育计划。该项贷款已于 1995 年结束运作。

2. 汇率监督与政策协调

为了保证有秩序的汇兑安排，促进建立稳定的汇率制度，清除不利于国际贸易发展的外汇管制，避免成员国操纵汇率或采取歧视性的汇率政策以谋求不公平的竞争利益，国际货币基金组织要对各国的汇率政策进行监督。根据《国际货币基金组织协定》，汇率监督有三个主要的指导原则：第一，避免成员国为了调整本国的国际收支，或为了取得对其他成员国不公平的竞争优势而操纵汇率或国际货币体系；第二，成员国在必要时应干预外汇市场，以应付混乱局面，尤其是本国货币汇率出现的破坏性的短期波动；第三，成员国在采取干预政策时，应考虑其他成员国的利益，包括其货币受到干预的国家的利益。

国际货币基金组织对成员国汇率政策的监督有两种形式：① 在多边基础上的监督。国际货币基金组织通过分析发达国家的国际收支和国内经济状况，评估这些国家的经济政策和汇率政策对维持世界经济稳定发展的总体影响。近年来，随着成员国经济往来中依赖性的增强，国际经济一体化和国际资本流动的加速以及国际金融市场的动荡，这种形式显得越来越重要。② 在个别国家基础上的监督。这是检查各成员国的汇率政策是否符合国际货币基金组织协定所规定的义务和指导原则。

国际货币基金组织每年与成员国进行一次磋商，对成员国的经济、金融形势和政策做出评价，以履行对成员国汇率政策进行监督和协调的职责。这种磋商在国际货币基金组织专家小组与成员国政府官员之间进行。其过程是专家小组首先了解有关的统计资料，如贸易收支、物价水平、失业率、利率、货币供应量等，然后与政府官员讨论经济政策的效果，以及准备进行的调整措施，预测国内外经济发展的前景。讨论后，专家小组写出报告，供执行董事会分析成员国经济时使用，并发表在《世界经济展望》和年度报告《国际资本市场》等刊物上。

3. 储备资产管理

国际货币基金组织在 1969 年的年会上，正式通过了“十国集团”提出的创设特别提款权的方案，即将特别提款权作为一种补充的储备资产，摆脱对黄金和美元的依赖。国际货币基金组织定期分配特别提款权，必要时也可以取消。

4. 技术援助

国际货币基金组织通过向成员国派出代表、顾问或聘请专家等形式，提供包括财政、货币、国际收支政策、银行业务、统计、会计、汇价和贸易制度等方面的咨询和培训服务，以帮助成员国加强经济政策的制定和实施，提高有关人员的素质。

4.2.6 中国在国际货币基金组织的活动

我国是国际货币基金组织创始国之一，1980 年以前，中国在国际货币基金组织的席位一直被台湾当局所占据。经过积极交涉，我国政府与国际货币基金组织于 1980 年 4 月初在北京达成协议，国际货币基金组织执行董事会于同年 4 月 17 日正式通过决议，恢复中国的合法席位。在国际货币基金组织创立时，我国的份额为 5.5 亿特别提款权，1980 年中国恢复在国际货币基金组织的合法席位时，份额增加至 18 亿特别提款权。2006 年 9 月 18 日，国际货币基金组织在新加坡年会上通过了增加中国、韩国、墨西哥和土耳其的认缴份额和投票权的决议。根据该决议，中国缴纳的份额从 63.692 亿特别提款权（约合 94.655 亿美元）上升为 80.901 亿特别提款权（约合 120.230 亿美元），份额提升至 3.72%，在全部成员国中列第八位。2010 年 11 月 5 日，国际货币基金组织执行董事会通过了份额改革方案。份额改革完成后，中国的份额由 3.72%升至 6.39%，投票权也由 3.65%升至 6.07%，超越德国、法国和英国，位列美国和日本之后，居第三位。2012 年 6 月，中国支持并决定参与国际货币基金组织增资，数额为 430 亿美元。

国际货币基金组织是我国与外界进行政策对话的一个重要窗口。1980 年后，国际货币基金组织的历任总裁、副总裁多次访华，与我国政府领导人和主要经济部门负责人就重大问题交换意见。国际货币基金组织与世界银行每年一度的年会和春季会议，是我国政府向世界阐述本国政策立场并了解世界经济与金融形势的重要讲坛。根据《国际货币基金组织章程》第 4 条款的规定，我国与国际货币基金组织每年进行政策磋商，这使我国宏观经济决策更加稳健和科学，同时，国际货币基金组织也加深了对我国的了解。国际货币基金组织每年出版的《世界经济展望》和《国际资本市场》，对中国经济的分析和预测从总体来讲是较为客观的，这也为国际经济和金融界了解中国以及国际投资者向中国投资提供了一个有益的指南。国际货币基金组织向我国提供了一系列技术援助，为 20 世纪 80 年代的中央银行体制改革，以及 90 年代以来相继实施的财税体制改革、外汇管理体制改革、人民币经常项目可兑换等重大改革措施均提供了有益的咨询。国际货币基金组织为我国政府机构的有关人员提供了大量的培训。每年在我国举办的培训班涉及货币政策、财税政策、银行监管、外汇市场管理、国际收支管理和宏观经济统计等不同领域。我国每年还向国际货币基金组织在华盛顿、维也纳和新加坡的学院派出数十名人员，在宏观经济和金融的各个领域进行研讨和进修。国际货币基金组织还通过奖学金计划资助中国学生赴发达国家学习。

1994 年，中国向国际货币基金组织提供了 1 亿特别提款权的贷款，用于支持重债穷国的债务调整，同时还向该贷款的贴息账户捐款 1 200 万特别提款权。1999 年，中国又向国际货币基金组织捐助 1 313 万特别提款权，继续支持重债穷国减债计划。1997 年 7

月亚洲金融危机爆发以后，中国政府积极参与了国际货币基金组织向泰国提供的一揽子援助，向泰国政府贷款 10 亿美元。在印度尼西亚金融危机爆发后，中国向国际货币基金组织承诺向印度尼西亚政府提供 3 亿美元的二线资金支持。更为重要的是，中国领导人在危机爆发后多次公开承诺，保持了人民币汇率的稳定，为维护亚太地区经济形势的稳定做出了重要贡献。

附：特别提款权

1969 年 9 月，国际货币基金组织为了补充国际储备资产的不足，创设了一种新的国际储备资产和记账单位，即特别提款权（special drawing right，SDR）。特别提款权是一种有黄金保证的记账单位，每单位含 0.888 671 克纯金（根据黄金官价 35 美元兑换 1 盎司黄金定出），与 1971 年贬值前的美元相等，即 1 特别提款权等于 1 美元。美元两次贬值后，各国货币纷纷实行浮动汇率制，并公布同特别提款权的固定比价，这个比价称为中心汇率。1971 年，美国停止美元兑换黄金后，自由市场金价猛涨，黄金官价实际已不存在。同时，随着各国汇率不断发生变化，规定的中心汇率已不能再反映特别提款权与各有关货币的实际价值。因此，1973 年 5 月，国际货币基金组织决定用"一篮子货币"作为特别提款权的定值标准，以保持特别提款权价值的稳定性。货币篮子每五年复审一次，以确保篮子中的货币是国际交易中所使用的那些具有代表性的货币，各货币所占的权重反映了其在国际贸易和金融体系中的重要程度。1974 年 1 月 1 日，国际货币基金组织宣布特别提款权与黄金脱钩，改用美元等 16 种货币的加权平均值来决定特别提款权的价值。但由于这种定值方法在技术上比较复杂，国际货币基金组织决定自 1981 年 1 月 1 日起，特别提款权改按简化的"一篮子货币"定值。定值货币由 16 种减至 5 种，即美元、民主德国马克、法国法郎、日元和英镑。2001 年，国际货币基金组织引入欧元，确定美元、欧元、日元和英镑四种货币作为特别提款权的"篮子货币"，2005 年 12 月 31 日，"篮子货币"在特别提款权中所占的比例分别为美元（44%）、欧元（34%）、日元（11%）、英镑（11%）。特别提款权由国际货币基金组织按照成员国缴纳的基金份额分配给各成员国，分配后即成为该成员国的资产，并与黄金和外汇一起构成该成员国的国际储备资产。当成员国发生国际收支逆差时，可将特别提款权划给另一个成员国，换取可兑换货币来弥补逆差，特别提款权还可用来偿还国际货币基金组织的贷款，但它不能兑换黄金，不能直接用于国际贸易或非贸易的支付。所以，特别提款权只是成员国在国际货币基金组织的特别提款权账户的一种账面资产。

世界银行与国际货币基金组织的关系：世界银行的成员必须是国际货币基金组织的成员，但国际货币基金组织的成员不一定都参加世界银行。世界银行与国际货币基金组织两者起着相互配合的作用。国际货币基金组织主要负责国际货币事务方面的问题，其主要任务是向成员国提供解决国际收支暂时不平衡的短期外汇资金，以消除外汇管制，促进汇率稳定和国际贸易的扩大。世界银行则主要负责经济的复兴和发展，向各成员国提供发展经济的中长期贷款。

4.3　亚洲开发银行

4.3.1　亚洲开发银行的建立

亚洲开发银行（Asian Development Bank，ADB），是仅次于世界银行的第二大开发性国际金融机构，也是亚太地区最大的政府间金融机构。成员国不仅有亚洲国家，还包括部分西方国家。

第二次世界大战前，亚洲及太平洋地区的许多国家由于长期受殖民主义的剥削和压迫，经济极端落后。战争爆发后，又使得这些国家原本极不发达的经济受到严重破坏。因此，在第二次世界大战后获得民族独立的殖民地国家面临着迅速发展本国经济的艰巨任务。但由于缺乏资金、技术等条件，这些国家和地区的经济发展十分缓慢。面对这一现状，亚洲国家和地区的政府意识到必须在本地区建立一个开发性的金融组织，通过该组织进行本地区之间以及本地区与国际之间的金融合作，为地区的经济发展提供资金。1963 年 3 月，日本提出了设立“亚洲开发银行”的建议，同年 12 月，联合国亚洲及远东经济委员会（简称亚经会）在马尼拉召开第一次亚洲经济合作部长级会议讨论日本的建议，各国代表原则上同意建立亚洲开发银行。1965 年 11 月至 12 月，在马尼拉召开的第二次亚洲经济合作部长级会议，通过了《亚洲开发银行章程》。1966 年 11 月 24 日，亚洲开发银行正式成立，同年 12 月开始营业，总部设在菲律宾首都马尼拉。亚洲开发银行成立之初有 31 个成员国，截至 2013 年 12 月底，亚洲开发银行共有 67 个成员，其中 48 个来自亚太地区，19 个来自其他地区。

4.3.2　亚洲开发银行的宗旨与任务

亚洲开发银行的宗旨是：通过向成员国提供贷款、发展项目和计划方案的技术援助，协助本地区的发展中成员加速经济发展，同时，促进亚洲和太平洋地区经济增长与合作。

亚洲开发银行的主要任务是：促进公、私资本对本地区的投资；为本地区发展中成员的发展筹集和提供资金，优先考虑最有利于整个地区经济协调发展的项目和规划。还应特别考虑本地区较小的或较不发达的成员的需要；根据本地区成员的要求，帮助其进行发展政策和规划的协调，以便更好地利用自身的资源，更好地在经济上取长补短，并促进其对外贸易，特别是本地区贸易的发展；为拟定和执行发展项目及规划提供技术援助，包括编制具体的项目建议书；在亚洲开发银行章程的范围内，以银行认为合适的方式，同联合国及其附属机构、向本地区发展基金投资的国际公益组织、其他国际机构以及各国公、私营实体合作，并向上述组织机构提供投资和援助的机会；开展符合亚洲开发银行宗旨的其他活动和服务。

4.3.3　亚洲开发银行的组织机构

亚洲开发银行以成员国入股方式组成，设有理事会、董事会、行长以及总部。

1. 理事会

理事会是亚洲开发银行的最高权力机构，由各成员国任命 1 名理事和 1 名副理事组成，理事大多由成员国的财政部长或中央银行行长担任，理事和副理事的任期由各任命国决定。亚洲开发银行章程规定理事会的权力主要有：接纳新成员国和确定接纳条件，增加或减少亚洲开发银行的核定资本，修改《亚洲开发银行章程》，决定亚洲开发银行储备金及纯收益的分配等。理事会通常每年举行一次会议，即亚洲开发银行理事会年会。理事会对重要事项以投票表决方式做出决定，当出席会议的理事投票权合计数占总投票权的 2/3 以上时，即构成法定人数。

2. 董事会

董事会是亚洲开发银行日常业务的领导机构，行使由《亚洲开发银行章程》和理事会赋予的权力。董事会成员由理事会按不同选区选举产生，任期 2 年，可以连任。董事会现由 12 名董事组成，其中 8 名来自本地区，4 名来自非本地区成员国。亚洲开发银行成员国共分为 12 个选区，其中，中国、日本、美国和印度单独构成选区，各选举 1 名董事，其余 8 个选区由成员国自愿结合而成，董事可以任命 1 名副董事。董事会的最高领导是董事会主席，由亚洲开发银行行长担任。董事会主席可以根据银行业务的需要召开董事会议，当出席会议的董事投票权合计不少于总投票权的 2/3 时，即构成法定人数。

3. 行长

行长是亚洲开发银行的合法代表和最高行政长官，在董事会的领导下处理亚洲开发银行的日常业务并负责亚洲开发银行官员和工作人员的任命和辞退。行长由理事会选举产生，任期 5 年，可以连任。行长下设副行长协助工作。亚洲开发银行成立以来，历届行长均由日本人担任。行长可以参加理事会，但无表决权。行长任董事会主席时，一般不参加投票，只有在表决中出现赞成与反对票数相等的情况，才可以投决定性一票。

4. 总部

总部是亚洲开发银行的执行机构，负责亚洲开发银行的业务经营。总部设的主要职能部门有：农村和乡村发展部、基本建设部、工业和开发银行部、预算部、人事管理部等。亚洲开发银行除总部外，还在借款多的国家和地区设有常驻代表处。

4.3.4 亚洲开发银行的资金来源

亚洲开发银行的资金主要来源于普通资金、亚洲开发基金和技术援助的基金三个方面。除此之外，亚洲开发银行还从其他资金渠道为项目安排联合融资。1988 年，又建立了日本特别基金。

1. 普通资金

普通资金是亚洲开发银行开展业务的主要资金来源，由以下几部分组成。

（1）股本。凡参加亚洲开发银行的成员国都应认缴银行的股本。亚洲开发银行建立时的法定股本为 10 亿美元，分为 10 万股，每股 1 万美元。1978 年 4 月 1 日起，每股改按 1 万特别提款权计算。本地区和非本地区成员国认缴额的确定方法不同。本地区成员国的认缴额根据其人均 GDP（国内生产总值）水平、财政收入和出口额来确定，非本地区成员国的认缴额根据其对外援助政策和政府对多边开发银行机构的预算拨款，经过协商谈判来确定。股本分为实缴股本和待缴股本，各占 50%。实缴股本分 5 次缴纳，每次缴 20%，每次缴纳金额的一半以上以黄金或可自由兑换货币支付，其余以本国货币支付。待缴股本由成员国保存，在亚洲开发银行催缴时，以黄金、可自由兑换货币或亚洲开发银行需要的货币支付。随着亚洲开发银行业务的发展，理事会对股本进行了多次增资。

（2）借款。亚洲开发银行建立初期，主要依靠自有的银行资本对外发放贷款。此后，随着贷款业务的发展，亚洲开发银行从 1969 年起，开始从国际金融市场借款。到 1982 年，亚洲开发银行的借款额已超过其自身所拥有的股本和储备金总额。亚洲开发银行借款的方式主要有三种：一是以发行债券的方式从国际资本市场上筹集资金；二是向成员国政府、中央银行以及其他金融机构借入款项；三是直接从国际商业银行借款。

（3）普通储备金。根据《亚洲开发银行章程》规定，亚洲开发银行理事会每年从亚洲开发银行的业务净收益中划拨一部分款项作为普通储备金。

（4）特别储备金。亚洲开发银行对 1983 年 3 月 28 日以前发放的未偿还的普通资金贷款，除了收取利息和承诺费用外，还收取一定数量的佣金作为特别储备金。但从 1985 年开始，亚洲开发银行已停止收取这项佣金。

（5）业务净收益。亚洲开发银行对其经营业务所获得的净收益不进行分红或再分配，都作为自有资金。

2. 亚洲开发基金

亚洲开发基金建立于 1974 年 6 月 28 日，专向亚太地区贫困成员国发放优惠贷款，资金主要来源于亚洲开发银行发达成员国的捐赠。其中，日本是最大的认捐国，其次是美国。除此之外，亚洲开发基金还有两个来源：一是亚洲开发银行理事会按照银行章程规定，从各成员国缴纳的未核销实缴股本中拨出 10%的款项留给该基金；二是亚洲开发银行从其他渠道取得的捐款。

3. 技术援助特别基金

技术援助特别基金建立于 1967 年，主要用于提高发展中国家人力资源的素质和加强执行机构的建设。具体来说，是资助发展中国家聘请咨询专家、培训人员、购置设备进行项目准备和项目执行、制定发展战略、加强机构建设和技术力量、从事部门研究等等。技术援助基金主要来源于各成员国的捐赠，此外亚洲开发银行理事会于 1986 年 10 月决定，从为亚洲开发基金增资的 36 亿美元中拨出 2%的款项给技术援助特别基金。

4. 日本特别基金

日本特别基金建立于 1988 年 3 月 10 日，用于支持发展中国家所进行的与实现工业化、开发自然资源、人力资源以及引进技术有关的活动，以便加速发展中国家的经济增长。该项基金全部来源于日本政府的捐赠。

5. 联合融资

联合融资是指一个或一个以上的金融机构采取不同形式，共同对亚洲开发银行的某个开发项目进行融资。亚洲开发银行的联合融资形式主要有以下几种：①平行融资（parallel financing），是指将项目分成若干具体独立的部分，以供亚洲开发银行及其他融资伙伴分别融资。②共同融资（joint financing），是指亚洲开发银行和其他伙伴按商定的比例，对某一项目进行融资的方式。③伞形融资或后备融资（umbrella or standby financing），是指亚洲开发银行负责某项目的全部贷款，但只要找到联合融资伙伴，便将贷款的全部和一部分转让给他。④窗口融资（channel financing）是指联合融资伙伴通过亚洲开发银行将资本投入某一项目，联合融资伙伴和借款人不直接发生往来。⑤参与性融资（participatory financing）是指亚洲开发银行先对项目进行贷款，然后联合融资伙伴购买亚洲开发银行贷款中较早到期的部分。

4.3.5 亚洲开发银行的主要业务

1. 贷款

亚洲开发银行的主要业务是向本地区发展中国家提供贷款。自成立以来，贷款业务发展迅速，涉及农业和农产品加工业、能源、工业、交通运输、通信、开发银行、环境卫生、给排水、教育、城市发展以及人口控制等众多部门。其中，农业和农产品加工业、能源及交通运输业是亚洲开发银行发放贷款的重点部门。亚洲开发银行的贷款对象为成员国政府及所属机构、境内公私企业和与开发本地区有关的国际性或地区性组织。

亚洲开发银行贷款业务的种类采用两种划分标准：一是按贷款条件划分；二是按贷款 方式划分。

按贷款条件，亚洲开发银行的贷款分为硬贷款、软贷款和赠款三类。硬贷款是由亚洲开发银行普通资金提供的贷款，贷款的期限为10～30年，含2～7年的宽限期，贷款利率为浮动利率，每半年调整一次。软贷款又称优惠利率贷款，是由亚洲开发银行提供给人均国民收入低于670美元（1983年标准）且还款能力有限的发展中成员国。贷款期限为40年，含10年的宽限期，不收利息，仅收1%的手续费。赠款用于技术援助，资金由技术援助特别基金提供，但赠款金额有限。

按贷款方式，亚洲开发银行的贷款可分为项目贷款、规划贷款、部门贷款、开发金融机构贷款、综合项目贷款、特别项目执行援助贷款、私营部门贷款、联合贷款等。

项目贷款。项目贷款是亚洲开发银行传统的和主要的贷款方式，即为具体的发展项目提供资金。亚洲开发银行在进行项目选择的时候，要严格遵守亚洲开发银行章程所规定的原则，选 择的贷款项目必须满足三个基本条件：第一，项目的经济效益好；第二，必须有利于借款国的经济发展；第三，借款国政府必须有较好的资信。项目贷款要经过一系列环节才能最终完成，这些环节包括：项目确定、可行性研究、实地考察评估、准备贷款文件、亚洲开发银行与借款国进行谈判、董事会审核、签署贷款协议、贷款生效、项目执行与监督、终止贷款账户提款、项目完成报告和项目完成后的评价。

规划贷款。规划贷款是对某一些需要优先发展的部门或其所属部门提供资金，目的是使这些部门通过进口生产原料、设备和零部件，扩大现有生产能力，使其结构更趋合理化、现代化。规划贷款采用分期提供资金、分期执行的方式，这一做法有利于亚洲开发银行对贷款的执行进程实施监督，但提供每一期贷款应与执行整个项目贷款的进程联系在一起。1987年12月，亚洲开发银行为支持印度尼西亚非石油产品的出口而发放了第一笔规划贷款，金额为1.5亿美元。这种贷款着重于政策和改革调整，可以看做政策调整贷款。

部门贷款。部门贷款是对与项目有关的投资进行援助的一种形式，目的是满足所选择的部门资本投资的需要，提高该部门执行机构的技术和管理水平以及保证支持该部门发展的金融和其他政策的进一步完善。亚洲开发银行在确定部门贷款时，主要考虑部门发展政策的适当性，有关机构制定、评价、执行和检验部门发展规划的能力以及成员国是否对投资计划进行了周密的安排。亚洲开发银行的部门贷款主要集中于灌溉、乡村发展、林业、种植业、小水电站、供水和排污、高速公路、教育等方面。

开发金融机构贷款。这是一种通过成员国的开发性金融机构进行间接贷款的方式，又称为中间转贷，其目的是支持亚太地区私营工业的发展。亚洲开发银行通过这种贷款成功地推动了新企业的发展，扩大了现有企业的经营范围并帮助企业实现设备的现代化，从而使其生产能力得到更充分的利用。

综合项目贷款。综合项目贷款是对较小的借款成员国（如南太平洋的一些岛国）采用的一种灵活的贷款方式。这些国家的项目规模较小，借款数额不大，为了便于管理，亚洲开发银行将一些相互补充的小项目捆绑在一起作为一个综合项目办理贷款手续。从本质上讲，综合项目贷款是项目贷款的一种。

特别项目执行援助贷款。这种贷款用于解决借款国在亚洲开发银行贷款项目的执行过程中所遇到的不可预料的困难（如缺乏配套资金等），以使项目继续执行。

私营部门贷款。亚洲开发银行认为私营部门在其发展中成员国中起着重要的作用，因此亚洲开发银行积极扩大对私营部门的援助。亚洲开发银行对私营部门贷款的方式主要有两种：一是直接贷款，是指有政府担保的贷款，或是没有政府担保的股本投资和为项目准 备及私营部门的贷款执行机构建设提供的援助；二是间接贷款，是指经过开发性金融机构的限额转贷和对开发性金融机构的股本投资。

联合贷款。联合贷款是指 1 个或 1 个以上的区外经济实体（官方机构或私人投资者）与亚洲开发银行共同为成员国开发项目或融资。由于联合贷款具有一些特殊优点，目前它已成为亚洲开发银行贷款的一种主要形式。

2. 技术援助

技术援助是亚洲开发银行业务中一项重要的内容，其方式主要有贷款和赠款两种。贷款资金由普通资金和亚洲发展基金共同提供。赠款资金由发达成员国和发展中成员国给技术援助特别基金的资源捐款、亚洲发展基金对技术援助特别基金的拨款、技术援助特别基金的投资收益、普通资金的业务收入、日本特别基金的拨款等来源组成。亚洲开发银行提供技术援助的目的主要在于提高发展中国家执行机构的技术水平和组织管理能力；建立并加强发展中国家的开发性金融机构；更有效地监督、制定和执行发展中国家的开发项目；帮助发展中国家制定全国的和部门的发展规划和策略。亚洲开发银行提供的技术援助分为以下四种类型。

（1）项目准备技术援助，是帮助成员国确定项目或进行项目的审核，使亚洲开发银行或其他金融机构能顺利地对项目进行投资。

（2）项目执行技术援助，是帮助项目执行机构（包括开发性金融机构）提高管理能力，以便更好地执行贷款的项目。这种援助通常包含协助运营、管理和执行的咨询服务、本国人员培训以及改善项目实体的财务管理。

（3）咨询性技术援助，是用于帮助有关机构加强建设，进行人员培训，研究部门政策和策略，制定国家发展规划等。

（4）区域性技术援助，用于重要问题的研究、开办培训班、举办涉及整个区域发展的专题研讨会等。

4.3.6 中国在亚洲开发银行的活动

中国于 1986 年 3 月 10 日加入亚洲开发银行。按各国认股份额，中国居第三位（6.44%），日本和美国并列第一（15.60%）。按各国投票权，中国也是第三位（5.45%），日本和美国并列第一（12.78%），它们在这个组织中都是第一大出资国，拥有一票否决权。

我国自 1986 年 2 月加入亚洲开发银行以来，合作发展很快，而且取得较好的效果。我国从 1987 年开始获得亚洲开发银行的贷款和技术援助捐赠，主要集中在能源、交通、港口、通信等基础设施建设和环境保护、工业等项目上，对我国的经济发展起到了极大的促进作用。此外，亚洲开发银行每年都派人来我国举办各种研讨会或邀请我国人员到国外参加研讨会并提供短期培训、奖学金等，使受训者有机会交接国际经济的发展情况、其他国家的发展经验以及亚洲开发银行的业务状况，这不仅有利于项目的执行和管理，而且有利于提高我国管理人员的素质。

4.4 其他国际金融机构

4.4.1 欧洲投资银行

欧洲投资银行（European Investment Bank，EIB），是 1958 年 1 月欧洲经济共同体建立的各国政府间的一个金融机构，总行设在卢森堡。该行的宗旨是利用国际资本市场和共同体内部资金，促进共同体的平衡和稳定发展。

欧洲投资银行的组织机构主要由董事会、理事会、管理委员会以及审计委员会等构成。董事会是欧洲投资银行的最高权力机构，由成员国财政部长组成，负责制定银行总的方针政策，董事长由各国成员轮流担任。董事会下设理事会，负责主要业务的决策工作，如批准贷款、确定利率等。管理委员会负责银行的日常业务活动。

欧洲投资银行的资金来源主要包括股本和借款两部分。成员国在加入欧洲投资银行时须认缴一定的股本金，构成该行的基本资金来源。欧洲投资银行还通过发行债券的方式在国际金融市场上筹集资金。

欧洲投资银行的业务活动主要是向经济不发达的成员国和地区，针对其地区发展、能源开发、兴建公共设施和老企业技术改造等项目提供长期的贷款和担保。其中提供贷款是该行的主要业务。欧洲投资银行提供的贷款主要有以下两种形式：① 普通贷款，是运用法定资本和借入资金办理的贷款，主要贷款对象为共同体成员国政府和私人企业，贷款期限长，可达 20 年。②特别贷款，主要是根据共同体的援助计划，向共同体以外的国家和地区尤其是同欧洲保持较密切联系的非洲国家及其他地区发展中国家提供，贷款收取较低利息或不计利息。

4.4.2　非洲开发银行

1963 年 7 月，非洲高级官员及专家会议和非洲国家部长级会议在喀土穆召开，通过了建立非洲开发银行（African Development Bank，ADB）的协议。1964 年 9 月，非洲开发银行正式成立。1966 年 7 月 1 日开业，总部设在科特迪瓦的经济中心阿比让。2002 年，因其政局不稳，临时搬迁至突尼斯至今。截至 2015 年 9 月，非洲开发银行有 81 个成员国， 非洲 54 个国家全部为其成员，此外还有包括中国在内的区外成员 27 个。中国于 1985 年 5 月加入非洲开发银行。

非洲开发银行是非洲最大的地区性政府间开发金融机构，宗旨是促进非洲地区成员的经济发展与社会进步。组织机构与亚洲开发银行类似，理事会为最高决策机构，由各成员国委派一名理事组成，一般为成员国的财政和经济部长，通常每年举行一次会议，必要时可举行特别理事会，讨论制定银行的业务方针和政策，决定银行重大事项，并负责处理银行的组织和日常业务。理事会年会负责选举行长和秘书长。董事会由理事会选举产生，是银行的执行机构，负责制定非行各项业务政策。共有 18 名执行董事，其中非洲以外国家占 6 名，任期 3 年，一般每月举行两次会议。

非洲开发银行的资金来源主要来自成员国的认缴，截止到 2013 年年底，该行核定资本相当于 669.8 亿美元，认购资本相当于 652.1 亿美元，实收资本相当于 49.6 亿美元。其中非洲国家的资本额占 2/3。这是使领导权掌握在非洲国家中所做的必要限制。目前，中国在非洲开发银行持股 24 230 股，占总股份的 1.117%。

非洲开发银行经营的业务主要有普通业务和特别业务。前者是指用该行的普通资金提供贷款和担保贷款类业务，后者则是用该行规定的专门用途的特别基金开展的贷款业务，而且在贷款条件上也较为宽松。

此外，非洲开发银行还陆续设立了一些合办机构，如非洲开发基金、尼日利亚信托基金、非洲投资开发国际金融公司和非洲再保险公司等。

4.4.3　泛美开发银行

泛美开发银行（Inter-American Development Bank）是由美洲及美洲以外国家联合建立的向拉丁美洲国家提供贷款的区域性金融机构。成立于 1959 年 4 月，1960 年 10 月开始营业，行址设在华盛顿。该行创办时有成员国 21 个，到 2009 年 1 月增加到 48 个。其宗旨是集中美洲内外的资金，向成员国政府及公私团体的经济、社会发展项目提供贷款，或对成员国提供技术援助，以促进拉丁美洲国家的经济发展与合作。泛美开发银行的组织机构包括：①理事会，是银行最高权力机构，由所有成员国各委派 1 名理事和候补理事组成，任期 5 年。理事会讨论决定银行的重大方针政策问题，每年召开一次会议。② 执行董事会，由 11 名执行董事组成（其中拉美国家 7 名，美洲以外国家 2 名，美国和加拿大各 1 名），负责银行日常业务活动。③ 行长和行政副行长，负责主持银行的业务工作。

泛美开发银行的资金来源主要是成员国认缴的股本和银行借款。该行最初法定资本为 10 亿美元，包括普通资本 8.5 亿美元和特种业务基金 1.5 亿美元。

泛美开发银行的主要业务是向成员国提供贷款，包括普通业务贷款和特种业务基金贷款。银行在美洲各国均设有办事机构，代表银行同当地官方和借款者处理有关事务，并对银行资助的建设项目进行监督。此外，该行还在巴黎和伦敦设立办事机构，以同区外成员国和金融市场保持经常联系。

4.4.4 国际清算银行

国际清算银行（Bank for International Settlements，BIS）是在第一次世界大战结束后，为了处理德国的战争赔款和协约国之间债务的清算及清偿事项，美国摩根、纽约和芝加哥花旗银行组成的银行团，与英国、法国、德国、意大利、比利时、日本六国的中央银行发起成立的一家办理中央银行业务的金融机构。其成立于1930年2月，同年5月开业，行址在瑞士巴塞尔，是最早的国际金融组织。

国际清算银行现有成员60个。1996年9月9日，中国人民银行正式成为国际清算银行成员，并于1996年11月认缴了3 000股的股本，实缴金额为3 879万美元。香港金融管理局和中国人民银行同时加入国际清算银行。2005年6月1日，经追加购买，中国共拥有该行4 285股的股本。

该行宗旨是促进各国中央银行之间的合作；为国际金融活动提供更多的便利；在国际金融清算中充当受托人或代理人。是各国“中央银行的银行”，向各国中央银行并通过中央银行向整个国际金融体系提供一系列高度专业化的服务，办理多种国际清算业务。国际清算银行的主要任务是“促进各国中央银行之间的合作并为国际金融业务提供新的便利”。因为扩大各国中央银行之间的合作始终是促进国际金融稳定的重要因素之一，所以，随着国际金融市场一体化的迅速推进，这类合作的重要性显得更为突出。因此，国际清算银行便成了各国央行进行合作的理想场所，中央银行家的会晤场所。

国际清算银行最高权力机构为股东大会；董事会为实际权力机构，现有席位19个；另有秘书处处理日常事宜。

国际清算银行的资金来源主要是股本金、央行存款及借款。法定股本为15亿金法郎，共分为面值相等的60万股，每股面值2 500金法郎。14%的个人持股，但个人股股东无权参加股东大会，也没有投票权，章程规定，股票权和代表权始终属于中央银行。到2001年1月，国际清算银行通过会议决定回购全部的私人股份，使国际清算银行完全为中央银行所有。此外，国际清算银行还可以向成员国的中央银行借款，或通过吸纳存款获得资金。

作为“中央银行的银行”，国际清算银行的主要业务是为各国中央银行提供金融服务，以帮助各国中央银行有效管理和充分利用其国际储备，包括为各国中央银行存放其外汇储备和黄金储备、转换外汇币种、获得抵押贷款等。第二次世界大战后，它已经成了很多国际组织的收付代理人，如欧洲经济合作组织、黄金总库、欧洲货币体系等。另外，它还充当了一些国际机构的金融代理，包括万国邮联、国际红十字会等；并担任了欧洲货币基金董事及其分委员会和专家组等机构的永久秘书。此外，国际清算银行还积极参与国际金融市场活动，是国际黄金市场和欧洲货币市场的重要参与者。

本章小结

1. 世界银行的主要任务是向会员国提供长期贷款，促进战后经济的复兴，协助发展中国家发展生产，开发资源。世界银行按股份公司原则组织建立，设有理事会、执行董事会、行长和办事机构。世界银行的资金主要来源于成员国缴纳的股金、借入资金、转让债权、业务净收益和回收的贷款。世界银行最主要的业务活动就是提供贷款，此外还有投资担保业务、提供技术援助等。

2. 国际货币基金组织的宗旨是就国际货币问题进行磋商和协作，以促进国际货币合作，促进国际贸易的扩大和平衡发展，促进汇率的稳定，协助成员国建立经常性交易的多边支付和汇兑制度，向成员国提供临时性的资金融通，促进国际贸易的均衡发展。国际货币基金组织的组织机构由理事会、执行董事会、临时委员会、发展委员会、总裁和常设职能部门等组成。国际货币基金组织的资金来源主要有成员国缴纳的份额、借款和信托基金等几个方面。其业务活动主要包括贷款业务、汇率监督与政策协调、储备资产创造与管理、技术援助等。

3. 亚洲开发银行是仅次于世界银行的第二大开发性国际金融机构，也是亚太地区最大的政府间金融机构。其宗旨是通过向成员国提供贷款、发展项目和计划方案的技术援助，协助本地区的发展中成员加速经济发展，同时促进亚洲和太平洋地区经济增长与合作。亚洲开发银行是以成员国入股的方式组成的企业性质的金融机构，设有理事会、董事会、行长以及总部。其资金主要来源于普通资金、亚洲开发基金和技术援助的基金三个方面。除此之外，还从其他资金渠道为项目安排联合融资。1988 年，又建立了日本特别基金。亚洲开发银行的主要业务是向本地区发展中国家提供贷款以及技术援助。

4. 欧洲投资银行、非洲开发银行、泛美开发银行以及国际清算银行等也是重要的国际金融机构。

关键术语

国际金融机构　世界银行　国际货币基金组织　亚洲开发银行　欧洲投资银行　非洲开发银行　泛美开发银行　国际清算银行

复习思考题

1. 简述世界银行的宗旨。
2. 世界银行贷款的条件和特点。
3. 国际货币基金组织宗旨和职能。
4. 国际货币基金组织的业务活动。
5. 亚洲开发银行的资金来源和主要业务活动。
6. 我国与主要国际金融机构之间的关系如何。

第 5 章

商业银行

【本章提要】 本章主要介绍商业银行产生、发展和历史沿革，商业银行的性质；商业银行的组织性和法人治理结构；商业银行的负债业务、资产业务和表外业务，商业银行的信用扩张和业务发展趋势；商业银行经营管理的原则。

5.1 商业银行的发展

5.1.1 商业银行的起源

早期银行业的产生与国际贸易发展有着密切联系。中世纪的欧洲地中海沿岸各国，尤其是意大利的威尼斯、热那亚等城市是著名的国际贸易中心，商贾云集，市场繁荣。由于各国商人携带的铸币形状、成色、重量各不相同。为了适应贸易发展，需要货币兑换。于是，从事货币兑换以从中收取手续费的专业货币商，便开始出现和发展起来。随着异地交易和国际贸易的不断发展，各地商人们为了避免长途携带铸币而产生的麻烦和风险，开始把货币交存于专业货币处，委托汇兑与支付。这时，专业货币商已萌芽。

随着接受存款业务的不断增加，货币商开始把汇兑业务中暂时闲置的资金贷放给资金需求者。最初的贷放款项仅限于自有资金，随着代理支付制度的出现，借款者把所借款项存入贷出者之处，并通知贷放人代理支付。可见，贷款已不仅限于现实的货币，有一部分变成了账面信用，标志着现代银行的特征出现。

5.1.2 现代商业银行的发展

随着生产力的发展、生产技术进步、社会劳动分工的扩大，资本主义生产关系开始萌芽。一些手工场同城市富商、银行家一起开始形成新的阶级——资产阶级。由于封建主义银行贷款具有高利贷的性质，严重阻碍着社会资本向产业资本的转化。另外，早期银行的贷款对象主要是政府等一批特权阶层，新兴工商业无法得到足够的信用支持。而资本主义生产方式的产生与发展的一个重要前提是要有大量的货币资本，因此，迫切需要建立和发展银行。

资本主义商业银行的产生，主要有两种途径：一是旧式高利贷性质的银行，逐渐适应市场经济条件，演变为资本主义银行。在西欧由金匠业演化而来的旧式银行，主要通过这一途径缓慢地转化为资本主义银行；另一途径是创建股份制银行。这一历史过程，最早在英国比较明显。1694年在政府的帮助下，英国建立了历史上第一家股份制商业银行——英格兰银行，宣告了高利贷性质的银行业在社会信用领域垄断地位的结束，标志着银行制度开始形成以及商业银行的产生。从这个意义上说，英格兰银行是现代商业银行的鼻祖。继英格兰银行之后，欧洲各国相继成立了商业银行。从此，商业银行体系在世界范围内开始普及。

中国关于银钱业的记载，较早的是南北朝时的寺庙典当业；到了唐代出现类似汇票的“飞钱”，是最早的汇兑业务；北宋真宗时，由四川富商发行的交子，成为早期纸币；到了明清以后，“当铺”是主要的信用机构；明末，一些较大的经营银钱兑换业的钱铺发展成为钱庄，除兑换银钱外还从事贷放，到了清代才开办存款、汇兑业务，最终在清政府的限制和外国银行的压迫下走向衰落。我国近代银行业，是在19世纪中叶外国银行入侵我国之后才兴起的。最早的外国银行是英商东方银行，其后，各国纷纷来华设立银行，在客观上对银行业的发展起了刺激作用。为了摆脱外国银行支配，清政府于1897年在上海成立了中国通商银行，标志着中国现代银行的产生。

新中国成立前后，通过组建中国人民银行、合并解放区银行、没收官僚资本银行、改造私人银行与钱庄，以及建立农村信用社等对我国银行体系进行了改造。中国人民银行于1948年12月1日在华北银行、北海银行、西北农民银行的基础上合并组成，是国家唯一集中央银行和商业银行职能于一身的金融组织。对民族资本银行和钱庄的改造，采取组织联合经营和公私合营，成立了公私合营银行。

1953年，按照苏联模式实行高度集中的计划管理体制，与此相适应银行机构也按照苏联模式进行了改造，建立起高度集中的国家银行体系，简称“大一统”银行体系，一直延续到20世纪80年代初期。所谓“大一统”即中国人民银行是全国唯一的一家银行。中国人民银行的分支机构按行政区划逐级设立，各级分支机构按总行统一指令和计划开办业务；中国人民银行既是金融行政管理机关，又是具体经营银行业务的经济实体，作为政权机构和金融企业的混合体存在。中国人民银行的信贷、结算、现金出纳等制度的出发点，都是为了保证中央高度集中的计划任务的实现。“大一统”的银行体系曾经在我国经济建设中发挥过优势作用。

改革开放后，我国金融体制开始了重大改革，商业银行主要循着两条途径建立并发展：一是国有专业银行向商业银行转化；二是新建了一批股份制商业银行。1979年2月，国家批准恢复中国农业银行，将中国人民建设银行从财政部分离出来。同年 3 月，批准中国银行总管理处从中国人民银行分离出来，建立中国银行。1981 年 12 月，中国投资银行成立，成为国家指定向国外筹集资金、办理投资信贷的专业银行（后归并到国家开发银行）。1983 年 9 月，国务院决定中国工商银行从人民银行分离。继 1987 年重新组建交通银行后，陆续新建了中信实业银行、中国光大银行、招商银行、华夏银行、深圳发展银行、广东发展银行、上海浦东发展银行、福建兴业银行、中国民生银行、海南发展银行（1996 年关闭）等一批股份制商业银行。1993 年 10 月后，国有专业银行向商业化转轨。1994 年，国家先后建立了国家开发银行、中国农业发展银行和中国进出口银行三家政策性银行，把政策性业务从专业银行中分离出来，加速了专业银行的商业化改革。1996 年后，建立了一批城市商业银行。至此，我国的商业银行框架基本形成。

20 世纪 90 年代以来，国际金融领域出现了新情况，直接或间接地对商业银行的经营与业务产生了深远的影响。主要表现在：银行资本越来越集中，国际银行业出现竞争新格局；国际银行业竞争激化，银行国际化进程加快；金融业务与工具不断创新，金融业进一步交叉，传统的专业化金融业务分工界限有所缩小；金融管制不断放宽，金融自由化的趋势日益明显；国内外融资出现证券化趋势，证券市场蓬勃发展；出现了全球金融一体化的趋势。这些金融发展趋势的出现对商业银行的制度与业务产生了深远的影响。

5.1.3 现代商业银行的性质

商业银行是以营利为目标，以多样化金融资产和金融负债为经营对象，向客户提供综合性金融服务的金融企业。随着金融自由化和金融创新的发展，商业银行经营的业务和提供的服务范围会越来越广，现代商业银行正在向“金融百货公司”发展。

首先，商业银行是企业。商业银行作为企业，以营利为目标。不管何种类型的企业，其经营商品、服务种类可能不同，但共性在于以营利为主要目标，在不同的经营理念下其表述方式可以有所不同，如利润最大化、股东财富最大化、企业价值最大化等，但其根源都在于通过营利来实现企业经营目标，并向相关利益群体进行回报。

其次，商业银行是金融企业。商业银行不是普通的企业，是经营金融资产和金融负债的金融企业，其经营范围不是普通商品的生产和流通，也不是普通劳务的提供，而是在货币信用领域中通过开展金融资产和负债业务，提供金融服务。作为金融企业，商业银行有别于中央银行。商业银行能够面向居民、企业开展各类金融业务，而中央银行面向政府和金融机构开展金融业务并进行金融监管，商业银行以营利为目标，而中央银行作为代表国家进行金融管理的政府机关不以营利为目标。

最后，商业银行是特殊的金融企业。作为特殊的金融企业，商业银行有别于其他金融机构。商业银行是唯一能够经营活期存款的金融机构，能够向客户提供全方位的金融服务，而其他金融机构不能吸收活期存款，只能在特定领域提供某一方面或某几方面的金融服务。

5.1.4 中国现有商业银行体系

目前，中国商业银行的框架体系主要包括国有控股商业银行、股份制商业银行和外资商业银行三大类。

国有控股商业银行是指由国有资本控股的大型商业银行，包括中国工商银行、中国银行、中国建设银行、中国农业银行和交通银行，构成了我国银行业的主体，总行都设在北京，在各个省、自治区设立分行，分行之下设立二级分行、支行、办事处等分支机构。从2004年开始，国有独资商业银行开始着手进行股份制改革，通过在资本市场发行股票等多种渠道扩充资本金、完善法人治理结构，实现向股份制商业银行的变革。

股份制商业银行是按照股份公司形式组建的商业银行。按照服务区域可分为全国性股份制商业银行和区域性股份制商业银行。目前，我国全国性股份制商业银行除了国有控股商业银行外，主要包括光大银行、民生银行、中信银行、华夏银行、招商银行、兴业银行、平安银行、浦发银行、广发银行、渤海银行等直接以股份制设立的商业银行，全国性股份制商业银行在全国主要城市设立分支行。

5.2 商业银行的组织形式

按照商业银行设置外部机构，可将商业银行组织形式分为分支银行制、单一银行制和银行持股公司制。

5.2.1 分支银行制

分支银行制是指那些在总行之下，可在国内或国外设有若干分支机构从事金融业务的商业银行体制。商业银行的总部一般都设在经济中心城市，下属分支行由总行统一管理和经营。分支行制是目前各国商业银行的主要运营模式，按管理方式不同可划分为总行制和总管理处制。总行制是指商业银行总行除管理、控制各分支行以外，本身也对外营业和办理金融业务；在总管理处制度下，总管理处只负责管理控制各分支行，本身不对外经营金融业务，在总管理处所在地另设分支行对外办理业务，我国的交通银行施行的就是总管理处制。

分支银行制的优点在于：可以通过广设机构扩大业务规模，容易实现规模经济；银行规模较大、资本雄厚，具有较强的抵御风险能力；银行内部分支机构间资金灵活调度、银行资金利用效率提升；银行数量较少，有利于金融监管；总机构对分支机构采取行政指令方式控制，具有较高的控制能力。其缺点在于：银行内部管理层级多、会降低管理效率； 银行业中的银行机构数量减少，不利于竞争、易出现垄断。

5.2.2 单一银行制

单一银行制是指商业银行仅有一个经营机构，不能跨地域设立分支机构的银行体制。单一银行制的典型代表是美国，美国因其特殊的政治体制、适度分权的法律框架，在联邦制度下各州具有较大独立性，早期为了避免地区经济差异导致银行业兼并、垄断的出现，以使银行业与地区经济紧密结合，通过在州立法中规定商业银行业务应由独立的商业银行本部经营，不允许跨州设立分支机构，即建立单一制商业银行组织形式。直到20世纪90年代，美国仍有1/3的州实行严格的单一银行制度。

单一银行制的优点在于：银行数量较多，有利于银行业的充分竞争，避免了银行业的垄断；单个银行规模较小，管理层级少、经营机制较为灵活；与地方经济结合紧密，有利于取得地方政府的支持。其缺点在于：单个银行资产较少，难以取得规模经济优势；银行业务在地域上高度集中，风险不能得到有效分散；金融监管点多面广，增加了监管难度。

5.2.3 银行持股公司制

银行持股公司制又称集团银行制，即由一个集团成立股权公司（银行持股公司），再由该公司收购、控制若干具有独立法人资格的商业银行，形成同一公司控制下的若干个独立法人商业银行的银行集团。股权公司对银行的绝对控股权需要占有被控股银行50%以上的股份，但通常占有银行 25%以上的股份就已经有了控制权。持股公司有两种类型，即非银行性持股公司和银行性持股公司，前者是由大企业组建持股公司，后者是由大银行直接组建持股公司。花旗公司就是一个银行持股公司，在美国国内已控制 300 多家银行机构。一般把控制一家银行的称为单一银行持股公司，把控制两家以上银行的称为多银行持股公司。银行持股公司的出现是因为美国长期实行单一银行制，一些商业银行或集团公司为了规避金融监管法律的约束，采用持股公司发展分支机构、扩大资金实力和增加市场竞争力的一种金融创新。

银行持股公司制的优点在于：通过建立持股公司，可以将众多中小商业银行纳入同一银行集团中，从而在一定程度上实现规模经济；银行持股公司制下单个银行的资本控制具有较强的杠杆作用；可以通过银行集团控制权的内部调整，化解单个银行的不良资产给银行集团带来的风险，避免风险累积；资金来源多元化，资本雄厚，分散了风险。其缺点在于：银行业的收购和控股容易导致银行业的垄断；银行集团对于组成银行的控制能力局限在控股权范围内，易出现控股环节的脱离；银行集团内部协调效率较低。

5.2.4 其他

其他的商业银行组织形式还包括连锁银行制和跨国联合制。连锁银行制是不设立持股公司的联合银行制，通常由单个家族或集团购买若干独立银行的股权，设立的初衷也是为了在单元制商业银行组织形式下，规避对设立分支机构的管制。但由于受单一集团控制，资本规模相对有限，因此，许多连锁银行相继转为银行分支机构或组成持股公司。跨国联合制也称跨国银行制，即建立拥有广泛国外分支机构的跨国型经营的商业银行。

5.3 商业银行的内部结构

商业银行公司治理结构，是指建立以股东大会、董事会、监事会、高级管理层等机构为主体的组织架构，保证机构独立运作、有效制衡的制度安排，以及建立决策、激励和约束机制。股份制是现代商业银行最普遍的组织形式，内部组织机构包括决策机构、执行机构和监督机构。决策机构包括股东大会、董事会以及董事会下设的各种专门委员会；执行机构包括高级管理层以及下设的各委员会、各业务部门和职能部门；监督机构包括监事会。

5.3.1 股东大会

股东大会是银行的权力机构，每年定期召开会议。股东大会会议由董事会召集、董事长主持。股东大会由银行股东按照出资比例行使表决权。银行普通股股东拥有表决权，但在股东大会上，由于普遍存在小股东不参加股东大会、放弃表决权的“搭便车”行为，实际表决权被大股东所左右。股东大会会议分为定期会议和临时会议，按照《中华人民共和国公司法》的规定，定期会议应当依照银行章程的规定按时召开。只要有代表十分之一以上表决权的股东，三分之一以上的董事，监事会提议可召开临时会议。

股东大会依法对银行的重大事项做出决策，可行使下列职权：决定银行的经营方针和投资计划；审议批准董事会的报告和监事会或监事的报告；审议批准银行的年度财务预算、决算方案，审议批准银行的利润分配、弥补亏损方案；对银行合并、分立、解散、清算或者变更公司形式做决议；修订银行章程以及股东大会、董事会和监事会议规则等。

银行股东是银行的所有者，持有银行股票意味着持有银行资产的一部分。每个股东的表决权，取决于持有普通股份的数量。持有多数股份的大股东对银行的经营决策有决定性的影响，控制着银行的经营，一般股东的地位就显得不那么重要了。

5.3.2 董事会

股东大会选举董事，组成董事会。董事会是商业银行常设的经营决策机构，最高权力人是董事长。在我国，董事任期由银行章程规定，但每届任期不得超过3年，董事任期届满，连选可以连任。董事长、副董事长由银行董事会选举产生。

董事会向股东大会负责，主要行使下列职权：向股东大会报告工作并执行股东大会的决议；决定银行的经营计划、发展战略和投资方案；制订公司的年度财务预算、决算方案以及公司的利润分配、弥补亏损方案；制定公司的基本管理制度；决定聘任或者解聘银行行长及其报酬事项；股东大会授权的其他事项等。

5.3.3 监事会

股东大会选举董事的同时，选举监事组成监事会。监事会是银行的监督机构，对股东大会负责，主要负责监督银行的财务事宜，以及监督董事会和高级管理人员的行为。监事可以列席董事会会议，对董事会决议事项提出质询或者建议。根据我国规定，监事会应当包括股东代表和适当比例的公司职工代表，职工的比例不得低于三分之一。例如，中国银行的监事会由 5 名成员组成，其中，2 名是由该行职工代表大会选举产生的职工监事。监事会每年度至少召开一次会议，由监事会主席召集和主持，监事可以提议召开临时监事会会议。

监事会的主要职责是：对银行的财务活动进行检查和监督；对董事、行长和其他高级管理层成员的职务行为进行监督；根据需要，对银行的经营决策、风险管理、内部控制等进行审计；监事会授权的其他事宜。

5.3.4 高级管理层

高级管理层是银行的执行机构，对董事会负责，在授权范围内实施银行的日常管理、实现银行的经营目标。高级管理层以银行行长为代表，副行长、行长助理等高级管理人员协助银行行长工作。一些规模较大的商业银行，在高级管理以下还设有各种委员会，如中国银行设立的业务发展委员会、内部控制委员会、资产负债管理委员会、风险管理委员会、采购评审委员会、资产处置委员会和反洗钱工作委员会。这些委员会与董事会下设的委员会有所不同，主要负责银行相关部门之间的关系协调工作，促使银行目标的实现。

5.4 商业银行的业务

商业银行业务可以分为负债业务、资产业务和表外业务三类。

5.4.1 商业银行负债业务

商业银行作为信用中介，负债业务是最基本最主要的业务，也称为商业银行的资金来源业务，负债业务结构和成本的变化决定着银行资金价格的高低，影响着银行的盈利水平和风险状况。

1. 商业银行资本金业务

商业银行资本金不同于一般公司的资本金内容。一般公司的资本金根据会计学定义理解，即资本金等于资产总值减去负债总额后的净值，这个净值称所有者权益或产权资本或自有资金。按照 1988 年国际《巴塞尔协议》的规范，商业银行资本金由核心资本和附属资本所构成。“核心资本”也称为一级资本，由股本金和盈余留存组成；“附属资本”也称为二级资本，由未公开储备、重估准备、普通呆账准备金、带有债务性质的资本债券、长期次级债券所组成。

1）资本的功能

商业银行资本（即自有资本）的功能，可以归纳为营业功能、保护功能和管理功能三种。美国联邦储备委员会（简称美联储）给银行资本的定义如下：资本对不可预见的损失能起缓冲作用；协助维持公众对某一银行的信心；在万一发生不能偿债的情况下对提款人提供部分保护；支持该行的合理增长。

资本是银行存在的先决条件。银行在开业之前，不能依靠外来资金等途径筹集资金，不能利用客户的资金来购置营业设备，所以，银行开业之前必须有足够的资本，为正式开业准备物质条件。商业银行用于购置设备所用的资本，一般占资本总量的 20%左右。近年来，随着先进通信工具的广泛使用，用于购置设备的比率逐年上升。良好的银行信誉是维持公众信心的基础，充足的资本是银行声誉赖以树立的基本物质条件。公众习惯从资本的多寡来判断某家银行是否可信可靠，金融行家更注重于资本在经营总规模中所占的比重。比重过小，表明风险过大，危机时难以补救，资本不足信；比重过大，表明盈利太小、经营能力平庸。因此，资本的意义并不仅仅在于表面上的数额大小，更深刻的是在于通过维持充足而适度的资本，在公众心目中树立起对本银行的充分信赖，以吸引客户将资金存入银行，促进业务的开展与扩大。其次，银行资本数量是银行管理当局在审批银行开业资格和对银行进行监管时的重要指标。各国银行管理当局一般对银行开业规定了资本最低限额，只有达到或超过这一限额才能获准开业。随着银行资产业务的发展，银行需不断补充资本，以达到金融管理当局规定的最低资本充足率。可见，银行资本的充足与否，不仅是取得信赖的重要因素，也是获得银行监管当局认可与信任的重要因素。因此，资本是银行得以存在和发展的先决条件。

资本是客户存款免受偶然损失的保障。银行的大部分资金来自存款者，并通过贷放或投资用于各项营利事业，因此，银行是利用别人的资金来经营并赚取收入的。银行在经营活动中，不可避免地存在着风险，损失一旦发生，首先要用日常的收益抵补；收益不足时则要用资本补偿。

自 20 世纪 30 年代资本主义经济大危机以来，许多国家纷纷建立了存款保险制度，当存款人在银行的存款遭受损失时，由存款保险机构进行补偿。这虽使资本的保护补偿作用有所减弱，但仍可用于对超过保险额的大额存款户提供补偿，在被收购和吞并时，使银行资本的所有者得到一定的补偿。

资本是银行经营活动正常进行的保证。从银行资产来看，银行与其往来客户大都有大量资金支付活动和贷款支付活动，如果在某一时期资金的需要量巨大，银行将出现资金短缺影响其支付能力。在银行资金发生短缺时，一般通过出售资产或吸收新的存款等办法来增加其流动性。但是，由于此时市场资金供求普遍紧张，市场利率可能上涨，银行出售金融资产会发生较大损失导致筹资成本增加。因此，银行通过资本的运用，不仅可以满足客户提存和借款的要求，而且可以避免银行经营成本的扩大，保证银行正常的业务经营活动。

2）资本的构成

银行资本的构成较为复杂，主要由三部分组成，即普通资本、优先资本和其他资本。

（1）普通资本（common equity）。普通资本是银行资本的基本构成，包括普通股、盈余留存等。普通资本对银行收入和资产的要求权位于银行存款、借款、附属债券和优先股之后。商业银行资本的账面价值是反映在资产负债表上的价值，它是资本净值（资产减负债之差）减去优先资本后的剩余。

普通股。普通股是银行股金资本的基本形式，是一种主权证明。这种权利主要体现在三方面：一是对银行拥有经营决策权。股东可以参加股东大会，对银行的各项决策有投票权，可以按出资的比例选举董事；二是对银行的利润和资产有分享权，股东有权分配或处置银行的税后利润，在银行破产清算时，对于银行收入和资产还可享有最后一位的要求权；三是在银行增发普通股股票时，享有新股认购权，这可以维护股东对银行已有的权利。

盈余留存。商业银行盈余留存也是银行资本的重要组成部分，包括资本盈余和留存盈余。这些资本并非是单一外源资本，还包括了内源资本。由外源资本渠道形成的盈余称为资本盈余，而由内源资本渠道形成的盈余称为留存盈余。这些属于权益资本。资本盈余主要由投资者超缴资本所为。在银行诸多权益资本项目中，资本盈余与股本是有着相关关系的两个项目。股本的大小与发行股票的数量有关。资本盈余除反映超缴资本外，还反映银行资本的增值部分，反映接受捐赠所增加的资本等。留存盈余是尚未动用的银行累计税后利润部分，是银行所有者权益的一个项目。留存盈余按留存的时间可分为以前年度累计留存及本年留存。前者是指以前年度尚未用完的留存盈余，后者是指本年度留存额。

（2）优先资本（prefered equity）。优先资本是指在股息分配和资产清偿上先于普通资本的那部分资本，包括优先股、资本票据和资本债券、可转换债券等。

优先股。银行的收益和资产分配权先于普通股的股票称为优先股。这种优先权是在商业银行存款人和其他债权人之后，普通股持有人之前。优先股的特点是：优先股股票有固定的股息，不论银行经营状况如何，优先股持有者都能获得既定收入；股东对银行的经营活动没有干预和决策投票权；在银行破产清算时，优先股股东对银行资产的要求权先于普通股股东；优先股没有偿还期。很多优先股在发行时规定，经过一定时期后，发行银行可以按照事先规定的价格将其赎回。有些优先股还可以在一定条件下转为普通股。

资本票据和资本债券。资本票据和资本债券对银行资产的要求权落在存款和借款等债务之后，因此，又将其称为附属债务。资本票据是指那些期限较短，发行额度大小不同的银行借据。资本债券则是指那些期限较长、发行面额较大的债务凭证。

可转换债券。银行发行的优先股和附属债券中有一部分可按事先约定在一定时期内转换为普通股。这种可转换为普通股的资本性证券称为可转换性证券，既具有债券的性质，又具有股票的性质。可转换债务的转换价格，是当证券进行转换时，为换成普通股而每股实际支出的价格。可转换证券的转换价格，通常高于普通股的市价。

（3）其他资本。商业银行的资本主要由普通资本和优先资本两部分构成，但是，有些国家在计算银行资本时往往把资本准备金、贷款损失准备金和证券损失准备金也包括在内。这几项准备金都是银行为了应付意外事件按照一定比例从税前利润中提取出来的，当贬值或呆账发生时，银行就从这种准备金中提取相应部分进行补偿。

这些准备金保留在银行账户上作为资本的补充，在一定程度上起着与股本资本相同的作用。同时，具有如下好处：由于这些准备金是在银行税前收益中提取的，可以免交所得税；另外，提取准备金是以未分配利润方式来增加银行资本，基本上没有筹资成本。

3）资本充足程度衡量

所谓资本充足程度是指银行管理当局要求银行在一定资产规模下，必须持有的最低资本数量。目的是要使银行能承受一定的经营损失，保持银行的稳健运行和正常的盈利水平。

1987年年底，巴塞尔银行监管委员会提出了按风险资产加权平均计算的资本充足程度标准，作为银行资本充足程度的国际标准，这个标准经过修改后，于1988年12月获得西方十二国官方的正式认可。这就是著名的《关于统一国际银行资本衡量和资本标准的协议》（即《巴塞尔协议》）。

《巴塞尔协议》把银行资本划分为两类，即核心资本与附属资本。核心资本由永久性股东产权构成，包括：普通股（按面值计算）、永久性的优先股、资本盈余、附属机构中的少数权益、未分配利润、库存股票（按股票的发行成本和最终得到这些股票的成本计算）、商管（指获得某种资产时，超过其净值的部分）。附属资本由公认的非普通资本组成，包括：到期内的优先股（包括盈余）、租赁及贷款呆账准备、长期债务（无担保债务，不到期不归还）、可转换证券、次级债务（原始期限不低于5年）。该协议规定核心资本在总资本中不得低于50%。使用了5个风险权数，即0%、10%、20%、50%、100%，判断资产的风险。

《巴塞尔协议》规定，银行资产按以上风险权数加权平均以后，核心资本充足率要求达到4%以上，资本充足率（核心资本加补充资本）应达到8%以上。

2012年12月16日，巴塞尔银行监管委员会发布的《巴塞尔协议III》在最低资本金比率方面规定，商业银行核心一级资本（普通股权益/风险资产）比率的要求由原来的2%提高到4.5%，一级资本充足率的要求也由4%提高到6%，加上2.5%的留存超额资本，一级资本充足率的要求达到8.5%。同时也提出各国可根据情况要求银行提取0%~2.5%的逆周期超额资本，以便银行可以对抗过度放贷所带来的风险。

巴塞尔银行监管委员会提出《有效银行监管的核心原则》，将风险管理扩大到银行业的各个方面。对各国银行制定统一的资本充足程度标准，加强对银行业进行全方位持续的监管，在国际银行业竞争日益加剧的背景下，有助于各国银行在一个相对公平的基础上竞争，起到稳定银行业的作用。

2. 商业银行存款负债业务

存款负债业务是银行接受客户存入的货币款项，存款人可随时或按约定时间支取款项的一种被动性负债业务，通常按支取方式可将存款分为活期存款、定期存款、储蓄存款三大类。

（1）活期存款。活期存款是指可由存户存入没有确切的期限规定，随时可以支取的存款。活期存款通常不付息或者利息很低，但客户可以通过开具支票等方式随时支取。对活期存款存户而言，活期存款能够保持资金的流动性、具有直接对外支付能力，但收益微薄；对商业银行而言，活期存款是具有较高流动性的负债，商业银行必须为活期存款保有较高比例的支付准备，但活期存款成本低廉，并且可以为商业银行拓展其他负债业务和资产业务提供支持。

（2）定期存款。定期存款是客户和银行预先约定存款期限，到期支取的存款。定期存款期限可长可短，但必须事先确定，定期存款期限最短为7天，最长可达5年，其中3个月、6个月和1年期的较为普遍，不同期限的定期存款利率水平存在差异，长期存款利率水平一般高于短期存款。

（3）储蓄存款。储蓄存款是指居民个人和非营利机构以获取利息收益为目的在银行的存款。储蓄存款也有活期、定期之分，但储蓄存款一般属于商业银行的零售业务，具有小额性和分散性的特点。

3. 商业银行借款负债业务

借款负债也称主动性负债，是指商业银行通过非存款方式主动借入资金形成的资金来源业务。20世纪60年代后，由于负债管理理论在银行管理中的广泛运用，借款负债业务在商业银行负债业务中的地位逐步上升。

（1）同业拆借。同业拆借是指金融机构之间的短期资金融通，是商业银行为解决短期资金余缺，调剂准备金头寸而融通资金的重要渠道，主要用于日常性资金周转。拆借期限通常从一天到数月不等，最短的是隔夜拆借。由于同业拆借一般是通过商业银行在中央银行的存款账户进行，实际上是商业银行之间超额准备金的调剂，因此，又称中央银行基金，在美国称为联邦基金。商业银行在央行保有的准备金存款，央行一般不支付利息，因此，对于拥有超额准备金的商业银行来说存在着闲置资金，继而有通过放贷加以运用盈利的需要，而法定存款准备金不足的商业银行也存在着借入资金以达到法定存款准备金比率的要求，以避免大规模频繁的资产和负债规模调整，加之商业银行资本雄厚、违约风险低，因此，双方容易形成彼此融通的可能。由于同业拆借规模较大、风险低、期限短，在同业拆借基础上生成的借贷利率也成为反映市场资金价格总体水平的重要的基准利率。

（2）中央银行借款。当商业银行资金周转出现困难时，可以从中央银行借入资金，中央银行作为银行的银行充当着商业银行的资金后盾，商业银行从中央银行借款的主要形式有两种，一是再贷款，二是再贴现。再贷款是指中央银行向商业银行的信用放款，也称直接借款；再贴现是指商业银行将其买入的未到期的贴现汇票向中央银行再次申请贴现，也称间接借款。在市场经济发达的国家，由于商业票据和贴现业务广泛开展，再贴现成为商业银行从中央银行借款的主要渠道。由于中央银行向商业银行的放款构成具有派生能力的基础货币，各国中央银行都把对商业银行的放款作为宏观金融调控的重要手段之一。商业银行从央行借款利率的高低直接影响着商业银行的资金成本，也会对商业银行贷放资金的价格产生作用，所以再贴现率的调整对市场利率水平变动具有重要的导向作用。

（3）发行金融债券。在金融市场不断发展的背景下，商业银行的长期融资需求可以通过发行金融债券加以解决。金融债券作为商业银行发行的融资工具，因其具有较高的信誉等级，可以为商业银行筹集长期、低成本的资金，并且不需要交纳存款准备金，从而形成对存款负债的补充。

5.4.2 商业银行资产业务

资产业务是商业银行对通过负债业务形成的资金加以运用的业务。

1. 现金资产业务

现金资产是指银行持有的库存现金以及与现金等同的可随时用于支付的银行资产，是商业银行流动性最强的资产。持有一定数量的现金资产，主要目的在于满足银行经营过程中的流动性需要。现金资产基本上是一种无盈利资产，过多地持有这种资产会失去相应的盈利机会，因此，银行持有现金资产需要付出机会成本。商业银行的现金资产包括库存现金、在中央银行存款、存放同业和托收中的资金。

库存现金是指商业银行保存在业务库中的现钞。商业银行的库存现金主要用于应付客户提现和新增贷款需求，在非现金结算日益普及的今天，仍会存在客户提取现金的可能。商业银行出于流动性需求和维持公众信任的目的，仍需要保有一定数量的纸币现钞。

在中央银行存款，是指商业银行存放在中央银行的存款准备金。中央银行作为银行的银行，对商业银行开办存款业务，商业银行在中央银行的存款准备金由法定存款准备金和超额准备金两部分构成。其中，超额准备金是商业银行在中央银行存款准备金账户中，超过了法定存款准备金的那部分存款余额。该部分资金央行不付息，但在商业银行需要对外支付时可以通过央行转账的方式加以运用，也可以转变为商业银行的库存现金。

存放同业，是指商业银行存放在代理行和有业务往来商业银行的存款。在其他银行保持存款是便于在同业间开展代理业务和结算收付；多数是中小商业银行为了利用大型商业银行的结算网络优势，存放于后者的活期存款，该部分资金可以随时对外支付或者提现使用，可以视同商业银行的现金资产。

2. 贷款资产业务

贷款是商业银行的传统资产业务，是指商业银行作为贷款人按照一定的贷款原则和政策，以还本付息为条件，将一定数量的货币资金提供给借款人使用的一种借贷行为。

按贷款期限可分为短期贷款、中期贷款和长期贷款。短期贷款是指期限在1年以内（含1年）的各项贷款；中期贷款是指期限在1年（不含1年）以上5年（含5年）以内的各项贷款；长期贷款是指期限在5年（不含5年）以上的各项贷款。定期贷款因其定明还款期限，一般不能提前收回。近年来，商业银行发放中长期贷款增加较快，可以使银行获得较多的利息收入，但由于资金被长期占用，银行流动性风险相应较大。

按贷款清偿的保障条件分为信用贷款、担保贷款。信用贷款是指银行完全凭借客户的信誉而无需提供抵押物或第三者保证而发放的贷款。这类贷款从理论上讲风险较大，当借款人不能如期偿付贷款时，商业银行没有特定的可执行财产，只能通过诉讼方式向债务人追偿，如果债务人破产，商业银行也只能作为普通债权人参与财产清算，因而，银行对借款人的条件要求较高，通常只向具有较高资信、银行熟悉的大公司提供。担保贷款是指具有一定的财产或信用作还款保证的贷款。根据还款保证的不同，具体分为抵押贷款、质押贷款和保证贷款。抵押贷款是指按规定的抵押方式，以借款人或第三者的财产作为抵押发放的贷款；质押贷款是指按规定的质押方式，以借款人或第三者的动产或权利作为质押物发放的贷款；保证贷款是指按规定的保证方式，以第三人承诺在借款人不能偿还贷款时，按约定承担还款责任而发放的贷款。担保贷款由于有财产或第三者承诺作为还款的保证，借款人违约时，商业银行可以独立地针对相关财产行使处置权来获得贷款本息的清偿，并且借款金额通常只占担保品价值的70%，即使担保品跌值也会保证贷款本息大部分获得清偿，之后，还可就剩余债权参与借款人普通财产清算，所以贷款风险相对较小。

按贷款的偿还方式分为一次性偿还和分期偿还。一次性偿还是指借款人在贷款到期日一次性还清贷款本金的贷款，利息既可以分期支付，也可以在归还本金时一次性付清；分期偿还贷款是指借款人按规定的期限分次偿还本金和支付利息的贷款。短期的流动资金贷款采用一次性偿还方式，以简化贷款发放和回收过程；中长期贷款大都采用分期偿还方式，以保证商业银行贷放资金分阶段安全收回，避免集中到期收回所可能遭受的风险，也有利于对借款人资金偿还能力进行动态监测。

按贷款质量和风险程度分为正常、关注、次级、可疑和损失贷款。正常贷款是指借款人能够履行借款合同，有充分把握按时足额偿还本息的贷款。这类贷款的借款人财务状况无懈可击，没有任何理由怀疑贷款的本息偿还会发生问题。关注贷款是指贷款的本息偿还仍然正常，但是发生了一些可能会影响贷款偿还的不利因素，如果这些因素继续存在下去，则有可能影响贷款的偿还，因此需要对其进行关注或进行监控。次级贷款是指借款人依靠其正常的经营收入已经无法偿还贷款本息，不得不通过重新融资或拆东墙补西墙的办法来归还贷款，表明借款人的还款能力出现了明显的问题。可疑贷款是指借款人无法足额偿还贷款本息，即使执行抵押或担保也肯定要造成一部分损失，这类贷款具备了次级贷款的所有特征，但是程度更加严重。损失贷款是指在采取了所有可能的措施和一切必要的法律程序之后，本息仍然无法收回或只能收回极少部分，应当在履行必要的内部程序之后给予冲销。

商业银行在可用资金范围内决定对借款人发放贷款的主要依据是对借款人的信用分析和贷款政策，这是银行贷款业务经营与管理的微观决策。

西方商业银行对借款人的信用分析，是对债务人的道德品格、资本实力、还款能力、担保、环境条件及事业的连续性等进行系统分析，以确定是否给予贷款及相应的贷款条件，通常也称为放款审查“6 C”原则：①品德（character）。借款人品德是指借款人不仅要有偿还债务的意愿，还要具备承担各种义务的责任感。②资本（capital）。资本是借款人财产的货币价值，反映了借款人的财力和风险承担能力，作为企业从银行取得贷款的一个决定性因素。同时，资本也在一定程度上反映了企业经营者的经营成就。③能力（capacity）。能力是指借款人运用借入资金获取利润并偿还贷款的能力，获取利润的大小取决于借款人的生产经营能力和管理水平。④担保（collateral）。企业为贷款而提供的担保状况，是影响贷款信用风险的一个重要因素。贷款担保的作用在于为银行贷款提供一种保护，即在借款人无力还款时，银行可以通过拍卖抵押品或向担保人追偿而收回贷款本息，减少损失保证贷款本息的安全。⑤环境条件（condition）。这是指借款人自身的经营状况和外部环境。⑥连续性（continuity）。这是指对借款企业持 续经营发展前景的审查和综合预测。

贷款政策的具体内容由于各银行在经营目标、经营规模、经营范围、经营特色等方面的差异而有所不同。尽管如此其共性仍然存在，主要包括：贷款的适度规模；贷款的种类；贷款的期限及贷款的清偿；贷款的保障及用途；贷款的定价。

商业银行在制定贷款政策时，除了要考虑银行自身的资本状况、负债结构，以及经济发展状况或经济周期等因素外，更要注重货币政策，以取得中央银行的支持。目前越来越多的商业银行制定了正式的、书面的贷款政策。贷款政策主要是为银行贷款提供依据和指导，以争取在业务处理上保持较大程度的一致性。

商业银行贷款业务的利息及服务费收入是银行重要的收入来源，同时，也存在着一定的经营风险，主要包括信用风险、利率风险和市场风险。

（1）信用风险。信用风险是指借款人在贷款到期时，没有能力向银行偿还本金或者有意不履行还款义务而给银行造成损失的可能性。信用风险产生的直接原因包括：第一，借款人在贷款到期前破产倒闭，资产价值不能抵偿债务，致使银行无 法收回本金；第二，借款人在贷款到期时，由于资金紧张不能归还贷款本金；第三，借款人故意不归还贷款，这是借款者自身的信用不良造成的。

（2）利率风险。利率风险是指在固定利率贷款发放后，由于市场利率水平提高减少了贷款潜在收入、加大贷款的机会成本，加上吸收资金的利率（如存款利率和金融市场利率）提高，造成银行以较高的利率吸收资金而以低利率发放贷款带来损失的风险。

（3）市场风险。经济生活中存在着种种不确定因素，未来市场走势很难事先把握，这种由于经济形势和金融市场资金供求关系的变化而给银行贷款带来的风险称为市场风险。

银行在发放贷款过程中，为了避免贷款的风险、减少损失，必须采取一定的保护措施。首先，加强贷款“三查”。对于信用贷款，在发放贷款之前，对借款人的资信状况要进行广泛、深入、细致的调查分析；贷款发放时要签订一些保护性条款，即规定借款人要做到哪些，如流动性比率要求、及时提供经营状况财务报表的要求等等；贷款发放后要做好跟踪调查，密切关注贷款的使用状况及借款人经营状况。其次，要分散借款人、借款地区或借款行业，从而降低风险。对于抵押贷款，要对不同的抵押贷款进行具体分析，对于不动产抵押要做好抵押品种的估计、产品设定工作；以商品作为抵押，要注意商品的易售性和易损性，价格的稳定性；以有价证券作为抵押的，要注意证券的流动性、安全性。

对存、贷款实行浮动利率，以避免市场利率变动给银行带来的经营损失。规定利率随市场利率浮动的时间和幅度，在市场利率变化的情况下保证银行利息收入水平不降低、机会成本不增加。

3. 证券投资业务

银行证券投资可以补充资产流动性。在商业银行资产中，流动性最强的是现金资产，也称一级储备；其次是证券投资，也称二级储备。当银行第一储备不能满足流动性需要时，可动用第二储备，即将短期证券转手出售。一般现金资产是非盈利资产，证券投资在提供流动性的同时，具有一定的收益。

证券投资在银行经营中对降低和分散风险具有特殊作用。相对于贷款而言，证券投资的风险较贷款风险为小。银行贷款一旦收不回来就要承担极大风险，而证券投资则一般都能收回来，这就在一定程度上分散了风险。证券投资组合较贷款的组合更为灵活，银行贷款一般要受资产规模、地理位置、客户容量等因素的制约，而证券投资受这些因素限制较少。

当银行吸收来的资金不能全部用于发放贷款时，可以用于购买有价证券。银行将闲置的资金投资于证券，既使得资金得到充分的运用，又由此增加了银行盈利。证券投资收益既包括持有期间的利息或股息收入，也包括在金融市场买卖差价形成的资本增值收入。

证券投资业务与贷款业务相比较具有风险小、灵活性大、收益稳定等特点。所以，在现代商业银行的总资产中，证券投资已成为商业银行重要的资产业务，不仅为银行带来稳定的利润，还为银行在流动性管理、资产优化配置以及合理避税等方面起到了积极作用。为了保证银行业安全稳健运行，各国对商业银行证券投资业务都予以规范，除了德国全能型模式下的商业银行可以从事股票投资外，大多数国家不允许商业银行染指股票业务。因此，商业银行证券投资仍以各类债券，特别是以政府债券为主。

5.4.3 商业银行表外业务

商业银行表外业务是指不构成资产负债表内资产和负债，但形成商业银行非利息收入的业务。表外业务按照商业银行承受风险与否，可以分为无风险的表外业务和有风险的表外业务。无风险的表外业务也称为中间业务，是指商业银行通过提供专业的金融服务、以收取手续费为目的、不承担任何资金损失风险的表外业务，包括结算、代理、咨询业务等；有风险的表外业务是狭义的表外业务，是商业银行所经营的存在一定风险的或有项目，存在着由表外业务向表内业务转化的可能，包括承诺、担保和类似的或有负债、与金融衍生工具有关的或有项目等。

1. 结算类业务

支付结算是商业银行为客户提供债权债务清偿、款项收付而收取手续费的业务。对商业银行来说，这是一项业务量大、风险度小和收益稳定的典型中间业务。商业银行通过支付结算业务成为全社会的转账结算和货币出纳中心，它不仅能为银行带来安全、稳定的收益，同时也是集聚闲散资金、扩大银行信贷资金来源的重要手段。

结算工具是商业银行用于结算的各种票据，票据是记载一定日期、一定金额，向收款人或者持票人无条件支付的信用证券。票据具有要式性、无因性和流通性等特点，通常包括汇票、支票、本票三大类。

汇票是指由出票人签发、委托付款人在指定日期无条件支付确定的金额给收款人或者持票人的书面支付命令。依据出票人不同，汇票有银行汇票和商业汇票之分，商业汇票是在商业信用基础上的企业间结算证券，银行汇票是银行接受客户委托形成的银行间资金汇兑凭证；按照付款日期的不同，汇票可以分为即期汇票和远期汇票，即期汇票的付款人见票即付，远期汇票的付款人在指定日期付款；商业汇票按承兑人的不同可以进一步分为商业承兑汇票和银行承兑汇票，承兑人是票据业务中承担付款义务的责任人，商业承兑汇票由票据付款人承兑，而银行承兑汇票由商业银行进行承兑。

支票是商业银行活期存款存户签发的，要求商业银行在存款余额范围内于见票时无条件支付确定金额给收款人或持票人的书面支付命令。支票是以活期存款存户为出票人、以商业银行为付款人的特殊的即期汇票。

本票是出票人签发的，承诺自己在见票时无条件支付票面金额给收款人或者持票人的书面支付承诺。本票依据出票人的不同可分为商业本票和银行本票，银行本票是替代现金流通的大额短期支付凭证，可在同一票据交换区域使用银行本票，商业本票实际上是企业签发的短期融资证券。

2. 代理类业务

代理业务是指商业银行以代理人的身份代表委托人办理经双方议定的经济事务的业务。在代理类业务中，商业银行利用自身的网络优势和专业优势，为客户提供高效的专业服务，并从中收取手续费用获取收益，并借此扩大商业银行与客户的业务融合与联系。在代理业务中商业银行一般不动用自己的资产也不为客户垫款，不参与收益分配、只收取代理手续费。商业银行代理类业务主要有代理收付业务、代理保管业务、代理证券发行和偿付业务等。

3. 融资租赁业务

融资租赁是集融资和融物为一体的信用方式，兼有商品信贷和资金信贷的双重特征。在向企业出租设备时解决了企业的资金需求，不同于借钱还钱、借物还物的一般信用形式，而是借物还钱，因而，具有信用、贸易的双重性质。出租人在这里同时兼有金融机构（融通资金）和贸易机构（提供设备）的双重职能。在租赁期内出租人始终控制着设备的所有权，把握着资金的使用方向，因此，资金不仅有安全保障，而且表现出比银行信用更强的约束力。同时出租人还直接与设备制造商发生购买关系，一头连接设备的生产环节，另一头与承租人发生租赁关系，连接着设备的实际需求。在整个运动过程中，出租人通过出租设备商品的形式向承租人提供了信贷便利；而承租人直接借入设备商品，取得了设备商品的使用权，实际上是获得了一笔信贷资金，并在从事生产经营的过程中创造出新的价值。

4. 银行卡业务

银行卡是商业银行发行的，供客户办理存取款和转账结算的新型电子化服务工具的总称。银行卡按照其功能一般可以分为借记卡和贷记卡，借记卡通常只能在客户活期存款余额内进行现金存取和转账结算；贷记卡也称为信用卡，是具有透支功能的银行卡，可以在客户交易资金不足时通过透支获取银行短期信贷支持。银行卡业务具有的转账结算功能使之成为商业银行的无风险表外业务，商业银行可以从特约商户手中获取相应的手续费用，而贷记卡业务附加的透支功能也是商业银行拓展资产业务的一种现实途径，但主要目的还是在于提升持卡人的转账金额。

5. 担保和类似的或有负债业务

担保业务即银行应申请人的要求，承诺当被担保人不能履约时由银行承担对权利人的相关义务的行为。担保业务作为商业银行的表外业务，在被担保人履行约定事项时商业银行无需动用自有资金承担责任，而当被担保人违约时，商业银行就需要履行担保责任代为清偿债务。因为，担保类业务作为商业银行一类有风险的表外业务出现，形成银行的或有负债。银行的担保和类似的或有负债业务主要有备用信用证、履约担保书、投标保证书、留置金保函、贷款担保和跟单信用证等。

5.4.4 商业银行的信用扩张

商业银行是唯一能够经营活期存款的金融机构，商业银行可以在吸收原始存款形成负债资金来源基础上，通过资产业务运用资金并将资金保留在商业银行体系内，形成增量的负债资金来源，即派生存款，并为进一步的信用扩张奠定基础，从而形成基于信用行为的活期存款规模扩张，即信用的扩张。

1. 商业银行信用扩张的前提

商业银行信用扩张过程需要以下条件为前提。

首先，部分准备金制度。准备金作为商业银行吸收存款后缴存中央银行的准备金，是对商业银行以负债方式形成的资金来源的一种漏出行为，即资金从商业银行体系进入到中央银行，漏出的规模越大，则商业银行剩余的可贷放资金规模越小。只有在部分准备金制度下，商业银行体系才能在缴存准备金后有剩余资金用于信用扩张。部分准备金制度决定了商业银行体系信用扩张的能力。

其次，非现金结算制度。非现金结算是商业银行存户愿意通过保有活期存款，通过转账支付来对外支付、清偿债务，非现金结算制度决定了客户有将资金以活期存款方式存放于商业银行的需求。

2. 商业银行原始存款与派生存款

原始存款是指客户以现金形式存入，或商业银行从中央银行借款所形成的存款。派生存款是指在原始存款的基础上，由银行资产业务转化的新存款。原始存款是派生存款形成的基础，派生存款是在原始存款的基础上形成的增量，两者都是商业银行的活期存款负债，也都是流通中具有充足流动性的信用货币。

3. 商业银行信用扩张过程

在介绍商业银行体系信用扩张过程前，做出假设：商业银行只经营活期存款；法定存款准备金率为20%；商业银行不保有超额准备金，包括库存现金；商业银行客户不提取现金。在上述假设条件下，商业银行可以将吸收原始存款并缴存法定存款准备金之后的余额资金全部用于放贷等资产业务，而不用担心客户提现，客户取得银行贷款后也出于非现金需要，将其全部转存回商业银行体系，形成派生存款规模的扩张。

商业银行信用扩张过程表现为商业银行负债规模、法定存款准备金、可贷放资金、资产业务规模等变量的序贯变动，若在法定存款准备率为20%时，A 客户将 100 万元现金存入银行体系，则商业银行体系在缴存 20 万元（100×20%）法定存款准备金后，最多可向 B 客户发放 80 万元贷款，并形成 80 万元的派生存款，如此往复，示意如表 5-1 所示。

表 5-1 商业银行信用扩张示意（单位：万元）

银行业务	活期存款总额	法定存款准备金	可贷放资金	资产业务规模
吸收 A 存款	100（原始存款）	20	80	贷款 80 给 B
吸收 B 存款	80（派生存款）	16	64	贴现 64 给 C
吸收 C 存款	64（派生存款）	12.8	51.2	投资 51.2 给 D
吸收 D 存款	51.2（派生存款）	10.24	40.96	贷款 40.96 给 E
吸收 E 存款	40.96（派生存款）	8.192	32.768	贴现 32.768 给 F
⋮	⋮	⋮	⋮	⋮
合计	500	100		400

不考虑其他因素，100 万元原始存款在法定存款准备金率为 20%时，通过商业银行体系使活期存款总额增加到 500 万元，其中包括 100 万元原始存款和 400 万元（500 万元−100 万元）派生存款。这一关系用公式表示为

$$活期存款总额 = B\frac{1}{r} \tag{5-1}$$

$$派生存款额 = D - B = B\left(\frac{1}{r} - 1\right) \tag{5-2}$$

其中，D 为活期存款总额；B 为原始存款额；r 为法定存款准备金率。

在本例中，商业银行体系创造的活期存款总额用公式计算为

$$活期存款总额 = \frac{100}{20\%} = 500(万元)$$

$$派生存款额 = 500 - 100 = 400(万元)$$

$$(或) = 100 \times \frac{1}{20\%} - 100 = 400(万元)$$

4. 存款乘数

所谓存款乘数，是原始存款所产生活期存款的扩张倍数，可用公式表示为

$$K = \frac{D}{B} = \frac{1}{r} \tag{5-3}$$

其中，K 为存款乘数（派生倍数）。

上例中存款乘数计算公式为

$$K = \frac{500}{100} = 5 \text{ 或 } K = \frac{1}{20\%} = 5$$

存款乘数的变动在很大程度上取决于法定存款准备金率。当提高法定存款准备率时，存款乘数减少、商业银行派生存款能力下降；反之，当降低法定存款准备率时，存款乘数增大、商业银行派生存款能力相应增强。上例中，中央银行法定存款准备率降到 10% 时，存款乘数为

$$K = \frac{1}{10\%} = 10$$

法定存款准备金作为商业银行资金漏出行为，会减少商业银行可贷放的资金水平，当法定存款准备金率升高时，商业银行的资金漏出水平增加，继而导致商业银行可运用资金减少，制约了资产业务的拓展和派生存款的增加，即漏出水平越高，则活期存款派生能力越弱。

5. 修正的存款乘数

除法定存款准备金率外，还有一些因素也会形成资金流出商业银行体系，即形成漏出现象。商业银行处于稳健经营的需要，除了保有必要的法定存款准备金之外，还需要保有一定数量的超额存款准备金，其中，包含库存现金。此外，客户也会出于手持现金的非现金结算需要而保有一定数量的现金，形成提现需求。再者，商业银行除了开设活期存款之外，还开设有定期存款，客户也会出于生息目的将一定比例的活期存款转存为定期存款，定期存款也需要缴存一定数量的法定存款准备金，其准备金率往往低于活期存款。以活期存款数为基准，分别定义超额存款准备金率、提现率和活期转定期比率，

前两者都反映了单位活期存款中以现金方式漏出商业银行的比例，活期转定期比率与定期存款法定准备金率之积与之相同。如上漏出行为与法定存款准备金漏出原理相同，据此，可以对存款乘数进行如下修正，公式为

$$K=\frac{1}{r+e+c+r_d \cdot t} \tag{5-4}$$

其中，r 为法定存款准备金率；e 为超额存款准备金率；C 为提现率；r_d 为定期存款准备金率；t 为活期转定期比率。

上例中，若超额准备金率为 5%、提现率为 5%、定期存款准备金率为 10%、活期转定期比率为 20%，则修正后的存款乘数为 3.33。

$$K=\frac{1}{20\%+5\%+3\%+20\%\times 10\%}=3.33$$

5.4.5 商业银行业务经营发展趋势

近年来西方国家金融业竞争激烈，金融工具不断创新，逐渐突破了与其他金融机构分工的界限，走上了业务经营“全能化”的道路。在金融全球化大背景之下，国际银行业务经营呈现以下发展趋势。

1. 业务经营国际化

银行业业务经营国际化，是指一个国家的银行在开展涉外业务的基础上实行跨国经营，在业务和机构两方面跨越国界的过程和状态。与之相伴随，银行机构国际化趋势也日益明显，即商业银行将其营业机构向海外市场延伸，既包括商业银行在海外设立分支机构也包括广泛开展国外代理行业务。随着各国对外贸易和外向型企业的发展，一个世界性大商品市场已经形成，国际业务在金融活动中的地位日益重要，因此，金融国际化进程必然加速。

2. 业务领域综合化

20 世纪 30 年代大危机导致的金融业分业经营体制，明确划分了商业银行与其他金融机构之间的界限，禁止商业银行参与公司证券包销、股票经纪以及投资基金等业务，以防止银行业参与证券投机而发生银行危机及由此产生的经济恐慌。20 世纪 80 年代以来，伴随着金融业竞争加剧、金融创新层出不穷和商业银行风险管理能力的不断加强，各国逐步放松金融管制，混业经营趋势得以逐步确立。商业银行与其他金融机构之间业务分工界限日渐模糊，商业银行将传统的存款、贷款和结算业务进一步拓展为丰富的负债、资产和表外业务，并在证券投资与承销领域中涉足，业务领域日益综合化。

3. 业务操作电子化

银行业是最先大规模使用电子计算机的行业之一。早在 20 世纪 50 年代后期，电子计算机就被大通曼哈顿银行和花旗银行等运用于记账和结算，但当时只将电子计算机作为一种计算器使用。20 世纪 60 年代，美国和日本等国家的一些大银行开始将营业网点内分散的业务处理系统联结起来，建成银行内部的联机系统，并利用该系统处理存款、贷款、汇兑、结算等业务，为客户提供全面服务给客户带来很多便利。20 世纪 70 年代，

是商业银行大量运用电子计算机设备的时代，发达国家的银行在营业网点的业务柜台上安装了电脑终端设备，在营业大厅设置现金支付机，开始建立总行与分支机构间的电子设备网络。许多银行还在银行的外墙、机构、车站、超级市场、娱乐中心和商业中心安装了自动柜员机（ATM、CDM），银行业务经营开始突破时空限制从内容到形式都真正进入了社会。20 世纪 80 年代起商业银行运用电脑进行管理决策，利用信息系统进行项目评估，筛选决策方案确定经营策略。20 世纪 90 年代以来，不论是在发达国家还是新兴市场经济国家，商业银行经营都在加速实现电子化，做到业务交易电子化、数据处理电子化、资金转账电子化、信息传递电子化和经营管理电子化，其中最具代表性的是网络银行业务的迅速普及。

4. 业务工具证券化

商业银行在传统间接融资中通常采用信贷合约方式开展业务，业务工具是非标准化的。伴随着资产管理理论的深化，商业银行开始涉足证券资产投资，继而形成了通过发行证券筹集资金的负债证券化，伴随着金融创新的深入发展，目前，商业银行广泛地利用证券化技术将其信贷资产进行转换，即通过资产的证券化将间接融资与直接融资相结合，提升银行运营的效率。

5.5 商业银行经营原则

商业银行经营目标是保证资金的安全，保持资产的流动性，争取最大的盈利，即“安全性、流动性、盈利性”。这也是商业银行经营的三个原则。

5.5.1 安全性原则

安全性是指商业银行应努力避免各种不确定因素的影响，保证商业银行的稳健经营和发展。安全性原则要求商业银行应规避和控制各种风险，避免银行遭受损失。商业银行将安全性作为首要经营原则，其原因在于商业银行经营的特殊性。

商业银行自有资本在绝对数额上较为庞大，但从与资产或负债总额比较的相对数量上来说则较为单薄，是高负债经营的金融企业。因此，财务结构相对于普通企业更为脆弱，只有在稳健经营前提下，才能更好地发挥有限资本的信用功能、建立公众信任。

商业银行是唯一能够经营活期存款的金融机构，活期存款是狭义通货的主要构成部分，只有在商业银行稳健经营的前提下，才能够保证通货的稳定，否则，容易诱发货币流通和金融体系的混乱。

5.5.2 流动性原则

流动性是指商业银行保持随时可用适当价格取得可用资金的能力，以便随时应付客户提存及银行支付的需要，核心是资产保持在最佳的状态。

所谓流动性是指资产的变现能力，衡量资产流动性的标准有两个：一是资产变现的成本。某项资产变现的成本越低，则该项资产的流动性就越强。二是资产变现的速度。某项资产变现的速度越快，即越容易变现，该项资产的流动性就越强。

5.5.3 盈利性原则

盈利性是指商业银行在经营管理可能的情况下，最大限度地追求利润最大化。利润最大化既是商业银行充实资本、加强实力、巩固信用、提高竞争能力的基础，也是全体股东利益所在，是银行开拓发展业务和提高服务质量的内在动力。

5.5.4 三性原则的协调

"三性原则"存在一定的矛盾。实现安全性原则要求商业银行扩大现金资产，减少高风险资产；实现盈利性原则要求商业银行尽可能减少现金资产，扩大盈利资产。针对这一矛盾，多数银行家认为正确的做法应当是在对负债来源、资产规模及各种资产的风险、收益与流动性进行全面预测的基础上，在保证安全的前提下争取最大的利润。解决安全性和盈利性的矛盾，实现安全性和盈利性统一的最好选择，是提高银行经营的流动性。为此，商业银行必须从资产和负债两个方面加强管理。

从短期看在经济扩张时，由于中央银行放松银根，资金来源充足，并且资金需求旺盛，商业银行应侧重于盈利性目标。在经济衰退时由于中央银行紧缩银根，社会资金来源减少而市场资金需求开始减弱，商业银行应侧重安全性目标，谨慎安排资产规模与结构。

从长期看，要积极组织负债来源，慎重安排资产结构，保持适当比例的现金资产；加强对长期贷款和投资的预测研究，保证收益减少风险损失；树立良好的信誉并建立牢固的信用基础，取得客户和社会的高度信任，保持更大的周旋余地。这三点要求的宗旨是：围绕流动性加强经营管理，增强资金实力，提高盈利水平。

➢本章小结

1. 商业银行是以追求最大利润为目标，以多种负债和多种金融资产为经营对象的综合性服务金融企业。商业银行主要通过两种途径产生：从旧式高利贷金融机构转变；按股份公司形式组建而成。大多数商业银行是按股份公司形式建立。

2. 商业银行组织形式可以分为分支银行制、单元银行制和持股公司银行制。

3. 商业银行传统业务主要包括存款、放款和结算三大业务。随着经济发展和商业银行功能扩大，业务在外延和内涵都极大拓宽。商业银行业务主要由资产业务、负债业务、表外业务三大类所构成。商业银行业务发展呈现出业务经营国际化、业务经营综合化和业务经营电子化的特点。

4. 商业银行以安全性、流动性和盈利性为经营原则。

➢关键术语

商业银行　信用中介　分支行制　单元制　资产业务　负债业务　表外业务　核心资本　附属资本　存款乘数　自偿性贷款

➢复习思考题

1. 商业银行内部组织结构有哪些？

2. 商业银行经营原则有哪些？
3. 现代商业银行负债渠道有哪些？
4. 商业银行现金资产由哪些内容构成？
5. 商业银行的贷款种类是如何划分的？
6. 贷款信用分析“6 C”原则包括什么内容？

第 6 章

非银行金融机构

【本章提要】 非银行金融机构，是指具体办理某类金融业务，但又不冠以银行名称的金融机构。非银行金融机构的构成主要包括保险公司、证券公司、信托公司、金融租赁公司、财务公司、信用合作社、消费信贷机构等。本章主要介绍非银行金融机构体系的构成以及主要业务。

6.1 保 险 公 司

6.1.1 保险公司是保险市场的供给主体

保险公司是专门经营各种保险业务、提供保险保障的组织或机构。保险公司通过与投保人订立保险合同，收取保险费，建立保险基金，实现其对被保险人的损失赔偿或给付保险金的责任。

目前，世界各国的保险公司形式多种多样，按照不同的标准来划分，有不同的形式。按照保险范围划分，有财产保险公司和人寿保险公司；按照业务承保方式划分，有原保险公司和再保险公司；按照经营目的划分，有商业性保险公司和社会保险机构。有的国家从金融安全的角度考虑，还建立了存款保险公司。

6.1.2 保险公司的主要保险业务

1. 财产保险

在保险市场上，提供财产保险类产品的机构主要是财产保险公司。财产保险，又称产物保险或损害保险。狭义的财产保险，主要是以有形物质财产为标的物的保险。广义的财产保险，是以物质财产及其相关利益和损害赔偿责任为标的物的保险。早期的财产保险标的只限于实体物质，如房屋、机器、货物等，所以又称为产物保险。在实务中，一般称之为财产损失保险。随着社会的发展和科技的进步以及法律制度的日渐完善，财产保险的标的扩大到无形财产，即与财产有关的利益、责任和信用，如预期利润、运费、汽车第三者责任、产品责任等。目前，我国的财产保险公司提供的财产保险产品主要有财产损失保险、责任保险和信用（保证）保险三大类。

1）财产损失保险

财产损失保险是以各类有形财产为保险标的的财产保险，包括的业务种类主要有企业财产保险、家庭财产保险、运输工具保险、货物运输保险、工程保险、特殊风险保险和农业保险等。

企业财产保险是适用于各种企业、社团、机关和事业单位的一种财产保险。主要承保因火灾或其他自然灾害和意外事故造成被保险人的财产损失。目前，我国企业财产保险产品有企业财产保险基本险、企业财产保险综合险。

家庭财产保险是城乡居民家庭的一种财产保险，承保责任范围与企业财产保险综合险基本相同。目前，我国家庭财产保险产品主要有普通家庭财产保险、家庭财产两全保险、投资保障型家庭财产保险和个人贷款抵押房屋保险。

运输工具保险是承保因自然灾害和意外事故所造成运输工具的损失，以及被保险人在使用运输工具过程中产生的对第三者的民事损害赔偿责任的一种财产保险。我国常见的运输工具保险险种有机动车辆保险、船舶保险、飞机保险等。

货物运输保险是承保货物在运输过程中因遭受自然灾害和意外事故所造成损失的一种财产保险。常见的货物运输保险的险种有：国内水路、陆路货物运输保险；国内航空运输货物保险；进出口货物运输保险。

工程保险是承保各类工程项目在建设过程中，因自然灾害和意外事故造成的物质损失、费用支出和依法应对第三者的人身伤亡或财产损失承担的经济赔偿责任的一种综合性财产保险。常见的工程保险险种有建筑工程一切险、安装工程一切险和机器损坏险。

特殊风险保险是为特殊行业设计的各种保险，保险标的具有较强的专业性。常见的特殊风险保险险种有海洋石油开发保险、航天保险和核电站保险等。

农业保险是承保农业生产者和经营者，在从事种植业和养殖业生产过程中因自然灾害和意外事故所造成经济损失的一种财产保险。农业保险包括种植业保险和养殖业保险两大业务种类。

2）责任保险

责任保险是以被保险人依法应负的民事损害赔偿责任，或经过特别约定的合同责任作为保险标的的保险。责任保险可以单独承保，也可以作为其他财产保险的附加险承保。可以单独承保的责任保险主要有公众责任保险、产品责任保险、雇主责任保险和职业责任保险。

公众责任保险（又称“普通责任保险”）承保被保险人在固定场所进行生产、经营或其他活动时，因发生意外事故而造成的他人财产损失或人身伤亡，依法应由被保险人承担的经济赔偿责任。

产品责任保险承保被保险人所生产、销售、修理的产品发生事故，造成该产品的用户、消费者或其他任何人遭受财产损失或人身伤害，依法应由被保险人承担的经济赔偿责任。

雇主责任保险承保被保险人（即雇主）所雇用的员工在受雇期间从事保险单所载明的与被保险人的业务有关的工作时，因遭受意外事故而受伤、残疾、死亡，或患有与职业有关的职业性疾病，根据法律或雇用合同应由被保险人承担的经济赔偿责任。

职业责任保险承保各种专业技术人员由于工作时的疏忽或过失造成合同对方或他人的财产损失或人身伤害的经济赔偿责任。

3）信用（保证）保险

信用（保证）保险所承保的是一种信用风险。凡权利人要求担保对方信用的保险都属于信用保险。常见的信用保险险种有一般商业信用保险和进出口信用保险。凡被保证人根据权利人的要求投保自己信用的保险属于保证保险。保证保险险种有合同保证保险、产品保证保险、忠诚保证保险等。

信用与保证保险，二者的联系在于：不论是信用保险还是保证保险，最终赔偿的起因都是债务人在保险合同列明的原因内不能向原债权人履行债务，并且，最终保障的都是债权人的债权利益。二者的区别主要在于：在签订保险合同时，信用保险是债权人作为被保险人直接向保险人缴纳担保费，债务人则无须缴纳，它仅仅是这种三角保证关系存在的一个要素，至于债权人承担的担保费如何向债务人转嫁或分摊，与本保险合同并无直接关系；保证保险是债务人作为被保险人直接向保险人缴纳担保费，债权人无须缴纳。目前，作为商业保险开办的信用与保证保险险别主要有产品质量保证保险、雇员忠诚保证保险和抵押借款偿还保证保险。

2. 人身保险

与财产保险相对应的是人身保险。人身保险是以人的生命和身体为保险标的，以被保险人的生、死、残废为保险事故的保险。当被保险人的生命或身体因意外事故、意外灾难、疾病、衰老等原因，以致死亡、残废或丧失劳动能力或年老退休或保险期满时生存，保险人按照保险合同的规定，向被保险人或受益人给付保险金。

在保险市场上，提供人身保险产品的机构主要是人寿保险公司。人寿保险公司提供的人身保险产品主要有人寿保险、健康保险和意外伤害保险。

1）人寿保险

人寿保险是指以被保险人的生命为保险标的，以被保险人的生存或死亡为保险事故（即给付保险金条件）的一种人身保险。人寿保险所承保的风险可以是生存，也可以是死亡，也可同时承保生存和死亡。在全部人身保险业务中，人寿保险占绝大部分，因而人寿保险是人身保险中主要的和基本的险种。人寿保险可分为死亡保险、生存保险、两全保险。

死亡保险是指以被保险人的死亡为给付保险金条件的人寿保险。死亡保险按保险期限不同，可分为定期寿险和终身寿险。定期寿险是对特定期间的死亡提供保障的人寿保险形式。只要被保险人在保险有效期内死亡，保险人就给付保险金予受益人；如果被保险人生存至保险期满，保险合同即告终止，保险人既不退还已交保费，也不给付任何金额。如想继续获得此种保障，必须重新投保。定期死亡寿险大多期限较短，通常没有现金价值，不具备储蓄因素，其保险费一般只含保障因素和最低限度的附加费开支，不计利息。因此，定期死亡寿险保费较低。定期死亡寿险适宜于：在特定的期间内对被保险人的生命具有合同上权益关系的人投保，以免被保险人在特定期间内死亡使投保人的利益遭受损失；家庭负担较重，经济负担能力较差，又有保险需求的人投保；另外，偏重死亡保障的人也适宜于投保定期寿险。定期死亡寿险的局限性表现为：当投保人对保险保障的需求超过特定期间，而又需要保障时，可能因其变为不可保体而永远丧失保险保障；由于不具备储蓄因素，投保人不能获得保险与储蓄的双重好处，对于偏重储蓄的人则是一个限制。终身死亡寿险是一种不定期限的死亡保险。保单签发后，除非应交的保费不交，或因解约而早期停交，被保险人在任何时候死亡，保险人都得给付保险金。终身死亡寿险的特点是：每一张有效保单必然发生给付；保险费率高于定期寿险的费率；具有储蓄性。终身死亡寿险是长期性保险，保单都具有现金价值，因而适宜于需要终身保障和储蓄的人投保。

生存保险是以被保险人在保险期满时仍生存，由保险人依照合同的规定给付保险金的一种保险。如果被保险人在保险期内死亡，保险公司不负保险责任，并且不退回投保人所交的保险费。因此，保险公司依照保险合同的规定给付生存者的保险金，不仅包括本人所交的保险费及保险费所产生的利息，而且包括保险期内死亡者所交的保险费及保险费所产生的利息。生存保险的主要目的，是为了一定时期之后被保险人可以领取一笔保险金，以满足其生活等方面的需要。

两全保险是被保险人无论在保险期内死亡还是生存至期满，保险人都给付保险金的一种人寿保险。两全保险都规定有期间，以特定的年数和特定的年龄来表示。两全保险是寿险业务中承保责任最全面的一个险种。既承保生存给付，又承担可能的死亡给付，而且保险人必然支付保险金，因而其费率最高。相对于死亡保险和生存保险，两全保险保费是定期死亡保险保费与生存保险保费之和，所以保费相对最高；两全保险的保费当中，既有保障的因素，又有储蓄的因素，而且储蓄因素占相当的比重；两全保险的保额包括危险保额（或保障保额），危险保额随保单年度的增加而减少，期满时为零。

2）健康保险

健康保险是以被保险人的身体为对象，在遭受意外伤害和疾病侵扰而产生医疗费用、收入损失时，提供经济补偿或给付保险金。也被称为医疗保险，或者疾病保险。健康险按不同的给付种类分为重大疾病保险、医疗费用保险和收入补偿保险。

重大疾病保险是在被保险人患了约定的重大疾病后，按照约定一次性给付保险金的保险。一般来说，重大疾病保险所承保的疾病都是对生命危害大、治愈率低的疾病，如中风、白血病等。需要注意的是，一些遗传性疾病不在保险范围内。而且，重大疾病保险都有一段观察期，因保险公司和险种的不同，观察期的时间长度也不尽相同，一般有 60 天、90 天、120 天等几种。某些特定的疾病还会单独列明观察期期限。观察期内期间，即使查出保险责任之内的疾病，保险公司也不负保险责任。

医疗费用保险有门急诊和住院医疗费用保险两种。前者一般限于意外伤害门急诊、因疾病引起的门急诊保险，目前只存在于某些团险中。住院医疗费用保险则分为意外住院医疗和综合住院医疗费用保险，对住院中发生的手术费、药费等医疗开支按比例给付。综合医疗费用保险，无论是因为意外或者疾病住院治疗，都将按合同给付保险金，故而费率比意外住院医疗要高。

收入补偿保险主要是为被保险人因住院医疗造成的收入损失做出一定补偿，以住院补贴保险为代表。保险公司按照保险合同约定的每日住院补贴额度，乘以实际住院天数每天给付保险金。

3）人身意外伤害保险

人身意外伤害保险是指以意外伤害而致身故或残疾为给付保险金条件的人身保险。这里的意外事故必须是：意外发生的，即被保险人未预料到的和非故意的事故；外来原因造成的，即被保险人身体外部原因造成的事故；突然发生的，即事故的原因与伤害的结果之间具有直接的关系，并在瞬间造成伤害，来不及预防。人身意外伤害保险是人身保险的一种，但有些国家把人身意外伤害保险归类于非寿险，这是因为人身意外伤害保险在保险期限、费率计算和责任准备金提存等方面与财产有相似之处。

3. 再保险

与原保险相对应的是再保险。再保险，又称分保，是指保险人将其所承保的风险责任的一部分或全部向一个或多个保险人再进行投保的行为。可以说，再保险是对原保险人的保险。再保险可以发挥分散风险、限制责任、扩大承保能力、促进竞争、形成巨额联合保险基金的作用。

在保险市场上，提供再保险业务的机构主要有兼营再保险的普通保险公司、专业保险公司和再保险集团三类。保险业务的发展使一部分保险公司在经营直接业务的同时都兼营再保险业务。这类公司通常设有再保险部，与同业进行分保交换，即既有分出业务，又有分入业务。这种做法有利于保持经营成果的稳定性。专业再保险公司是专门接受再保险业务，不参与直接业务的公司。对于接受的分入业务，除自留外，也转分一部分。

再保险集团是由多家保险公司经共同协商，联合组成的再保险组织。参加集团的公司，一般既是保险人又是再保险人，它们将承保的某种业务的全部或一部分分入集团，由各成员再按事先商定的固定比例，分担每一成员引入集团的业务，并统一对外办理再保险。集团一般都规定承保限额，对超过限额的集团责任也向外进行分保。再保险集团往往委托一家会员公司出面组织经营。如果成员公司较少，也可以由各公司分别指定专人共同组成再保险经营人。为了保证集团正常地运营，各成员需向集团定期缴纳一定的费用。

4. 社会保险

与以营利为目的的商业性保险相对应的是社会保险。社会保险是指通过国家立法的形式，以劳动者为保障对象，以劳动者的年老、疾病、伤残、失业、死亡等特殊事件为保障内容，由政府强制实施的一种社会保障制度。

世界各国实施的社会保险制度具有的基本特征是：第一，投保人必须依照法律、法规的规定投保承办单位开设的险种；第二，营运机构是国家或者国家指定的政府部门；第三，投保人既是被保险人，也是社会保险的直接受益人；第四，保险风险是被保险人的失业、年老、疾病、工伤等；第五，保险费的计收基础是被保险人的工薪，一般以被保险人的工资收入的一定比例计算其应缴纳的保险费；第六，保险费不由投保人全部负担，一般由被保险人和被保险人所在的企业共同承担，国家也做出承诺承担一定的保险费；第七，保险金的给付标准以被保险人的工作年龄、工资和社会平均工资水平为依据计算，政府有权根据财政的收支情况调整给付水平和纳费水平；第八，社会保险是综合性的人身保险，商业性保险公司所具有的保险项目，社会保险都有与之相对应的项目，且还有商业性保险公司不具备的、属社会保险特有的失业保险；第九，给付水平低，属于低保障性质的保险；第十，社会保险一般不向投保人出具保险合同或者保险单，只发给保险凭证（社会保险卡等），保险凭证上没有具体载明双方的权利与义务，也没有具体的给付金额规定，而主要记载由企业和个人缴纳的保险费及其利息累计数。

社会保险的主要形式有养老保险、失业保险、疾病保险、工伤保险、生育保险。

1）养老保险

养老保险是国家通过立法对劳动者因达到规定的年龄界限而解除劳动义务，由国家提供一定物质帮助以维持基本生活的一种社会保险。养老保险属于国民收入再分配的范畴，一般通过建立离休、退休制度来实现，以国家立法加以保证。目前，世界常见的筹集模式有三种：现收现付制，基金积累制，现收现付制与基金积累制相结合的部分积累制。

现收现付制是指从全社会的角度来说，把今天的缴费用于今天社会保障的养老、失业和医疗需求，今天具有从事经济活动的人为今天那些没能参与经济活动的人提供经济支持，而不必对未来进行储备积累，虽然终有一天他们也会不再参与经济活动，但在这种社会保障制度下，那些正在参与经济活动的劳动者，按法律的要求提供给这些曾经为社会保障体系做过付出的人以经济支持。现收现付制要求先确定近年内可能支付的养老保险费总额，然后以此为参考依据制定出参加养老保险的投保人应缴纳的保险费标准，并以筹集到的养老资金来支付退休人员的养老金。

基金积累制是指社会成员在具有劳动能力的时候，从参与经济活动创造的财富中，按法律的要求拿出一部分，为自己将来的退休养老、医疗保障和失业等积累后备金。社会成员在从业期间所缴纳的保险费，与退休后所享受的养老待遇有着密切联系。国家通过立法，采用强制性措施，要求每一个社会劳动者参加国家或社会其他机构举办的养老保险，在劳动就业期间，按规定的时间和缴费办法，缴纳养老保险费，年老退休后，所有缴费人有权根据自己工作年限的长短以及缴纳的数额，定期或一次性地领取养老金。作为储备基金的费用，由个人、雇主或企业、国家共同负担。

部分积累模式，是介乎于现收现付和完全积累两种模式之间的养老保险资金筹集模式。它具有两种模式的长处，又回避了两者的短处。部分积累模式集完全积累模式与现收现付模式于一身，对已退休人员，实行现收现付模式；对新参加投保的劳动者实行完全积累模式。

2）失业保险

失业保险是国家通过立法对劳动者因遭受本人所不能控制的失业风险而暂时失去收

入时，提供一定物质帮助以维持其基本生活的一种社会保险。我国现行失业保险的主要内容包括以下几个方面。

（1）失业保险的条件。享受失业保险的条件为：按照规定参加失业保险，所在单位和本人已按照规定履行缴费义务满 1 年的；非因本人意愿中断就业的，已办理就业登记，并有就职要求的。失业人员在领取失业保险金期间，按照规定同时享受其他失业保险待遇。

（2）失业保险期限。失业人员失业前所在单位和本人按照规定累计缴费时间满 1 年不足 5 年的领取失业保险金的期限最长为 12 个月；累计缴费时间满 5 年不足 10 年的领取失业保险金的期限最长为 18 个月；累计缴费时间为 10 年以上的，领取失业保险金的期限最长为 24 个月。

3）工伤保险

工伤保险是指国家通过立法对被保险人因生产、工作中遭受意外事故或职业病伤害提供一定物质帮助以维持其基本生活的一种社会保险。

工伤保险待遇主要包括：职工因工负伤治疗，享受工伤医疗待遇；职工因工负伤或患职业病需要停止工作接受治疗的，享受工伤医疗期；工伤职工按月领取工伤津贴；工伤职工经评残并确认需要护理的，按月发给护理费；工伤职工必须安置假肢等辅助器具的，按国内普及型标准报销；因工致残的，按规定享受有关待遇；职工因工死亡，按规定发给丧葬补助金、一次性工伤补助金等。

4）医疗保险

医疗保险是国家通过立法，对被保险人非因工疾病或患病或伤残而暂时丧失劳动能力、失去收入时，提供一定物质帮助以维持其基本生活的一种社会保险。医疗保险所保障的风险是一般疾病、患病和伤残。其中，这种疾病或患病系劳动者自身身体所致，并非职业病，伤残是指非工伤致残丧失劳动能力，其发病、致残原因与劳动无直接关系；保障对象一般是劳动者，也有的包括家属；给付条件是劳动者因疾病丧失劳动能力、失去收入；给付形式可以是现金给付或医疗给付。由于医疗社会保险是社会保险制度中涉及面广、社会作用大的项目，同时医疗社会保险的难度也大，因而，该保险属于福利性质和救济性质的社会保险。医疗保险的基金主要来源于被保险人和雇员，政府一般只提供少量的补助或不提供补助。

5）生育保险

生育保险是国家通过立法对妇女劳动者因生育子女而暂时丧失劳动能力而带来失去收入时，提供一定物质帮助以维持其基本生活的一种社会保险。它保证妇女劳动者在怀孕、生育期间以及在生育行为刚刚结束时期，因劳动能力暂时丧失而中断生活来源后，能够从国家和企业获得收入补偿，从而保障基本生活，顺利地渡过生育时期。

5. 存款保险

存款保险是指符合条件的存款式金融机构（主要是商业银行）在按规定缴纳保险费后，存款保险机构对其吸收的合格存款给予保险，一旦投保金融机构倒闭，存款人可得到一定的赔偿。

自 20 世纪 30 年代美国建立存款保险制度以来，许多国家效仿建立，尽管在具体内容上存在差异，但基本运作方式一致。

1）机构设置

由于存款保险是一种特殊的保险形式，与商业保险存在很多差别，因此，已建立存款保险制度的国家，都设立专门的机构负责存款保险。纵观各国情况，存款保险机构的性质有三种类型。第一类是官办存款保险机构。美国由政府出面组织建立官方性的联邦存款保险公司，以立法形式赋予较高的独立性和较大的权力，与美联储、货币监理局并列为美国三大联邦级金融管理机构。加拿大、英国、荷兰、比利时、西班牙、土耳其、挪威等多数国家的存款保险机构都是官方性的。第二类是民办存款保险机构。是由银行同业协会在官方支持下组建的，典型的如法国、德国、意大利、瑞士等。第三类是官民合办存款保险机构。由银行业与政府共同成立半官方性的机构负责存款保险业务，如日本。

存款保险机构有七项权利：第一，审批加入存款保险体系的金融机构的申请；第二，对投保金融机构定期或不定期进行检查；第三，要求各投保金融机构提供有关报告；第四，决定保险费率的水平；第五，取消保险资格；第六，决定对有问题投保银行的援助方式以及对倒闭投保银行的存款人的赔偿方式；第七，修订存款保险有关条文。

2）存款保险机构的资本

设立存款保险机构时，是否需要资本，各国不完全相同。美国成立联邦存款保险公司时，其资本一部分来自于财政部 15 亿美元的拨款，另一部分由各区联邦储备银行认股，资本总额大约为 289 亿美元。1971 年日本成立日本存款保险公司时，资本总额为 45 亿日元，由日本政府、日本银行和私人金融机构各出资 1/3，英国、法国、德国的存款保险机构均无资本。

3）保险费率的决定

由于发生银行倒闭的可能性不能用大数定律来描述，因此，制订存款保险费率的基础不是根据大数定律计算损失率来确定，而是根据公平合理、保证补偿、共同分担的原则制订的，包括固定费率和可变费率。至今为止，所有建立存款保险制度的国家都采用固定费率，即对不同风险水平的投保银行按同一费率计算保险费。由于金融体系的稳定程度不同各国存款保险费率水平有高低之别。一般来讲，金融体系越稳定，保险费率就越低；越不稳定，保险费率就越高。可变费率是根据不同银行的风险水平确定不同的保险费率，即采用与风险挂钩的费率计算保险费，目的在于在存款保险体系中引入定价机制，以限制投保银行从事过度的高风险资产业务，加强银行的自律性。

4）保险基金与借入款

保险基金是保险机构向存款人承诺赔付的物质保证，也是存款保险机构信誉的重要标志。保险基金是存款保险机构的净值，由资本金、保险费、投资收入等组成，是一种专门用于补偿存款人因银行倒闭遭受损失的货币形态的后备基金。

与各银行从利润中提取的各种损失准备金不同，保险基金是各投保银行共同出资形成，任何一家投保银行倒闭所造成的存款损失，都由其他银行共同分担。

资本金在设立保险机构时，有的国家有资本，有的无资本，出资机构也不完全相同。保险费是各投保银行根据存款保险机构事先确定的费率缴纳的固定费用，是保险机构稳定的收入，也是保险基金最重要的组成部分。投资收入是利用保险基金从形成到赔偿存款人损失之间存在的时间差进行投资取得的收益，既是保险基金的运用方式之一，也是扩大保险基金的重要手段。

5）保险基金的投资与运用

保险投资的目的在于扩大收益，更好地执行保险机构的赔付职能，因此，必须保证保险基金的独立性和完整性，随时满足赔付的需要。保险投资必须遵循两个原则：一是投资对象变现能力强。在实际经济活动中，随时都可能发生投保银行倒闭的事件，需要即时赔偿，因此，只能投资于变现能力强的有价证券上，而不能投资于实业。二是安全可靠。这是因为从事保险投资的资金肩负着赔付的责任，对投资的安全性要求特别高。一旦投资的资金收不回来，不仅不能增加收益，而且可能使保险机构出现支付困难，后果是严重的。按照上述原则，保险投资对象主要是国库券、政府债券、部分高信用等级的其他证券。

存款保险机构的资金运用主要有：支付赔偿、管理费用、投资、现金和存款、贷款。

6）保险资格

存款式金融机构是否参加保险，在不同国家要求不一样，有的国家要求无条件强制投保，如日本、英国；有的国家是自主决定，如德国、意大利；有的国家对某些金融机构要求强制性投保，而另一部分是否投保自由决定，如美国。

7）保险范围

银行存款只是负债形式之一，存款有多种形式。建立存款保险制度的国家并非把所有存款都纳入保险范围，如日本就把外币存款、金融同业存款、大额存单、境外金融中心存款排除在保护范围之外。在美国，金融债券、海外存款、境外金融中心存款、大额存单等不在保险之列。英国也把外币存款、金融机构存款、大额存单、有担保存款 5 年以上定期款、海外存款排除在受保护存款之外。德国把金融机构存款除外。法国也把外币存款、金融机构存款及大额存单排除在外。

8）存款保险理赔

即时赔偿存款损失是存款保险机构的基本职责。目前，大多数国家实行非全额赔偿的部分存款保险制度，对赔偿规定了最高限额，超限额的存款损失原则上不予赔偿。如果是全额赔偿，那么，存款人，特别是大额存款人对银行经营是否安全并不在意，只要是参加了存款保险就行，他们对银行的风险水平、经营状况的监督会变得不必要。反之，存款人就会对银行进行比较，把存款放到更安全的银行，或者要求支付更高的利息，这样，部分保险的存款保险制度可以通过让大额存款人承担部分风险来强化银行自律，使银行采取更 稳健的经营方式和管理方法。

保险理赔的方式由于国家不同而存在差异，不仅表现在最高限额不同，更主要是理赔的思路不一样。概括起来主要有三种：第一，按限额赔偿。美国对倒闭的投保银行的存款人的赔偿规定了一个最高限额，存款数量在限额内的存款将得到全部赔偿，而超过最高限额的存款只能获得部分赔偿。赔偿是按账户进行的。1934 年最高限额为 2 500 美元，此后多次调整。1980 年后对倒闭投保银行的每个账户赔偿的最高限额为 10 万美元。此外，加拿大、日本、荷兰、西班牙、印度等国家都采用这一赔偿方法。

第二，按比例赔偿。按这一方式赔付时，存款保险机构按一定比例计算赔偿金额，而没有最高限额。在德国，投保银行破产时，按该银行资本的 30%用加权平均计算每一存款人应得赔偿。在爱尔兰是按 5 000 英镑为一个单位分段计算，第一个 5 000 英镑按 80%理赔，5 000～10 000 英镑按 70%理赔，超过 10 000 英镑的第三个 5 000 英镑按 50%理赔。第三，按比例有限额的赔偿。在英国，投保银行倒闭时，按存款的计算赔偿金额，但同时规定每一存款人获得的赔偿最高不得超过 20 000 英镑。这三种方法都属非全额赔偿。

9）对有问题投保银行的处理

当投保银行陷入困境时，存款保险机构可根据问题严重程度不同而采取不同的措施。第一，资金援助。如果投保银行暂时出现清偿力不足，保险机构可通过贷款提供资金援助使其渡过难关。第二，直接支付赔偿。当投保银行无法继续生存下去被依法宣布破产倒闭时，存款保险机构受托对该银行进行清算，然后按一定方式和标准支付存款赔偿。第三，拍卖。直接支付赔款只是保险机构处理倒闭投保银行的方法之一，而大银行倒闭时更多的是采用拍卖方式。在保险机构主持下由健全银行投标，以确定由谁来兼并倒闭银行，通常保险机构要向中标银行提供资金来支持兼并的顺利进行，中标银行承担倒闭银行的全部债务并收购部分或全部资产。

6.2 证券公司

证券公司是专门从事各种有价证券经营及相关业务的机构。证券公司在不同国家有不同的称谓，在美国称为投资银行。

6.2.1 证券公司的类型

按业务经营划分为经纪类证券公司和综合类证券公司。

经纪类证券公司，是指专门从事证券经纪业务的证券公司。这类证券公司由于资本规模小，为了防范证券公司经营过程中可能出现的经营风险，各国法律一般规定其只能从事办理委托交易的证券经纪业务。我国证券法规定，设立经纪类证券公司须满足以下条件：注册资本金最低限额人民币 5 000 万元；主要管理人员和业务人员必须具有证券从业资格；有固定经营场所和合格的交易设施；有健全的管理制度。

综合类证券公司，是指除经营证券经纪业务外，还从事证券承销、证券自营和证券咨询等业务的证券公司。这类证券公司一般资本规模较大，具备一定的风险承担能力。我国证券法规定，成立综合类证券公司一般须满足以下条件：注册资本金最低限额为人民币 5 亿元；主要管理人员和业务人员必须具有证券从业资格；有固定的经营场所和合格的交易设施；有健全的管理制度；有规范的自营业务与经纪业务分业管理体系。

6.2.2 证券公司的业务

1. 证券承销业务

证券承销是指证券公司依照协议或合同为发行人包销或代销证券的行为。证券承销业务是证券公司的本源业务，证券公司从事股票承销业务，必须具有经营股票承销业务的资格。未取得资格证书或资格证书已失效的证券公司，除作为分销商并以代销方式从事股票承销外，不得从事股票承销业务。按国际惯例，证券承销发行方式一般有两种：一是协商议定式；二是公开招标式，前者在股票承销中运用较多，后者主要适用于债券的承销。

协商议定式，是指符合条件的证券发行人（筹资者）根据自己的需要和证券市场的现状，通过与证券公司进行直接协商，求得有关帮助，并与其达成发行交易条件的一种发行方式。协商议定式的具体程序包括：①协商阶段。经批准可发行证券的机构，选择一家证券公司协议募集资金的方式。对证券公司来说，如果委托人（发行人）符合有关规定条件，则将对筹资建议进行详细分析。当委托人和证券公司就融资方式、发行规模、发行时间、基本价格、费用开支等有关问题原则上达成一致意见时，在市场行情还不错的情况下，证券公司与发行者签署意向书，但这个意向书没有约束力。②审查阶段。接受意向书后，证券公司要对发行者进行审查，主要内容包括：发行者的生产经营状况，证券投资项目的可行性，证券投资项目各项资金来源以及发行证券手续等方面。③决策阶段。证券公司在进行严格的审查后，在正式接受委托前，还须经过谨慎决策，在与发行企业不断协商、双方意见达成一致的情况下，签订承销协议。协议包括双方所承担的责任和义务，承销者的报酬、承销交款日期，以及发行数量、金额、价格、证券发行起止日期。④发行阶段。证券公司首先要进行广泛的宣传，通过新闻媒介为发行做好准备。然后确定是独立发行，还是与其他证券公司组成承销团进行联合发行。⑤结算阶段。证券公司完成发售任务后，要负责处理最终结算。在检查证券承销协议的全部条件是否都已由参与各方履行之后，如果达标，将款项划给发行者。

公开招标式，是指证券发行人不与证券承销商进行直接协商，而是通过公开招标方式来决定发行证券的价格和报酬率等，并与中标的承销商签订证券发行合同。公开招标或按标的不同可分为价格招标、利率招标和付款招标。在这种方式下，由于发行条件不是由发行者单方面决定，而是由发行者与投标（资）者双方通过市场来决定，因此，这样决定的发行条件最能体现公平合理的市场原则，能真实反映供求关系决定的市场供求关系。

证券公司作为专门从事证券市场业务的专业性机构，拥有从事证券发行的丰富经验和专业人才，在承销证券过程中，充当发行人与投资者的桥梁和纽带，并发挥着以下功能：①促进证券的发行与推销。证券公司根据其代理发行的经验和对市场状况、公众投资愿望的了解，向发行人提出建议，协助确定适当的发行价格、发行时机和发行数量；根据需要设计销售网络，掌握销售进度；通过宣传推介工作，将发行证券的情况告诉公众，以便投资者做出合理的投资决策。②承担证券发行风险。在发行过程中，由于证券市场本身的变化，以及影响证券销售的条件、因素的变化，发行人可能会面临发行失常的风险，若证券公司以包销方式承销证券，发行失败的风险由发行人转移给证券公司，不论发行成败都可以按预定时间和金额获得资金，保证发行人募集、使用资金的计划和企业经营活动的正常进行。③辅导发行人规范运行。证券公司在承销证券过程中，担负着辅导和帮助发行人按股份公司要求进行改组和规范运作的重任。目前我国法律明确规定，公开发行和上市股票的公司在其股票发行和上市过程中，必须聘请承销机构进行辅导，由证券公司直接参与拟定公司的股份制改造事务，运用专业知识、经验和人才等，对发行人的财务会计以及经营管理体制等实施改造，使其符合股份制公司的规范改革。

2. 证券自营业务

证券自营业务，是指证券公司用资本金进行证券买卖，以获取证券买卖收益为目的的经营业务。证券自营买卖业务有多种多样，一般分为两种，即柜台式自营买卖及交易所式自营买卖。前者是指证券公司以其按一定标准制定的证券买卖价格，直接与投资者进行买卖证券的行为。后者是指证券公司以自己的名义和资金，在交易所内买卖有价证券的行为。我国法律规定，只有综合类证券公司才能经营证券自营业务，证券经营机构从事证券自营业务，应当取得证监会认定的证券自营业务资格，并领取证监会颁发的《经营证券自营业务资格证书》。

证券公司自营业务的范围：①一般上市证券的自营买卖。上市证券是证券公司自营买卖业务的主要方面，证券公司根据行情变化进行证券自营买卖业务。上市证券的自营买卖具有吞吐量大，流动性强等特点。②一般非上市证券的自营买卖。其又称为柜台自营买卖，主要交易非上市证券，例如，非上市公司的股权证。根据《中华人民共和国公司法》规定，投资者出资加入有限责任公司后取得股权证，券商加入了有限责任公司后，若要将股权撤出，就可将股权证转让。③兼并收购中的自营买卖。证券公司根据市场发展，可以从事投资银行业务中的兼并收购业务。证券公司可以根据收购对象的潜在价值先行收购，这些收购包括上市公司的各种股份和非上市公司的各种股份以及非上市公司的股权，然后再将所收购股份出售给其他公司。④承销业务中的自营买卖。证券承销商在发行业务中一般采用余额包销方 式。股票在发行中，由于种种原因未能全额销售，根据协议，余额部分由证券商买入。这种情况多在政策变动和股市疲软时发生。这部分股票证券公司将择机卖出。

证券公司自营买卖业务的特点：①自主性。自主性表现在交易行为、交易价格和交易方式上。从交易行为上看，无论是柜台式还是交易所式的自营买卖，其交易行为具有极大自主性，在柜台式自营买卖中，买卖何种证券，以何种价格与投资者进行相对买卖，证券公司具有较大自主权；在交易所自营买卖中，证券公司何时以何种价格买卖何种证券也完全由证券公司自主决定。从交易价格上看，柜台式自营买卖业务中，证券买卖价由证券公司确定，做到既能最大限度地赚取收益，又使其他投资者能接受。在交易所式自营买卖中，证券买卖价虽由市场行情而定，但证券公司可自由地选定一适宜价格买进或卖出证券。从交易方式上，证券公司欲买进或卖出某种证券，是采取柜台式，还是交易所式自营买卖， 由证券公司依一定时间、条件自主决定。②风险性。风险性是整个证券市场投资活动的一大主要特征。由于自营业务是证券公司通过买卖差价获利，而证券价格变化无常。因此，证券公司须承受相应的买卖风险。③收益性。证券公司自营买卖收益来自于买卖证券的差价收益。在柜台式自营买卖中，是以较低的挂牌买进价买进某种证券。同时又以较高的挂牌卖出价将其卖出；在交易所自营买卖中，证券公司同样在交易所内以较低的价格买进某种证券，待价格上涨后再卖出此种证券，以获取差价收益。

3. 证券经纪业务

证券经纪业务是指通过收取一定的佣金，促成买卖双方的交易行为而进行的证券中介业务。经纪业务是证券公司的基础业务，是证券公司争夺市场份额的主要渠道之一，是证券公司的重要利润来源。证券经纪业务是随着交易制度发展起来的，由于证券交易所内的证券种类繁多数额巨大，交易厅内席位有限，一般投资者不能直接进入证券交易所进行交易，只能通过特许的证券经纪商作中介来交易。

证券公司办理经纪业务过程中证券公司只是代理客户买卖证券，因而，对于客户委托买卖何种证券以及委托的价格均无权干预。代理买卖从投资者角度上又称委托买卖，目前，我国的证券代理买卖业务绝大部分通过交易所完成。代理买卖的过程及运作如下：①开户。根据我国目前交易所规定，投资者委托买卖证券必须开立两个账户，一个是证券账户又称股票账户，一个是资金账户。投资者的证券账户由证券登记公司统一办理，投资者开立证券账户后，在正式进行证券委托代理买卖前，还需要到其所选择的证券商处办理名册登记，开设保证金账户（资金账户），存入该账户中的保证金金额，必须人于其欲委托证券公司购买某种证券所需的金额。证券公司在代理买卖过程中不予以垫款。②委托。投资者在开立了股票账户，办妥了资金账户后，就可以开始办理委托买卖证券。委托人买卖证券，须委托证券公司办理，填写委托买卖单。③委托买卖审查。证券公司受托柜台在收到投资者委托单后，根据规则在申报成交前，须对委托人的身份和委托内容进行审查。④申报与成交。证券公司审查完毕后，业务员按受托顺序即刻通知驻场交易员，输入交易所计算机，公开申报竞价。申报竞价成交后买卖即成立，不可撤销重整。⑤清算交割。清算是指买卖双方在证券交易所进行的证券买卖成交以后，通过证券交易所将各证券商之间证券买卖的数量和金额，分别予以划转证券账户和应收、应付资金差额的一种程序。清算包括资金清算和证券清算两个方面。交割是指投资者与受托证券公司，就成交的买卖办理资金与证券清算业务的手续。

4. 咨询服务业务

证券公司由于长期从事证券经营业务，因而较一般的投资者能够掌握更多的证券市场信息，证券公司拥有专门的研究人员，可以利用其信息及专业优势为投资者提供服务，帮助客户建立更为有效的投资策略，证券公司把咨询服务业务作为其业务的拓展方向。

5. 其他业务

证券公司还从事资产证券化、基金管理、收购与兼并、衍生工具创造与交易等业务。值得一提的是，由于传统业务的利润率逐渐降低，以及证券公司同业之间竞争加剧，发达国家证券公司普遍开展业务创新、资产证券化以及兼并与收购等业务，已经成为一些证券公司新的利润来源。

6.2.3 证券交易所

证券交易所是依据国家有关法律，经证券管理部门批准设立的证券集中竞价交易的有形场所，是二级市场的主体。证券交易所是独立的法人实体，本身并不参与证券买卖，只提供交易场所和服务，同时也兼有管理证券交易的职能。

1. 证券交易所的组织形式

公司制证券交易所，是由银行、信托机构及各类公营或民营公司等共同出资组建的、以营利为目的的公司法人。公司制交易所的优点是：交易所不直接参与证券交易，也不偏袒交易双方中的任何一方，故能保证交易的公正性；交易所对在本所内的证券交易负有担保责任，较易取得社会信任，从而有利于证券交易的发展；能提供完备的交易设施和服务，有利于交易的顺利进行。但也有一些缺点：为了实现盈利的最大化，常常会扩大会员的人数，从而助长过分的投机；存在破产倒闭的可能。

会员制交易所是以会员协会形式成立的、不以营利为目的的社团法人，主要由取得交易所会员资格的证券商组成。我国有两家证券交易所——上海证券交易所和深圳证券交易所，都属于会员制的交易所。会员制交易所的优点有：不以营利为目的，收取的交易费用较低，有利于交易的活跃；不存在破产倒闭的风险。但其也有缺点：在未提供担保的交易所中，投资者的利益难以得到有效保障；交易所的管理者与交易参与者合二为一，不利于交易公正性的实现。

证券交易所的组织结构均是由会员、理事会、总经理和监事会组成。会员大会是交易所的最高权力机关。理事会是会员大会的日常事务决策机构，向会员大会负责。监事会主要是监督本所的财务和业务工作，并向会员负责。

2. 证券交易所的会员制度

为了保证证券交易有序、顺利地进行，各国的证券交易所都对进入交易所交易的会员作了资格限制。确定会员资格的标准，主要包括申请者的背景、能力、财力、有否从事证券业务的学识及经验、信誉状况等方面。此外，有些国家和地区（如日本、新加坡和我国内地等）的证券交易所只吸收公司或合伙组织的会员，而大多数国家的交易所还允许个人成为交易所会员。按会员所经营业务的性质和作用划分，各国证券交易所的会员可以分成不同的种类，如纽约证券交易所的会员可分为佣金经纪人、交易所经纪人、交易所自营商、特种经纪人等。以前，经纪商和交易商大多是各自独立、不能兼营的，现在这两种会员出现了兼营的趋势。

很多国家交易所的会员，除了要满足会员资格并经交易所董事会表决同意外，还要获得交易所的席位方可成为正式会员。席位可直接向交易所购买，也可以向其他愿意转让的会员购买，席位的价格通常是随行就市的。很多发展中国家为了防止外国证券商操纵本国的证券市场，常常规定外国个人或公司不得成为本国证券交易所的会员。

3. 证券交易所的上市制度

证券上市是指证券交易所承认并接纳某种证券在交易所内挂牌交易。各国的法律虽然很少直接对证券的上市条件作出明确的规定，但交易所为了提高在本证券交易所交易的质量，都要求各种证券在本交易所挂牌交易之前办理申请上市手续，经审查合格后，由该证券的发行人与交易所签订上市协议，缴纳上市费后，才能在该交易所挂牌交易。

证券的发行上市制度主要有注册制和核准制。注册制即所谓“公开原则”，是指证券发行者在公开募集和发行证券前，需要向证券监管部门按照法定程序申请注册登记，同时依法提供与发行证券有关的一切资料，并对所提供资料的真实性、可靠性承担法律责任。在注册制下，证券监管部门的权利仅限于保证发行人所提供的资料无任何虚假的陈述或事实。注册制为投资者创造了一个透明的市场，提供了一个公平竞争的场所，在竞争中实现优胜劣汰和资金优化配置。但是，注册制也存在缺陷，它发挥良好作用的前提是信息披露的充分性，投资者能够根据所获得信息做出理性的投资决策。从这一点看，注册制比较适合于证券市场发展历史悠久、市场已经进入成熟阶段的国家。核准制也称为“实质管理原则”，是指证券发行者不仅需要公开有关所发行证券的真实情况，而且所发行的证券还必须符合公司法和证券法中规定的若干实质性条件，证券监管机关有权否定不符合实质条件证券的发行申请。核准制在信息公开的基础上，附加了一些规定，把一些低质量高风险的公司排除在证券市场门外，一定程度上保护了投资者的利益，减少了投资风险，有助于新兴市场的发展稳定。但是，很容易导致投资者产生完全依赖的安全感，而且证券监管机构的意见未必完全准确。尤其使一些高成长性、高技术性和高风险性并存的公司上市阻力加大，这些公司的发展对国民经济的高速发展具有巨大的促进作用。

综上所述，核准制比较适合于证券市场历史不长、经验不多、投资者素质不高的国家，对这些国家来说，核准制有助于证券市场健康规范地发展。我国目前的证券发行管理采用核准制，即各类证券发行人在符合证券发行基本条件的同时，还要求发行人将每次证券发行报请主管机构，进行实质性审查与批准，批准后方能进入发行程序。我国各类证券的发行曾经实行“发行额度管理”，各个省、自治区都有一定的发行指标计划，没有发行指标计划的证券发行被严格禁止。目前已经废除了“总额控制，限报家数”的管理方式，采用“审核制”发行管理方法。

4. 证券交易所的交易制度

1）证券交易席位

在美国，交易席位可以分为四种类型。第一类是佣金经纪人，即经纪公司在交易所场内的代理人，他们接受经纪公司客户的指令并且负责在交易所内执行指令，经纪公司依据它们的服务向客户收取佣金。第二类是特种会员，他们身兼经纪人和自营商的双重角色。当佣金经纪人无法立即执行客户的买卖委托时，他们就将这些委托转给负责该证券的特种会员，以便在条件合适时执行，因而，特种会员也被称为经纪人的经纪人；同时，当公众不愿要价或出价时，特种会员为了保证市场的连续、有序、公平，就得以自己的名义发出要价或出价，由此，可能带来的损失通过资金和税收上享有优势得到补偿，但也受到相应的职业通行准则的约束。特种会员还作为证券交易所指定股票的交易商以维持一个连续的市场。第三类是场内经纪人，通常在交易所内自由行动，当进入市场的指令过多时，他们将协助佣金经纪人，以防止指令积压。第四类是场内交易者，只为自己做交易，是在交易所内寻求获利机会的投机者。

2）证券交易方法

上市股票的交易一般采取公开竞价法，是买卖双方按“价格优先、时间优先”的原则进行集中竞价。“价格优先”是指在不同价位，买方最高申报价格和卖方最低申报价格优先成交。“时间优先”是指在同一价位，指令先到者优先成交。而在申报竞价时有口头唱报竞价、计算机终端申报竞价和专柜书面竞价等形式。除了公开竞价法之外，在大批证券交易中有时还采用拍卖和标购法。在公开竞价中，买卖双方都有众多的竞争者。而在拍卖中，卖者只有一个，买方有很多竞争者；在标购中，买者只有一个，卖方则有很多竞争者。

3）证券交易类型

证券交易类型主要有现货交易和信用交易。20 世纪 70 年代以后，又出现了期货交易和期权交易。现货交易是指买卖双方成交后立即办理交割手续的交易。目前我国的证券交易仅以此为限。信用交易是指证券买者或卖者通过交付一定数额的保证金得到证券经纪人的信用而进行证券买卖的一种交易类型。

6.2.4　股票价格指数

1. 股票价格指数的作用

股票价格指数是用来表示多种股票平均价格水平及其变动并且衡量股市行情的指标。由于股票价格变幻无常，投资者必然面临市场价格风险。对于单个股票的价格变化，投资者可以在股市交易行情表上得到，而对于多种股票的价格变化，要逐一了解，既不容易，也不胜其烦。为了能够反映股票市场的总体变化，一些金融服务机构就利用自己的业务知识和熟悉市场的优势，编制出股票价格指数，公开发布，作为市场价格变动的指标。

股票价格指数是一种价格平均指标，用这种指标来衡量整个市场总的价格水平，可以比较正确地反映股票市场的行情变化和股票市场的发展趋势，从而有利于投资者进行投资选择。同时，股票市场的变化趋势往往能从一个侧面反映国家整体宏观经济运行情况及发展趋势，为政府管理部门提供信息。

2. 股票价格指数的种类

股票价格指数按编制方法通常分为两大类：平均股价指数和综合股价指数。平均股价指数是股价的简单平均或加权平均，反映股市价格总水平的高低。有名的是道·琼斯指数和日经指数。综合股价指数是采用综合加权平均数编制的，反映不同时期的股价变动情况的相对指标。具体做法是选定一个基日，以基日股价总水平作为基准，用即日股价总水平与基日股价总水平相对比，反映即日股价总水平相对于基日股价总水平而言的高低和变动程度。

6.2.5　世界著名的股票价格指数

1. 道·琼斯股价指数

道·琼斯股价平均指数，是世界上最早、最具影响力的股票价格指数，由美国道·琼斯公司计算并在《华尔街日报》上公布。早在 1884 年 6 月 3 日，道·琼斯公司创始人查尔斯·亨利·道和爱德华·琼斯，根据当时美国有代表性的 11 种股票编制股票价格平均数，并发表于该公司编辑出版的《每日通讯》上。1938 年，道·琼斯股价指数的样本股逐渐扩大至 65 种，编制方法也有所改变，《每日通讯》也于 1889 年改为《华尔街日报》。

道·琼斯指数是一组股价平均数，包括四组指标：①道·琼斯工业股票平均价格指数。该指数是以美国 30 种最有代表性的工业股票编制而成。1897 年 6 月 5 日开始编制，最初以 12 家公司股票的价格简单平均数计算出来。自 1928 年至今都是选择 30 家公司股票，并改用加权平均法计算，即用贝氏加权平均式计算出的，式中的权重因子 W 为发行量。在增资或拆股时，需用调整除数法或调整股价法对其加以修正。由于该指数选择的 30 家公司经济实力雄厚，在美国经济中占有举足轻重的地位，能较准确反映美国经济发展的状况及价格行情。②道·琼斯交通运输业股票平均价格指数。该指数的编制，选择了 20 家具有代表性的运输企业，包括铁路、公路、航空和船运公司的股票。③道·琼斯公用事业股票平均价格指数。该指数由代表着美国公用事业的 15 家煤气公司和电力公司的股票组成。④道·琼斯综合平均价格指数。其是将以上三种道·琼斯指数（即工业指数、运输业指数和公用事业指数）中所采用的全部 65 家公司股票，综合起来计算出的股价指数。

道·琼斯股价平均数以 1928 年 10 月 1 日为基期，基期指数为 200。该指数的计算方法原为简单算术平均法，由于这一方法的不足，从 1928 年起采用除数修正的简单平均法，使平均数能够连续、真实地反映股价变动情况。长期以来，道·琼斯股价平均数被视为最具权威性的股价指数，被认为是反映美国政治、经济和社会状况最灵敏的指标。

2. 标准普尔指数

标准普尔 500 指数以 1940~1943 年抽样股票的平均市价为基期，以上市股票数为权数，按基期进行加权计算。标准普尔 500 指数中包含的 500 种股票，在 1976 年之前包括三种行业股票，即 425 种工业股票、15 种铁路业股票、60 种公共事业股票，也分别编制分行业的股票价格指数。1976 年以后，标准普尔 500 指数调整为 83 个行业，分 4 大组，包括 400 种工业股票、20 种运输业股票、40 种公共事业股票和 40 种金融业股票，分别编制工业股票指数、运输业股票指数、公共事业股票指数、金融业股票指数和 500 种股票指数。多年来，标准普尔对样本股票的选择非常重视，有一个专门的“标准普尔 500 委员会”讨论股票的替换决策，因此，样本股票的更迭也是常见的，但总数始终保持为 500 种。由于该指数包括的股票种类较多，成分股所占的比重较大，代表了纽约股票交易所 80%的市值，因此，能更好地反映股票市场的股价变动情况。在芝加哥商品交易所进行股票期货交易的标的就是标准普尔 500 指数。

标准普尔 100 指数也是投资人员经常使用的一种股票价格指数，是标准普尔 500 指数的成分股中最大的 100 家样本公司构成的股票指数。而且，在芝加哥期权交易所的股票期权合约中，标的是标准普尔 100 股票价格指数。

3. 纳斯达克指数

纳斯达克指数（NASDAQ），包括纳斯达克综合指数和纳斯达克 100 指数。前者包括了在纳斯达克市场中上市的所有公司股票，以市值进行衡量；后者选择了纳斯达克市场中 100 家非金融类的上市公司的股票进行编制指数，反映了成长最快的非金融类公司的情况，要求样本股票市值达到 500 万美元，而且平均每日的交易量达到 10 万股以上。

4. 金融时报指数

金融时报指数是英国最具权威性的股价指数，由《金融时报》编制和公布。这一指数包括三种：一是《金融时报》工业股指数，又称 30 种股票指数。该指数包括 30 种最优良的工业股票价格。它以 1935 年 7 月为基期，基期指数为 100。二是 100 种股票交易指数，包括 100 家有代表性的大公司的股票。该指数自 1984 年 1 月 3 日起编制并公布，基值定为 1 000。三是综合精算股票指数，它从伦敦股市上精选 700 多种股票作为样本股加以计算，自 1962 年 4 月 10 日起编制和公布，并以这一天为基期，令基期指数为 100。这一指数的特点是统计面宽、范围广，能较全面地反映整个股市状况。

5. 日经指数

日经股价平均数又称为“日经股价指数”，简称日经指数，是日本股票市场上最具代表性的股价指数。该指数从 1950 年 9 月由日本经济新闻社根据东京证券交易所上市的 225 家公司的股票算出修正平均股价，当时称为“东证修正股价平均数”。1975 年 5 月 1 日，日本经济新闻社向道・琼斯公司买进商标，并采用道・琼斯公司的修正法计算，这种股票指数也就改称为“日经道琼斯股价平均数”。1985 年 5 月以后改名为“日经股价平均数”。

6. 恒生指数

香港恒生指数是香港最重要的股价指数，由恒生银行所属的恒生指数服务有限公司从 1969 年 11 月 24 日起每日公布。该指数选定 33 种成分股，原以 1964 年 7 月 31 日为基期，基期值为 100。从 1985 年 1 月开始，恒生指数增加 4 个分类指数（即工商业、金融业、房地产业和公用事业）来反映各类股票的交易状况。同时，把恒生指数的基期日改为 1984 年 1 月 31 日，并将当日收市指数 97 547 定为新基期日指数。目前，香港的股价指数系统是在恒生综合指数下分为恒生指数、国企指数、红筹指数和创业板指数。恒生指数采用加权法计算，具体方法是：某日的恒生指数=（某日成分股总市值 ÷ 基期成分股总市值）× 100。恒生指数每分钟计算一次。

7. 上证综合指数

上海证券交易所从 1991 年 7 月 15 日起编制并公布上海证券交易所股价指数，以 1990 年 12 月 19 日为基期，以全部上市股票为样本，以股票发行量为权数，按加权平均法计算。自 1992 年 2 月起分别公布 A 股指数和 B 股指数；自 1993 年 5 月 3 日起正式公布工业、商业、地产业、公用事业和综合五大类股价指数。其中，上证 A 股指数以 1990 年 12 月 19 日为基期，上证 B 股指数以 1992 年 2 月 21 日为基期，以全部上市的 A 股和 B 股为样本，以发行量为权数进行加权计算。上证分类指数以 1993 年 5 月 1 日为基期计算。

8. 深证综合指数

深圳证券交易所综合指数包括深证综合指数、深证 A 股指数和深圳 B 股指数。分别以在深圳证券交易所上市的股票、全部 A 股、全部 B 股为样本，以 1991 年 4 月 3 日为综合指数和 A 股指数的基期，以 1992 年 2 月 28 日为 B 股指数的基期，基期指数定为 100，以指数股计算日股份数为权数进行加权平均计算。

6.3 信 托 公 司

信托公司是以接受客户的信任和委托，根据客户的不同需要和约定，代理客户管理、经营各种金融资产和财产为主要内容的金融机构。由于信托公司受托代为管理和运用的信托财产一般期限都比较长，对委托人来说，只有长期进行管理和运用财产时，才有必要采用信托这种方式，受托人在管理运用信托财产时可为委托人作长期安排，进行长期投资，所以往往把信托公司称为信托投资公司。

6.3.1 信托的基本要素及特点

信托是指委托人为了自己或第三者的利益，通过契约将其财产或有关事务委托给信托机构代为管理、经营的行为。是以信任为基础，以财产为中心，以委托为方式的一种财产管理制度。

信托是一种法律上的安排，达成一项信托必须具备三个基本要素，即信托行为、信托财产和信托关系人。信托行为是指以设定信托为目的而发生的一种法律行为，即在发生和建立信托关系时，为使信托具有法律效力而履行的一种手续。确认信托行为的成立，必须有当事人的真实意愿表示，这种意愿表示在形式上一般采用三种书面形式：一是信托合同，由信托当事人经协商取得一致意见后签订；二是个人遗嘱，由立遗嘱人（即委托人）单方面确认；三是法院依法裁定或判决信托行为成立的法律文书。信托财产是指由委托人通过信托行为转移给受托人，并由受托人按照信托目的进行管理和处理的财产。作为信托财产必须具备三个条件：一是可计算价值；二是可转让；三是独立性，即信托财产有独立于其他财产的性质，信托财产必须独立于受托人自己的固有财产，不同委托人的信托财产也必须相互独立。信托关系人，是指由于信托行为而发生信托关系的信托当事人，即委托人、受托人和受益人。委托人是提供财产设立信托并希望达到某种目的的人；受托人是从委托人那里接受财产权的委托，负有按照信托的目的，管理和处分信托财产义务的人；受益人是在信托中享有信托受益权的人。

信托按其财产形式的不同，分为实物信托和金钱信托。实物信托是指具有特定使用价值的有形物品的信托。金融信托是指以货币或有价证券财产为信托物的信托。它是以代理他人运用资金，买卖证券，发行债券、股票，管理财产等为主要业务。金钱信托因其具有融通资金的作用逐渐发展为现代意义上的金融信托。

信托有其自身的特点：第一，财产所有权的转移性。信托合同一旦签订，财产所有权即转移到受托者手里（委托事项一般不转移所有权）。被信托的财产如果是债权，则受托者本身就成为债权人。这种财产所有权的转移性，有利于促进受托者全部承担起经营管理财产的责任，及时、灵活、高效地随机制宜，增大受托者的酌情运作的余地。当然这种转移到受托人手中的所有权，受到信托目的的限制，受托人不能随心所欲，只能在合同和法律的范围内运作。第二，资产核算的他主性。信托是受托人按照委托人的意愿和要求，为了受益人的利益而不是为了自己的利益去处理、管理信托财产的。受托人并不收取信托财产所产生的收益，由管理、处理信托财产而产生的亏损最终也由受益者承担。信托机构收取的信托业务报酬，只是为管理和处理信托财产所提供劳务的报酬。第三，收益分配的实际性。信托机构按经营的实际效果计算信托收益，根据资财运用的盈利水平进行分配，因而付给受益人的盈利额是不固定的。因不可抗御的客观原因引起亏损时，受托者没有义务承担损失或付给委托者以收益。第四，经营服务方式的多样性。信托机构从事多项业务，如委托、代理、租赁、咨询等，服务方式灵活多样以满足不同企业和个人对金融服务的不同层次的要求。

6.3.2　信托公司的主要业务

我国的信托公司是依照《中华人民共和国公司法》和《信托公司管理办法》设立的有限责任公司或者股份有限公司。其主要业务有：信托类业务，包括信托存款、信托贷款、信托投资、财产信托等；委托类业务，包括委托存款、委托贷款、委托投资；代理类业务，包括代理发行股票和债券、代理收付款项、代理催收欠款、代理监督、信用签证、代理会计事务、代理保险、代保管、代理买卖有价证券等；租赁类业务，包括直接租赁、转租赁、代理租赁、回租租赁等；咨询类业务，包括资信调查、商情调查、投资咨询、介绍客户等。我们重点 介绍以下几种业务。

信托存款是信托公司接受的客户的存款，亦称“资金信托”，是根据客户的存款申请吸收进来并代为管理和运用的资金。信托存款分为普通信托存款和特约信托存款两种。前者是存款人不指定存款用途，由金融信托机构负责管理运用，存款人根据存款期限长短，除得到一般定期存款的利息外，还可以得到一定的红利。后者是存款人指定投资或贷款的范围、对象以及收益的方法，信托公司除收取约定的信托费外，所有损益责任均由存款人自负。信托公司可以吸收 1 年期（含 1 年）以上的信托存款为：财政部门委托投资或贷款的信托资金；企业主管部门委托投资或贷款的信托资金；劳动保护机构的劳保基金；科研单位的科研基金；各种学会、基金会的基金。

信托贷款是信托公司运用吸收的信托存款、自有资金和筹集的其他资金所发放的贷款。信托贷款选择对象比较广泛，凡工业、商业、交通、物资、建筑、外贸行业的企业、服务性企业、科研单位、三资企业，以及乡镇企业等，确有急需、用途合理、符合国家的产业政策，均可作为信托贷款的支持对象。信托贷款的条件包括：具有法人资格和合法经营手续；内部管理制度和财会制度健全；拥有一定比例的自有资金，并具有一定的承担经营风险的能力；生产经营正常，具备还款能力；在银行已开立账户。信托贷款按其资金性质，可以分为固定资产信托贷款和临时周转信托贷款两种。

信托投资是信托公司用自有资金或筹措的资金，以投资者身份直接参与企业的投资及其经营成果的分配。它是信托公司的传统业务。信托投资业务按照期限可以分为短期信托投资和长期信托投资。短期投资是指 10 年以内的投资。长期信托投资又分为规定年限和不规定年限两种。规定年限的投资指 10 年以上的投资；不规定年限的投资，则与受资企业的存在相伴随，只要受资企业不破产倒闭，其投资就不收回。信托投资业务按投资后是否参与受资企业的经营管理可以分为参与式投资和不参与式投资。参与式投资是指信托公司投资后直接参与受资企业的经营管理，并按投资比例参与受资企业的利润分配。不参与式投资是指信托公司投资后不参与受资企业的经营管理，只按商定的固定比例，在一定年限内分取投资收益。信托投资业务按照实现方式可以分为直接投资和间接投资。直接投资是由信托公司将资金直接投入企业，组成合资企业、合作企业、参与补偿贸易、来料加工、来件装配及海外投资等，参与企业的经营管理。间接投资则是信托公司以购买股票或债券的形式实现投资。

委托投资是委托人将资金事先存入信托公司作为委托投资基金，委托信托公司向其指定的联营或投资单位进行投资，并对投资的使用情况、投资单位的经营状况及利润分红等进行管理和监督。委托投资一般有两种形式：一是信托机构根据投资和被投资双方签订的投资协议，办理委托投资的有关事项；另一种是由信托机构与投资人签订委托投资协议，委托人提出投资意向，由信托机构寻找投资对象，并负责审查被投资方的经营能力，然后提交委托投资人决定是否投资。

财产信托包括动产信托和不动产信托。动产和不动产信托是在动产和不动产的买卖过程中，在买方资金不足或卖方对买方信用不够了解的情况下，将财产所有权转移给受托人，并从受托人处获得融资或信用担保，最终实现动产和不动产买卖的业务。

6.4 其他机构

6.4.1 金融租赁公司

金融租赁公司是以办理融资租赁为主要业务的非银行金融机构。

1.金融租赁的特点

金融租赁又称融资租赁，是指企业需要添置某些技术设备而又缺乏资金时，由出租人代其购进或租进所需设备，然后租给承租人在一定期限内有偿使用的一种租赁方式。

金融租赁具有的特点是：第一，所有权与使用权相分离。在整个租赁合同期间，其设备的所有权属于出租人，承租人在租期内以租金为代价，只获得设备的使用权。第二，融资与融物相结合。金融租赁是借钱与借物融合在一起的信用活动，具有资金运动与物资运动相结合的特征。出租人在将租赁资产出租的同时，相应地解决了承租人增置设备的资金需求，具有信用和贸易的双重性。第三，租金的分期归流。金融租赁偿付的是租金（包括本息在内），而且租金是按照契约规定分次交付的，到租赁期满，租金的累计数应相当于设备价款和该项资金在租赁期内的利息。第四，金融租赁至少涉及三个方面的关系，包括两个或两个以上的合同。即出租方、承租方、供货方之间的关系、出租方与承租方之间的租赁合同、出租方与供货方之间的购销合同。第五，承租人对设备和供货商具有选择的权力。在金融租赁中，承租人有权利选择所需的设备及其生产厂商、供货商，出租方只是根据承租方的要求出资购进设备，然后租给承租方使用。因此，设备的质量、规格、数量以及技术上的鉴定验收等都由承租方负责。但是，出租方为了保障自己的利益，也可以拒绝一些不合适的设备。第六，合同的不可撤销性。第七，承租人对设备的保养、维修、保险和过时风险承担责任。第八，租赁期满后，承租人可进行留购、续租或退租。

2．金融租赁公司的主要业务

金融租赁公司根据承租人的不同要求，及其自身的融资、融物能力，采取了多样化的业务形式。常用的有以下几种。

直接租赁又称自营租赁，是购进租出的做法。金融租赁公司根据承租人的要求，自行从金融市场筹措资金，购进承租人所需的设备，租给承租人使用。租期一般在3年以上。租赁期内物件的所有权完全归属出租人；租赁期满，承租人有廉价购买其租赁设备的特权。承租人用租入的设备所新增利润支付租金，租赁设备的维修、保养及保险由承租人负担。直接租赁一般包括两个合同：一个是租赁合同，由出租人与承租人签订；一个是购货合同，由出租人与供货商签订。

转租赁是租进租出的做法，即金融租赁公司从制造商或另一家租赁公司租进设备，然后转租给用户。金融租赁公司同时充当了承租人和出租人的双重身份。这种租赁方式至少涉及三方面关系、两份租赁合同。实际上是一个项目两笔租赁，其租金一般比直接租赁高。中间租赁公司作为承租人向出租公司支付租金，又以出租人身份向用户收取租金。设备的所有者与使用者之间没有直接的经济或法律关系。

回租租赁是当企业急需生产周转资金或新设备投资资金而告贷无门时，可以将自己拥有的设备按现值（净值）卖给金融租赁公司，再作为承租人向金融租赁公司租回原设备继续使用，并按期向金融租赁公司交付租金。回租租赁是一种紧急的融资方式，适合于资产流动性较差的企业。作为租赁物体的设备就是企业的在用设备，未作任何移动，其销售只是一种形式。承租人既保持了原有设备的使用权，又能使这些设备所占用的资金转化为企业急需的周转资金和投资资金，使企业固定资产流动化，提高资金利用率。

6.4.2 基金管理公司

由于个人投资者的资金有限，不便直接在证券市场上买卖证券，且直接投资的风险和成本都很大，于是证券市场上出现了专门从事投资的机构投资者。最重要的机构投资者是证券投资基金和养老基金。从事证券投资基金和养老基金管理的基金管理公司是证券市场上越来越重要的一种金融中介机构。

1．投资基金的分类及特点

投资基金是通过发行投资基金汇集社会资金，委托专门投资管理机构进行投资，将投资收益分配给基金持有人的投资制度。投资基金的投资行为以市场导向，投资基金的发起人、投资人、管理人、托管人的行为均以市场为主要依据，投向于收益最高、风险最小的证券或产业，追求长期利润最大化。

根据组织形态不同，投资基金可以划分为契约型基金和公司型基金。契约型基金，是基于一定的信托契约原理组织起来的委托投资行为。由委托人、受托人和受益人三方订立信托投资契约，委托人依照契约进行投资和负责保管信托财产，投资成果由投资者享受的一种基金形态。公司型基金是指设立专门的股份公司发行股票，向一般投资者吸收资金从事各种证券投资，购买公司股份的投资者可享受定期获取证券投资收益的权利。

根据基金证券变现方式不同，可以分为封闭型基金和开放型基金。封闭型基金，是指基金证券的预定数量一旦发行，在规定的时间内其资本规模不再增大或缩减的投资基金。在公募条件下，封闭式基金的证券可以在公开交易市场挂牌交易，投资者若想将所持有的基金证券变现，可在市场上出售。开放型基金是指基金证券数量及其基金资本可因发行新的基金证券或投资者赎回本金而变动的投资基金。这种基金的组织者可根据市场的变化、资本价值的变化和持有人的投资要求等，发行新的基金证券使基金规模扩大。基金持有人也可根据市场状况、自己的投资取向变化等，要求基金管理机构将基金证券赎回。

根据投资风险和收益不同，投资基金可分为成长型投资基金，收入型投资基金和平衡型投资基金。成长型投资基金是以资本长期增值作为投资目标的基金，投资对象主要是市场中有较大升值潜力的小公司股票和一些新兴行业的股票，这类基金一般很少分红，将投资所得的股息、红利进行再投资，以实现资本增值。收入型投资基金是以追求基金当期收入为投资目标的基金，其投资对象主要是绩优股、债券、可转让大额定期存单等收入比较稳定的有价证券。收入型基金一般把所得的利息，红利分配给投资者。平衡型基金是既追求长期资本增值，又追求当期收入的基金，基金主要投资于债券，优先股和部分普通股，这些有价证券在投资组合中，有比较稳定的组合比例，一般是把资产总额的25%~50%用于优先股和债券，其余的用于普通股投资。其风险和收益状况介于成长型基金和收入型基金之间。

投资基金还可以从其他角度进行分类：①债券型基金。债券型基金是以各国债券为主要投资对象的投资基金，是一种收入型基金，可以获得定期收入，投资风险比较低，投资回报也不太高。②股票型基金。股票型基金着重投资于股票市场，以求增值和股息收入。股票型基金由于投资于高风险高收益的股票市场，因而冒一定风险。对于投资者来说，既可赚取资本收益，又可使资本增值；既有高风险品种，又有低风险品种，适应多种投资者的需要。③创业基金。创业基金也称为风险基金，是由专业人士管理，以股本投资形式向尚未上市的企业，特别是高新技术企业融通风险资金提供多种服务，以出售上市企业的股票或股权，回收投资资金的新型组织机构。创业基金有其独特的运行方式，一般先由高新技术企业提出申请，创业基金在接到申请后，组织细致的评估和严格的筛选，对选中的项目采取多种方式进行投资，高新技术产业化过程中往往要追加资金，在高新技术企业成熟后，抽回升值后的风险资金完成一个风险投资周期，然后再进行新一轮的投资。④伞型基金。伞型基金是一种开放式基金的经营方式。在这种结构下，基金发起人根据一份总的基金招募书，发起设立多只相互之间可根据规定的程序及费率水平进行转换的基金，称为“子基金”，可依据不同的投资方针、投资目标进行独立的投资决策，如债券、指数和股票基金等。由这些子基金共同构成的基金体系就合称为伞型基金。⑤基金中基金。其以其他基金作为投资对象，通过分散投资于其他基金，具有双重保障双重专业管理，双重分散风险功能，是一种较为稳健保守的投资基金。另外，还有商品期货投资基金、衍生工具投资基金、货币市场基金及货币基金等等。

投资基金与其他金融工具比较，特点表现在：第一，规模经营效应。大多数中小投资者个体资金有限，直接进入股票市场较为困难。投资基金汇聚众多投资者资金，解决了中小投资者“钱不多，入市难”的问题。投资基金总额庞大，在买卖股票或其他有价证券时，数量和金额都占有优势，在大额证券交易中获得交易佣金的折扣优惠，降低了投资成本，投资收益得到了提高。第二，分散风险。由众多投资者出资组织成立的投资基金，资产规模较大，能够应用各种投资技术将资产投资到不同的领域，实现投资多样化，形成有效的投资组合，构成了有效的风险分散机制。第三，专业性管理。投资基金管理人一般都具有相当丰富的投资管理经验，专门从事和分析国内外的经济发展动态，随时掌握各种产业、上市公司的经营状况和瞬息万变的市场信息，通过发达的通信网络与金融市场紧密联系，可获得专业人士在知识、信息、经验上的全面支持，避免了个人投资的盲目性。第四，流动性强。投资基金的购买程序简便，投资者可以直接到基金公司办理买入手续，或通过委托投资顾问公司、证券经纪公司代为买入。对于开放式投资基金，每天都公开进行报价买卖，投资者可以随时购买或赎回，流动性相当强。封闭式基金可以通过证券交易所进行市场交易，有较好的流动性。由于投资基金具有较好的流动性，既适合个人投资者，也适合机构投资者。

2. 基金管理公司的主要业务

投资基金有三方当事人，即基金份额持有人（投资人）、基金管理人、基金托管人。基金托管人必须由合格的商业银行担任，基金管理人必须由专业的基金管理公司担任。

基金管理公司的职责，包括：发起、设立基金；从事基金管理；按基金契约规定运用基金投资；管理基金资产；保存基金的会计账册、编制基金的财务报告、及时公告；及时足额向基金持有人支付基金收益等。

6.4.3　财务公司

财务公司，亦称财务有限公司。由于各国的金融体制不同，财务公司承办的业务范围也有所差别。有的专门经营抵押放款业务；有的依靠吸收大额定期存款作为贷款或投资的资金来源；有的专门经营耐用品的租购或分期付款销货业务。财务公司的短期资金来源主要是在货币市场上发行商业票据，长期资金来源于推销企业股票、发行债券，多数财务公司接受定期存款，向银行借款比重很小。

中国的企业集团财务公司（除中外合资的财务公司外）都是依托大型企业集团而成立的，主要为企业集团成员单位的技术改造、新产品开发和产品销售提供金融服务。中国财务公司的业务范围可以划分为四大类：一是负债类业务，包括吸收集团成员单位的定期存款、发行财务公司债券、同业拆入资金；二是资产类业务，包括对集团成员单位发放贷款、对集团成员单位产品的购买者提供买方信贷、买卖各种有价证券、金融机构及成员单位的股权、对成员单位办理票据承兑和票据贴现、办理集团成员单位产品的融资租赁业务、同业资金拆出；三是中间业务，包括对单位办理委托贷款、办理银团贷款及办理转贷款、办理成员单位的委托投资业务、代理集团成员单位买卖债券、代理集团成员单位承销及代理发行企业债券，其中也包括承销财务公司债券；四是外汇业务，由于我国尚未实现人民币自由兑换，因此，财务公司开办外汇业务，必须另行经国家外汇管理部门审批，经批准后可以经营相关外汇业务。

6.4.4 金融资产管理公司

金融资产管理公司是专门处理银行不良资产的专业机构。20 世纪 80 年代以来，许多国家的银行体系都曾受到不良资产的困扰，这些国家都积极地采取各种方式和措施予以处理，成立专门的机构处理银行不良资产是最流行的方式之一。

1999 年，中国相继成立了信达、华融、东方、长城四家金融资产管理公司（Assets Management Corporation，AMC），分别负责处理中国建设银行、中国工商银行、中国银行、中国农业银行四家国有商业银行的不良资产，存续期为 10 年，以最大限度保全资产、减少损失为主要经营目标，依法独立承担民事责任。

中国的金融资产管理公司的注册资本为人民币 100 亿元，由财政部核拨；向工商行政管理部门依法办理登记；金融资产管理公司设立分支机构，须经财政部同意。

金融资产管理公司在其收购的国有银行不良贷款范围内，管理和处置因收购银行不良贷款形成的资产时，可以从事下列业务活动：追偿债务；对所收购的不良贷款形成的资产进行租赁，或者以其他形式转让重组；债权转股权，并对企业阶段性持股；资产管理范围内公司的上市推荐，及债券股票承销；发行金融债券，向金融机构借款；财务及法律咨询，资产及项目评估；中国银监会、中国证监会批准的其他业务活动。金融资产管理公司可以向中国人民银行申请再贷款。

6.4.5 信用合作社

信用合作社主要是为了适应商品生产和流通领域对资金的需求而产生。从世界各国信用合作社产生的实践看，信用合作社大体可分为两种类型。一类是由小生产者和其他劳动者个人联合出资组建的信用合作社，特点是以互助为主要宗旨，基本经营目标是以简便的手续和较低的利率向社员提供信贷服务，帮助经济力量薄弱的个人解决资金困难，以免高利率剥削。它存在的客观基础是信用合作社吸收的资金，多用于社员生产和流通需要，每一生产流通循环结束后，都能再生出还本付息的货币资金；同时，由于社员间的合作精神和社员本身的人格信用保证，使得信用社的贷款风险大大降低。信用社比商业银行拥有更低的交易成本，商业银行为了判断贷款申请人的偿还能力，需要收集有关当事人的个人信息，对于一笔小额贷款来说，这种信息收集方面的成本很高。信用合作社则解决了小额贷款信息成本高的难题，通过合作社内部人员日常积累的免费信息，节省了对社员信用度的个别评估的费用；通过社员共同承担无限责任的形式，使信用社贷款有充足的信用保证。因此，在分散小额的贷款领域，信用社有着商业银行无可比拟的优势，这是信用社拥有持久生命力的原因所在。另一类信用合作社组织，是由生产合作社或消费合作社等直接出资组建的信用合作社，合作经济组织以每位社员提供一定的股金作为合作社运作的基础，由于合作社社员能够投入到合作社的资金有限，而且合作社社员入社自愿、退社自由，造成了合作社营运资金的不稳定性。另一方面，合作社制度排除了股份制度直接融资的形式，商业银行又不愿意向合作社贷款，所以，只能转向利用合作信用制度进行融资。一些合作社最初在内部设立储蓄部，随着业务量的扩大逐渐发展成具有相对独立性的信用社，有些合作社则联手直接组建自己的金融组织——信用合作社。

信用合作社是居民个人集资入股的互助性组织，可根据不同的标准进行分类：①以地区为标准可分为城市信用合作社和农村信用合作社。城市信用合作社以城市的中小工商业、劳动者等为对象，以专营为主；农村信用合作社分布于农村乡镇，主要的对象是农民及合作企业，既有兼营，也有专营。②以经营制度为标准可分为专营信用合作社和兼营信用合作社。专营信用合作社专职经营信用业务及有关信用的附属业务，不涉及其他合作业务；兼营信用合作社在经营信用业务以外，还兼营其他各种合作业务，如生产、消费、运输等。③以组织性质为标准可分为区域性信用合作社和职业性信用合作社。区域性信用合作，是凡属某个区域内居民，只要符合规定均可参加的组织；职业性信用合作社以机关团体职员为限，并非人人都可参加。④以组织成员为标准可分为基层信用合作社和信用合作联合社。基层信用合作社即基层组织单位，主要成员是自然人，一些不以营利为目的的法人也可申请加入成为法人社员；信用合作联合社，以构成完整的信用合作社组织系统，其成员是单位社员。⑤以社员和信用社的权责关系为标准可分为有限责任信用合作社、保证责任信用社和无限责任信用合作社。有限责任信用合作社，即社员负责任仅以其所认股份额为限；保证责任信用社，社员所负责任以其所认股份额及保证金额为限；无限责任信用合作社，即社员以其所有的全部财产，对合作社的债权负责任。信用合作社主要经营金融业务，其资金来源有股金、会费、公积金、各项存款以及借入款；资金运用主要有社员放款和贴现。此外，还办理社员票据承兑、代理收付和代保管等业务。

中国的信用合作社分为农村信用合作社和城市信用合作社。农村信用合作社普遍建于 20 世纪 50 年代，1996 年进行了改革：农村信用合作社与农业银行脱离行政隶属关系，转而由县级联社负责其业务管理；按照合作制原则重新规范农村信用合作社，使其绝大部分恢复合作制性质。2001 年 11 月 12 日，江苏省江阴市、张家港市、常熟市三家农村商业银行的成立，标志着我国农村金融体制的重大变革和突破。

城市信用合作社是为城市集体企业、个体工商户以及城市居民服务的金融企业，实行独立核算、自主经营、自负盈亏、民主管理。经营业务涉及办理城市集体企业和个体工商户的存、放、汇业务；办理城市个人储蓄存款业务；代办保险及其他代收代付业务和金融监管机构批准的其他业务等。目前，中国的城市信用社现已改组为城市商业银行。

➤本章小结

1. 非银行金融体系一般由保险机构、证券机构、信托投资公司、金融租赁公司、基金管理公司、信用合作社、财务公司、金融资产管理公司等组成。

2. 保险机构按照组织形式划分，有保险股份有限公司、相互保险公司、相互保险社或保险合作社、英国的劳合社；按照保险范围划分，有财产保险公司和人寿保险公司；按照业务承保方式划分，有原保险公司和再保险公司；按照经营目的划分，有商业性保险公司和社会保险机构。有的国家从金融安全的角度考虑，还建立有存款保险公司。

3. 证券公司按照业务经营划分为综合类证券公司和经纪类证券公司。经纪类证券公司，是指专门从事证券经纪业务的证券公司。综合类证券公司，是指除经营证券经纪业务外，还从事证券承销、证券自营和证券咨询等业务的证券公司。

4. 信托公司是以代人理财为主要经营内容，以受托人的身份经营信托业务的金融机构。由于信托公司受托代为管理和运用的信托财产一般期限都比较长，对委托人来说，只有长期进行管理和运用财产时，才有必要采用信托这种方式，受托人在管理运用信托财产时可为委托人作长期安排，进行长期投资，所以往往把信托公司称为信托投资公司。

5. 金融租赁公司，是指可以从事租赁业务的非银行金融机构。金融租赁公司的业务主要有直接租赁、转租赁、回租租赁、杠杆租赁。投资基金是通过发行投资基金汇集社会资金，委托专门投资管理机构进行投资，将投资收益分配给基金持有人的投资制度；财务公司是为企业集团成员单位技术改造、新产品开发及产品销售提供金融服务，以中长期业务为主的非银行金融机构；信用合作社是居民个人集资入股的互助性组织；金融资产管理公司是专门处理银行不良资产的专业机构。

➢关键术语

财产保险　人身保险　再保险　存款保险　证券公司　证券交易所　金融信托　金融租赁

➢复习思考题

1. 试列表分门别类说明中国当前非银行金融机构的构成及主要业务。
2. 在整个金融体制改革中发展非银行金融机构有什么意义？
3. 保险公司的种类和主要业务有哪些？
4. 如何有效控制基金管理公司的风险？
5. 基金公司内部控制机制如何建立？
6. 信托投资公司与商业银行有什么共同点？差异表现在哪些方面？
7. 中国农村信用社如何为“三农”服务？

第 7 章

货币政策

【本章提要】 本章主要介绍中央银行的货币政策，包括货币政策目标、货币政策工具和货币政策的实施效果。从政策目标确定到政策效果的时滞，影响货币政策的主要因素，主要的货币政策理论，以及我国货币政策的发展演变。

中央银行的主要任务是稳定宏观金融，确保国家金融安全。实现金融稳定的主要途径是制定和实施货币政策。货币政策是运用各种政策工具调节和控制货币供给量，影响宏观经济的各种方针和措施的总称。完整的货币政策系统包括：货币政策目标、货币政策工具和货币政策的实施效果。由于从货币政策的调整到政策效果的显现，中间存在着时滞，因此，还包括货币政策的传导机制。

7.1 货币政策目标

只有确立了货币政策目标，才能有的放矢地选择货币政策工具。货币政策目标不是单一指标，是一个目标体系。按照中央银行对货币政策目标的影响程度、影响速度以及影响的方法，货币政策目标包括最终目标和中间目标。

7.1.1 货币政策最终目标

货币政策最终目标，是指中央银行实施货币政策所要达到的终极目标。随着各国经济的发展和日益国际化、一体化的变化，货币政策最终目标，经历了一个不断扩充的过程。目前，公认的货币政策最终目标是稳定物价、充分就业、经济增长和国际收支平衡。

1. 货币政策最终目标的演变

任何中央银行货币政策目标的确立，都与一定的历史背景相联系。在金本位制度下，由于贵金属货币具有自动调节功能，稳定币值、保证银行券不对黄金贬值，成为各国中央银行货币政策的目标。古典货币数量论认为，货币供给只能影响物价水平，长时期内对实际经济没有任何作用，所以，当时中央银行的基本职能，就是保证货币的合理弹性供给，防止货币贬值和物价上涨。

1929年“大危机”爆发，西方国家失业剧增，严重影响经济发展和社会稳定，从“大危机”到40年代中期，解决就业问题成为政府的中心任务。随着凯恩斯国家干预主义的兴起和盛行，货币政策作为国家干预经济的手段，在弥补有效需求不足造成的经济失衡、充分就业方面，发挥了积极作用。西方主要国家相继以法律形式确定了中央银行货币政策的主要目标，是实现国家公民的充分就业。于是，货币政策目标从单一目标发展成为双重目标，即稳定物价与实现充分就业。

20世纪60年代英、美等国为了维持在世界上的经济、政治和军事地位以及在冷战中取得优势，开始把经济增长列为货币政策一个新的目标，逐渐成为西方国家货币政策的普遍内容。

20世纪60年代初，世界国际贸易得到了迅速发展。但是，由于许多国家长期推行凯恩斯的经济政策，各国出现了不同程度的通货膨胀，国际收支状况日益恶化。20世纪60~70年代的美元危机和“特里芬难题”最终导致布雷顿森林体系崩溃，各国货币当局纷纷放弃固定汇率制度，转而实施浮动汇率制度。在浮动汇率制度下，汇率波动更为频繁，对一国的经济增长和国际收支形成不利影响。在此背景下，稳定货币不仅表现为中央银行对货币供给量的控制，还体现为一国对其国际收支平衡的调节，货币政策最终目标也随之扩展。

由于短期内经济增长、充分就业、稳定物价、国际收支平衡等多重目标之间存在冲突，扩张性货币政策在促进经济增长的同时，将不利于物价的稳定，需求拉动型通货膨胀发生的可能性就会增加。鉴于利用货币政策调控多重目标难度不断加大，因此，20世纪90年代以后，西方多数国家总结经济发展经验，逐步放弃了货币政策的多重目标管理，取而代之的是将稳定币值作为货币政策最终目标。

2. 货币政策最终目标

货币政策最终目标是逐步发展形成的过程，在不同的国家有不同的内容。发达国家与发展中国家的货币政策目标的差异很大，即使同一个货币政策目标在数量标准的确定上，也会存在比较大的分歧。

（1）稳定物价目标。稳定物价是指一般物价水平在一段时期内基本平稳，没有发生显著的变动。需要注意的是，这里的物价是指一般物价水平而不是指个别商品的价格，在一般物价水平相对稳定的前提下，个别商品价格的变动，并不反映一般物价水平的涨跌，绝对稳定的物价是不存在的。

物价水平的变动，可用居民消费价格指数、批发物价指数和国民生产总值平减指数等指标来衡量。通常情况下，物价波动会出现二种情况：一种是发生通货膨胀；一种是出现通货紧缩。

通货膨胀表现为一般物价水平普遍、持续、大幅度上升。鉴于通货膨胀对社会资源配置效率、财产分配等方面带来的负面影响，长期以来，各国都把反通货膨胀、稳定物价作为一项基本的宏观经济政策。德国在经历了第二次世界大战战后的恶性通货膨胀严重创伤之后，中央银行将物价稳定作为货币政策的单一目标。1991 年 12 月欧洲货币联盟缔结的《马斯特里赫特条约》明确规定，欧洲中央银行把物价稳定作为基本政策目标，并宣称欧洲货币联盟的总体经济只有在不与物价稳定目标相冲突时，才会得到欧洲中央银行体系的支持。但抑制通货膨胀并非是物价越低越好，如果出现经济停滞、价格总水平持续下降，又会带来通货紧缩。

20 世纪 30 年代的大危机以及 70 年代前后西方国家的经济衰退告诉我们，通货紧缩必然导致对经济前景的悲观预期。投资者缺乏投资激励或投资找不到合适项目，消费者缺乏消费的动力不愿消费，严重制约了有效需求和消费需求的增长。

对通货膨胀和通货紧缩的危害，凯恩斯在 1933 年出版的《劝说集》中曾经做过比较，得到的结论是：通货膨胀有欠公道而通货紧缩也不合时宜，两者都要不得。但是，如果把极度恶化的通货膨胀排除在外，那两者之中更加要不得的似乎是通货紧缩。因为，在贫困的环境引起失业这件事，比之使利息生活者受到挫折要糟得多。虽然这个结论是在金本位制下出现通货紧缩危机所得出的，凯恩斯也明确指出了通货膨胀和通货紧缩都应竭力避免，但当政府必须在通货膨胀与通货紧缩中选择其一时，宁可选择通货膨胀也要避免通货紧缩。其实，通货紧缩与通货膨胀都与货币流通规律的要求相悖，都是社会总供给与社会总需求失衡的反映，不利于宏观经济长期健康的发展。

（2）充分就业目标。从广义上讲，充分就业是指包括劳动力在内的所有生产要素都能够得到充分有效的利用。通常所说的充分就业，是狭义上的充分就业，是指有能力并且愿意工作的人都能在较合理的条件下找到合适的工作。充分就业的衡量指标是失业率。

美国的 1946 年《就业法》、1978 年《充分就业与均衡增长法》，使美国政府承担了既要充分就业又要保持物价稳定的双重任务。充分就业问题之所以重要，是因为过多的失业率一方面会造成包括劳动力在内的社会资源大量闲置、浪费，使经济总产出大幅度降低；另一方面导致失业者的生活难以维持，社会秩序不稳定因素增加。因此，世界各国都在努力降低失业率水平。但是，充分就业不是社会劳动力的 100%就业，应该把以下失业情况排除在外：一是由于经济运行中正常的劳动力流动而引起的摩擦性失业；二是劳动力辞职造成的自愿性失业；三是因劳动力供求结构失衡或季节性原因造成的失业。这几种失业在任何社会制度下都难以避免，因此，被称为自然失业。充分就业应当允许一个不为零的自然失业率的存在，这是市场经济条件下，当人们的收入水平和社会分工多样化到了一定的高度时必然存在的经济现象，而这种现象是经济政策无法调节的。因此，中央银行只有在这个自然失业率水平上才能实现劳动力的供给和劳动力的需求的平衡。只有因总需求不足造成的非自愿性失业才是应该尽量避免的，是充分就业应追求的目标。

（3）经济增长目标。经济增长的概念通常存在两种观点：一种观点认为，经济增长就是指 GDP 的增加，即一国在一定时期内所生产的商品和劳务总量的增加，或是指人均

GDP 的增加；另一种观点则认为，经济增长就是指一国生产商品和劳务的能力的增加。

经济增长是提高社会生活水平的物质保障，也是国家经济实力的综合反映。经济的合理增长需要多种因素的配合，其中，最重要的是增加各种经济资源，提高各种经济资源的生产效率。中央银行作为经济运行中的货币供给部门，通过对商业银行的资金供给和金融市场配置来促进经济的增长。至于货币政策应当追求多高的经济增长速度，取决于经济增长利益和经济增长成本之间的权衡和比较。如果超过国家经济发展和市场需求的需要，盲目追求经济增长速度，容易造成经济链条的脱节和信用关系的脆弱，甚至造成生存环境恶化。经济增长过程中带来的这些社会问题已在世界各国引起了普遍的关注。因此，发展经济学认为，对经济的增长，不能仅仅从产出总量的角度考虑，更应该考虑增长的成本，如资源耗费、环境污染、收入差距等，从社会和谐和可持续发展的角度看，应提倡“绿色 GDP”概念。

从世界各国的具体情况来看，由于各国发展阶段和发展条件的不同，对经济增长的要求也不同。20 世纪 60~70 年代，美国经济增长目标重点在于要超过其经济对手德国和日本；20 世纪 80~90 年代的目标，重点在于扭转经济增长放慢的趋势。大多数发展中国家往往偏好于高速经济增长，对本国的货币政策有一定的压力，容易引发通货膨胀。货币政策作为国家干预经济的主要工具不能过度追求短期的高速度，应在保证提高社会福利水平、保护人类生态环境不受威胁的情况下，促进社会资源的合理配置，实现经济长期稳定增长。

（4）国际收支平衡目标。国际收支平衡，是指一定时期内国家对外的全部经济交往所引起的货币收入与货币支出大致平衡，略有顺差或略有逆差。当今的世界经济以开放为特征，经济的全球化和一体化已经在全球范围内成为一种趋势。若考虑外部经济往来的影响，一国经济目标也将发生重大改变，在保证经济内部均衡的同时，还需要顾及经济的外部均衡。国际收支是国民经济的一个重要组成部分，反映了一国对外经济活动的基本状况。正因为如此，各国都把国际收支平衡作为货币政策目标之一。

3. 货币政策最终目标之间的相互关系

货币政策目标是一国经济政策战略目标的组成部分，但在实际操作中由于经济环境的影响，各项货币政策目标并非完全协调一致，常常是相互之间存在矛盾。中央银行在不同的经济发展阶段对政策目标的选择只能有所侧重，而无法全面兼顾。

（1）物价稳定和充分就业。1958 年，英国经济学家菲利普斯研究了 1861~1957 年英国的失业率和货币工资变动率之间的关系后，提出了一条用以表示失业率和工资变动率之间存在交替关系的曲线——菲利普斯曲线。在 20 世纪 60 年代初期，美国麻省理工学院教授保罗·萨缪尔逊和罗伯特·索洛进一步研究该曲线，认为工资水平和物价水平存在正相关关系，故将该曲线修正为失业率与物价水平的相关关系。也就是说，失业率上升，物价上涨率下降；失业率下降，物价上涨率会升高。因此，在一定时期内，失业率与物价水平之间存在着此消彼长的关系，这种关系的存在增加了货币政策制定和实施的难度（图7-1）。

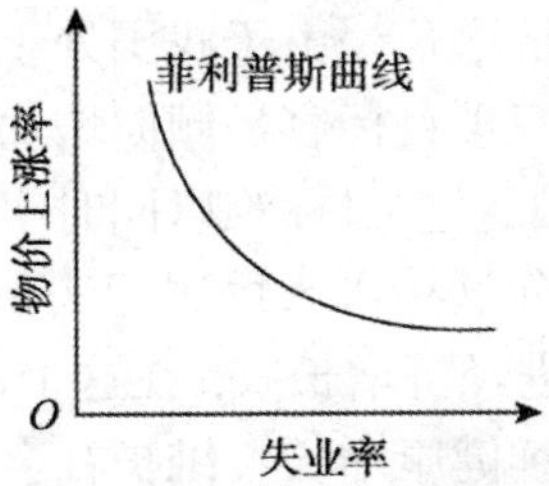

图 7-1 失业率与物价水平的关系

（2）经济增长与充分就业。经济增长与充分就业之间存在着正相关关系，具有较高的一致性。美国经济学家奥肯根据对美国经济的分析，发现充分就业与经济增长之间存在的关系是：失业率提高 1％，经济的潜在产出与现实产出的缺口增大 3％。这被称为“奥肯定律”。一般来说，要实现充分就业，必然采取刺激总需求的政策手段，由此带动经济增长。因此，二者之间存在正相关的关系。但是，从实际经济发展状况看，只有在劳动密集型生产方式下，经济增长与充分就业存在一致性。如果经济增长的方式由劳动密集型向资本或资源或知识密集型转变，那么，经济增长不仅不能带来就业率的上升，甚至还可能引起就业率的下降。

（3）稳定物价与经济增长。为了促进经济的增长，中央银行往往会采用扩张信用的政策，其结果导致货币供应量增长，在总供给不变的情况下会引起物价上涨，为了抑制物价上涨需要提高利率，减少货币供应量，实行紧缩性货币政策。这样做的结果又可能会抑制投资，影响经济增长。

（4）经济增长与国际收支。经济增长与国际收支的关系，一方面表现为经济基本面的强势必将使本国货币走强，对本国出口造成不利的影响；另一方面经济增长必然增加对进口商品，如国外机器设备、先进技术和原材料等的需要，以及大量外资的流入。如果短期里国内生产能力没有明显提高，出口增长慢于进口增长，就有可能导致国际收支出现失衡现象。

正是由于货币政策最终目标之间存在着一定的矛盾，中央银行在确定货币政策目标时难以面面俱到，强调一个或两个目标，其他目标就有可能向相反的方向发展。目前，国际上经常采用的货币政策最终目标选择方式有两种：一种是侧重于统筹兼顾，力求取得各目标间的协调一致；二是相机抉择突出重点，根据经济运行状况和当前面临的突出问题选择相应的货币政策目标。如在经济紧缩时期，保持经济的稳定增长和实现充分就业是货币政策目标的相对重点；在经济高涨时期，保持物价的稳定则是货币政策的首要目标；而在国际收支失衡、汇率波动时期，保持国际收支平衡、稳定金融应该是此时的首要目标。英、美两国对货币政策的四大目标较为兼顾；日本侧重于稳定物价、平衡国际收支、提高国内有效需求水平；欧洲中央银行把稳定物价置于首要位置。尽管世界各国所选择的最终目标的内容不尽相同，目标的次序也不同，但都无一例外的将稳定物价作为最为重要的目标之一，这从一个侧面反映各国在稳定物价目标上达成共识。

4. 中国货币政策目标的选择

在《中国人民银行法》颁布前，我国一直把稳定币值、发展经济作为货币政策的双重目标，试图兼顾稳定币值与经济增长。由于我国处于经济发展的转轨时期，在政府急于求成的思想促使下，货币政策双重目标容易倾向增加货币供给量来促进经济增长，导致通货膨胀。实践证明，货币政策双重目标难以同时实现，中央银行在执行双重目标时容易顾此失彼、左右为难。1995年《中国人民银行法》颁布后，明确了我国的货币政策目标是“保持币值稳定并以此促进经济增长”，在这个目标中，稳定物价是重点和前提，只有物价的稳定才能促进经济持续健康增长，维护社会分配公平性。目前中国人民银行在货币政策实践中采取的却是“稳定物价、充分就业、经济增长、国际收支平衡”的多重目标制,并根据国内外的经济金融形势变化,因时制宜,轮番突出货币政策目标的重点。

7.1.2 货币政策的中间目标

1. 选择中间指标的意义

货币政策的中间指标，是指为实现货币政策的最终目标而选定的便于调控、具有传导性的金融变量。货币政策最终目标是货币政策制定的归宿点，但是一个长期目标，并不在中央银行直接控制下。从运用货币政策工具开始到货币政策发挥效用，对最终目标产生影响是一个复杂过程。

为了及时准确地掌握货币政策执行的力度和效果，中央银行必须选择与最终目标关系密切、在短时间内货币政策工具可以测量和控制的一组过渡性金融指标体系，把这些指标称为中间指标。

中间指标的选择是保证货币政策效果的关键。能够在货币政策工具进行调整以后迅速地判断货币政策的效果，观察最终目标出现的预期变化，通过中间指标显示的变化趋势进行分析判断，能及时修正货币政策在操作中可能出现的偏差。同时，也为商业银行等金融机构和社会公众了解货币政策的方向和强度提供依据。

2. 中间指标选择的标准

一般认为，货币政策中间指标必须具备三个条件：第一，可测性。中间指标变量必须是可计量的量化指标，便于中央银行进行准确的测量分析和预测。第二，可控制性。中央银行通过各种政策工具能够有效地控制和调节中间指标的变化，以便实现货币政策目标。第三，相关性。作为中间指标必须同货币政策的最终目标有密切的关系。货币政策目标的选择对一国推行何种货币政策起着决定性作用的话，中间指标的选择，是中央银行实现货币政策最终目标的第二个关键性选择。

现实经济中寻找理想的中间指标变量并不容易,因为在充当中间指标的经济变量中,一些虽与货币政策最终目标关系密切，但中央银行的控制力较弱。有一些指标虽然能被有效控制，但与最终目标的关系往往不密切。为此，又将中间指标分为两大类，即近期操作指标变量和远期中介指标变量。

近期操作目标特点是距货币政策工具较近，是政策工具能够直接控制的变量，但对最终目标的影响较小，包括短期利率、存款准备金、基础货币等。远期中介指标的特点是货币政策工具对它们的控制力较弱，是间接的，但与最终目标关系最近，主要有长期利率、货币供应量、汇率。近期操作指标和远期中介指标存在着因果关系，近期操作指标变动会影响远期中介指标使其产生一致的变动，两者的合理配合便构成货币政策的操作程序，它们之间能否密切衔接，将在很大程度上决定着货币政策的有效性。

3. 货币政策中间指标选择的比较

中间指标不是一成不变，要根据不同国家的社会经济制度和背景以及市场环境及时调整。历史上，中间指标的选择主要是在利率和货币供应量之间展开。20 世纪 70 年代以前，西方主要国家的中央银行一般采用利率作为货币政策的中介指标，对宏观经济实施“逆风向”的调控。

20 世纪 70 年代以后，随着通货膨胀加剧，利率反映资金供求关系的真实性受到挑战，中央银行将目光转向货币供应量。通过货币供应量分析预测判断货币政策目标的实现，即各国根据各自的金融市场发展状况，基于货币的流动性差别，选择不同层次的货币供应量作为监测指标。

20 世纪 80 年代后，由于金融深化、金融创新和金融全球化发展，中央银行发现对货币供应量的控制越来越困难（可控性下降）；货币流通速度大幅偏离预定目标，货币供应量与经济活动的紧密联系日趋松散（相关性下降），从而导致了以货币供应量为中介指标的货币政策的效果不断下降。随后出现了多种指标的选择模式，主要是以利率、汇率等价格型变量为主要选择指标。

目前，美联储实际是采用一种类似于控制通货膨胀目标的货币政策操作规则，根据对通货膨胀率的压力和经济景气度的判断，运用联邦基金利率来影响经济发展。还有一些高度外向型经济的国家和地区，如日本、新加坡、香港等，将汇率作为中介指标。

在我国经济体制转变过程中，曾采用过的中间指标有现金、贷款规模、利率、基础货币和货币供应量。其中，货币供应量是目前我国主要的中介指标。需要注意的是，由于我国经济金融环境的变化，以货币供应量作为中介指标的弊端也逐渐显现，表现为：一是具有货币性的资产迅速增加，货币供应的漏出效应增加，货币供给量的准确性下降；二是基础货币的内生性增强，货币供给量的可控性降低；三是货币供给量与物价和产出的相关性下降。

总之，哪一个指标更适宜作为中介指标，往往取决于一国经济体制、产业结构、金融体系、消费政策和劳动群体等因素。

7.1.3 货币政策目标体系构成

货币政策目标是中央银行实施宏观调控所要达到的目的。明确货币政策目标是整个货币政策制定和实施的首要任务。按照中央银行对货币政策目标影响程度和调节方式的不同，货币政策目标划分为最终目标、近期操作目标、远期中介目标，这三个层次有机的构成了货币政策的目标体系，其关系如图 7-2 所示。

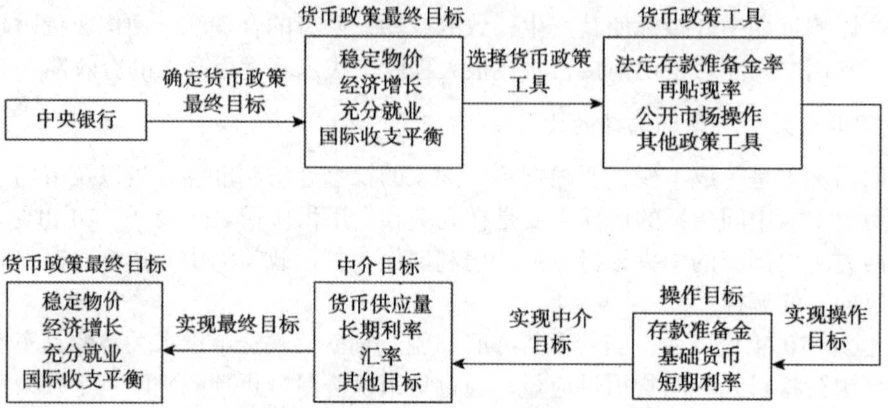

图 7-2 货币政策目标体系

7.1.4 货币政策目标的新发展

任何一种货币政策目标的确定都与一国当时经济金融形势密切相关，是为了解决经济中存在的问题。进入 20 世纪 90 年代后，由于经济形势的变化，中央银行的货币政策目标出现了变化，其中，通货膨胀目标制和金融稳定目标是主要内容。

1. 通货膨胀目标制

通货膨胀目标制的基本含义是中央银行明确以稳定物价为目标，首先确定将来某一阶段的目标通货膨胀率，然后根据当前的经济局势对未来的通货膨胀率进行估测，两者相比，如果预测值大于目标通货膨胀率，则实行紧缩性货币政策，减少货币供给；反之，则实行扩张性货币政策，增加货币供给。

通货膨胀目标制，是 20 世纪 90 年代前期货币政策最终目标的代表。新西兰储备银行首先采用通货膨胀目标制。目前，英国、加拿大、墨西哥等大约 20 个国家的中央银行采用这一框架，而且，通货膨胀目标制在国际经济社会中呈现出扩大趋势，美联储前主席伯南克是通货膨胀目标制的倡导者。通货膨胀目标制是单一的反通货膨胀目标，有连续性和稳定的优点。有利于提高了货币政策的透明度，避免政策目标频繁变动带来的影响，有利于增加公众对物价的信心，也方便对中央银行的货币政策进行评价和监督。

通货膨胀目标制存在诸多的约束条件和自身固有的缺陷。首先，通货膨胀目标制的成功实施要求具备市场发育、政策传导等方面的前提条件。其次，需要具备先进的通货膨胀预测手段，即要求有长时间段内通货膨胀率预测的准确度作保证。最后，中央银行要有较高的独立性地位。

2. 金融稳定目标

20 世纪 90 年代以来，国际社会相继发生了墨西哥金融危机、东南亚金融危机、阿根廷金融危机和 2008 年的国际金融危机。国际金融体系的稳定性日显重要，因此，在世界经济一体化的浪潮下，一些国家的中央银行又将金融稳定作为货币政策的新目标。

金融稳定一词目前尚无统一公认的定义，较多地是从“金融不稳定”或“金融脆弱”等方面来展开对金融稳定及其重要性的分析。尽管如此，关于金融稳定应具备的内涵，各国在理解上大体相同。欧洲中央银行有关金融稳定的定义具有一定的代表性，其表述为：金融稳定是指这样一种金融环境，在这种环境中金融中介、金融市场以及市场基础设施均处于良好状态，面对各种冲击都不会降低储蓄向投资转化的资源配置效率。

美国经济学家米什金认为，金融稳定是缘于建立在稳固的基础上，能有效提供储蓄向投资转化的机会，不会产生大的动荡的金融体系。国际清算银行前任总经理克罗特认为，金融稳定包括：①金融体系中关键性的金融机构保持稳定，因为公众有充分信心认为这些机构能履行合同义务而无需干预或外部支持。②关键性的市场保持稳定，因为经济主体能以反映市场基本因素价格进行交易，并且该价格在基本面没有变化时短期内不会大幅波动。

可见，金融稳定描述的是一种金融运行的良好状态，涉及金融机构、金融市场、金融监管机构和金融基础设施等多方面的协调发展。保持金融稳定是防范金融危机的基本前提。中央银行具有"最后贷款人"职能，通过利率和其他政策工具的合理使用，调节社会信用规模，抑制金融泡沫的形成，避免金融泡沫对国家经济特别是金融部门的冲击，为经济发展创造一个良好的金融环境。因此，在当今经济、金融全球化、一体化的浪潮下，将金融稳定作为货币政策的新目标，对维护一国金融安全具有十分重要的意义。

7.2 货币政策工具

货币政策工具，是指为了实现货币政策目标对社会信用总量和信用结构进行调控的各种金融工具和技术手段。由于各国中央银行制度以及金融市场发达程度存在差异，以及由此造成金融活动过程中出现的不同特点，决定了不同国家在货币政策工具的选择和使用上有所区别。货币政策工具包括一般性货币政策工具和选择性货币政策。

7.2.1 一般性货币政策工具

一般性货币政策工具，是指对社会信用总量进行调节和控制的政策工具，也叫数量型信用控制工具。中央银行使用这类工具时主要是对信用总量进行统一收缩或扩张，主要包括法定存款准备金政策、再贴现政策和公开市场业务。

1. 法定存款准备金政策

法定存款准备金政策是中央银行在法律赋予的权力下，通过制定和变动法定存款准备金率，影响商业银行等金融机构上缴的法定存款准备金数量，进而影响其信用放款能力，间接调节流通中货币量的手段。法定存款准备金制度对商业银行等存款货币机构派生存款规定了一个量的界限，使这些机构不能无限地创造信用。如果中央银行提高法定存款准备金率，商业银行上缴的法定存款准备金增加，货币乘数变小，存款创造能力下降，流通中货币量减少；反之亦然。其作用过程可描述为：为了促进（抑制）经济增长，增加（减少）货币供给量→中央银行降低（提高）法定存款准备金率→商业银行的超额存款准备金增加（减少）→商业银行的信用放款能力扩大（缩减）→货币乘数放大（缩小）→市场货币供给量增加（减少）→市场利率降低（提高）→投资、消费支出增加（减少）→GDP增加（减少）。

法定存款准备金政策作为中央银行的一项货币政策工具，特点表现在：①是中央银行强有力的政策工具。法定存款准备金率的变动影响到货币乘数变动。即使法定存款准备金率有微小变动，在货币乘数的作用下，都会对货币供给量的变化产生巨大的影响，而且收效极快。可以说法定存款准备金政策是中央银行放松或紧缩银根的一个有效工具。②具有法律效力，其是中央银行具有制定和变动法定存款准备率的权力。③在操作上具有主动性。中央银行根据经济发展和市场价格变化情况，以及商业银行等金融机构的信用状况主动调整法定存款准备金率。或者根据政府一定时期经济和金融发展政策对法定存款准备金率进行一定的变动，实现政府经济发展的目标。但该政策工具也存在一定的局限性，表现为缺乏弹性，作用力过于强烈，使中央银行难以准确把握调整的时机和调整的幅度。

存款准备金制度起始于英国，是商业银行的自愿行为。18 世纪由于英格兰银行的特殊地位，使得一些中小银行将吸收存款的一部分存放于英格兰银行，目的是为了清算便利。以法律形式要求商业银行必须向中央银行上缴存款准备金，由 1913 年《美国联邦储备法》所规定，是为保持银行资产流动性，加强商业银行清偿能力而设立的一种预防性措施。1935 年美联储首次获得了改变法定存款准备金率的权力，达到了调节控制商业银行信用规模的目的，至此，法定存款准备金政策成为中央银行调控信用总量的政策工具。存款准备金政策发展到今天，保持商业银行清偿能力的功能已不是主要目的，更多地强调调控职能。

近年来，存款准备金制度出现了一些变化，表现为：①该政策工具作用的有效性下降。原因在于货币供应量作为货币政策中介指标地位的丧失，影响了存款准备金制度作用的发挥。20 世纪 70 年代以前，以美联储为代表的许多国家的中央银行，都把控制货币供应量作为货币政策的中介指标，存款准备金制度在决定货币乘数大小、控制货币供应量方面有着独特的作用。然而 80 年代中后期，由于金融管制放松以及金融创新的发展，使货币定义变得模糊不清难以精确计量货币供应量，货币流通速度大幅波动，使得 M_1、M_2 等货币总量目标与经济活动的稳定关系不稳定。西方主要国家如美国、日本、加拿大、英国等降低了货币供应量目标的重要性，或取消了货币供应量目标。1993 年美联储主席格林斯潘宣布，放弃以任何货币供应量作为实施货币政策的目标，包括 M_2 在内。当各国中央银行不再以货币供应量作为货币政策中介指标时，自然以控制货币供应量为己任的法定存款准备金政策也就丧失了其存在的依据，其重要性也大大降低。②现代银行体系借助于计算机网络技术，支付制度高度发达，存款准备金制度用于预防银行清偿危机的监管作用已经下降。③从制度特征上讲，强制把商业银行的部分存款以准备金的形式无偿缴存中央银行的做法抑制了商业银行的信用扩张能力，相当于对商业银行强制征收了部分“存款税”，增加了商业银行的经营成本。为了增强银行的竞争能力，提高资金利用效率，各国纷纷下调法定存款准备金率，简化法定存款准备金率的档次，甚至取消该政策。例如，美国、新西兰、澳大利亚、比利时、丹麦等国已降低了法定存款准备金率，加拿大、瑞典则取消了法定存款准备金率。

2. 再贴现政策

再贴现是商业银行或其他金融机构，将已经贴现但还未到期票据向中央银行转让，是商业银行向中央银行的融资过程。中央银行再贴现政策，是指中央银行通过制定或调整再贴现率影响商业银行的融资成本，进而影响其信用放款能力，达到调节货币供给量的政策工具。

现阶段商业银行要求贴现的不只商业票据，国债也是再贴现的主要信用工具。再贴现政策包括两方面内容：一是通过再贴现率的调整，影响商业银行和其他金融机构的借款量。当中央银行再贴现率提高时，商业银行等金融机构通过中央银行的再贴现的融资成本上升，会减少其贴现贷款的规模，相应的存款准备金就会减少，派生能力下降，流通中的信用规模缩减；反之，当中央银行降低再贴现率时，商业银行等其他金融机构的再贴现成本降低，会增加向中央银行的贴现贷款规模，存款准备金增加派生能力增强，社会信用规模相应扩大。二是规定商业银行申请再贴现票据的资格。例如，规定商业银行再贴现票据的种类，或对再贴现的票据实行差别利率以此来影响商业银行的资金流向，实现对商业银行信用结构的调整。例如，中央银行对农业类商业票据再贴现率是30%，对矿产类商业票据再贴现率是38%，在一定程度上有助于提高商业银行对农业类商业票据的贴现贷款的兴趣，引导信用流向农业领域。

其作用过程可描述为：为了抑制（促进）经济过快增长→中央银行提高（降低）再贴现率→商业银行的融资成本上升（下降）→商业银行减少（增加）向中央银行的借款→商业银行的超额存款准备金降低（增加）→商业银行的信用放款能力下降（上升）→市场货币供给量减少（增加）→市场利率上升（下降）→客户借款成本增加（减少）→投资、消费支出减少（增加）→经济发展放慢（加快）。

再贴现政策的特点表现在：①不仅能对信用总量进行调节也能对信用结构进行调整，既是量的信用控制工具，也是质的信用控制工具。②发挥中央银行最后贷款人的作用。一方面有助于对商业银行进行资金融通，另一方面可以起到防止金融恐慌、稳定金融体系的作用。③再贴现率的变动表明了中央银行的政策意向，具有对整个经济金融领域的告示作用，通过预期效应影响信用规模和经济发展。再贴现政策也有局限性，主要表现在中央银行在操作上具有被动性。因为要不要再贴现、再贴现多少的主动权掌握在商业银行手中。如果商业银行在资金来源上不依赖中央银行时，自然会削弱这一政策的有效性。另外，商业银行是否向中央银行申请贴现不仅取决于融资利率高低，也取决于对资金的需求量。如果经济萧条对资金需求量非常低时，贴现率再低也难以吸引商业银行等金融机构借款。当然，假如经济发展进入高涨阶段，整个社会市场预期普遍看好，企业和个人贷款需求必然持续增长，商业银行向中央银行再贴现借款时会看淡再贴现政策的影响。这两种情况都使中央银行难以达到调节货币供给量的作用。

自由经济学盛行时期，再贴现政策处于黄金时代，是中央银行最早拥有也是最重要的政策工具。英格兰银行在17世纪，把下属的贷款机构——贴现行作为向商业银行提供资金、施加影响的桥梁，该政策工具发展到今天作用已在下降。从英格兰银行变动再贴现率的次数来看，1857年英格兰银行变动再贴现率为24次，1919~1931年平均每年变动25次，1951年以后平均每年仅变动1次多。再贴现政策作用明显降低，公开市场业务上升到重要的位置。美国再贴现业务的具体规定也在影响这一政策工具调节作用。例如，美联储规定，在没有其他资金来源的情况下，商业银行才能向中央银行申请再贴现贷款，商业银行只能将再贴现资金用于摆脱困境而不能用于营利目的。这一规定，实际上遏制了再贴现政策所具有的调控效果，因为降低再贴现率能够扩张信用规模，但再贴现资金不能用于营利目的的限制，实际上使商业银行普遍得不到贷款，不能增加投资或对企业的贷款，货币供给量不会明显增加。相反，提高再贴现率能够收缩信用规模，但有困难的商业银行会扩大对中央银行的再贴现量，流通中的货币供给量未必会减少。

目前，对美国金融造成重要影响的利率是“联邦基金利率”，再贴现利率只是跟在联邦基金利率后面作适当性调整，难以起到政策导向作用。因此，美国经济学家弗里德曼疾呼，像割掉阑尾一样废除再贴现政策。他认为，联邦存款保险公司的存在消除了银行恐慌的可能性，再贴现的运用已没有必要，而且取消贴现行为将消除因贴现贷款数量变化而引起的基础货币变动，从而减少货币供给量的非意向性波动。弗里德曼的观点属于个人学术观点，虽然有一定的见解和道理，但是，再贴现政策毕竟在维护金融体系安全方面发挥过重大作用。典型事例是美国 1987 年 10 月 19 日爆发“黑色星期一”造成证券市场陷入绝境，由于担心证券业的崩溃蔓延，次日时任美联储主席的格林斯潘宣布美联储将对任何给予证券业贷款的商业银行提供贴现贷款。由于美联储的及时行动和运用再贴现政策工具，使得一场金融恐慌得以避免。

自 2007 年美国“次贷危机”爆发后，损失惨重的金融机构惜贷成风，导致市场流动性严重不足。为了维护市场的正常秩序，美联储一方面下调再贴现率，为初级交易商创设了新的贴现窗口融资工具，贴现窗口贷款期限将由 30 天延长至 90 天。另一方面，通过摩根大通银行向美国第五大投资银行贝尔斯登公司提供应急资金，以缓解该公司的资金流动性短缺危机。这也是自 1929 年美国经济大萧条以来，美联储第一次向非商业银行提供应急资金。

3. 公开市场业务

公开市场业务是指中央银行在公开市场上买卖有价证券的行为。中央银行买卖的有价证券包括国库券、政府债券、外汇等，国库券是主要买卖对象。

公开市场业务起源于英国。19 世纪以后，金融市场和信用工具迅速发展，尤其是各国政府债券大量发行为公开市场业务发展奠定了基础。至今公开市场业务已成为中央银行最重要的经常性货币政策操作工具。在开放经济条件下，随着资本在国际间频繁流动的增加和外汇市场的扩大，中央银行的外汇市场操作、干预外汇市场的行为成为经常现象。因此，公开市场业务也包括中央银行的外汇市场的操作。

在经济萧条时期为了刺激投资和消费，中央银行在公开市场上买入有价证券等于向市场投放了基础货币。商业银行的存款准备金增加，信用放款能力扩大，流通中货币供给量增加。经济高涨时期为了防止经济泡沫产生，中央银行在公开市场上卖出有价证券，等于从市场上收回基础货币，商业银行的存款准备金减少，信用放款能力缩小，流通中货币供给量减少。

其作用过程可描述为：为了促进（抑制）经济增长，增加（减少）市场资金供给→

中央银行在公开市场上买入（卖出）有价证券→商业银行的超额存款准备金增加（减少）→商业银行的信用放款能力扩大（减弱）→市场货币供给量增加（减少）→市场利率降低（提高）→投资、消费支出增加（减少）→经济发展加快（放慢）。

中央银行公开市场业务的特点表现为：①主动性。中央银行可以根据经济状况主动在市场上出售或买入有价证券，克服了再贴现政策在操作上的被动性，以确保货币政策的超前性。②直接性。中央银行买卖有价证券可以直接影响进行交易的商业银行存款准备金余额发生变化，影响贷款规模。③灵活性。通过公开市场业务操作，中央银行既可以微量买卖有价证券，也可以大幅度调节，避免对经济带来较大的震动。④可逆转性。当中央银行公开市场业务操作出现错误时，可立即进行公开市场业务的反方向操作进行修正。正是由于公开市场业务存在上述特点得到了许多国家的推举，成为中央银行经常使用最为理想的政策工具。但要有效发挥该政策工具的作用需要具备一定的条件：中央银行要有较高的独立地位，才能保证操作上的主动性；中央银行必须要有强大的干预控制整个金融市场的资金实力；要有发达的全国性金融市场，市场上必须要有数量较多的有价证券；必须有其他工具的配合，才能充分发挥其作用。

7.2.2 选择性货币政策工具

选择性货币政策工具，是指针对某一领域或某些特殊信用业务活动进行调节和控制的政策工具，能够影响银行体系资金运用的方向和结构。与一般性货币政策工具相比选择性货币政策工具在影响的力度上要小的多，主要有证券保证金比率、消费信用控制、不动产信用控制、利率最高限制、信用配额管制、流动性比率、道义劝告和窗口指导。

（1）证券保证金比率。证券保证金比率是指中央银行对有价证券的交易规定应支付的保证金限额的比率。操作该政策工具的目的在于限制利用借款购买有价证券的比重，防止出现通过商业银行贷款进行证券投机活动，是对证券市场实施控制的一种特殊措施。20世纪初最早在美国出现该项货币政策工具，现在仍是中央银行一个重要的选择性工具。

（2）消费信用控制。消费信用控制是指中央银行对不动产以外的各种耐用消费品的销售融资所进行的信用控制。它包括消费信贷的首付金额比例，消费信贷的最长期限，适于消费信贷的消费品种类，以及不同消费品放款期限等。

（3）不动产信用控制。不动产信用控制是指中央银行通过规定和调整商业银行等金融机构向客户提供不动产抵押贷款的限制条件，控制不动产贷款的信用规模，从而影响不动产市场供求价格的政策措施。主要内容包括规定不动产贷款的最高限额期限、首期付款金额占购买房地产价格的比率等。采取这些措施的目的在于限制房地产市场的过度投资，抑制房地产泡沫，确保经济资源的合理使用。

（4）利率最高限制。利率最高限制是指规定商业银行长期存款和储蓄存款所能支付的最高利率。该措施的目的在于防止银行用提高利率的办法竞相吸引存款，以及为获取高额回报在资产运用方面承担的高风险，实现银行的稳健经营。美国1980年在《存款机构解除管制与货币控制法》颁布之前，就有著名的Q条例，该条例规定对活期存款不付利息，对定期存款规定最高利率限额。

（5）信用配额管制。信用配额管制是指中央银行根据经济发展的要求，对商业银行的信用规模进行分配和控制，以限制其最高信用额度。发展中国家大都采用此政策。

（6）流动性比率。流动性比率是指中央银行对商业银行等金融机构的流动性资产和存款总额的比率的最低限制。规定商业银行的流动性比率是中央银行限制商业银行信用扩张和防止发生支付危机的直接管制措施之一。

（7）道义劝告。道义劝告是指中央银行利用自身在金融体系的特殊地位和声望，经常性地对商业银行和其他金融机构发出书面通告、指示或与金融机构负责人进行面谈交流，以影响放款数量和投资方向。道义劝告不具有法律效应，但颇有弹性，一旦发挥作用可以迅速改变贷款结构和贷款数量。

（8）窗口指导。窗口指导一词来源于日本，是日本中央银行利用自身威望和日本金融机构对日本中央银行在资金上的较高依赖关系，通过业务窗口影响日本金融机构的资产运用与负债经营活动，从而达到控制信贷、调节货币供应量的目的。日本银行的窗口指导类似于西方国家道义劝告，但带有一定的强制性，所起的作用也较强。

7.2.3 中国中央银行货币政策工具

新中国成立以来的半个多世纪，我国经济体制经历了计划经济体制、有计划商品经济体制以及市场经济体制三个发展阶段。金融管理体制相应经历了资金供给制模式、资金借贷制模式和资金调控制模式的渐变过程。与此相应，中国人民银行的货币政策工具，也由直接信用控制手段向间接信用控制手段的转变。

1. 计划经济体制下的直接信用控制工具

新中国成立以后我国实行了高度集中的计划经济体制，货币政策服从于国民经济发展计划和财政收支状况的需要，中国人民银行主要是通过信贷计划管理和现金收支计划管理政策工具促进国家经济计划的实现和调整。

信贷计划管理是指经国家批准中国人民银行负责编制综合信贷计划，并规定各专业银行的贷款增长指标，直接控制其信贷规模。各专业银行的信贷收支要纳入中国人民银行的综合信贷计划，贷款限额不得随意突破。现金收支计划是指中国人民银行控制全国现金供给和流向，实现信贷规模和货币供给量的调节。在计划经济体制下，现金收支是信贷收支的重要组成部分。因为在当时货币的概念仅限于现金，货币政策指现金收支和现金回笼的政策，因而现金是作为基础货币加以控制，其规模大小在一定程度上决定着信贷规模。

信贷计划和现金收支计划是国民经济的配套计划，也是保证和促进计划经济正常运作的重要手段。尤其在资源分配上更具有直接简便的特点，可使资金直接“到位”，不需要中间传导环节。因而，计划经济下货币政策的执行过程中贯穿始终的政策工具就是计划指标管理，有着浓厚的直接控制特征。这种控制手段在一定程度上扭曲了我国银行业的正常运作方式，阻碍了中国人民银行实施自主性的货币政策。我们知道，计划经济体制下各级地方政府官员的职务升迁与投资规模的业绩表现之间存在着正相关性，地方政府投资需求极为强烈，致使一些国家重点建设和基础建设项目的资金被挤占挪用，而给各级专业银行留下资金硬缺口。这样，中国人民银行只能被动“修正”信贷计划，被迫扩大信贷规模，造成货币发行的“倒逼机制”。一旦经济过热，超过社会所能承受的限度，市场物价持续上涨，通货膨胀压力增大，政府只能采取紧缩的货币政策削减信贷规模，采取“一刀切”的简单管制手段，经济发展因此急剧收缩下降，反反复复造成经济大起大落。

2. 市场经济体制下的间接信用控制工具

1978年改革开放，经济环境的变化促使金融体制进行了重大改革。改革初期信贷规模管理仍是中国人民银行控制货币供应量的主要政策工具，有利于限制商业银行的信用创造规模。但随着市场经济的进一步发展，直接性的货币政策工具的弊端日益显现，容易导致社会资源的低效配置，不利于金融机构之间有序竞争，使货币政策工具的控制力逐渐弱化，甚至会导致货币政策失效。

1984年我国建立了中央银行制度，中国人民银行专门行使中央银行职能后，所使用的货币政策工具包括信贷规模、存款准备金、利率等，其中最主要的是信贷规模。1995年3月，《中国人民银行法》颁布后，中国货币政策工具逐步由直接调控为主向间接调控为主转化。根据《中国人民银行法》的规定，中国人民银行为执行货币政策，可以运用下列货币政策工具：①要求金融机构按照规定的比例交存存款准备金；②确定中央银行基准利率；③为在中国人民银行开立账户的金融机构办理再贴现；④向商业银行提供贷款；⑤在公开市场上买卖国债和其他政府债券及外汇；⑥国务院确定的其他货币政策工具。目前，中国人民银行可以根据宏观经济形势，灵活地、有选择地运用法律所确定的这些政策工具，其中利率政策、存款准备制度和公开市场业务已成为中国人民银行货币政策日常操作的主要政策工具。

2013年以来，中国人民银行先后创设了常备借贷便利（standing lending facility，SLF）、中期借贷便利（medium-term lending facility，MLF）、短期流动性调节工具（short-term liquidity operations，SLO）、抵押补充贷款（pledged supplementary lending，PSL）等新型货币政策工具。SLF、MLF、SLO、PSL等新型货币工具的恰当使用，使得宏观调控体系可根据流动性变化，更加灵活地精细化地调整流动性方向及节奏力度。而SLF的推出有助于“利率走廊”稳定短期市场利率水平，进而实现我国货币政策调控从数量型向价格型的转变。其主要目的是使商业银行能够适度收缩杠杆实现去杠杆化目的，主动调整资产负债扩张节奏及其结构，让金融能更好地服务实体经济，助推我国经济结构的调整和转型升级。

7.3 货币政策传导机制

货币政策传导机制，是指中央银行选用一定的货币政策工具引起中间指标变化，进而对整体经济活动发挥作用，实现最终目标途径和过程的机制。在这个传导过程中，中央银行运用各种货币政策工具引起存款准备金、基础货币和短期利率变动，相应引起货币供给量、长期利率和汇率的变化，实现货币政策最终目标。由于货币政策最终目标之间存在着一定的矛盾，不能同时实现“最佳值”，中央银行只能根据某一时期面临的主要问题，采取相应的措施来实现预期目标。

7.3.1 货币政策传导主体与过程

货币政策传导一方面是通过经济活动中的各经济主体的行为来实现，另一方面是通过经济活动中的各种经济变量相互影响来实现（图 7-3）。

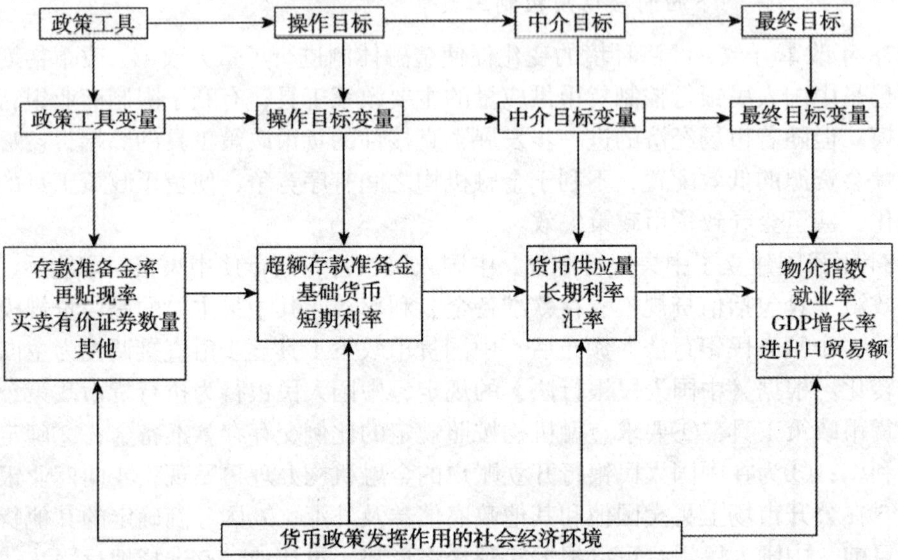

图 7-3 货币政策传导中的经济变量

1. 货币政策传导主体

货币政策要依次经过中央银行、商业银行、企业和社会公众三个环节，才能影响最终目标。在这三个环节中，中央银行是货币政策的制定者和实施者，在货币政策机构传导过程中处于起点位置，是货币政策的操作主体。商业银行和其他金融机构是货币政策传导过程中的中间环节，受中央银行政策工具的影响，通过调整自身的经营活动再去影响其他企业和社会公众的行为。处于货币政策传导最终端的是企业和社会公众，而企业和社会公众的生产、消费活动对经济发展产生最终影响。

2. 货币政策传导过程

在市场经济条件下，货币政策的传导过程是一个非常复杂的有机动态过程。货币政策工具是中央银行实施货币政策的技术手段；货币政策中间目标是判断货币政策预期效果的参考金融指标；货币政策最终目标是货币政策实施的归宿点。

货币政策工具与操作目标之间的关系、操作目标与中介目标之间的关系以及中介目标与最终目标之间的关系，是货币政策传导机制所包含的不同变量之间的关系，即工具变量、操作目标变量、中介目标变量和最终目标变量。货币政策工具变量是指操纵货币政策工具直接改变的变量，包括存款准备金率、再贴现率和买卖有价证券数量。货币政策中介指标变量是指操作货币政策工具以后引起变化的金融变量，包括超额存款准备金、基础货币、利率、货币供应量、汇率。货币政策目标变量包括物价指数、就业率、GDP增长率和进出口贸易额等。

发达的金融市场是货币政策传导过程中的良好交易平台，为中央银行实施货币政策工具、商业银行开展金融交易活动、企业和个人进行信用产品选择提供场所和信息支持。从货币政策的经济变量看，中央银行从实施货币政策开始到实现最终目标要经历三个阶段：货币政策工具→货币政策操作目标；货币政策操作目标→货币政策中介目标；货币政策中介目标→货币政策最终目标。货币政策的传导机制示意如图 7-4 所示。

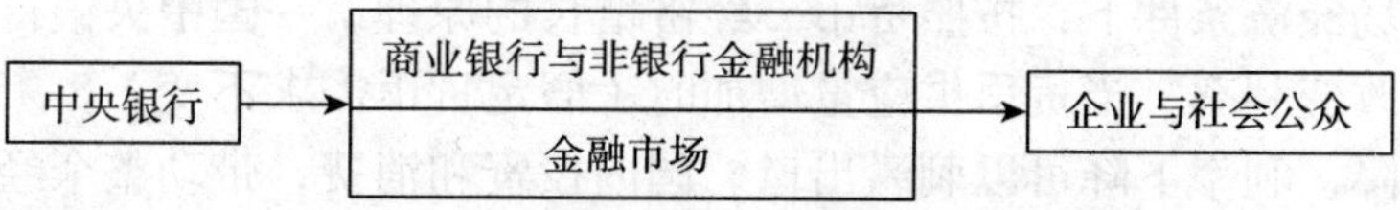

图 7-4 货币政策传导中的经济主体

7.3.2 货币政策传导机制理论的两大流派

货币传导机制理论，是在货币供求理论基础上探讨货币供给量变化对物价、就业、收入等实际经济因素产生影响的方式和途径的学说。该理论产生于 18 世纪，在以后 200 多年的发展中，引起了众多经济学家的关注，但看法各不相同。其核心问题是分析因货币政策发生变化引起的货币供给量的变动通过哪些途径影响最终目标。其中，影响最大的理论是凯恩斯学派和货币学派。

1. 凯恩斯学派的传导机制理论

在凯恩斯经济理论出现之前，经济理论中占统治地位的是古典经济学。该理论认为，一定的供给会创造出相适应需求，市场力量能够使经济实现自我平衡，货币只是一种交易媒介工具，是流通和经济的润滑剂。20 世纪 30 年代的大危机将传统的经济模式打破，凯恩斯宏观经济理论兴起。凯恩斯理论指出，在经济周期的不同阶段，资本的边际效率会发生周期性变化，经济也并非时时自动达到平衡，需要采取相机抉择的财政和货币政策，以促使经济的稳定运行。同时，凯恩斯还提出货币政策通过影响市场利率来影响人们的储蓄和投资行为，进而对经济发展和物价产生影响。凯恩斯学派的货币政策传导机制可表述为

$$M \to i \to I \to E \to Y$$

其中，$M \to i$ 表明货币供给量 M 的变化会影响到利率 i 的变化；$i \to I$ 表明利率 i 的变动会通过资本的边际效率影响投资 I；$I \to E \to Y$ 表明投资 I 的增减影响到总支出 E 和总收入 Y 的变化。

在这个传导机制中，最重要的环节是利率的变动，中央银行变动货币政策首先通过影响利率的变动，然后才能使投资、产出发生变动。例如，失业率较高时，中央银行采用宽松的货币政策，降低利率，使企业投资成本下降，刺激企业增加投资，扩大社会的有效需求，促使就业增加，引起总支出和总收入的增加；如果中央银行面临通货膨胀的经济环境，则采取紧缩性的货币政策，减少货币供给量，货币政策的传导过程与此相反。总之，凯恩斯学派认为对国民收入、就业、物价产生直接影响的因素是投资，而货币对经济的影响是间接的，货币只有通过改变利率水平来改变投资需求，才能对最终目标的变动产生作用。

传统的凯恩斯学派的货币政策传导机制理论，被称为局部均衡分析的传导机制理论，

因为只表明了货币市场变动对商品市场的影响，没有反应货币市场和商品市场之间循环往复的相互作用。后凯恩斯学派对传统的凯恩斯学派的货币政策传导机制理论进行了补充和发展，英国经济学家希克斯和美国经济学家汉森考虑到货币市场与商品市场的相互作用，提出了 LM-IS 模型下的一般均衡分析法，进一步研究了从货币供给到利率以及利率变动影响投资的更具体的传导机制和一些约束条件。

在现代市场经济条件下，按照货币—经济增长的原理，一国中央银行可以通过增加货币供应量来改变利率。当货币供应量增加时（假定货币需求不变），资金的价格即利率就必然会下降，利率下降可以刺激出口、国内投资和消费，带动整个经济的增长。如果利率已经降到最低水平，此时，中央银行再增加货币供应量，人们也不会增加投资和消费。那么，单靠货币政策就达不到刺激经济的目的。社会总支出水平已不再受利率下调的影响，称为“流动性陷阱”。

2. 现代货币学派的货币政策传导机制理论

现代货币学派的主要代表人物，是美国芝加哥大学的教授米尔顿弗·里德曼。与凯恩斯学派以利率为中心的货币政策传导机制不同，货币学派的货币政策传导机制是以货币供给量作为决定因素的，研究对象主要集中在相对资产价格和真实财富的变化。

货币主义学派认为，恒常收入是决定货币需求的主要因素，由于恒常收入有一定的稳定性，货币需求函数也是相对稳定的，同时，货币需求对利率不敏感，货币流通速度是可以预测的。因此，货币供给是决定名义收入的主要因素。初始状态下，人们所持有的货币量等于其意愿持有的货币量。若中央银行实施扩张性的货币政策，通过公开市场业务购进政府债券，使债券的价格上升，那么，公众的资产组合会随之发生相应的变化，会产生类似于替代效应的效果。也就是说扩张性的货币政策增加了人们手中的货币收入，在货币需求相对稳定的情况下，会使人们持有的货币量大于其意愿持有的货币量，出现过高的流动性，于是人们会对其资产结构进行调整。人们可用货币购买一定的金融资产，如股票、债券，导致这些资产的价格上涨，收益率下降。人们也可增加对实物资产的投资需求，而对实物资产需求的增加，导致实物资产的价格上涨，刺激实物资产增加生产。由此促使整个社会增加投资，扩大生产规模，提高产出水平。总之，现代货币学派认为货币供给量的变化不是通过利率间接对国民收入发生作用的，而是直接对其产生影响的。

现代货币学派的货币政策传导机制，可表述为

$$M \to E \to I \to Y$$

其中，$M \to E$ 表明货币供给量 M 的变化直接影响总支出 E，由于货币需求具有内在的稳定性，当实施扩张性的货币政策使人们手持货币量超出他们意愿持有的货币量时，必然会增加支出；$E \to I$ 表明变化了的支出 E 用于投资 I 的过程，即人们进行资产结构调整的过程，用超过意愿的货币或用于购买金融资产、或用于购买实物资产；$I \to Y$ 表明不同的投资方向会引起不同资产收益率的变化，最终引起总收入 Y 的变化。

7.3.3 货币政策传导的主要途径

在市场经济条件下，影响一国经济增长的三大要素是投资、消费和出口，因此，可以通过三方面来分析中央银行货币政策的传导途径和对实体经济的影响。

1. 投资效应途径

货币政策主要通过利率、银行信贷、股票价格这三条途径来影响人们的投资行为。

第一，利率的影响。利率途径传导机制受到西方经济学家特别是凯恩斯主义者的重视。凯恩斯认为货币政策发挥作用主要通过两个途径：一是货币和利率之间的关系，即货币需求的利率弹性；二是利率与投资之间的关系，即投资的利率弹性。根据流动性偏好理论，利率对投资的影响很大，可以由中央银行货币政策工具加以调节。若中央银行变动政策工具，增加商业银行的存款准备金（R），引起货币供给量（M）扩大，原有的货币市场均衡被打破，利率（i）下降，利率的下降意味着实际领域中的资本边际效率相应提高（投资成本下降），说明投资有利可图，从而促使社会投资（I）增加。投资增加通过乘数作用引起整个经济领域的支出和收入（Y）成倍增加。凯恩斯货币政策利率传导机制可表示为

$$R\uparrow \rightarrow M\uparrow \rightarrow i\downarrow \rightarrow I\uparrow \rightarrow Y\uparrow$$

反之，亦然。

第二，信贷配给的影响。货币政策通过直接影响银行信贷配给的增减对经济运行产生影响。信贷配给产生的原因在于一方面政府出于对经济的管制，另一方面则是由信贷市场上信息不对称所造成的。信贷配给的内容有两层意思，一是中央银行的信贷配给（非均衡信贷配给），包括利率管制、贷款规模限制；二是商业银行在信贷市场上的配给行为（均衡信贷配制）。这两种配给是相互关联的，是传导机制中不同阶段上的信贷配给。

货币政策的这一传导过程，主要通过银行贷款效应和资产负债表效应起作用。银行贷款效应渠道是指中央银行货币政策会直接影响商业银行的贷款规模，若中央银行加大货币供给，商业银行可贷资金增加，市场利率下降，企业扩大向商业银行融资规模，引起投资增加进而推动经济增长率的提高。资产负债表效应渠道，是指货币政策通过直接或间接影响借款人的财务状况，对借款者的各种资产净值及现金流量的影响来起传导作用。例如，紧缩的货币政策会使利率上扬，企业的利息支出增加，现金流量减少，或因利率上扬资产价格下跌，企业净值和抵押品价值随之减少，财务状况相应恶化，借贷困难，而减少借贷行为。

信贷配给途径的传导过程，往往对小企业的投资影响要比对大企业的投资影响大。因为，小企业受融资手段的限制更依赖于银行贷款，而大企业可以通过股票、债券市场进行直接融资。

第三，托宾 q 理论。该理论认为，以股票价格作为货币政策的中介指标，货币政策通过股票的市场价格的变动影响投资支出。q 表示企业股票或财产的市场价格与企业重置成本之比。具体来讲，货币政策对实质经济过程的影响，必然要反映在对实质资本的供求上。由于股票价格反映着社会对实质资本供求的影响（股票是对实质资本的要求权），因而，可以用来反映货币政策的效果。当股票市场持续高涨，q 值很高（$q>1$）时，企业的市场价格要高于资本的重置成本，即企业增加资产的成本将小于资本的收益，投资支出便会增加，经济呈现景气态势。换言之，当货币供给增加时，利率下降，社会公众会增加对股票的需求，使股票价格（P_S）上涨，此时若生产要素价格未上涨，q 值增大，

企业弃旧置新的行为，将使投资上升，经济显现繁荣。当然还应看到这一理论存在的前提条件是生产要素价格黏性，至少滞后于利率的变化。其作用过程如下：

$$R\uparrow\rightarrow M\uparrow\rightarrow i\downarrow\rightarrow P_S\uparrow\rightarrow q\uparrow\rightarrow I\uparrow\rightarrow Y\uparrow$$

反之，亦然。

从上述传导过程看，股票价格是联系货币政策和实体经济活动的纽带。中央银行通过货币政策工具影响社会总资本的结构和规模，通过调节利率改变社会公众对风险与收益的评价和预期，促进他们改变对实物资本和金融资产的选择，使股票价格维持在货币政策目标所需要的水平上。

托宾投资 q 理论丰富了凯恩斯货币政策传导途径中"$i\rightarrow I$"的作用机制，对现代经济的运作更有说服力。但是由于在影响股票价格的诸多因素中如政治因素、军事因素、自然因素、心理因素以及人们对风险的好恶等，是中央银行无法控制的，从而在操作上比较困难。

2. 消费支出效应途径

第一，耐用消费品（DC_g）支出的变动。在信用制度发达的国家中，耐用消费品诸如住房、汽车、电器、家具等的消费支出中有很大比例是通过贷款来实现。当中央银行通过各种调节手段使货币供应量增加，则利率会下降，消费者的借款成本就减少，因此消费者会相对增加借款来购耐用消费品，从而增加了耐用消费品支出。由此形成的货币供应量变动影响支出的途径表示为

$$R\uparrow\rightarrow M\uparrow\rightarrow i\downarrow\rightarrow DC_g\uparrow\rightarrow Y\uparrow$$

反之，亦然。

第二，财富效应的变动。经济学家莫迪利亚尼引入生命周期理论提出了货币供应量的变化对私人消费支出有影响。他认为，决定消费支出的因素不仅仅是消费者当前的收入，还有其毕生的资财。消费者毕生资财中的一个重要组成部分是股票等金融资产，当股票价格（P_S）上涨时，消费者的财富（W）会增加，其消费支出（C）也会增加，从而推动经济增长。即

$$R\uparrow\rightarrow M\uparrow\rightarrow P_S\uparrow\rightarrow W\uparrow\rightarrow C\uparrow\rightarrow Y\uparrow$$

反之，亦然。

在市场经济中，财富效应是否发挥作用还要取决于消费者如何看待他们实际余额增长以及这种增长对他们投资和消费决策的影响。

第三，流动性效益的变动。消费者的消费支出不仅受其财富效应的影响，还受其资产流动性（AL）的影响。一般来讲，耐用性消费品的流动性较差，而股票、债券等金融资产的变现能力很强。如果股票、债券等资产增加，则消费者资产的流动性（AL）就会增强，面临财务困难（F_d）的可能性就会降低，从而增加其消费支出（C），促进产出增加。这一过程表示为

$$R\uparrow\rightarrow M\uparrow\rightarrow P_S\uparrow\rightarrow AL\uparrow\rightarrow F_d\downarrow\rightarrow C\uparrow\rightarrow Y\uparrow$$

如果消费者持有较多的耐用消费品，其发生财务困难的可能性会增加，消费者的耐用消费支出就会减少。

3. 汇率效应途径

国际经济一体化的发展和浮动汇率制度的实行，各国经济间的依存度不断加强，因此，开放经济条件下汇率的变动是影响实际经济产出的重要传导渠道。

当国内货币供给量增加，国内利率下降，总需求的上升会导致资本账户和经常账户出现逆差，这种情况会引起本币（DC）贬值。而本币贬值使得本国商品在国际市场上的竞争力增强，从而引起净出口（NX）的增加，总产出增加。汇率变动在多大程度上能强化货币政策的效应取决于国际资本流动对本国和外国实际利率差异的敏感程度。其过程如下：

$$R\uparrow\rightarrow M\uparrow\rightarrow i\downarrow\rightarrow \mathrm{DC}\downarrow\rightarrow \mathrm{NX}\uparrow\rightarrow Y\uparrow$$

反之，亦然。

总之，市场经济条件下，中央银行的货币政策操作主要采用间接调控方式，是要通过商业银行和其他金融机构这一中间环节，来影响市场中的企业和居民个人的行为。从经济变量的传导过程看，要依次经过政策工具变量，操作目标变量，中介目标变量和最终目标变量。从传导途径看，主要有利率途径、信贷途径、资本市场途径和消费途径、汇率途径等。由此可见，货币政策在传导机理上具有一定的复杂性，表现为不同的经济周期，传导的途径不同；不同的经济制度和不同的经济环境，传导的方式不同；选用不同的政策工具，传导的效率也不同。

在中国计划经济体制下，中国人民银行的“贷款规模”是货币政策的中介指标，这是一种由工具变量到目标变量的简单传导过程。1993年，中国人民银行首次向社会公布货币供应量指标，开始了间接调控的尝试。1996年起，中国人民银行采用货币供应量M_1和M_2作为货币政策的调控目标，标志着我国货币政策框架正式引入货币供应量中介目标。1998年1月，中国人民银行放弃信贷规模控制，更加巩固了货币供应量作为中介目标的地位。由于利率水平和货币供应量增长率之间存在着明显的相关关系，因此，中国人民银行在操作上通过调节利率实现对货币供应量的控制。另外，随着中国对外经济开放度的提高，人民币逐步走向自由兑换，汇率机制在中国货币政策传导机制中的作用和地位已逐步提高。

7.4　货币政策效应

货币政策有效性，是指中央银行货币政策的实施所达到的实际效果，与希望达到的效果之间的偏离程度。每一项货币政策的出台都希望产生预期的理想效果，即实现货币政策最终目标。但这是一种主观愿望，而货币政策效应则一种客观现实，结果不确定。正常情况下，从货币政策工具操作开始，其作用会沿着预期的传导路径运行，但也可能偏离预期的传导路径。货币政策调节方向和力度的选择是否得当，靠经济运行的结果来检验。可从两方面来看：一是时间衡量，即分析和测算货币政策实施后发挥作用的快慢，通常用货币政策时滞来表现。二是效力衡量，即分析和比较货币政策发挥作用效力的大小，以及货币政策所取得的效果与预期所要达到的目标之间的距离。

7.4.1 货币政策有效性理论

制定实施货币政策的目标是为了实现一定的经济目标。目标能否实现以及能够在多大程度上实现，反映出货币政策的效力如何，是理论界长期争论的问题。概括而言，理论界有两种基本观点：一是认为货币政策无效；二是认为货币政策在某种程度上有效。这两种观点的争论，实际上是与经济自由主义和政府干预主义两大思潮的交替起伏相伴而生的。

1. 古典学派的货币政策有效性理论

古典学派是货币中性论的首倡者。该学派信奉工资和价格极富弹性假说，认为工资可以适应劳动力供求的变化而迅速变动，当劳动市场上供给小于需求时，工资会迅速上升；而当供给大于需求时，工资则会迅速下降。价格也是随着商品供求关系的变动而变动。由于工资水平和物价水平迅速而及时变化，整个社会经济总处于充分就业状态，如果货币当局增加名义货币供给，利率下降，会刺激投资，造成过量需求。由于经济活动始终处于充分就业状态，在这一假说基础上，整个社会经济活动总是能迅速调整到自然产出率水平，并又处于充分就业水平。古典总供给曲线为一垂直线，这样，扩张性货币政策除了造成名义工资和物价水平变化外，对收入、就业、利率、投资、总需求等都无影响。因此，货币对经济不发生任何实质性影响，货币是覆盖在实物经济之上的一层“面纱”，货币对经济的影响是中性的。

2. 凯恩斯学派的货币政策有效性理论

20 世纪 30 年代凯恩斯认为，货币政策能够影响产出和就业，对刺激经济有很大的作用，极力主张实施廉价的货币政策以增加有效需求，促进充分就业。但却无法把握货币政策作用的大小，因而与货币政策相比，更看重财政政策。凯恩斯主义的继承者，在 LM-IS 模型下通过对货币需求的利率弹性、投资需求的利率弹性等问题分析，对货币政策的有效性有了更为肯定的把握。但凯恩斯学派也看到，货币政策必须通过利率这一中间环节才能影响经济。因此，货币政策对经济的作用是间接的。

正常经济条件下，实施扩张性货币政策，货币供给量增加，必然导致利率下降。而投资是利率的函数，利率下降势必刺激投资扩大，推动总需求与社会产出的增加；货币供给减少，则会带来相反的结果。在经济严重萧条，特别是经济危机时，扩张性货币政策增加的货币供给量可能会被相应扩大的流动性偏好所吸收，从而难以达到降低利率增加实际投资的目的。加上名义利率的降低是有限的，不可能降到零，这时，通过利率传导的货币政策会完全失灵，这种极端情况被称为出现了“流动性陷阱”。

总之，凯恩斯学派从货币供给对利率的影响以及利率变动对总需求的影响出发，得出了货币政策在经济危机时期无效，而在非经济危机时期在不同程度上是有效的结论。

3. 货币学派的货币政策有效性理论

货币学派的代表人物弗里德曼认为，现代社会中一切经济活动都离不开货币信用形式，一切经济政策和调节手段都要借助货币量的变动来发挥作用，一切经济变量的变动都与货币有关。而且货币政策能够防止货币本身成为经济波动的根源，可以为经济提供一个稳定的环境，有助于抵消经济体系中其他方面的冲击，因此，得出了“货币最重要”的著名命题。

货币学派反对国家干预经济，主张货币供给的“单一规则”，即公开宣布并长期采用一个固定不变的货币供给量增长率，作为中央银行执行货币政策的准则。其目的通过将稳定的政策公之于众，稳定公众的预期，减少人们心理上不安定感，同时，也将中央银行的行为置于公众的监督之下。在货币学派看来，消费函数具有稳定性，消费函数的稳定性决定了货币需求的稳定性，货币需求的稳定性决定了货币供给的稳定性。与货币供给稳定性相适应，其货币政策自然主张所谓的“单一规则”。货币学派还进一步认为，货币政策应是政府主导性的经济政策，起支配作用，财政政策、收入政策、外贸政策等其他政策要发挥其应有的作用，都离不开与货币政策的配合。货币学派对货币政策作用的强调走向了极端，实际中“单一规则”的货币政策是很难完全适应经济运行的复杂多变的现实。因此，货币政策不是万能的。

4. 合理预期学派的货币政策有效性理论

合理预期学派又称新古典宏观经济学派，于20世纪70年代初形成于美国，其代表人物是美国芝加哥大学的卢卡斯。合理预期学派认为，理性预期使中央银行不能达到预期的目标，扩张性的政策只会带来通货膨胀而不是经济的增长，货币政策在短期和长期均是无效的。合理预期学派假定，人们的行为都是理性的，价格具有完全的弹性，人们能充分运用其所掌握的知识和信息对未来作出最佳的预测，并采取最明智的行动，中间没有任何时滞，这样，货币政策在实施的当时就将失去效果。

如果中央银行实施的货币政策是突然的和反常的，超出了公众预期，那么，货币政策将是有效的，但却是短暂的。因为，公众会将政策反常变动纳入自己的预期，增加警惕，当中央银行再次运用反常政策时仍会失效。只要有公众的理性预期，货币政策无论在短期还是长期内、无论是规则的还是反常规的，都无效。当然，合理预期学派的观点与社会现实情况有很大的差别，因为信息充分是有限的，人们的知识水平和判断力也有限，很难指望每个人的判断都是理性的、正确的。

7.4.2 开放条件下影响货币政策效应的实际因素

从货币政策工具操作开始，货币政策会沿着预期的传导路径运行。但也可能由于预想不到的原因偏离预期的传导路径，没有达到或没有完全达到预期方案所希望的最终目标。实际中，这种预期效果能否及时实现，取决于多种因素的影响，如货币政策工具操作的技术性、传导途径及其经济环境。归纳起来，影响中央银行货币政策有效性的因素主要有：货币政策时滞、一国经济结构的特征、货币流通速度、预期效应、货币政策与财政政策的相互配合及一国经济对外开放的程度等。

1. 货币政策时滞

货币政策时滞，是指从经济形势变化需要制定政策措施开始，到货币政策措施产生最终效应的时间。货币政策对经济的调节通过一定的传导机制发生作用，不能在短时间完成，是因为从货币政策工具操作到实现货币政策目标需要一定的时间。狭义的货币政策时滞（外部时滞），是指中央银行操作货币政策工具→金融机构判断→金融市场交易→企业投资决策→社会群体消费→进出口贸易等一系列环节的时间过程；广义的货币政策时滞，包括：中央银行对经济金融信息搜集分析→提出货币政策方案→选择最优货币政策方案（内在时滞）→操作货币政策工具→金融机构判断→金融市场交易→企业投资决策→社会群体消费→进出口贸易等过程。以中央银行的行为为界，货币政策时滞可分为内在时滞和外部时滞。

（1）货币政策内在时滞，是指中央银行从认识到政策调整的必要，研究并决定政策调整方案到开始贯彻执行政策所耗费的时间。货币政策内在时滞，分为认识时滞和行为时滞。

认识时滞，是指从客观经济形势变化确有实行某种政策的需要，到中央银行认识到这种需要所耗费的时间。认识时滞的产生主要是由于人们一般不能立即了解经济在任意时期所发生的变化，因为我们收集各种信息资料需要耗费一定的时间，同时对各种经济现象作出客观符合实际的分析判断需要耗费一定的时间，还不得不通过在一个较长的时间内对经济现象进行观察，以消除随机事件的影响。

行为时滞，是指从中央银行认识到必须采取政策措施到政策措施的实施，所需耗费的时间。中央银行一旦认识到客观经济过程需要实行某种政策，就着手拟订政策实施方案，并按规定程序报批，然后公布，并贯彻实施。整个过程的每一个步骤，都需要耗费一定的时间。内在时滞的长短，一方面取决于中央银行对作为决策依据的各种信息资料的占有程度和对经济金融形势的分析判断能力，体现着中央银行决策水平和金融调控能力，另一方面取决于中央银行的独立性。独立性较高的中央银行能够对经济中出现的情况及时采取应变措施，而独立性较低国家的中央银行，货币政策的重大决策，须报经政府部门批准，这就有了政策部门对此问题的认识时滞和决策时滞，无形中延长了内在时滞，这期间还容易造成政策消息的提前泄露，降低货币政策的效用。

（2）货币政策外部时滞，是指从中央银行采取政策措施开始到对最终目标产生作用，并收到一定效果为止所经历的时间。货币政策外部时滞也叫作用时滞，是货币政策时滞的主要部分，既包括政府、商业银行、企业、个人等市场主体在新货币政策出台后的决策过程，也包括他们的行为对储蓄、投资、消费、物价、产出等重要经济变量的影响过程。

外部时滞的存在具有客观必然性，时滞长短取决于传导机制的特征。货币政策外部时滞可分为三个环节：第一环节是从中央银行调整政策工具到对中介指标发生作用所耗费的时间。在货币政策的实施过程中，无论使用何种政策工具都要通过操作变量的变动来影响中介变量，以控制商业银行的贷款能力和金融市场的资金融通。第二环节是商业银行、企业、个人等微观主体根据中央银行的政策措施调整自己的决策行为，使社会的投资、消费发生变动。第三个环节是企业、个人的投资、消费变动引起最终目标的变动。总之，货币政策外部时滞的长短取决于货币政策的操作力度和商业银行及其他微观主体对货币政策工具的反应能力和敏感程度，不像内在时滞那样可由中央银行掌握，是要通过经济结构的变动和其他部门的行为共同决定才能起到预期的效果。

货币政策时滞，是影响货币政策有效性的一个重要因素，反映了货币政策在其各个环节上的运行效率和运行质量。如果时滞过长，货币政策就难以及时发挥应有的效用，或随着时间条件的变化，还有可能导致经济形势进一步恶化，迫使中央银行不得不采取力度更大的政策措施，或延长政策作用的时滞。因此，了解和掌握货币政策时滞及其变化规律，有利于中央银行有效地实施货币政策。但在实际中对货币政策时滞的衡量往往是不确定的。美国学者乔治·考夫曼在所著的《现代金融体系》一书中讲到，在美国货币政策的操作中，认识时滞一般不超过3个月，决策时滞大致在1个月，外部时滞相对较长而且变化较大，对其衡量是十分困难的。但从实际中可观察得到，货币政策行为的大部分影响可以在3~12个月以后产生，对价格的影响在1~2年后才能产生。

总之，从一项需要采取措施的事件发生，到大部分货币政策对实际收入产生影响需要3~15 个月。正因为货币政策滞后效应的存在，许多学者认为，即使经济陷入低谷，实际产出远比潜在产出的水平低，也不一定需要实施扩张的货币政策。因为，货币政策的滞后效应，使刺激经济的影响要到衰退最严重的阶段过去之后才到最高点。如果衰退是短暂的，跟随而至的是经济复苏、活跃，货币政策扩张的刺激，将会在最不需要它的时候发挥最强烈的作用。

2. 一国经济结构的特征

国家经济结构特征可分为两种情况：一是欠发达的国家存在资源约束下的短缺型经济结构特征；二是发达的市场经济国家存在的需求约束下的过剩经济特征。

在欠发达国家，由于生产力发展水平限制，产品生产能力低下社会物质财富相对匮乏，过强的投资需求和消费需求欲望会造成总供给缺口。一般情况下增加货币供给完全可以被较强的货币需求空间所吸收或容纳。尽管这一过程容易因有效需求的扩张而导致通货膨胀的产生，但货币政策的扩张在一定程度上会刺激经济的增长、就业水平的提高。因此，短缺经济条件下，货币政策对经济的影响较强。

发达国家由于生产力水平的高度发达，造成了丰富的财富积累，人们的物质生活已获得很大的满足，因而消费需求和投资需求相对不足。货币需求空间已为现有的货币供给存量占满，若通过增加货币供给来解决有效需求不足问题就是得微不足道。因而在过剩经济条件下，货币政策对产出的影响是弱效的甚至是无效的，而财政政策的作用效果明显。

我国经济已由资源约束型短缺经济向需求约束型过剩经济转化，货币对实质经济的影响处于由非中性向中性的转变过程中，从而使货币政策对扩张有效需求、刺激经济增长的作用逐渐减弱。

3. 货币流通速度的变化

货币流通速度是指单位货币在一定时期媒介商品交换的次数，货币流通速度的变化往往比较微小，在经济发展的稳定时期甚至没有变化。因而许多经济学家在研究经济与金融问题假设货币流通速度是一个常量。但是货币流通速度出现较小的变化可能会使货币政策效果受到严重的影响，因为，货币流通速度影响着货币供应量，货币供应量的改变会直接影响到社会支出。

根据货币学派的观点，货币供应量的变化将同时在货币市场、资本市场和商品市场上触发广泛的资产结构调整效应，进而改变社会总支出。一旦货币流通速度的变动幅度超过了中央银行的预期范围，实际的货币供应量增长率就大于或小于中央银行控制的目标，货币政策最终目标就难以达到预期的效果。例如，中央银行实施扩张性的货币政策，有可能会因货币流通速度出现下降导致新增的货币供应量被“稀释”，甚至完全没有发挥增加投资和消费的效果，不能扩大有效需求而难以奏效。现实中货币流通速度具有很强的内生性，人们的收入水平、利率、通货膨胀率、储蓄行为、货币化程度、人口总量、消费结构、社会公众的预期等，均能通过消费、投资影响货币流通速度。而中央银行对这些因素的控制和估算能力因为统计和技术条件的有限性难以准确掌握，在一定程度上影响了货币政策的有效性。

4. 微观主体的预期

经济运行过程中微观主体的预期，会对货币政策效用产生一定的抵消作用。当某一项货币政策提出时，微观主体会根据可能获取的各种信息预测政策的后果，从而做出相应的对策使货币政策有效性受到影响。

微观主体的预期，只有在货币政策的取向和力度没有或没有完全为社会公众知晓的情况下，才能产生预期效果。实际上，中央银行不可能长期不让社会公众知晓其采取的政策。或即使公众的预测非常准确，实施对策也要有一定的作用过程，货币政策仍可奏效，只是公众的预期行为会使政策效应打折扣。

5. 货币政策与财政政策的配合

对货币政策有效性的评判还要考虑货币政策与财政政策的配合。货币政策与财政政策通过不同渠道不同方式对产出的影响，决定了它是国家调节宏观经济运行最主要的政策手段。只有在一定条件下的相互配合避免摩擦，才能形成引导经济的合力，缩短政策作用时滞达到调节经济的理想效果。

财政政策与货币政策有以下配合模式：①双紧政策，即紧缩的财政政策和紧缩的货币政策。②双松政策，即宽松的货币政策与宽松的财政政策。③一紧一松的政策，包括紧缩的财政政策与宽松的货币政策、紧缩的货币政策与宽松的财政政策。其中，双紧或双松政策反映着财政政策与货币政策的目标和侧重点保持一致，而一松一紧的政策反映着财政政策与货币政策在总体要求一致的前提下，政策目标的侧重点不同。

挤出效应下财政政策与货币政策效应。挤出效应表现为政府采取扩张性财政政策在货币供给量不变下，政府增加支出而私人投资和支出因之减少的现象。换言之，政府用于增加支出的资金来源直接得自于被挤掉的私人支出。在 IS-LM 模型下的挤出效应如图7-5 所示。

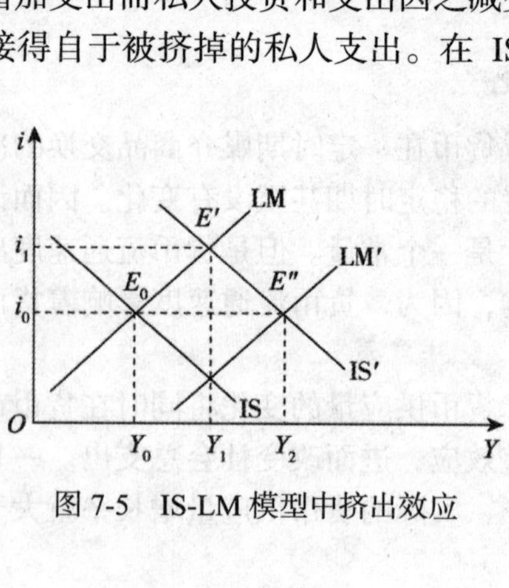

图 7-5 IS-LM 模型中挤出效应

当通过扩张性财政政策增加有效需求时，IS 曲线向右移动至 IS′ 。若货币供给不变，即 LM 曲线保持在初始位置时，利率水平趋于上升，由 i_0 升至 i_1。由于利率的提高挤出了一部分私人消费和投资，新的均衡点只能处于 E' 点，其产生效果仅为 Y_1-Y_0。如果增加货币供给，推动 LM 曲线向右移动到 LM′ ，以保持利率水平不变，新的均衡点到达 E″ ，这时就以达到理想的产出效果 Y_2-Y_0。因此，为了克服扩张性的财政政策带来的挤出效用，需要“适合”的货币政策来配合。

（1）不同经济周期下的财政政策与货币政策效应。从经济周期变化来看，经济萧条时期宏观经济改革的重点在于增加就业、刺激经济增长，而对经济增长直接产生作用的是财政政策，货币政策作用的效果甚微。若经济陷入流动性陷阱，货币政策完全失效，要走出经济低谷，促进经济复苏，需要借助于财政政策。货币政策影响经济的传导效应，决定了发生作用的间接性和滞后性。因此，对付经济衰退的宏观经济政策应侧重于财政政策。在经济复苏阶段，经济增长预期偏高，投资增加，就业扩大。为了避免可能引致的经济过度扩张的压力，应及时调整宏观经济政策，财政政策和货币政策可采用一紧一松的配合模式，即用一类扩张型的政策来支持经济增长，用紧缩型的另一类政策来限制经济的过度扩张。至于孰松孰紧，应视一国当时经济发展水平、金融制度、客观经济状况而定。在经济膨胀时期，抵制通货膨胀的压力迫使政府不得不采取紧缩的政策，而对物价水平直接产生作用的是货币政策，货币政策效果明显，财政政策效果甚微。若经济处于古典区域所描述的经济增长和物价都达到最高水平的经济膨胀时期，那么，财政政策完全失效，而货币政策效应最高。

（2）货币一体化下的财政政策与货币政策效应。货币一体化的形成是在一些彼此间因生产要素自由流动、经济发展水平和通货膨胀率比较接近、经济政策容易协调的一些国家所形成的货币联盟基础上，采用统一的货币，执行统一的货币政策，建立共同的国际储备，建立共有的中央银行。欧洲统一货币——欧元是迄今为止货币一体化合作中最令人瞩目的成果，是区域经济发展和货币合作的典范。实现货币一体化有利于减少货币兑换成本，节约外汇储备，消除资本在各成员国间的投机性流动，更重要的是有利于消除汇率浮动对成员国相互贸易和投资产生的不确定影响，从而促进区域经济的发展。但是，货币的统一和跨国中央银行的建立使各成员国失去了本国货币政策的独立性，使其不能再自主地调节货币供应量。也就是说，在单一货币区总政策目标下，如果一个成员国相对于别的成员国来说存在着高失业率，不能用扩大货币供给量的办法来增加就业。相反，如果某一成员国相对于别的成员国来说发生了较高通货膨胀，也不能用收缩货币供给量的办法来降低物价水平。实际上，每个国家都根据各自的情况有着不同的政策偏好，总体政策目标和各成员国政策偏好的不一致，以及各国经济发展速度、发展水平的不同就很难指望跨国中央银行会不断变动货币政策以解决成员国的个别问题，相应的通过财政政策调节经济的作用得到各国的重视。但是，分散的财政政策必然会给统一的货币政策实施带来干扰，从而影响货币政策的最终效果。因为在政治利益及短期目标的推动下，各国政府具有内在的推动扩张性财政政策以换取经济繁荣的冲动。同时，单一货币制度下所形成的统一金融市场又为成员国政府大肆举债提供了便利，依靠举债支撑的扩张性财政政策最终会危害统一货币政策的独立性和稳定性。我们从欧元诞生后欧洲中央银行货币政策的操作可以看到，维护欧元币值稳定目标与欧元区各国财政政策存在着尖锐矛盾。

6. 一国经济对外开放的程度

一国对外经济的发展，建立和扩大了本币与外币的沟通渠道，增加了本币外币政策的互通途径，从而改变了原来封闭条件下货币政策的运行机制和作用效果，使得货币政策原来主要局限在国内的政策效应开始扩大和外溢，相应的，影响一国货币政策有效性的因素也随之增多。

（1）汇率制度对货币政策的影响。在资本可自由流动的情况下，如果一国维持固定汇率制度，则货币政策作用效果较弱。例如，中央银行实行扩张性货币政策，在实际货币需求没有发生变化时，货币供给的增加在使实际收入增长的同时，也导致了利率下降。这样，一方面实际收入的增加导致进口需求上升，经常项目出现逆差，而另一方面利率下降造成资本大量外流，资本项目也出现逆差，本币面临贬值压力。为了维持固定汇率，中央银行不得不在外汇市场上卖出外币、购进本币，或在外汇储备耗尽时不得不采取外汇管制，否则固定汇率就无法继续维持下去。但是这种干预的结果减少了本国货币存量，抵消掉了最初货币扩张的效果，这意味着在固定汇率条件下，任何通过扩张性货币政策来影响总产出的努力都是徒劳的，无法起到增加实际收入的目的。同理，固定汇率制度下，紧缩性货币政策无法起到收缩经济的目的。浮动汇率条件下，货币政策的变动会引起资本流动和汇率变动，对经济的影响面扩大。假定在浮动汇率条件下，银行增加货币供给量，实施扩张经济的政策，会导致利率下降和资本外流，外汇市场上本币的过度供给造成本币对外币的贬值，而本币贬值有利于增加本国产品的出口竞争力，拉动经济的增长，这样，货币扩张效应通过汇率途径实现最终目标。因此，浮动汇率条件下，货币政策效果明显。同理，我们也可以得出紧缩性货币政策最终会造成实际收入下降的结果。

（2）货币政策溢出效应对货币政策的影响。在金融全球化、一体化的趋势下，各国都在不断增强金融领域的国际合作。一国的货币政策在作用于国内经济的同时也会波及国外，这就是在开放经济条件下货币政策必然存在的溢出效应。溢出效应对货币政策的影响是深远的，它会使一国金融中介发生结构性的变化和功能性的变化，从而影响货币政策的有效性。表现在：金融开放条件下国内商业银行积极参与国际金融市场的交易，其融资能力增强，融资渠道拓宽，自然与中央银行之间的资金交易萎缩减少，使中央银行货币政策的调控能力有所下降；金融运行机制的变化，改变了宏观经济指标之间的相关性，货币政策中介指标的稳定性趋于减弱；经济对外开放程度的提高使得一国的外汇储备、国际收支状况、汇率等与对外经济活动紧密联系的经济变量变动的随机性更强，常常使中央银行在政策操作上处于被动地位；由于国内外金融市场的融合与统一，外部因素对一国货币政策的制定和执行影响加大，如果维持固定汇率制度，各国将丧失货币政策的独立性，只有那些能够影响全球经济的大国才能保持货币政策的独立性；另外，大规模、投机性极强的国际资本流动也是传递各国货币政策溢出效应、干扰各国货币政策有效实施的重要因素。从全球范围来看，开放经济条件下，由于各种对外因素的影响，货币政策有效性在下降。相应的在新的经济环境下，提高货币政策有效性已经成为一项国际性的研究课题，其中各国货币政策以及其他金融政策之间的相互协调对实现货币政策目标、提高货币政策有效性有着重要的意义。从我国实际情况看，随着经济货币化程度的提高，金融运行对经济运行的作用明显加强，货币政策在我国宏观政策中的地位急剧上升。但是，由于我国货币政策运行环境不理想，金融市场发展滞后、货币政策传导渠道不畅等原因，使得货币政策常常不能达到预定的政策目标，形成货币政策的低有效性。如何提高货币政策的有效性，已成为当前我国金融界面临的十分重要的现实问题。

7.4.3 2009~2015年中国货币政策实践

宏观调控的目的是尽可能地维持经济的平稳运行，当经济环境变化时，需要采取不同的货币政策，因此，货币政策要因时制宜。

2009年，面对国际金融危机的严重冲击，中国人民银行实行适度宽松的货币政策，保持银行体系流动性充裕，引导金融机构扩大信贷投放，优化信贷结构，加大金融支持经济发展的力度。总体上，适度宽松的货币政策得到了有效传导，对扩张总需求、支持经济回升、遏制通货紧缩预期发挥了关键性作用。

2010年，中国人民银行继续实施适度宽松的货币政策，着力提高政策的针对性和灵活性，处理好保持经济平稳较快发展、调整经济结构和管理通胀预期的关系，逐步引导货币条件从反危机状态向常态水平回归。

2011年，中国人民银行围绕保持物价总水平基本稳定这一宏观调控的首要任务，实施稳健的货币政策，着力提高政策的针对性、灵活性和有效性，根据形势变化适时适度进行预调微调。加强宏观审慎管理，综合运用多种货币政策工具，优化银行体系流动性管理，引导货币信贷增长平稳回调，保持合理的社会融资规模，引导金融机构优化信贷结构，促进经济金融平稳健康发展。

2012年，中国人民银行继续实施稳健的货币政策，着力增强政策的灵活性、针对性和前瞻性，根据经济形势变化，适时适度加大预调微调力度。

2013年，中国人民银行坚持稳中求进的总基调，继续实施稳健货币政策，创新调控思路和方式，保持定力，精准发力，既不放松也不收紧银根，适时适度进行预调微调。改善和优化融资结构和信贷结构，更有力地支持经济结构调整和转型升级。金融改革取得阶段性进展，利率市场化改革迈出新步伐，人民币跨境使用进一步扩大。

2014年，中国人民银行坚持稳中求进、改革创新，继续实施稳健的货币政策，既保持定力又主动作为，瞄准经济运行中的突出问题，不断补充和完善货币政策工具组合，适时适度预调微调。

2015年，中国人民银行坚持稳中求进的工作总基调，主动适应经济发展新常态，继续实施稳健的货币政策，保持政策的连续性和稳定性，更加注重松紧适度，及时进行预调微调，为经济结构调整与转型升级营造中性适度的货币金融环境，促进经济科学发展、可持续发展。

➢本章小结

1. 货币政策的基本任务是要维持适应的货币供给，抵制外界因素的干扰，为经济的运行提供一个稳定、良好的金融环境。完整的货币政策体系，应该包括货币政策目标、货币政策工具、货币政策的中间指标选择和传导机制以及货币政策的实施效果。

2. 货币政策目标，是指中央银行实施货币政策在一段时间内所要达到的最终目标。它既是货币政策制定的根本依据，又是衡量货币政策执行效果的基本标准，主要包括稳定物价、充分就业、经济增长、国际收支平衡目标。货币政策工具，是指为了实现货币政策目标对社会信用总量和信用结构进行调控的各种策略手段，包括一般政策性工具和选择性政策工具。

3. 货币政策传导机制，是指中央银行从选用一定的货币政策工具引起中间目标变化到实现最终目标的传递过程，在这个传导过程中，中央银行用各种政策工具引起存款准备金、基础货币、短期利率的变动，然后，影响货币供给量和长期利率的变化，实现最终目标。

4. 货币政策有效性，是指中央银行货币政策实施所达到的效果与预期目标之间的偏离程度和所需时间的长短。一国经济结构特征、一国的货币流通速度、微观主体的预期效应、货币政策与财政政策的相互配合，以及经济对外开放程度都会对货币政策的有效性产生影响。

➤关键术语

货币政策　货币政策目标　稳定物价充分就业　经济增长　国际收支平衡　货币政策工具　法定存款准备金　再贴现率　公开市场业务　货币政策传导机制　货币政策有效性

➤复习思考题

1. 如何理解货币政策最终目标及其相对重点的选择。
2. 中央银行的一般性货币政策工具有哪些？
3. 货币政策通过投资起作用的传导途径有哪些？
4. 影响货币政策有效性的因素主要有哪些？

第 8 章 金融产品

【本章提要】 本章阐述贷款定价的原理和方法，讨论贷款定价的几种模型；对影响债券市场价格的内外部因素及其变化规律进行描述；简要介绍股票价格的估计与波动机理；介绍了保险产品、投资基金和金融衍生品。

8.1 贷 款 产 品

8.1.1 贷款产品的含义

贷款产品是指银行或非银行金融机构将资金借贷出去，从而拥有到期借贷本息的索取权。一般过程是银行或非银行金融机构与其他法人或个人之间签订资金借贷合同，将资金借给借款方使用，借款方签发借据并保证按期还本付息，这个过程称为放贷。贷款是商业银行、政策性银行的最大资产项目。贷款由于牵涉借贷两者间的合同债权债务关系，根据合同法本身一般不能转让，不具有流动性。但在一定条件下，如逾期不良贷款、合同规定可以转让的债权，则可以转让。贷款资产的可流动性是未来金融创新的方向。

贷款产品的种类很多：按期限划分，可分为短期、中期、长期贷款；按用途划分，可分为固定资产贷款、流动资金贷款、消费贷款、房地产贷款、进出口贷款等；按贷款对象的不同，可以分为工商贷款和个人贷款。

个人贷款中的消费贷款亦称消费信贷，属于商业银行的零售业务，是对消费者个人发放的用于购买耐用消费品或支付费用的贷款。个人住房按揭贷款是个人住房消费信贷的一种，国内对按揭贷款的理解有所不同。个人住房按揭贷款是购房者以所购房产的产权证作抵押向银行借款的一种筹资方式，是贷款银行向借款人发放的、用于其购买一手房、以借款人所购住房作为抵押物、开发商提供阶段性担保的贷款。目前，我国各商业银行开展的住房按揭贷款金额一般为购房总额的 70%或 80%，期限为 5~20 年，最多不超过 30 年。借款人按照借款合同约定的还款计划偿还贷款本息。如借款人提前还款应事先征得贷款人的同意，并办理有关手续。住房贷款有等额本息和等额本金两种还款方法，允许借款人和贷款人在双方协商的基础上进行选择。

1. 等额本息还款法

等额本息还款法是指借款者按照约定的还款期间每期归还相等的金额，其中，有一部分是支付未还贷款的利息，还有一部分是偿还本金。每一次偿付后，一部分本金将从未偿还的贷款中扣除，未付的本金逐渐减少。因而，以后每期支付的利息额比前期少，所占每期付款额的比例将比前期的比例低，而每期偿还的本金额比前期多，本金占每期付款额的比例将比前期高。等额本息还款法一般是按月还款，方便借款者每月用工资收入归还。如果按月还款，尽管等额本息还款法每个月偿还的本息金额是相同的，但其中所含支付的利息和偿还的本金是逐月变化的。月末的未偿还本金余额是由月初余额减去该月所偿还的本金得到，这也成为下个月的月初余额。因为每月偿还的利息是按每月月初的未偿还本金余额计算的，第一个月以后，每月支付的利息额比上月少。该月偿还的本金是月付款额减去当月支付的利息，每月偿还的本金额比上月多。

2. 等额本金还款法

等额本金还款法是将借款总额按还款期数平均分配，每期还本金额不变。这种还款方法每期归还银行的本金一定，而归还利息则逐月下降。每期付给银行的总金额不同，即先多后少。因此，又称递减还款法。

8.1.2 贷款价格的构成

商业银行的贷款定价，是指确定贷款的利率、附加收费和相关条款。狭义的贷款价格只包括贷款利率。由于金融创新使贷款种类越来越多，客户情况越来越复杂，银行对每一笔贷款都存在单独定价问题。定价是否合理，直接关系到银行的盈利性和竞争能力，因此，讨论贷款定价问题；对于现代商业银行的安全性和盈利性具有重要意义。上面已经简单介绍了个人消费信贷或房地产信贷还款方式，下面只讨论商业银行工商信贷的贷款价格问题。

广义的贷款价格的构成包括贷款利率、贷款承诺费、补偿余额和隐含价格。

1. 贷款利率

贷款利率是一定时期客户向贷款人支付的贷款利息与贷款本金之比率，是贷款价格的主要内容。贷款利率分为年利率、月利率和日利率。年利率是贷款利率的基本形式，通常以百分比表示；月利率则用千分比表示；日利率用万分比表示。银行贷款利率水平取决于中央银行的货币政策和有关的法令法规、资金供求状况和同业竞争状况，一般有一个当期的市场基准利率。根据贷款使用情况，在具体确定一笔贷款利率时，可以使用低于基准利率的优惠利率，或高于基准利率的惩罚利率。根据确定贷款利率方式的不同，贷款利率还可以分为固定利率和浮动利率。前者是指在发放贷款时确定并在贷款期间不再变动的利率；后者是指在贷款期间，根据市场利率变化定期调整的利率。

2. 承诺费

承诺费是指银行对已承诺贷给顾客而顾客还没有使用的那部分资金收取的费用。也就是说，银行已经与客户签订了贷款意向协议，并为此做好了资金准备，但客户并没有实际从银行贷出这笔资金，承诺费是对这笔已做出承诺但没有贷出的款项所收取的费用。承诺费是顾客为取得贷款而支付的费用，因而，构成了贷款价格的一部分。银行收取贷款承诺费的理由是，银行必须保持一定的流动性资产，这就要放弃这部分流动性资产的收益，使银行产生利益机会损失。为了补偿这种损失，就需要借款人支付一定的费用，支付了承诺费的贷款承诺是正式承诺，当借款人需要使用贷款时，银行予以及时满足。

3. 补偿余额

补偿余额是应银行要求，借款人在银行保持一定数量的活期存款和低利率定期存款，通常作为银行同意贷款的一个条件写入贷款协议。要求补偿余额的理由是，顾客不仅是资金的使用者，还是资金的提供者，而且只有作为资金的提供者，才能成为资金的使用者。在这里，存款是贷款的必要条件，银行获得存款成为现在和将来发放贷款的手段，也是银行变相提高贷款利率的一种方式。因此，成为贷款价格的一个组成部分。补偿余额的计算分为两个部分：一部分是按照实际贷款余额计算的补偿余额；另一部分是按已承诺而未使用的限额计算的补偿余额。

4. 隐含价格

隐含价格是指贷款定价中的一些非货币性内容。银行决定给客户贷款后，为了保证客户能偿还贷款，常常在贷款协议中有一些附加性条款。附加性条款可以是禁止性的，也可以是义务性的。附加条款不直接给银行带来收益，但可以防止借款人经营状况的重大变化给银行利益造成损失，因此，可以视为贷款价格的一部分。

8.1.3 贷款价格的决定因素

发放贷款的一个较大风险，是贷款定价不能弥补银行的资金成本、运营成本和损失准备金。贷款是银行的主要业务，是银行同主要客户联系的基础，贷款价格是银行收入的主要来源。银行贷款定价具体应考虑的因素如下。

1. 贷款的成本

贷款定价的基本前提是对贷款成本结构进行分析和测定，一般来说，贷款成本由三部分组成：①负债利息成本。商业银行的负债来源是各种存款、货币市场借入资金、大额可转让存单、向中央银行的再贷款、发行债券等，利息是负债成本。②贷款管理费用，是指信贷分析和执行的成本，包括银行的职员工资、奖金、设备、房地产、费用等。费用可以按贷款数量的一定百分比收取。③与违约有关的风险费用。银行一般按照风险程度对贷款进行分类，结合借款人历史上的拖欠情况确定每个等级贷款的信用程度，预测相关的风险费用，并按要求提取一定的风险准备金。

银行的负债成本分为负债平均成本和负债边际成本。负债平均成本是指每一单位的负债所花费的利息、费用额，不考虑未来利率、费用变化后的负债成本变动，主要用来衡量银行过去的经营状况。如果银行的负债来源构成、利率、费用等不变，银行可以根据负债平均成本来对新贷款定价。但如果银行负债来源结构、利率和费用等都处于变动状态中，贷款定价则需考虑负债的边际成本。负债边际成本是指银行每增加一个单位的可投资负债所需要花费的利息、费用额。它反映的是未来新增负债来源的成本。所以，在负债来源结构变化，尤其是在市场利率的条件下，作为新贷款定价的基础较为合适。根据负债来源的种类、性质、期限等不同，每一种负债来源都会有不同的边际成本。

2. 银行贷款的目标收益率

商业银行都以盈利为目标，为了实现该目标，各项资产的运用都应当确定收益目标。贷款是银行主要的资产运用项目，贷款收益率目标是否能够实现，直接影响到银行总体盈利目标的实现。因此，在贷款定价时必须考虑能否在总体上实现银行的贷款收益率目标。当然，贷款收益率制定要合理，要参考银行业的利润率水平，过高的收益率目标会使贷款价格失去竞争力。

3. 客户对贷款的需求

客户对贷款的需求决定了贷款定价的上限。贷款需求取决于市场规模和贷款价格弹性，规模和弹性的确定，需要银行对客户盈利能力的分析和判断。当价格的上下限确定后，贷款定价的具体定位要参照同业竞争价格，必须要对此做出细致的比较。

4. 贷款条款

大部分贷款协议中有两种类型的条款，即正面条款与负面条款。正面条款规定借款人的义务，如定期提交财务报表、参加必要的保险、服从贷款协议的规定、按期足额支付利息与本金、遵守银行的要求等。负面条款要求借款人保持正常的财务能力，列明对借款人的贷款支付范围和活动的限制。由于负面条款限制了借款人的活动，或增加了借款人的成本，因而需要认真协商制定。贷款定价非利息方面的间接影响因素，包括要求担保品、贷款延期罚款与其他贷款限制条款。这些因素在每笔贷款中不相同，如果贷款协议对这几个因素有严格的限制，会降低银行的风险，增加借款人的成本。

5. 借款人的信用状况及与银行的关系

借款人的信用状况主要是指借款人的偿还能力和偿还意愿。借款人的信用越好贷款风险越小，贷款价格也越低。如果借款人过去的偿债记录不能令人满意，银行就应以较高的价格和较严格的约束条件限制其借款。借款人与银行的关系也是银行贷款定价时应考虑的因素。这里的关系，是指借款人与银行的正常业务关系，如借款人在银行的存款情况、借款人使用银行服务的情况等。在银行有大量存款、广泛使用本行提供的各种金融服务、或长期有规律地向银行借款的客户，是银行关系密切的客户，在制定贷款价格时，可以适当降低利率。

6. 贷款的风险程度

由于贷款的期限、种类、保障程度及贷款对象等不同，贷款的风险程度也不同。风险程度不同的贷款，银行花费的管理费用或可能产生的损失费用也不同。银行承担贷款风险而花费的费用，是贷款的风险成本，在贷款定价时须将风险成本考虑在价格中。由于一笔贷款受多种复杂因素的影响，如贷款的种类、用途、期限、贷款保障、借款人信用、财务状况、客观经济环境的变化等，要精确预测一笔贷款的风险费用显然比较困难。在实践中，为了便于操作，银行通常根据历史上某类贷款的平均费用水平，考虑未来各种新增因素来确定贷款风险费用率。

7. 贷款费用

商业银行向客户提供贷款，需要在贷款前、贷款过程中做大量工作，主要包括进行信用调查、分析评估、担保品鉴定、估价管理等。所有这些工作发生的各种费用，在贷款定价时将考虑进去，作为确定贷款价格的因素。为了操作方便，许多银行将各种贷款的收费种类及其标准作具体的规定，在确定某一笔贷款的收费时，只需按照规定计算即可。

8.1.4 贷款定价模型

1. 成本相加定价模型

商业银行贷款定价时，管理人员必须认真分析负债成本、银行管理费用，以及合理的利润。成本相加定价法，是一种合乎情理的定价方法。简单的相加定价法模型认为，贷款的利率包括四部分：①银行负债的成本；②银行的非资金经营性成本（包括人员工资、设备费用等）；③对贷款可能发生违约造成的损失的补偿；④保证银行股东资本收益率的预期利润率。每项用百分比表示为

$$i^*=mc+nc+dp+pr$$

其中，i^*为贷款利率；mc 为资金边际成本；nc 为非资金经营性成本；dp 为违约造成的损失的补偿；pr 为预期利润率。

例如，A 公司申请 1 000 万元贷款，如果银行筹集的资金成本是 2.5%，调查、发放、监管的经营性成本是 0.5%（即每百元资金的经营成本为 0.5 元），根据历史资料，同类贷款违约风险率平均为 1.8%，除此之外，预期利润率 1.2%，那么，采用成本相加定价法，发放贷款的利率是：2.5%+0.5%+1.8%+1.2%= 6 %。

2. 基准利率主导模型

成本相加定价法有局限性，一是银行业务是复合型产品，经营成本很难分摊给具体的贷款或其他业务；二是忽视了银行间的竞争对预期利润的影响，实际情况是银行间的竞争越来越激烈，贷款预期利润率越来越低。这些局限性导致了基准利率主导模型的产生。

$$i^*=i+dp+mp$$

其中，i^*为贷款利率；i 为基准利率；dp 为由非基准利率借款者支付的违约风险溢价；mp 为长期贷款顾客支付的期限风险溢价。

基准利率是银行对最值得信赖的顾客的短期流动资金贷款征收的最低利率，银行也可以将普通贷款利率作为基准利率。美国的大银行普遍采用统一的基准利率，小银行虽然采用不同的基准利率，但多年来并不经常改变。

违约风险溢价，可理解为因贷款客户可能违约给贷款银行带来的预期本息损失。为了更清楚违约风险溢价的内涵，我们可将违约风险的溢价 DRP 定义为 $DRP=i^*-i$，且满足条件：

$$1+i^*=(1+i)/(1-d) \tag{8-1}$$

其中，DRP 为违约风险溢价；i^*为贷款定价利率；i 为基准利率；d 为贷款发生违约预期贷款本息损失率。这里违约风险的溢价刚好弥补了商业银行贷款的预期本息损失。

然而，仅仅补偿贷款的预期本息损失不够，如果发生违约情况，商业银行除了承受本息损失的“直接成本”外，贷款银行还要承担回收责任，支付管理费用，理应获得间接成本和“风险报酬”的补偿。例如，商业银行可以有两种选择：一是发放贷款给 B 借款人，二是购买国库券。假设都可以获得 10%的预期收益率，由于购买国库券几乎无违约风险，商业银行购买国库券可以确定地获得 10%的收益，但贷款给 B 借款人所获得的 10%的收益，有比国债大得多的不确定性，那么，理智的经理一定选择购买国债。正因为如此，商业银行对收益不确定性要求一定的补偿，属于收益不确定性补偿。

将收益不确定性补偿因素加入，前面的公式就会变成：

$$1+i^*=(1+i)/(1-d-p)$$

进而可将公式改写为

$$i^*=(1+i)/(1-d-p)-1 \tag{8-2}$$

这里 p 为不确定风险的溢价比率；该公式可以近似地表示为

$$i^*=i+d+p \tag{8-3}$$

$$DRP=i^*-i=d+p \tag{8-4}$$

公式说明，违约风险溢价由违约损失概率加上不确定性溢价率构成。现实中借款者的违约风险溢价设定，是贷款定价中最困难的一步，可以用多种风险调整方法。科普兰建议依据下面的方案评定贷款风险等级及违约风险溢价（表 8-1）。

表 8-1 风险调整方案（单位：%）

风险等级	违约风险溢价	风险等级	违约风险溢价
无风险	0.00	特别关注	1.50
微小风险	0.25	次级	2.50
标准风险	0.50	有疑问	5.00

贷款违约风险溢价通常称为加价，银行仅通过降低或提高贷款的加价，就可以达到扩充或收缩其贷款组合的目的。但是，许多银行不愿意调整其基准利率或加价利率，而是拒绝发放风险大的贷款，这是由于此类客户给银行带来的潜在损失大于风险加价收入。

银行在货币市场上发展了两个浮动基准利率公式：①基准利率相加方法；②基准利率相乘方法。通常的做法是，贷款利率根据优惠利率加上（plus）一定百分点，或者乘以（times）某个系数来确定。前者被称为优惠加数定价（prime-plus approach），后者被称为优惠乘数定价（prime-times approach）。

20 世纪 70 年代，基准利率作为商业贷款利率确定依据的统治地位受到伦敦银行同业拆借利率（London Interbank Offered Rate，LIBOR）的挑战。伦敦银行同业拆借利率，是指存期从几天到几个月的欧洲美元短期存款利率。世界主要银行更多地利用欧洲美元作为放贷资金，因而将伦敦银行同业拆借利率作为基准利率。由于银行业的国际化发展，伦敦银行同业拆借利率为国内、国际的银行提供了一个共同标准，便于商业银行和贷款顾客进行比较。

3. 低于基准利率定价模型（加价模型）

20 世纪 80 年代以来，随着西方发达国家的商业票据市场特别是大型公司短期票据的公开自由交易，银行间竞争更加激烈，商业银行对大客户贷款的利率，普遍采用货币市场利率加上一个很小的比例，来补偿风险头寸、经营成本和利润。这一利率低于基准利率，称低于基准利率定价模型（加价模型）。

$$i^{*}=rm+dpp$$

其中，i^{*}为贷款利率；rm 为货币市场借贷利率；dpp 为风险和利润的加价。这样，实际的短期贷款利率比基准利率低一个到几个百分点，使基准利率作为商业银行贷款基础的重要性大大降低，更多地以货币市场利率作为基础。

4. 带有最高利率的贷款利率（上限）

近年来，对基准利率主导模型的另一个演变，是利率上限的使用，即不论将来市场利率如何上涨，对浮动率贷款合同给定一个利率上限。一般是在基准利率之上，加上几百分点作为利率上限。利率上限是银行向客户提供的另一项服务选择，可以收取特定的费用。贷款利率上限是借款的最高成本，通常是一年一次或贷款到期时偿付，实际上是一种利率保险，贷款人将利率超过上限的风险从借款人转移到自己身上。

8.2 债券产品

债券是一种到期还本付息的有价证券，由于债券的利息通常事先确定，所以债券又称为固定利息证券。债券是常用的融资工具，从不同的角度债券可分为不同的类型。按发行主体分，有政府债券、金融债券、公司债券、国际债券；按偿还期限分，有短期债券、中期债券、长期债券和永久债券；按计息方式分，有附息债券、贴现债券、单利债券、累进利率债券；按债券利率浮动与否分，有固定利率债券、浮动利率债券；按是否记名分，有记名债券、不记名债券；按有无抵押担保分，有信用债券、担保债券；按债券形态分，有实物债券、凭证式债券、记账式债券。债券在发行时确定价格称发行价格，进入流通市场进行交易时取得的价格称交易价格，又称市场价格。影响债券市场价格的因素很多，既有发行价格、市场利率，又有市场供求关系。本节分析影响债券市场价格的内部因素和外部因素。

8.2.1 影响债券市场价格的内部因素

债券的内部因素是改变债券到期收益率水平的决定性因素，债券到期收益率水平一旦变化，债券的市场价格也随之变化。债券市场价格内部影响因素主要有六个：债券到期时间、票面利率、早赎条款、税收特性、流动性和违约风险。

1. 债券的到期时间

当其他条件不变时，债券距到期时间越长，债券价格的波动幅度越大。同样，如果债券的收益率在整个生命期内都不变，则债券折扣或溢价的大小，将随到期日的临近而逐渐减少。即若两种债券具有相同的票面利率、面值和收益率，则具有较短生命期的债券的销售折扣或溢价较小。

2. 债券的票面利率

债券票面利率决定了未来现金流的大小，在其他因素不变的条件下，债券票面利率越高，预期收益率变化引起的债券价格变化就越小（一年期债券和无限期债券除外）。相反，票面利率越低，由预期收益率引起的价格波动幅度越大。可见，票面利率的不同引起的收益率不同，对债券价格波动的影响程度也不同。

3. 债券的早赎条款

许多债券在发行时含有可赎回条款，即在一定时间内发行人有权提前赎回债券。提前收回债券的价格称为早赎价格，它与债券面值之间的差额称为早赎溢价。虽然有早赎溢价的存在，但可赎回条款的存在制约了债券市场价格的上升空间，增加了投资者的交易成本，降低了投资者的实际收益率。一般而言，票面利率越高，发行人行使赎回权的概率越大，即投资债券的实际收益率与债券承诺的收益率之间的差额越大。当债券具有可赎回条款时，发行人拥有在条件对自己不利时（如固定利率债券在市场利率大幅走低时）赎回的选择权，对持有人不利。这时债券价格将低于不包含该条款的同类债券。

4. 债券的税收待遇

不同国家的债券可能享受不同的税收待遇，同种的债券也可能享受不同的税收待遇。债券税收待遇的关键在于债券的利息收入是否交税，利息收入纳税与否直接影响着投资的实际收益率。因而，税收待遇成为影响债券市场价格和收益率的一个重要因素。由于债券的到期收益率与债券的内在价值，或市场价格成反比例关系，因此，享受免税待遇的债券的价格，一般略高于不能享受免税待遇的债券。例如，有些西方国家规定政府债券可以免交利息所得税，这样，地方政府债券的名义到期收益率往往比没有免税待遇的债券低一些。税收待遇对债券价格和收益率的影响，还表现在贴现债券的价值分析中。由于贴现债券具有延缓利息税收支付的待遇，税前收益率水平往往低于没有免税待遇的其他债券。

5. 债券的流动性

债券的流动性是指债券的即时变现能力，如果债券变现速度快，变现没有带来损失，这种债券的流动性就比较高；反之，若债券变现速度慢，或者变现必须承担额外损失，则债券流动性就比较差。例如，为了转让面值 100 万元的公司债券，所需要花费的交易成本要比转让面值 100 万元的国债高，因为国债的信誉高、需求多、易于出手，流动性较强。绝大多数债券通过交易商买卖，交易商提供的债券买卖差价可作为衡量债券流动性好坏的一个指标。买卖差价较小的是交易活跃的债券，流动性较强。买卖差价较大的是交易冷清的债券，流动性较差。在其他条件不变的情况下，流动性强的债券内在价值较高，市场价格也相对较高；流动性差的债券内在价值较低，市场价格也相对较低。

6. 债券的违约风险

债券的违约风险，是指债券发行人未按契约的规定支付债券本金和利息，给债券投资者带来损失的可能性。债券违约风险使投资者要求相应的风险补偿，即较高的收益率，所以违约风险越高，收益率也应该越高，价格相应越低。

8.2.2 影响债券市场价格的外部因素

引起债券价格的外部因素主要是：债券市场供求关系、国内市场利率变化、中央银行货币政策、国家经济发展状况和债券市场开放程度。

1. 债券市场供求关系

债券供求状况直接影响债券价格，一般来说，当债券供给大于需求时，债券价格下跌；当债券供给小于需求时，债券价格上涨。在初次发行时，如果债券发行量过大，发行条件不利，投资者可能通过选择其他金融资产，影响债券价格行情。当然，发行数量适中、条件适中，不会对市场构成压力。

2. 国内市场利率变化

市场利率水平的高低，通过与债券票面利率的比较，可以影响债券价格的变化。若市场利率上升，超过债券票面利率，债券持有者将出售债券，将资金转向利率较高的金融资产，对债券需求减少，价格将下降；反之，市场利率下降，债券利率相对高，资金流向债券市场，债券价格上升。同时，市场利率上升，债券要求的收益率必然也上升，债券价格下跌；反之，亦然。

3. 中央银行的货币政策

一国中央银行提高存款准备金率时，银行和企业资金趋紧，债券发行增加，市场需求下降，债券价格将下降；反之，中央银行降低存款准备金率时，银行和企业资金盈余，债券需求上升，债券价格会上升。中央银行提高再贴现率时，市场利率也会提高，根据债券价格与市场利率的关系，债券价格下降；反之，亦然。中央银行的公开市场业务也会影响债券供求状况，中央银行在金融市场上抛售债券时，将引起债券价格下跌；反之，大量买入债券，会引起债券行市上升。

4. 国家经济发展状况

经济景气阶段，企业会减少持有的各种债券，将他们变为现金，还会发行新的企业债券。银行等金融机构会因企业贷款增加而资金紧张，从而减少债券投资，或者发行金融债券。因此，在经济繁荣阶段，债券需求减少而供给增加，债券价格下降。相反，在经济衰退阶段，资金需求减少，企业和金融机构资金过剩会把闲置资金投向债券，同时减少债券筹资，从而债券需求增加而供给减少，价格上升。

5. 债券市场开放程度

债券市场对外开放程度与价格的关系比较复杂。但是，基本原理是：债券市场开放程度较高时，国际资金会较多地参与国内债券市场。作为资金相对短缺的发展中国家来说，通常国内债券价格相对较低，债券市场对外开放初期，债券需求增加，价格将上升，债券市场完全开放后，债券价格保持在相对稳定的水平。

其他影响债券市场价格波动的外部因素还有财政收支状况、国际间利差等。

8.2.3 收入资本化法在债券定价中的运用

在明确了影响债券价格的内外部因素后，我们很关心债券的投资价值如何。利用金融资产定价的一般方法，即收入资本化法，很容易得到债券的估价公式，并可用来对债券的价值进行分析。

由收入资本化法，债券的内在价值可以通过下面的方程式获得：

$$V=\frac{C_1}{\left(1+y^*\right)^1}+\frac{C_2}{\left(1+y^*\right)^2}+\frac{C_3}{\left(1+y^*\right)^3}+\cdots+\frac{C_n}{\left(1+y^*\right)^n} \tag{8-5}$$

即

$$V=\sum_{t=1}^{n}\frac{C_t}{\left(1+y^*\right)^t} \tag{8-6}$$

其中，C_t为该债券承诺每年给投资者的现金流量，对于附息票债券，$C_t=P_0\cdot y$；P_0为面值；y为息票利率；y^*为该债券合理的到期收益率。

债券的购买价格，是其市场价格 P，所以对投资者来说，债券的净现值（NPV）就等于其内在价值与购买价格之差，即

$$\text{NPV}=V-P=\sum_{i=1}^{n}\frac{C_t}{\left(1+y^*\right)^t}-P \tag{8-7}$$

当债券拥有一个正的净现值时，可被认为定价偏低；反之，则定价偏高。在使用收入资本化定价方法时，C_t、t在合约中列明，容易确定，y^*比较难于确定，它取决于债券的性质和当前的市场条件。下面举例说明债券价格与收益率之间的关系，有助于确定y^*的合理取值。

假定债券的价格为 P，每期支付的固定利息（现金流）为 C，到期偿还本金 A，那么，债券价格与债券本身承诺的到期收益率之间存在如下关系：

$$P=\frac{C_1}{\left(1+y\right)^1}+\frac{C_2}{\left(1+y\right)^2}+\frac{C_3}{\left(1+y\right)^3}+\cdots+\frac{C_n}{\left(1+y\right)^n}+\frac{A}{\left(1+y^*\right)^n} \tag{8-8}$$

如果市场利率$r>y^*$，则债券的价格被高估；如果$r<y^*$，则债券的价格被低估；只有当$r=y^*$时，债券的价格才会处于较为合理的水平。

例如，某 3 年期票面额 1 000 元的债券，贴现发行价格为 900 元，每年支付利息为 60 元，3 年到期偿还本金，那么，根据式（8-8）可以算出该债券承诺的到期收益率，y^*

为 10.02%。如果市场利率为 96%，那么，该债券的市场发行价格被低估。具体计算过程如下：

$$900=\frac{60}{1+y^*}+\frac{60}{\left(1+y^*\right)^2}+\frac{60+1\,000}{\left(1+y^*\right)^3}$$

也就是说，要使债券发行价格取值合理，必须根据债券性质和当时的市场条件（市场利率水平），确定合理的（债券本身承诺的）到期收益率，这是根据收入资本化法为债券定价的最基本方法。

根据式（8-7）、式（8-8），可以得出一个基本结论：债券到期收益率与债券市场价格存在如下变动关系，即债券收益率下降，引起债券价格上升；债券收益率上升，引起债券价格下降；反之，推理亦同。这与市场利率影响的定性分析结论一致。

8.2.4　债券利率的风险结构

在分析债券属性对债券价格的影响之后，我们再来强调在其他因素保持不变时，债券收益与其违约风险间的关系。上文已提及，债券违约风险越大，违约溢价也就越大。这导致违约风险越高的债券，提供的承诺的到期收益率也就越大。因此，如果债券的信用等级真实反映了其违约风险，那么信用等级越低的债券，其承诺的到期收益率就应该越高。

穆迪公司和标准普尔公司专门负责对债券进行信用评级，穆迪公司 Baa 级及其以上级别的公司债券、标准普尔评级 BBB 级及其以上级别的债券违约风险较低，称为投资级债券，而 Baa（BBB）级以下的为非投资级债券，违约风险较高。

债券利率的风险结构（risk structure），即不同违约风险的所有债券的收益率，用图 8-1 来说明。

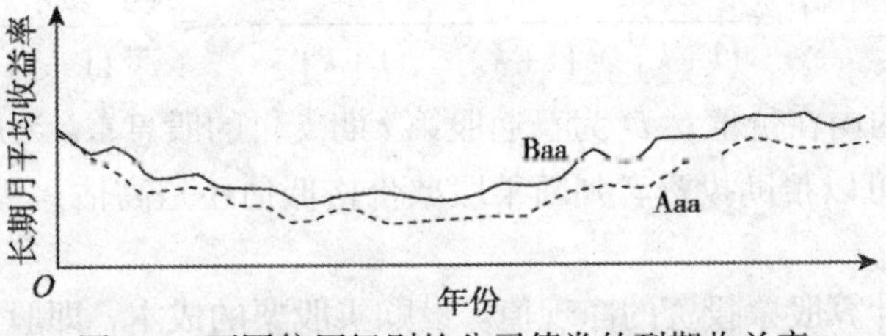

图 8-1　不同信用级别的公司债券的到期收益率

图 8-1 中两曲线，分别代表两个信用等级的债券所承诺的到期收益率，可见，Baa 级债券的长期月平均收益率，比 Aaa 级债券的相应收益率总是要高。还可以用图 8-2 来描述债券利率的风险结构，即违约风险越大，承诺的收益率也越大。

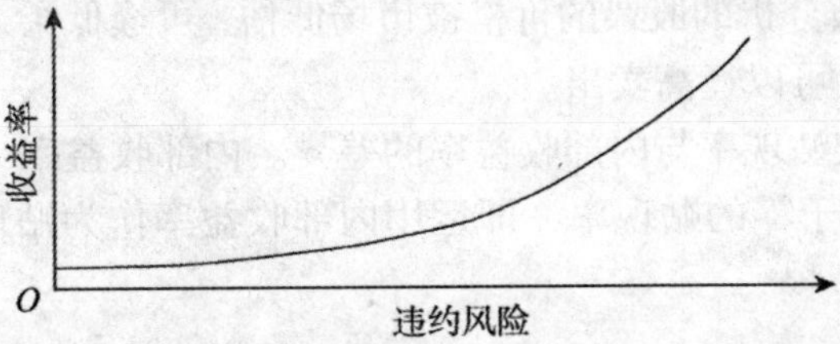

图 8-2　收益率与违约风险关系

8.3 股 票 产 品

股票是股份公司通过发行筹集资本金的所有权凭证，不具有偿还性，是一种长期投资工具。股票一经认购，投资者不能以任何理由要求公司退回资金，但可以在证券市场上依法转让，上市股票有很强的流动性。股票的收益表现在两方面：一是分红收入，包括股息、红利等；二是持有期间的价差收入，即股价变动带来的资本利得。股票的预期收益水平比其他信用工具高，但风险较大。股份公司解散或破产清算时，股东在所有债务之后取得剩余索取权，最后分得的现金可能很少甚至没有。因此，股东要分担公司的经营风险和投资风险。股票市场价格的估计在金融资产估价中最困难，股票市场价格受诸多复杂因素的影响。股票作为一种金融资产，可以利用收入资本化法，通过预测其未来现金流计算其内在价值，或称合理价格。当然，股票在证券市场中的实际价格并非等于理论计算价格，由于股票未来现金流有很大不确定性，我们依据股息的几种不同增长情况，分别推导出股票定价的几种常用模型，并由此引出股票市盈率问题的讨论。

8.3.1 收入资本化法在普通股价值分析中的运用

收入资本化定价方法认为，资产的内在价值 V，等于所有预期现金流的现值之和：

$$V=\frac{C_1}{(1+k)^1}+\frac{C_2}{(1+k)^2}+\frac{C_3}{(1+k)^3}+\cdots=\sum_{t=1}^{\infty}\frac{C_t}{(1+k)^t} \tag{8-9}$$

其中，C_t 为资产在时间 t 的预期现金流；k 为该现金流在某种风险水平下的适当的贴现率。

收入资本化法运用于普通股价值分析模型，又称股息贴现模型，其函数表达式如下：

$$V=\frac{D_1}{(1+k)^1}+\frac{D_2}{(1+k)^2}+\frac{D_3}{(1+k)^3}+\cdots=\sum_{t=1}^{\infty}\frac{D_t}{(1+k)^t} \tag{8-10}$$

其中，V 为普通股的内在价值；D_t 为普通股第 t 期支付的股息；k 为适当的贴现率。

股息贴现模型可以帮助投资者判断某股票价格低估还是高估，具体地说，判断的方法有两种。

第一种方法，计算股票投资的净现值。设购买股票的成本，即股票的市场价格为 P，则净现值（NPV），等于股票内在价值与市场价格之差：

$$\mathrm{NPV}=V-P=\left[\sum_{t=1}^{\infty}\frac{D_t}{(1+k)^t}\right]-P \tag{8-11}$$

NPV 为正，说明被分析的股票的价格被市场低估，可逢低买入；NPV 为负，说明股票的价格被市场高估，可以逢高卖出。

第二种方法，比较贴现率与内部收益率的差异。内部收益率（internal rate of return, IRR），是使净现值等于零的贴现率，即运用内部收益率作为贴现率进行贴现时，$V=P$ 成立，即

$$\mathrm{NPV}=V-P=\left[\sum_{t=1}^{\infty}\frac{D_t}{(1+\mathrm{IRR})^t}\right]-P=0 \tag{8-12}$$

如果贴现率小于内部收益率，则股票的净现值大于零，即该股票价值被低估；反之，贴现率大于内部收益率时，股票的净现值小于零，股票价值被高估。

利用股息贴现模型确定普通股每股内在价值时，投资者必须预测所有未来的股息，预测股息的关键是预测每期股息的增长率，如果用 g_t 表示第 t 期的股息增长率，其数学表达式为

$$g_t=\frac{D_t-D_{t-1}}{D_{t-1}} \tag{8-13}$$

例如，$t=2$ 时每股股息预期为 0.4 元，$t=3$ 时为 0.42 元，则 $g_3=(0.42-0.4)/0.4=5\%$。

根据对股息增长率的不同假定，股息贴现模型可以分成零增长模型、常数增长模型、多阶段增长模型等。

1. 零增长模型

零增长模型（zero-growth model），是股息贴现模型的一种特殊形式，它假定每年的股息固定不变，即股息增长率等于零，也就是过去一年支付的股息 C_0，等于今年支付的股息 D_1，也等于明年的股息 D_2，等等。

$$D_0=D_1=D_2=\cdots=D_\infty \text{ 或者 } g_t=0$$

将股息不变的条件代入式（8-10），得

$$V=\sum_{t=1}^{\infty}\frac{D_t}{(1+k)^t}=D_0\left[\sum_{t=1}^{\infty}\frac{1}{(1+k)^t}\right] \tag{8-14}$$

然后，利用数学中无穷数列的性质可知，若 $k>0$，则有

$$\sum_{t=1}^{\infty}\frac{1}{(1+k)^t}=\frac{1}{k} \tag{8-15}$$

代入式（8-14）中，就可得零增长模型的计算公式

$$V=\frac{D_0}{k} \tag{8-16}$$

【例 8-1】 假设某电力公司预计在未来按每股 0.2 元，无限期支付股息，收益率为 5%，利用式（8-16）可知，该公司股票每股价值 4 元（=0.2 元/0.05），若每股市价 3.5 元，则每股的净现值为 0.5 元（= 4 元–3.5 元），即该股票被低估了 0.5 元，因而可以买进。

将式（8-16）变形，用股票市价 P 代替 V，用 k^* 代替 k 得

$$P=\frac{D_0}{k^*} \tag{8-17}$$

即

$$k^*=\frac{D_0}{P}=\frac{D_1}{P} \tag{8-18}$$

显然，k^* 是零增长股票投资的内部收益率（IRR）。

将上述公式用于电力公司的股票，则内部收益率等于 5.7%（=0.2 元/3.5 元），IRR 大于贴现率（5.7%> 5%），这种方法也表明，该股票被低估，买入决策可行。

零增长模型在现实中应用范围有限，原因是无限期支付固定股息的假设过于苛刻。

该模型常用于决定高等级优先股的内在价值，因为它通常按固定数目支付股息。

2. 常数增长模型

常数增长模型（constant-growth model）是股息贴现模型的又一特殊形式，该模型有如下三个假定条件。

第一，股息的支付在时间上是永久性的，这一假定与零增长模型相同。

第二，股息的增长率是一个常数，即 g_t 为常数，亦即 $D_t = D_t - 1$（$1+g$）$= D_0$（$1+g$）^{t}。

第三，模型中的贴现率大于股息增长率，即 $k>g$，因为当 $k<g$ 或 $k=g$ 时，股票价值将出现无穷大或负值的情况，这不符合现实。

根据上述条件，可将式（8-15）改写为

$$V=\sum_{t=1}^{\infty}\frac{D_t}{(1+k)^t}=\sum_{t=1}^{\infty}\frac{D_0(1+g)^t}{(1+k)^t} \tag{8-19}$$

D_0 为常量，对式（8-19）求和取极限，则

$$V=D_0\frac{1+g}{k-g}=\frac{D_1}{k-g} \tag{8-20}$$

上式是常数增长模型的函数表达式。

前述的零增长模型可看做常数增长模型的特例，即增长率为零时的情况。

【例 8-2】 假设电力股份公司过去一年支付股息为每股 0.2 元，预期到股息将以每年 5 %的比例无限增长，则第二年股息为 0.21 元［=0.2 元 ×（1+0.05）］。设贴现率为 8 %，求出该公司股票价值为 0.21 元/（0.08–0.05）= 7 元，若当前市价为 6 元，则股票净现值为 1 元，说明每股低估了 1 元，可考虑买入。

8. 3. 2 股票市盈率分析

零增长模型中有 $V=\frac{D_0}{k}$，股票内在价值与股息成正比，与贴现率成反比。将零增长模型作一个变换，将平均每股股息用 D 表示，则 $\frac{V}{D}=\frac{1}{k}$，这一比例即为理论市盈率。如果用市场价格代替内在价值，则市场价格与每股股息的比率称为实际市盈率，用 J 表示，即 $J=\frac{P}{D}$。可见，如果市场价格偏离内在价值，则实际市盈率偏离理论市盈率，前者偏离越大，后者偏离也越大。

市盈率反映股票投资回收期，衡量了股票的投资价值和风险，即市盈率越高，收回投资的时间越长，股票投资价值就越低，风险就越大。令 $\frac{D}{P}=\frac{1}{J}=r$，若市盈率过高可能导致 r 小于市场利率或存款利率，表明投资于该股票收益率低，投资价值小。

市盈率定价法是股票定价的常用方法之一。我国新股发行价格就是采用市盈率定价法，即 $P=D\cdot J$，以一定的市盈率（如 20 倍）乘以每股平均盈利额。如果某股份公司近三年平均税后盈利 0.2 元，那么，该股份公司股票市场发行价格，就是每股 4 元。

市盈率常被看做一个股票价格是否虚高的标志，市盈率超过合理水平越高，股价未

来下跌的可能性就越大。市盈率要和公司的成长性结合在一起分析，才能全面反映股票的投资价值。例如，具有很大潜力的高新技术企业，发展初期盈利很少，甚至亏损，但是有很大的成长性，如果当前的市盈率高，就有其合理性。股票市场的平均市盈率，是衡量整个市场的投资价值和风险的重要指标，如果平均市盈太高股市“泡沫”就大，潜在的金融风险就大。2001年年底，中国股市市盈率高达约40倍，在国际上是比较高的，表明了中国股市的风险相对较大。

8.3.3 股票市场价格的影响因素

股票市场价格由股票内在价值决定，但并不等于其内在价值。股票市场价格受各种经济和非经济因素的影响，围绕股票内在价值波动。我们将影响股票市场价格波动的因素划分为宏观经济因素、微观经济因素和非经济因素，进行简单分析。

1. 宏观经济因素与股票价格波动

股票市场是市场经济的产物，股市的发展变化与国家宏观经济的发展有密切的关系。一方面，股票市场是国家宏观经济的晴雨表，股市波动能够反映国家宏观经济的运行情况，预示经济发展的趋势；另一方面，股票市场作为整个国家宏观经济的子系统，还会受到宏观经济因素变量变动的影响。宏观经济因素从不同方面直接或间接影响公司经营状况、投资者心理等，从而对股票供求和价格产生很大影响。

（1）经济周期对股票价格的影响。根据经济学周期理论，经济周期包括衰退、萧条、复苏、繁荣四个阶段，随着这四个阶段的交替出现，股票市场也随之进行周期性的波动。经济周期对股票价格长期走势有较大影响，当经济从低谷开始回升，投资者预期经济景气将进入复苏阶段，社会投资逐渐增加，购买力日趋旺盛，各行业产值和利润将普遍提高，投资者对经济前景充满信心。股票价格因此上升，股票市场开始出现上涨，这种上涨局面会一直持续到经济景气繁荣阶段的中期。当经济景气由高峰开始下降之前，投资者预期经济景气即将开始收缩，社会资金紧缺企业利润将会下降，对经济景气的看淡使投资者争相抛出股票，造成股票市场价格下跌。当经济处于萧条阶段，社会需求减少生产过剩，投资者对经济前景难以把握，观望行为造成股市低迷，股票价格呈小幅波动状态。有实证分析表明，我国股票市场价格波动比宏观经济周期的波动超前大约4~6个月。

（2）通货膨胀对股票价格的影响。通货膨胀变动对股票价格的影响相对比较复杂，在温和通货膨胀的初始阶段，企业消化原材料价格上涨的能力较强，又能利用人们的货币幻觉提高其产品价格，在一定程度上可能刺激生产和消费，增加企业盈利，促使股市行情上扬。但随之而来的生产费用不断提高，当企业无法通过产品涨价或内部消化时，必然导致企业经营业绩的恶化。投资者因此会对股票投资失去信心，股市行情随之下滑。对通货紧缩来说，由于通货紧缩期间，市场利率较高，一方面市场上愿意进入股票市场的资金减少，另一方面公司债务利息负担加重，因而对股价的上升始终起抑制作用。

（3）市场利率变化对股票价格的影响。事实表明，股票价格和市场利率变动存在反向关系，市场利率变化主要通过三个途径影响股票价格：第一，利率提高，企业债务利息负担加重，利润和股息相应减少，股票价格随之下降；反之，利率下调，企业债务利息负担减少，利润和股息相应增加，股票随之上升。第二，利率提高，其他低风险投资工具收益相对增加，一部分游资会流向如储蓄、债券等，股票需求减少股价下降；利率下降，一部分储蓄、债券资金流向股票市场，股票需求增加，股价上升。也可以说，市场利率提高对股票收益率的要求变高，股价下降；反之，股价上升。第三，利率提高，商业银行向中央银行的借款成本上升，一部分投资者要以较高利息负担才能借到资金，投资者会减少融资和股票需求，股价下降；反之，股价上升。

（4）货币政策对股票价格的影响。货币政策是一国中央银行采取措施控制货币供给量，进而影响利率调控经济的手段。货币政策对股票价格的影响，主要通过两个方面产生：第一，当增加货币供给量时，社会融资环境趋于宽裕，企业盈利前景看好，进入股市的资金增多，从而股票的价格上扬；反之，当减少货币供给量时，导致部分资金流出股票市场，同时人们对购买股票保值的欲望降低，从而股票的价格回落。第二，利率的调整通过影响上市公司的业绩来影响股票价格，当利率上升时，公司的借款成本增加，资金筹措困难导致公司生产规模缩小，利润水平下降，股票价格有所下跌；同时，一部分资金在利率上升时会从股票市场转向借贷市场，促使股票市场需求下降，股票价格下跌；反之，当利率下降时，上市公司的营运成本也下降业绩转好，股票投资的机会成本下降，股票价格上升。

（5）财政政策对股票价格的影响。财政政策对股市的影响主要体现在：第一，税率的高低直接影响企业的盈利水平，导致股票价格的下跌或上升。第二，税收结构的调整，引起利润分配变化，对纳税对象产生不同影响，导致不同行业股票价格的变化。第三，扩张性财政政策如增加政府财政赤字、减税等，可以扩大潜在资金供应量减轻企业负担，推动股价上扬；反之，紧缩性财政政策减少潜在资金供应量，企业负担增加，对股市起抑制作用。

（6）产业政策对股票价格的影响。产业政策是国家宏观经济政策体系的重要组成部分，一般来说，对股票市场价格的影响是局部性的。当产业政策向某一行业、某种产业组织倾斜时，国家通常会采取财政政策和货币政策手段配合实施，该行业往往会获得政府投资、税收、信贷、进出口等方面的优惠，使该行业或产业组织的利润水平上升，股票价格随之上扬；相反，如果国家限制某个行业发展，会动用相应的经济杠杆约束其发展，该类行业公司成本上升利润下降，该行业股票价格将应声下跌。

另外，监管政策工具的使用，如规范市场主体行为的法律法规、信息披露制度和舆论导向等，对股市的中短期走势有极大的影响，其他如国际收支、汇率变化等因素也有一定的影响，限于篇幅，不再赘述。

2. 微观经济因素与股票价格波动

（1）上市公司业绩对股票价格的影响。公司业绩主要是通过公司的年销售额及其增长率、产品市场占有率、公司的盈利能力等财务状况来反映。公司业绩越好，股票的现价就会越高；相反，公司的业绩越差，其股票的现价就会越低。成长性预期反映公司未来发展前景，决定股价的长期走势。一般来说，股票的成长性预期，主要是从公司现有的财务分析中得到，通过公司正常年景下盈利能力和盈利水平，预测公司未来盈利的增减。

（2）行业生命周期对股票价格的影响。行业的生命周期是指一个行业由产生到成长再到衰落的发展过程。在初创期，由于技术的相对不成熟，产品品种单一，质量较低且不稳定，因而企业的盈利少甚至发生亏损，因而股价较低；成长期内，随着新产品得到市场的认可，产品的销售数量在强劲的市场需求下迅速增加，行业发展进入稳定时期，因而企业利润剧增，行业总体股价水平上升；成熟期内，产品生产技术已成熟，借助于规模效应，在较低的成本上进行大批量产品生产，在价格降低的同时保持稳定的利润水平，股价平稳；衰退期，行业内企业的盈利普遍减少，股价呈下跌之势。

（3）主力交易者行为对股票价格的影响。“主力交易者”是指拥有雄厚的资金以及一些不对称信息的少量“机构交易者”，主力交易者是相对于普通散户交易者而言的。机构交易者对资金和信息的占有，使得它们能够在一定程度上有力量影响股票价格的波动，在短时间内制造股价的异常波动，以获取超额收益。

（4）投资者心理预期对股票价格的影响。行为金融理论认为，心理作用对投资者的行为模式有一定的影响，对投资者的决策结果起作用。在股市中，当大多数投资者对股市抱乐观态度时，就会忽视一些潜在的不利因素，争相买入股票，使股价上涨；反之，大多数投资者对股市抱悲观态度，争相抛出股票促使股价下跌；当大多数投资者对股市发展无法判断时，会持观望态度，则市场冷落股价盘旋。即众多投资者的心理预期，形成市场心理预期，对股价的走势产生较强的影响。

3. 非经济因素与股票价格波动

非经济因素是指战争爆发、时局变动、自然灾害、突发事件等对股价带来的波动。这种影响具有突发性，从整体上对经济产生影响，如战争会破坏生产力，增大投资风险；政治时局变动会影响社会安定，严重影响投资者心理预期；自然灾害（如 SARS）突发导致市场萧条；突发事件（如“9·11”恐怖袭击）引起美国社会恐惧等。

以上就影响股票市场价格波动的经济因素和非经济因素进行了一般原理性分析。对于我国股票市场来说，由于发展历史较短，因此，新兴市场的一些主要特征在我国股票市场上表现得尤为突出，如市场规模不大、市场结构不尽合理、市场参与各方不成熟，因而极易受到这些经济因素和非经济因素的冲击。不仅如此，我国股市在结构、运行和监管机制上还存在特殊性，因此，引起股票市场波动的因素也具有特殊性。

8.4 其他金融产品

8.4.1 投资基金

投资基金是通过发行基金股份（或收益凭证），将投资者分散的资金集中起来，由专业管理人员分散投资于股票、债券或其他金融资产，并将投资收益分配给基金持有者的一种利益共享、风险共担的集合投资制度。与其他金融工具比较，投资基金的特点表现在：①规模经营效应。大多数中小投资者个体资金有限，直接进入股票市场较为困难。投资基金汇聚众多投资者的资金，解决了中小投资者“钱不多，入市难”的问题。投资基金总额庞大，在买卖股票或其他有价证券时，数量和金额都占有优势，在大额证券交易中获得交易佣金的折扣优惠，降低了投资成本，投资收益得到了提高。②分散风险。美国经济学家诺贝尔经济学奖获得者詹姆斯·托宾教授（James Tobin）有一句名言："不要把鸡蛋都放在一个篮子里。"只有建立有效的投资组合，实行多样化投资才能降低风险。由众多投资者出资组织成立的投资基金，资产规模较大，能够应用各种投资技术将资金投资到不同的领域，实现投资多样化，形成有效的投资组合，构成了有效的风险分散机制。③专业性管理。投资基金管理人一般都具有相当丰富的投资管理经验，专门从事和分析国内外的经济发展动态，随时掌握各种产业、上市公司的经营状况和瞬息万变的市场信息，通过发达的通信网络与金融市场紧密联系，可获得专业人士在知识、信息、经验上的全面支持，避免了个人投资的盲目性。④流动性强。投资基金的购买程序简便，投资者可以直接到基金公司办理买入手续，或通过委托投资顾问公司、证券经纪公司代为买入。对于开放式投资基金，每天都公开进行报价买卖，投资者可以随时购买或赎回，流动性相当强。封闭式基金可以通过证券交易所进行市场交易，有较好的流动性。由于投资基金具有较好的流动性，既适合个人投资者，也适合机构投资者。

投资基金的经营机构当事人在投资基金的运作中分别扮演着不同的角色。在契约型基金中，首先要组建基金管理机构——基金管理公司，将基金资产委托给信托人——基金保管公司，聘请基金代理人——承销公司和投资顾问，由上述机构共同经营投资基金。在公司型基金中，经营主体是投资公司，负责股份销售和投资管理事宜，聘请其他基金管理公司来操作，再委托金融机构保管基金的财产。一般而言，无论契约型基金中还是公司型基金中，基金管理公司只负责基金管理，下达投资买卖的指令，基金保管公司负责保管，并依据基金管理公司的指示处分基金资产。基金承销公司和投资顾问受基金管理公司的委托，负责基金的发行、募集、交易、赎回、分红派息及提供有关咨询服务，受益人是投资者。

8.4.2 金融衍生品

随着全球金融创新的发展，衍生金融产品已经形成一个新的金融产品"家族"。金融衍生品在金融风险回避、改变金融资产和负债性质方面有极其重要的作用，其市场交易规模巨大。衍生金融产品是一种价值依附于原生金融资产的金融产品。这种原生性标的可以是商品的价格、金融资产的价格或某种综合指数，在形式上均表现为一种合约，载明交易品种、价格、数量、交割期限及地点等。常见衍生金融产品种类有远期合约、期货合约、互换、期权等。衍生金融产品交易既有在交易所进行的标准化场内交易，也有两个公司之间签订合约的场外交易。

这里主要介绍期货、期权两种金融衍生品。

1. 金融期货合约

金融期货合约（financial futures contracts）是指协议双方同意在约定的将来某个日期按约定的条件（包括价格、交割地点、交割方式）买入或卖出一定标准数量的某种金融资产的标准化协议。

金融期货交易的显著特征有：①期货合约均在交易所进行，交易双方不直接接触，而是各自跟交易所的清算部或专设的清算公司结算，而清算的保证金制度要求双方都必须交纳足额的保证金，因此，交易双方无需担心对方违约。②期货合约的买者和卖者可在交割日之前采取反向交易以结束其原来的期货头寸，而无需进行最后的实际交割。③期货合约的合约规模、交割日期、交割地点等都是标准化的，即在合约上有明确的规定，无需双方再商定。④ 期货交易每天进行结算，而不是到期才进行，买卖双方在交易之前都必须在经纪公司开立专门的保证金账户，每天的结算盈亏及时反映在保证金账户上。

按标的资产不同，金融期货可分为利率期货、股价指数期货和外汇期货等。利率期货是指标的资产价格依赖于利率水平的期货合约，如长期国债期货、短期国债期货和欧洲美元期货。

股价指数期货的标的物是股价指数，股价指数没有具体的实物形式，双方在交易时只能把股价指数的点数换算成货币单位进行计算，而没有实物的交割。

2. 期权

期权（options）是指未来的选择权，它赋予持有人（购买者，或称多头；相对应，卖出者称空头）一种权利而不是义务，可以按预先敲定的价格购买或者出售一定质量和一定品质的资产。预先设定的价格称为预定价（strike price）或者执行价（exercise price）。期权可以看做是期货的一个发展，期货具有权利和义务的对称性，即一旦持有期货合约，持有人到期既有权利也有义务按合约规定的条件完成标的资产的交易。但是期权合约不同，期权具有权利和义务的不对称性，即期权的买方有权利但没有义务实施期权。就是说，实施期权比在市场上交易有利时，持有人可以执行期权；而实施期权不如在市场上直接交易更有利时，期权买方没有义务一定要实施期权，可以放弃期权赋予的权利。可见，与期货不同，期权代表了一种权利而不必承担义务，所以，它不会像期货合约那样在签订时是没有价值的，期权在签订时是有价值的。也就是说，期权的买方要花费一定的费用才能获得期权，期权的购买者必须付给出售者一定的报偿。

期权给持有者提供了在有利时履行合约中的交易而在不利时放弃合约中的交易的权利。因为交易有买和卖两种类型，所以期权自然也有两种类型，一种给持有者提供购买的权利，另一种给持有者提供出售的权利。当然，这里的购买和出售的都是期权的标的物，买和卖以执行价格进行。在期权成交后获得购买权利的期权持有者一定会希望期权标的物的价格上升。因为这样的话，可以履行期权，以约定的比在市场上相对较低的价格买进，或者买进后再在现货市场上以较高的价格卖出。如果不计成本的话，这样显然会有一笔盈利收入，所以，这种赋予持有者将来按约定价格购买标的物的期权被称为“看涨期权”（call options）或“买入期权”，简称“买权”，国内也有译为“认购期权”的。反过来，获得出售权利的期权购买者会希望标的物的价格下降。因为在这种情况下，他就可以履行期权以约定的比市场上相对较高的执行价卖出，所以赋予持有人出售标的物权利的期权被称为“看跌期权”（put options）或“卖出期权”，简称“卖权”，国内也有译为“认沽期权”的。请注意区别期权的买卖和标的物的买卖。买进看跌期权获得的是卖出标的物的权利，而卖出看跌期权方在看跌期权多头要求执行时，必须履行买进标的物的义务。

期权过了一定的日期就会失效，这一日期被称为失效日或到期日（maturity date）。期权的履行期限一般有两种，一种是只有在期权到期日那一天才可以履行，这种期权被称为欧式期权（European options）；另外一种就是在整个有效期间的任何一个工作日都可以履行，这种类型的期权称为美式期权（American options）。欧式期权与美式期权并不是个地理的概念，它们指的不是期权交易所的地理位置。实际上，在美国、加拿大的交易所中交易的某些期权是欧式的，而世界各地大多数交易所中交易的期权是美式期权。

期权和期货一样，标的物如果是普通商品（如农副产品、工业原材料、能源产品等），就称为商品期权；如果标的物是金融工具或者虚拟的金融变量（如指数），则称为金融期权（如股票期权、指数期权、利率期权、外汇期权等）。

有的期权合约是标准化了的，在交易所集中交易，还有许多期权品种是柜台交易品种，是根据客户的要求采取量体定做的方式设计出来的。

购买期权时，期权买方支付的购买费用叫做期权费（premium）或期权价格（option price）。如果期权是个别定做的，期权费就作为合约的一部分。在场内交易中，期权挂牌上市，期权费是由期权交易市场中对期权的需求和供给的均衡决定的，随交易活动的进行而不断改变。

➤本章小结

1. 贷款产品是指银行或非银行的金融机构将资金借贷出去，从而拥有到期借贷本息的索取权的金融资产。广义的贷款价格包含贷款利率、贷款承诺费、补偿余额和隐含价格四方面内容。影响贷款价格的因素很多，主要有资金成本、贷款风险程度、贷款费用、借款人的信用及与银行的关系、银行贷款的目标利润率、贷款供求状况、贷款条款等。贷款大致可分为工商贷款和个人贷款。工商信贷的贷款定价模型有成本相加定价模型、基准利率主导模型、低于基准利率定价模型（加价模型）、带有最高利率的贷款（上限）四种模型。

2. 债券是一种到期还本付息的有价证券，由于债券的利息通常事先确定，所以债券又称为固定利息证券。影响债券市场价格的内部因素有债券到期时间、票面利率、早赎条款、税收待遇、流动性、违约风险。影响债券市场价格的外部因素有债券市场供求关系、国内市场利率变化、中央银行货币政策、国家经济发展状况、债券市场开放程度。其他因素不变，债券到期日越长，价格对要求报酬率变动的敏感度越大；债券票面利率越低，价格对要求报酬率变动的敏感度越大。

3. 股票是股份公司通过发行筹集资本金的所有权凭证，不具有偿还性，是一种长期投资工具。根据对未来股息增长率的不同假定，将股息贴现模型分为零增长模型、常数增长模型等。实际市盈率是市场价格与每股股息的比率。市盈率反映了股票投资回收期，衡量了股票的投资风险。市盈率越高，投资回收的时间就越长，股票投资价值就越低，风险就越大。市盈率同时要和公司的成长性结合在一起来看，才能完全反映股票的投资价值。股票价格波动是诸多复杂影响因素综合作用的结果，宏观经济因素有经济周期、通货膨胀、市场利率、货币政策、财政政策、产业政策等，微观经济因素有上市公司业绩预期、行业生命周期、主力交易者行为、投资者心理预期等，非经济因素有战争、政治时局变动、自然灾害、突发事件等。

4. 投资基金是通过发行基金份额募集社会资金，委托专门投资管理机构进行投资，将投资收益分配给基金持有人的投资品种。投资基金的投资行为以市场导向，投资基金的发起人、投资人、管理人、托管人的行为均以市场为主要依据，投向于收益最高、风险最小的证券组合或产业，追求长期利润最大化。根据组织形态不同，投资基金可以划分为契约型基金和公司型基金。根据基金变现方式不同，可以分为封闭型基金和开放型基金。

5. 衍生金融产品是一种价值依附于原生金融资产的金融产品。这种原生性标的可以是商品的价格、金融资产的价格或某种综合指数，在形式上均表现为一种合约，载明交易品种、价格、数量、交割期限及地点等，常见衍生金融产品种类有远期合约、期货合约、互换、期权等。衍生金融产品交易既有在交易所进行的标准化场内交易，也有两个公司之间签订合约的场外交易。

➤关键术语

金融资产　贷款　债券　股票　投资基金　远期合约　期货　合约　期货　期权　交割期限

➤复习思考题

1. 贷款价格的构成内容有哪些？其影响因素有什么？

2. 贷款定价的四种模型分别是什么？比较它们之间的异同点。

3. 某一国债为10年期，按年付息，息票率10%，还有5年到期，面值200元，如今市场利率由8%降至5%，计算债券的内在价值的变化。

4. 债券A期限5年，面值100元，年利息50元，目前售价为89元，则收益率为多大？一年之后保持收益率不变，则售价应变为多少？折扣有何变化？

5. 某面值300元债券，票面年利率4%，半年付息一次，总期限为6年，剩余期限为2.5年，收益率设为5%，求此时的内在价值。

6. 某公司发行年股息为0.5元的优先股，股息固定，股票无到期日，若贴现率为10%，则该优先股的内在价值是多少？

7. 某公司目前按每股0.4元，支付普通股股息，预计股息按每年4%增长，同类型风险的股票每年有10%的预期收益率，请问该公司股票内在价值多少？

8. 假设A股份公司今年将对普通股按每股0.6元支付股息，下年股息预计维持此水平，但再下一年预计增加到0.7元，在此之后股息将预计按每年5%比率增长，假设同类型风险股票每年预期收益率为8%，请问该公司股票内在价值是多少？

9. 什么是投资基金？它有什么特点？

10. 什么是金融衍生品？什么是期货？什么是期权？

第 9 章

金融市场

【本章提要】 本章主要介绍金融市场的构成要素及运行机理；阐述了金融市场的广度、深度、弹性及类型；讲述了货币市场、资本市场结构、金融衍生工具市场和黄金市场的基本原理；最后介绍了我国金融市场的发展与现状。

9.1 金融市场运行机理

9.1.1 金融市场的内涵

1. 金融市场的概念

金融市场是资金供求双方运用各种金融工具、通过各种途径实现货币借贷和资金融通的交易活动的总称。可以认为，金融市场是金融领域各种市场的总称，包括三层含义：一是金融资产进行交易的一个有形和无形的场所；二是反映金融资产的供应者和需求者之间所形成的供求关系；三是金融资产交易过程中所产生的运行机制。其中，最主要的是价格机制。

金融资产，是指一切代表未来收益或资产合法要求权的凭证。金融资产可以划分为基础性金融资产与衍生性金融资产两大类。前者主要包括债券性资产和权益性资产；后者主要包括远期、期货、期权和互换等。虽然金融市场的存在并不是创造和交易金融资产的必要条件，在多数经济中，金融资产都是在某种有组织的金融市场结构中创立并交易的。

金融市场特征体现为：①市场参与者之间的关系不是一种单纯的买卖关系，而是一种借贷关系或委托代理关系，以信用为基础的资金的使用权和所有权的暂时分离或有条件的让渡。②市场交易的对象是一种特殊的商品即货币资金。金融市场上之所以会发生货币资金的借贷和有条件的让渡，是因为当其转化为资本使用时能够带来增加的货币资金余额。③市场交易的场所在大部分情况下是无形的，通过电信及计算机网络等进行交易的方式也越来越普遍。

金融资产的交易通常伴随着交易双方借贷关系的变动，因此，金融市场提供了以金融资产的交易为核心而形成的储蓄向投资（真实投资）转化的渠道。暂时闲置的资金通过金融资产为载体让渡给需要者。金融市场是金融机制的核心，吸引着储蓄资金的进入和形成，同时确定了资金的利率和证券的价格。金融市场的发达程度，决定着储蓄转化为投资的速度、规模和效益。

2. 金融市场的广度、深度、弹性

金融市场的广度，是指市场参与者的类型复杂程度。一个有广度有的金融市场，主要特征是同时有多个不同类型的参与者入市，如机构投资者、长期投资者、投机者等。他们参与市场的目的各不相同，有的是为了保值，有的是为了投机，有的准备长期持有某种金融工具以获得增值，有的是准备转手以获取差价收益，有的是出于流动性管理而持有某种金融工具。在金融市场中，参与者的类型和数量越多，市场被一部分人所操纵的可能性就越小，从而市场就越能充分地反映当前的供求情况和对未来的预期。

金融市场的深度，主要是指市场中是否存在足够大的经常交易量，从而可以保证某一时期、一定范围内的成交量变动不会导致市场价格的异常波动。从另一个角度来讲，一个有深度的市场必须拥有相当规模的市值。

金融市场的弹性，是指应付突发事件的能力及大额成交后价格迅速调整的能力。在有弹性的市场上，市场价格既不会一蹶不振，也不会只涨不跌。对于供求双方的突然变动，市场价格总能迅速灵活地调整到保持供求均衡的水平上。金融市场的弹性强调了市场价格机制的机动灵活性。

金融市场功能的发挥，依赖于金融市场的广度、深度和弹性。如果要保持金融市场的广度、深度和弹性，就必须使金融市场处于一种适度竞争的状态。只有适度竞争的市场才能稳定、高效地融通资金，从而有助于经济的发展。

3. 金融市场的功能

金融市场作为金融资产交易的场所，从整个经济运行的角度来看，具有以下经济功能。

1）聚敛功能

金融市场的聚敛功能是指金融市场引导众多分散的小额资金汇聚投入社会再生产的资金集合功能。可以说，金融市场起着资金“蓄水池”的作用。在国民经济四部门中，各部门之间、各部门内部的资金收入和支出在时间上并不总是对称的。这样，一些部门、一些经济单位在一定的时间内可能存在暂时闲置不用的资金，而另一些部门和经济单位则存在资金缺口。金融市场就提供了两者沟通的渠道。

金融市场之所以具有资金的聚敛功能，一是由于金融市场创造了金融资产的流动性。

现代金融市场正发展成为功能齐全、法规完善的资金融通场所，资金需求者可以很方便地通过直接或间接的融资方式获取资金，而资金供应者也可以通过金融市场为资金找到满意的投资渠道；另一个原因是金融市场的多样化的融资工具为资金供应者的资金寻求合适的投资手段找到了出路。金融市场根据不同的期限、收益和风险要求，提供了多种多样的供投资者选择的金融工具，资金供应者可以依据自己的收益风险偏好和流动性要求选择其满意的投资工具，实现资金效益的最大化。

2）配置功能

金融市场的配置功能表现在三个方面：一是资源的配置，二是财富的再分配，三是风险的再分配。

在经济的运行过程中，拥有多余资金的盈余部门并不一定是最有能力和机会作有利投资的部门，现有的资产在这些盈余部门得不到有效的利用，金融市场通过将资源从低效率利用的部门转移到高效率的部门，从而使一个社会的经济资源能最有效地配置在效率最高或效用最大的用途上，实现稀缺资源的合理配置和有效利用。在金融市场中，证券价格的波动，实际上反映着证券背后所隐含的相关信息。投资者可以通过证券交易中所公开的信息及证券价格波动所反映出来的信息来判断整体经济运行情况以及相关企业、行业的发展前景，从而决定其资金和其他经济资源的投向。一般地说，资金总是流向最有发展潜力，能够为投资者带来最大利益的部门和企业。这样，通过金融市场的作用，有限的资源就能够得到合理的利用。

财富是各经济单位持有的全部资产的总价值。政府、企业及个人以持有金融资产的方式来保有财富，在金融市场上的金融资产价格发生波动时，其持有数量也会发生变化。一部分人的财富量随着金融资产价格的升高而增加，而另一部分人的财富，则由于金融资产价格的下跌而相应减少。这样，社会财富就通过金融市场价格的波动实现了财富的再分配。

金融市场同时也是风险再分配的场所。在现代经济活动中，风险无时不在、无处不在，而不同的主体对风险的厌恶程度是不同的。利用各种金融工具，风险厌恶程度较高的人可以把风险转嫁给厌恶风险程度较低的人，从而实现风险的再分配。

3）调节功能

调节功能是指金融市场对宏观经济的调节作用。金融市场一边连着储蓄者，另一边连着投资者，金融市场的运行机制通过对储蓄者和投资者的影响而发挥作用。

金融市场具有直接调节作用。在金融市场大量的直接融资活动中，投资者为了自身利益，一定会谨慎、科学地选择投资的国家、地区、行业、企业、项目及产品。只有符合市场需要、效益高的投资对象，才能获得投资者的青睐。而且，投资对象在获得资本后，只有保持较高的经济效益和较好的发展势头，才能继续生存并进一步扩张。否则，它的证券价格就会下跌，继续在金融市场上筹资就会面临困难，发展就会受到后续资本供应的抑制。这实际上是金融市场通过其特有的引导资本形成及合理配置资源的机制，首先对微观经济部门产生影响，进而影响到宏观经济活动的一种有效的自发调节机制。

金融市场的存在及发展为政府实施对宏观经济活动的间接调控创造了条件。货币政策属于宏观经济活动的重要宏观经济政策，其具体的调控工具有存款准备金、再贴现、公开市场操作等，这些政策的实施都以金融市场的存在、金融部门及企业成为金融市场的主体为前提。金融市场既提供货币政策操作的场所，也提供实施货币政策的决策信息。首先，因为金融市场的波动是对有关宏微观经济信息的反映，所以，政府有关部门可以通过收集及分析金融市场的运行情况来为政策的制定提供依据。其次，中央银行在实施货币政策时，通过金融市场可以调节货币供应量、传递政策信息，最终影响到各经济主体的经济活动，从而达到调节整个宏观经济运行的目的。此外，财政政策的实施也越来越离不开金融市场，政府通过国债的发行及运用等方式对各经济主体的行为加以引导和调节，并为中央银行提供开展公开市场操作的手段，并由此对宏观经济活动产生着巨大的影响。

4）反映功能

金融市场历来被称为国民经济的“晴雨表”和“气象台”，是公认的国民经济的信号系统。这实际上就是金融市场反映功能的体现。

金融市场的反映功能表现在：①由于证券买卖大部分都在证券交易所进行，人们可以随时通过这个有形的市场了解到各种上市证券的交易行情，并据以判断投资机会。证券价格的涨跌在一个有效的市场中实际上是反映着其背后企业的经营管理情况及发展前景。此外，一个有组织的市场，一般也要求上市公司定期或不定期地公布其经营信息和财务报表，这也有助于人们了解及推断上市公司及相关企业、行业的发展前景。所以，金融市场首先是反映微观经济运行状况的指示器。②金融市场交易直接和间接地反映国家货币供应量的变动。货币的紧缩和放松均是通过金融市场进行的，货币政策实施时，金融市场会出现波动表示出紧缩和放松的程度。因此，金融市场所反馈的宏观经济运行方面的信息，有利于政府部门及时制定和调整宏观经济政策。③由于证券交易的需要，金融市场有大量专门人员长期从事商情研究和分析，并且他们每日与各类工商企业直接接触，能了解企业的发展动态。④金融市场有着广泛而及时的收集和传播信息的通信网络，整个世界金融市场已联成一体，四通八达，从而使人们可以及时了解世界经济发展变化的情况。

9.1.2 金融市场的构成要素

金融市场的构成要素包括交易主体、交易对象、交易工具和交易价格。

1. 交易主体

从动机看，金融市场的主体主要有投资者（投机者）、筹资者、套期保值者、套利者、调控和监管者五大类。金融市场的投资者与实际部门的投资者是不同的，它是指为了赚取差价收入或者股息、利息收入而购买各种金融工具的主体，是金融市场的资金供应者。按交易动机、时间长短划分，广义的投资者又可以分为投资者和投机者两大类。筹资者则是金融市场上的资金需求者。套期保值者是指利用金融市场转嫁自己所承担风险的主体。套利者则是利用市场定价的低效率来赚取无风险利润的主体。调控和监管者是指对金融市场实施宏观调控和监管的中央银行和其他金融监管机构。这五类主体是由如下各类主体构成的。

1）政府部门

在各国的金融市场上，通常该国的中央政府与地方政府都是资金的需求者，它们主要通过发行财政部债券或地方政府债券来筹集资金，用于基础设施建设，弥补财政预算赤字等。政府部门在一定的时间内也可能是资金的供应者，如税款集中收进还没有支出时。另外，不少国家政府也是国际金融市场上的积极参与者，如中东的主要石油出口国就是金融市场上资金供应的大户，一些发展中国家则是金融市场上的主要资金需求者。不论是发展中国家还是发达国家，政府部门都是金融市场上的经济行为主体之一。

2）工商企业

在不少国家，国有或私营的工商企业是仅次于政府部门的资金需求者，它们既通过金融市场筹集短期资金从事经营，以提高企业财务杠杆比例和增加盈利；又通过发行股票或中长期债券等方式筹措资金用于扩大再生产和经营规模。另外，工商企业也是金融市场上的资金供应者之一。他们在生产经营过程中会发生暂时闲置的资金，为了使其保值或获得盈利，他们也会将其暂时让渡出去，以使资金的运用发挥更大效益。此外，工商企业还是套期保值的主体。

3）居民个人

个人一般是金融市场上的主要资金供应者。个人为了积累资金购买大件商品如住房、汽车等，或是留存资金以备急需、养老等，都有将手中资金投资以使其保值增值的要求。因此，个人通过在金融市场上合理购买各种有价证券来进行组合投资，既满足日常的流动性需求，又能获得资金的增值。个人的投资可以是直接购买股票或债券，也可以是通过金融中介进行间接投资，如购买共同基金份额、投入保险等，最终都是向金融市场提供资金。个人有时也有资金需求，但数量一般较小，常常是用于耐用消费品的购买如住房消费等。

4）金融机构

金融市场上的金融机构包括存款性金融机构、非存款性金融机构及中央银行。

存款性金融机构是指通过吸收各种存款而获取可利用资金，通过将之贷给需要资金的各经济主体及投资于证券等途径而获取收益的金融机构。存款性金融机构一般包括商业银行、储蓄机构、信用合作社等，它们是金融市场的重要中介，也是套期保值和套利的重要主体。

非存款性金融机构的资金来源和存款性金融机构吸收公众存款不一样，主要是通过发行证券或以契约性的方式聚集社会闲散资金。

中央银行在金融市场上处于一种特殊地位，既是金融市场的行为主体，又大多是金融市场上的监管者。从中央银行参与金融市场的角度来看，有时是金融市场资金的供应者，有时是金融市场的调控者。

2. 交易对象

金融市场的交易对象或交易载体是货币资金。但在不同场合，这种交易对象的表现是不同的。在信贷市场，货币资金作为交易对象是明显的，它表现了借贷资金的交易和转让。而在证券市场，表面上看直接交易的是股票和债券，但从根本上讲，所交易的仍然是货币资金，借助于有价证券的交易，从另一角度反映了货币资金的交易。

货币资金的交易需要借助于一定的载体，这种载体表现为一种契据、凭证。以书面形式发行和流通的、借以保证资金供求双方权利和责任的信用凭证，称为信用工具或金融工具。它是证券金融交易金额、期限、价格的书面文件，它对资金供求双方的权利和义务具有法律的约束意义。金融工具一般包括票据、可转让定期存单、国库券、债券、基金、股票及各种金融衍生工具等。

金融工具一般具有以下特征：①偿还性。债券是资金供求双方依法开立的契约凭证，反映了资金供求双方的债权债务关系，在一定的条件下，债务人具有不可辩驳的偿还责任。股票在公司存续期间是不承担偿还责任的，但当公司清算时，也要将可分配的清算收入按持股比例分配给股东。②流动性。流动性即金融工具可适时交易变现的能力。其含义是指，不但其可随时转让，而且交易成本低且不致因变现招致损失。由此可见，信誉越高的金融工具，其流动性也越高，另外，偿还期越长，流动性越差。短期金融工具则具有较高的流动性。③风险性。风险性即金融工具的持有人具有的收益和损失的不确定性。一般地说，发行者的信誉越高，发行期限越短，风险性就越小；反之，风险就越大。与收益相对应的是，金融工具的风险越大，收益也越大。一般而言，收益同持有期成正相关关系，同时，它也取决于发行者的净收益和收益分配状况。

3. 交易价格

在金融市场上，交易对象的价格就是货币资金的价格。在借贷市场上，借贷资金的价格就是借贷利率。在证券市场上，资金的价格较为隐蔽，直接表现出的是有价证券的价格，从这种价格反映出货币资金的价格。至于外汇市场，汇率反映了货币的价格。在黄金市场上，一般所表现的是黄金的货币价格。

9.1.3 金融市场的分类

随着金融发展，出现了一系列的金融产品，相应地也出现了许多功能各异的金融市场，金融市场结构十分复杂，可以从若干不同的角度来描述。

1. 按标的物划分为货币市场、资本市场、外汇市场和黄金市场

货币市场是指以期限在一年及一年以下的金融资产为交易标的物的短期市场。它的主要功能是保持金融资产的流动性，以便随时转换成现实的货币。

资本市场是指期限在一年以上的金融资产交易市场。一般来说，资本市场包括两大部分：一是银行中长期存贷款市场，另一个则是有价证券市场。

外汇市场按其含义有广义和狭义之分。狭义的外汇市场是指银行间的外汇交易，包括同一市场各银行间的交易，中央银行与外汇银行间以及各国中央银行之间的外汇交易活动，通常被称为批发外汇市场。广义的外汇市场是指由各国中央银行、外汇银行、外汇经纪人及客户组成的外汇买卖、经营活动的总和，包括上述的批发市场以及银行同企业、个人间外汇买卖的零售市场。

黄金市场是专门集中进行黄金买卖的交易中心或场所。目前，由于黄金仍是国际储备工具之一，在国际结算中占据着重要地位，因此，黄金市场仍被看做金融市场的组成

部分。

2. 按中介特征划分为直接金融市场与间接金融市场

金融市场的形成是直接与资金的融通相联系的。根据在资金的融通中的中介机构特征来划分，金融市场分为直接金融市场和间接金融市场。

直接金融市场是指资金需求者直接从资金供给者那里融通资金的市场，一般是指通过发行债券或股票的方式在金融市场上筹集资金的融资市场。而间接金融市场是通过银行等信用中介机构作为媒介进行资金融通的市场。

3. 按金融资产流通特征划分为初级市场、二级市场、第三市场和第四市场

资金需求者将金融资产首次出售给投资者时所形成的交易市场称为初级市场、发行市场或一级市场。证券发行后，各种证券在不同的投资者之间买卖流通所形成的市场即二级市场，又称为次级市场、流通市场。二级市场又可分为两种：一种是场内市场即证券交易所，另一种是场外交易市场（over-the-counter，OTC）。

在发达的金融市场上还有第三市场和第四市场，它们实际上都是场外市场的一部分。第三市场是原来在交易所上市的证券移到场外进行交易而形成的市场。第三市场的交易相对于交易所来说，具有限制少、成本低的优点。第四市场是机构投资者和证券的出售者直接交易形成的市场。其形成的主要原因是机构投资者在证券交易中所占的比例越来越大，它们之间的买卖数额巨大，因此希望避开经纪人直接交易以降低成本。

4. 按成交与定价的方式划分为公开市场与议价市场

公开市场是指金融资产的交易价格通过众多的买主和卖主公开竞价而形成的市场。一般在有组织的证券交易所进行。议价市场是指金融资产的定价与成交是通过私下协商或面对面的讨价还价而形成的市场。

5. 按有无固定场所划分为有形市场和无形市场

有形市场一般是指有固定交易场所的市场，往往指证券交易所市场。无形市场则是指在证券交易所外进行金融资产交易的总称。它的交易一般通过现代化的电信工具在各金融机构、证券商及投资者之间进行。在现实经济生活中，大部分的金融资产交易是通过无形市场上进行的。

6. 按地域划分为国内金融市场和国际金融市场

金融市场按其作用的地域范围来划分，又可分为国内金融市场和国际金融市场。国内金融市场是指金融交易的范围仅限于一国之内的市场。国际金融市场则是金融资产的交易跨越国界进行的市场，进行金融资产国际交易的场所。

9.1.4 金融市场的发展趋势

20 世纪 70 年代后，金融管制放松、竞争加剧、金融工具创新层出不穷、金融交易量急剧增长，金融市场进入了发展的全盛时期，出现了以下发展趋势。

1. 资产证券化

所谓资产证券化，是指把流动性较差的资产，通过商业银行或投资银行的集中及重新组合，以这些资产作抵押来发行证券，实现相关债权的流动化。资产证券化最初起源于美国，从20世纪80年代后期开始，证券化已成为国际金融市场的一个显著特点。

2. 金融市场全球化

随着金融自由化浪潮的兴起，各国对金融管制开始放松，资本在国际间的流动日益频繁，国际利率开始趋同，各国金融市场形成一个密切联系的整体市场。目前，在全球各地的任何一个主要市场上都可以进行相同品种的金融交易，由于时差的原因，由伦敦、纽约、东京、新加坡等国际金融中心组成的市场可以实现24小时不间断的金融交易，世界上任何一个局部市场的波动都可能马上传递到全球的其他市场上。

3. 金融工程化

金融工程是指将工程思维引入金融领域，综合采用各种工程技术方法，如数学建模、数值计算、网络图解、仿真模拟等来设计、开发新型的金融产品，创造性地解决金融问题。金融工程化的动力，来自于20世纪70年代以来社会经济制度的变革和电子技术的进步。随着20世纪70年代以来布雷顿森林体系的崩溃和石油危机爆发，汇率的浮动和利率的波动日益频繁，汇率风险、利率风险及石油提价引起的基础商品价格的剧烈变动都对风险管理技术提出了新的要求。与此同时，科技进步加速，计算机的应用得以普及，电信网络发展迅速。高科技使各种工程技术方法得以在金融领域内应用，金融工程化的趋势为人们创造性地解决金融风险提供了空间，大大提高了金融市场的效率。

9.2 货币市场

货币市场是一年期以内的短期金融资产交易所形成的供求关系及其运行机制的总和。货币市场的活动主要是为了保持资金的流动性。

货币市场就其结构而言，可分为同业拆借市场、银行承兑汇票市场、商业票据市场、大额可转让定期存单市场、回购市场、短期政府债券市场及货币市场共同基金市场等若干子市场。

9.2.1 货币市场的特征

1. 交易量大

货币市场工具一般都具有面额大的特征，美国货币市场工具面额一般不低于100万美元。货币市场工具面额大、不需要缴纳准备金、转换费用低的特点，使得它们成为筹集和储藏短期资金的有效手段。同时，大面额特征也使货币市场工具主要被机构投资者用于巨额交易，从而使得货币市场实际上成为一个资金批发市场。市场交易量大是货币市场区别于其他市场的重要特征之一。

2. 流动性风险低

货币市场工具期限短且具有活跃的二级市场，这使得大多数货币市场工具没有流动性风险；同时，货币市场工具多由一些信誉卓著的借款者，如政府、大的金融机构及企业集团来发行，降低了投资者承担的违约风险。

3. 场外市场为主

货币市场一般没有正式的组织，所有交易特别是二级市场的交易几乎都是通过电信方式联系进行的。由于货币市场的非人为性及竞争性，因而它又是一个公开市场，任何人都可以进入市场进行交易，在那里不存在固定不变的顾客关系。

9.2.2 货币市场的要素

作为金融市场的一个重要子市场，货币市场的要素也由交易主体、交易工具和交易价格等构成。

1. 货币市场交易主体

货币市场参与者主要有机构、个人及货币市场的专业人员。货币市场工具面额大的特点决定了货币市场交易额巨大，这使得货币市场主体主要是机构。机构参与者包括商业银行、中央银行、非银行金融机构、政府、非金融性企业。货币市场专业人员包括经纪人、交易商和承销商。

2. 货币市场交易工具

货币市场的交易工具都是短期金融工具，主要包括商业票据、银行承兑汇票、大额可转让定期存单、回购协议等。

商业票据是大公司为了筹措资金，以贴现方式出售给投资者的一种短期无担保承诺凭证。对于那些大规模且信誉卓著的根据发行者来说，发行商业票据的主要好处是其借款成本比银行借款低得多。

汇票属于传统的商业票据之一。传统的商业票据是起源于商业信用的一种传统金融工具，是工商企业之间由于信用关系而形成的短期无担保债务凭证的总称。汇票是由债权人向债务人发出的支付命令书，命令他在约定的期限内支付一定款项给第三者或持票人。汇票必须经过债务人承认才有效。债务人承认付款的手续叫承兑。在国际贸易中，当出口商不了解外国进口商的信用状况时，一般要求进口商的开户银行给予承兑，这就形成了银行承兑汇票。可以说，银行承兑汇票是银行向客户承兑付款的汇票。

大额可转让定期存单是指银行发行的不记名的、金额固定且较大，并且到期前可以在二级市场上流通转让的证券化存款凭证。大额可转让定期存单与一般的银行定期存款不同：第一，它有规定的面额，而且面额一般很大，在美国一般为 10 万美元以上；而普通的定期存款金额由存款人决定。第二，它可以在二级市场上转让，具有较强的流动性；而普通的定期存款只能在到期后提款，提前赎回要支付一定的罚息。第三，它的利率通常高于同期的银行定期存款利率，还有的大额可转让定期存单按照浮动利率计息。第四，只有规模较大的商业银行才能发行大额可转让定期存单。

所谓回购协议，是指在出售证券的同时，和证券的购买方签订协议，约定在一定期限后按原定价格或约定价格购回所卖证券，从而获取即时可用资金的一种交易行为。从本质上说，回购协议是一种抵押贷款，其抵押品为证券。一般地，回购协议中所交易的证券主要是政府债券。

3. 货币市场的交易价格

货币市场工具的短期性特点决定了货币市场的交易价格形式多表现为利率或收益率；另外，货币市场组织形式以场外市场为主，这也决定了货币市场的交易价格大多是通过协商议价形成的。

9.2.3 货币市场的构成

根据货币市场中交易工具的不同，货币市场可分为同业拆借市场、商业票据市场、回购市场及货币市场共同基金市场等。

1. 同业拆借市场

同业拆借市场，是指金融机构之间以货币借贷方式进行短期资金融通活动的市场。同业拆借的资金主要用于弥补短期资金的不足、票据清算的差额以及解决临时性的资金短缺需要。同业拆借市场交易量大，是一个典型的资金批发市场，能敏感地反映资金供求关系和货币政策意图，影响货币市场利率，是中央银行进行宏观调控的重要场所。

同业拆借市场是一个无形市场，拆借双方通过电话、电传等方式成交，经书面确认后即可进行拨款，一笔同业拆借业务就完成了。同业拆借市场的期限以一年为上限，最短可以不超过一天。拆借利率一般而言要低于再贴现率。当然，有时在同业拆借市场上也会出现拆借利率高于再贴现率的情况，这是因为两种利率的决定机制不同而且相互独立而导致的。再贴现率是根据货币政策制定的，而拆借利率则主要是取决于同业拆借市场中短期资金的供求状况，如果在某一时期同业拆借市场中中短期资金需求量很大，则就会导致拆借利率上升并可能高于再贴现率。

我国同业拆借市场的创立可追溯至1984年，中国人民银行开始独立行使中央银行职能，对各专业银行提出了提取法定存款准备金的要求。自同业拆借市场产生之后，市场规模迅速扩大，交易量快速增长；与此同时，由于缺乏必要的规范措施，拆借市场诸如机构管理混乱、利率结构严重不合理、期限不断延长等问题，1993年下半年起中国人民银行先后出台了一系列政策措施，对拆借市场全面整顿，大大规范了拆借市场的行为，市场秩序逐渐好转。1996年1月3日，中国人民银行正式启动全国统一同业拆借市场，中国的同业拆借市场进入了一个新的发展阶段，为中国人民银行开展公开市场业务和实施利率市场化改革打下了一个良好的基础。目前，同业拆借市场已成为中国人民银行实施宏观调控的一个重要平台。

2. 商业票据市场

由于商业票据没有担保，仅以信用作保证，因此能够发行商业票据的一般都是规模巨大、信誉卓著的大公司。商业票据市场就是这些信誉卓著的大公司发行的商业票据的交易市场。

购买商业票据的各种不同类型的投资者包括货币市场共同基金、大保险公司、非金融企业、银行信托部门和养老基金。与其他相同风险和期限的证券相比，商业票据的吸引力在于其违约风险低、期限短、收益相对较高。

我国商业票据市场起步较晚。2005 年 5 月 24 日，中国人民银行发布《短期融资券管理办法》以及《短期融资券承销规程》、《短期融资券信息披露规程》两个配套文件，允许符合条件的企业在银行间债券市场向合格机构投资者发行短期融资券。2005 年 5 月 26 日，首批 5 家企业在银行间债券市场发行了 7 支 109 亿元的短期融资券，此后，发行步伐逐月加快，众多企业纷纷选择发行短期融资券进行融资，短期融资券市场迅速发展。从发债主体看，除了大型国有企业和优质上市公司外，个别民营企业也发行了短期融资券。目前，短期融资券已经成为仅次于央行票据、金融债和国债的第四大债券品种，在我国债券市场中的地位日益重要。

3. 回购市场

回购市场是指通过回购协议进行短期资金融通交易的市场。回购协议市场没有集中的有形市场，交易以电信方式进行。大多数交易由资金供应方和资金需求方之间直接进行，但也有少数交易通过市场专营商进行。这些专营商大多为政府证券交易商，它们与需要资金的一方签订回购协议，并与供应资金的另一方签订逆回购协议。大银行和政府证券交易商是回购协议市场的主要资金需求者。

我国回购业务的试点始于 1991 年，以国债为抵押品的回购交易为主。当时，上海证券交易所和全国证券交易自动报价系统（STAQ 系统）成立不久，跨地区、有组织的规范化国债交易刚刚起步。为提高国债的流动性，STAQ 系统于 1991 年 7 月宣布国债回购业务开始试运行。1997 年，我国银行间债券市场开展质押式回购业务，标志着我国国债回购交易市场的出现。从质押式回购交易产生之后，在我国国债市场上，质押式回购量一直大于现券买卖量，质押式回购为投资者短期融资提供了一个很好的途径。2004 年，我国又推出买断式回购。这一方式有助于债券的流通，也有助于在市场中实现套利，进而有利于债券的定价。中国人民银行在银行间债券市场进行公开市场操作的债券回购利率，成为银行同业间债券回购利率的指导性利率。目前，我国的国债回购市场已具备一定的规模。

4. 货币市场共同基金市场

货币市场共同基金，是随着短期证券市场与共同基金制度的发展而产生和逐渐兴盛起来的一种投资基金类型。由于货币市场投资门槛通常很高，各国和地区对于货币市场都有最小投资额的门槛限制，因此，货币市场的主要投资人为机构，一般的个人投资者难以进入，此外，货币市场属于场外交易市场，其交易主要由买卖双方通过电话或电子交易系统以协商价格完成。而货币市场基金将分散的资金集中起来投资于货币市场中交易的各种短期证券，进入门槛极低，使得普通投资者得以有机会间接进入货币市场，并分享其收益。

货币市场基金 1972 年在美国产生。由于风险小、收益高而受到广大投资者青睐。作为一种典型的收入型基金，货币市场基金的投资对象，主要是国库券、政府公债、银行承兑票据、银行定期存款单、商业票据等流动性强的短期证券。这种投资偏好决定了货币市场基金属于一种高收益、低风险类基金，同时，极强的流动性和灵活性，为业务的不断拓展和壮大奠定了市场基础。

2004 年 8 月 16 日，中国证监会、中国人民银行联合发布了《货币市场基金管理暂行办法》，其中，第 3 条明确指出，我国货币市场基金只能投资于以下金融工具：① 现金；②1 年以内（含 1 年）的银行定期存款、大额存单；③ 剩余期限在 397 天以内（含 397 天）的债券；④ 期限在 1 年以内（含 1 年）的债券回购；⑤ 期限在 1 年以内（含 1 年）的中央银行票据；⑥ 中国证监会、中国人民银行认可的其他具有良好流动性的货币市场工具。《货币市场基金管理暂行办法》的出台，标志着我国货币市场共同基金市场的正式产生。

9.3 资 本 市 场

资本市场是一年期以上的长期金融资产交易所形成的供求关系及其运行机制的总和。资本市场的活动主要是为了获得资金的增值。资本市场就其结构而言，可分为股票市场、债券市场、基金市场等若干个子市场。

9.3.1 资本市场的特征

资本市场是期限在一年以上的中长期金融市场，其基本功能是实现并优化投资与消费的跨时期选择。资本市场上融通资金的工具主要是种类繁多的股票和债券，它们与货币市场工具相比具有以下特点。

（1）期限长。资本市场工具的期限最短为 1 年，最长可以是无期限的，如股票。市场主体融通资金的主要目的是作长期投资之用。

（2）流动性低。资本市场因其工具的长期性，致使其安全性、流动性均不如货币市场工具。

（3）金融工具的差异大。由于发行者的信用、工具期限、发行条件等方面存在的差别，资本市场上的工具不具有同质性和利率趋同性，即使同一主体发行的融资工具其“价格”差异也很大。

（4）有形与无形市场相结合。资本市场工具的交易往往采用有形与无形相结合的方式，既有大量证券在证券交易所内进行交易，也有规模巨大的场外交易时刻在发生。

9.3.2 资本市场的要素

作为金融市场的另一个重要子市场，资本市场的要素也同样由交易主体、交易工具和交易价格等构成。

1. 资本市场的交易主体

资本市场的交易主体主要由机构和个人组成。资本市场上的机构主要包括投资银行、保险公司、信托公司、基金公司等非银行金融机构及企业等。其中，投资银行扮演着重要角色，以承销商、经纪商、交易商、做市商等多种身份参与资本市场交易。个人为获取资本增值也成为资本市场的重要主体。

与货币市场不同，中央银行一般不直接参与资本市场，而是借助货币市场间接影响资本市场。一般而言，大多数国家的资本市场均由专门的机构进行监管，如美国资本市场的监管者是证券交易委员会，我国是中国证监会。

2. 资本市场的交易工具

资本市场的交易工具都是长期金融工具，主要包括股票、债券和基金。

股票是投资者向股份有限公司投资入股提供资金的权益合同凭证，是投资者借以取得股息红利收益的一种有价证券。股份有限公司发行股票进行融资，所筹集到的资金称为股本。公司的股本按相等金额划分成若干单位，称为股份，然后，以股票的形式为各股东所有。股票可以作为流通交易的对象进行买卖或抵押，是金融市场上主要的长期金融工具之一。

股票是一种有价证券，主要具有以下几个基本特征。

（1）权利性。股票所有者作为公司的股东，享有对公司的剩余索取权和剩余控制权。所谓剩余索取权，就是对公司净利润的要求权。此时，股东的权益在利润和资产分配上表现为索取公司对债务还本付息后的剩余收益。在经营状况良好时，公司有义务向股东分配股息和红利。但在公司破产的情况下股东一般将一无所得，但股东应以当初投资入股的这部分资金对公司的债务相应比例进行清偿，即仅仅负有限责任，即使公司资产不足以清偿全部债务时，股东的个人财产也不受追究。而剩余控制权是指对公司经营决策的参与权。股东有权投票决定公司的重大经营决策，诸如选择经理、企业并购、大型项目投资等。每一份股票拥有的权利相等，拥有越多的公司股票意味着拥有越多的公司控制权。实际上，只有股东持有的股票达到一定数量，才能真正影响公司的经营决策。总之，股东拥有剩余索取权和剩余控制权，而这两者构成了公司的所有权。

（2）不可返还性。投资股票后，持有者就不能向公司要求退还股本。因为股票反映的不是债权债务关系，而是所有权关系。但投资者可以在金融市场上出售股票，抽回资金。但这仅仅是投资者之间的股权转让，对公司而言只是股东的改变，并不减少公司的资本。

（3）流通性。在资本市场的各种金融工具之间，股票的流通性是较强的。在金融市场里，股票可以随时转让以换取现金，也可以进行抵押融资。这种高度的流通性使投资出现了集中风险分散化、长期投资短期化，吸引了大量闲散资金介入，因此，它是股票市场繁荣发展的重要基础。

（4）收益性。投资股票的根本目的是为了获利。股票投资者的投资收益来自两个方面：一是公司派发的股息和红利；二是在公司业绩上升，二级市场股价上扬后获得的差价。

（5）风险性。股票投资的相对高收益也带来了相对高风险。股票持有者能否获取收益，主要取决于公司经营效益和股票的市场价格。如果公司经营不善，或由于其他意外原因使公司利润减少，股票的收益就会下降，一旦公司倒闭，该公司的股票将一文不值。股票的市场价格更易受到公司经营状况及相关的经济、政治、社会、心理等诸多因素的影响，产生剧烈波动。因此，股票投资者要承担较大的投资风险。

股票按股东权益可分为普通股和优先股两种。普通股是最普通的股票形式，是股份公司最重要的股份，是构成公司资本的基础。普通股股东享有三方面权利：一是对股份公司的经营决策权。股东可参加股东大会，对公司重大经营决策问题进行表决，可按出资比例投票选举董事等。出资比例决定了表决权和选举权的大小。二是对股份公司的利润和资产的分配权。股东可以从公司获得的利润中分配到股息，在公司破产或解散时，还可分享公司的剩余财产。三是在公司增发普通股股票时，有新股优先认购权。这个权利可以维护股东在公司的表决权和选举权的比重不变。优先股是公司在筹集资本时，给予投资者某些优惠特权的股票。一般在公司利润分配和公司解散或破产时的剩余财产分配等方面，优先股要优先于普通股。但优先股的股息是事先确定的，不随公司经营业绩的变化而变化，因此不能享受公司利润增长带来的额外收益。此外，优先股股东一般不能参加公司的经营决策，在公司董事会的选举中，没有选举权和被选举权。

债券是债务人依照法定程序发行，承诺按约定的利率和日期支付利息，并在特定日期偿还本金的书面债务凭证。它反映了筹资者和投资者之间的债权债务关系，和股票一样，是有价证券的重要组成部分。债券既具有一般有价证券的共性，又具有自身的特点，主要表现在以下方面。

（1）期限性。债券的期限性表现为债券依照一定的法律程序，并在发行时就约定了还本付息的日期。债券的期限变化范围很大，从几十天到几十年不等，资本市场的债券期限在一年以上。债券一般明确规定期限，但也有例外情况，如英法政府曾发行过一种永不偿还本金的永久性债券，债权人不得要求政府偿还本金，若要收回本金，可在流通市场上出售转让。

（2）安全性。债券的安全性表现在债券的发行人一般是政府、与政府有关的公用事业单位、银行和信用较高的企业等。加之债券的发行和还本付息都有法律保障，使投资者的资金具有较高的安全性。

（3）流动性。流动性主要表现在债券可以在较大范围内流通，可以随时变现。一般来说，一国证券市场发达、交易便利、债务人资信度高、债券期限较短、利息支付方式较灵活，债券的流动性就强；反之，流动性较弱。

（4）收益性。债券由于其利率一般较为固定且高于储蓄存款利率，加上本利回收有较高的安全性，所以，在市场较为稳定的条件下，债券不失为一种收益性较高的投资工具。

债券与股票的区别表现在以下方面：第一，持有者权利不同。债券所有人是公司的债权人，无权参与公司的经营决策；在股票持有者即股东是公司的所有人，对公司的经营具有经营决策的权利。第二，期限不同。债券一般有明确的还本付息期限；而股票则无还本期限，股东只能通过转让出售方式收回本金。第三，收益稳定性不同。债券的还本付息受到法律保障，且利息率是固定的，因此，收益较为稳定；股票特别是普通股收益与公司的经营状况密切相关，具有较大的不稳定性。一般而言，公司经营状况好，盈利水平高，股票收益就高；反之，股票收益就低。第四，分配和清偿顺序不同。公司债券的债息支付是作为费用从销售收入中扣除，在税前列支；股息不属于费用支出，属于净收益分配，在税后利润中支付。在公司经营不善倒闭时，债券的清偿顺序总是位于股票之前。

债券的种类很多，按发行人可划分为政府债券与企业债券。政府债券是由政府及政府所属机构发行的债券，包括中央政府债券、地方政府债券和政府机构债券；企业债券又称公司债券，是公司为筹措资金而发行的债务凭证，所筹资金主要用于长期投资和扩大生产规模。公司债券的发行者多为一流的大公司，但信用度仍不能与政府债券相比，因此，风险较大，利率一般高于政府债券。

9.3.3 股票市场

股票市场由发行市场和流通市场组成。发行市场是流通市场的前提和基础，而流通市场则是发行市场生存和壮大的必要条件。有了发行市场的股票供应，才有流通市场的股票交易，股票发行的种类、数量和发行方式决定着流通市场的规模和运行；而流通市场为股票的转让提供保证，才使发行市场充满活力和生机。因此，两者之间是相互依存又相互制约的一个有机整体，是股票市场不可或缺的组成部分。

1. 股票发行市场

股票发行市场称为一级市场，是新股票初次发行的市场，也是股份公司筹集社会闲散资金，将其转化为生产资金的场所。

按发行方式的不同，股票发行可分为公募发行和私募发行。

公募发行，又称公开发行，是以不特定的广大投资者为发行对象公开推销股票的方式。这种发行方式有利于扩大股东范围，分散持股，防止股票被少数人操纵，还可以增加股票的流动性。但对公司要求较高，且手续比较复杂，费用较高。

私募发行，又称非公开发行，是指发行者只对特定的发行对象推销股票的方式。这种发行方式通常在股东配股和私人配售的情况下采用，有利于节省费用，降低发行成本，但股票流动性差，不能在市场上公开出售转让。

2. 股票流通市场

股票流通市场又称二级市场，是已发行在外的股票进行买卖交易的场所。股票流通市场通常可分为有组织的证券交易所和场外交易市场，此外，还存在具有混合特征的第三市场和第四市场。

证券交易所，是由证券管理部门批准的，为证券的集中交易提供固定场所和有关设施，并制定各项规则以形成公正合理的价格和有条不紊的秩序的正式组织。世界各国的证券交易所的组织形式大致有两类，即公司制证券交易所和会员制证券交易所。

场外交易市场，是相对于证券交易所而言的，凡是在证券交易所之外的股票交易活动都可称作场外交易。由于这种交易起先主要是在各证券商的柜台上进行的，因而也称为柜台市场。场外交易市场与证券交易所相比，没有固定的集中的场所，而是分散于各地，规模有大有小由自营商来组织交易。场外交易比证券交易所受的管制少，更显得灵活方便，因而，为中小型公司和具有发展潜力的新公司特别是许多新科技型公司提供了二级市场。

第三市场是指原来在证券交易所上市的股票移到场外进行交易而形成的市场。可以这样认为，第三市场交易是既在证券交易所上市又在场外市场交易的股票，以区别于一般含义的柜台市场。

第四市场是指大机构绕开通常的经纪人，彼此之间利用电子通信网络（electronic communication networks，ECNs）直接进行的证券交易。

3. 股票价格

票面价值，即股票票面上标明的金额，表示每股的资本额。但股票的面值并不能表示公司的实际资产价值，也不代表股票的实际价值。

账面价值，即股票的资本净值，是指每股股票所代表的公司实际资产的金额。它是公司经营管理者、证券分析家和投资者分析公司财务状况的重要招标，其计算公式为

每股股票的账面价值=（资产总额-负债总额）/股票总份额

发行价格，即新股票发售时的实际价格。发行价格可以等于股票的票面金额（平价发行），也可以高于股票的票面金额（溢价发行），或低于股票的票面金额（折价发行）。

市场价格，即由股票市场的供求关系所决定的价格。股票的市价随着股票交易的进行，每时每刻都在变动。

内在价值，也称为股票的理论价值，即股票未来收益的现值，取决于股票收入和市场收益率。股票的内在价值决定股票市场价格，但又不等于市场价格。股票的市场价格受多种因素影响，围绕着股票内在价值上下波动。

9.3.4 债券市场

债券市场也由发行市场和流通市场构成。

1. 债券的发行市场

债券的发行市场是指将新发行的债券从发行人手中转移到初始投资者手中的市场。

债券发行主体包括中央政府、地方政府、金融机构、企业等。由于发行主体不同，其发行债券的目的也不尽相同。中央政府和地方政府发行债券主要为了弥补财政赤字和扩大公共投资；金融机构发行债券的目的主要是为了扩大贷款额，拓展自身业务；企业发行债券的目的相对比较复杂，主要有筹集长期低成本资金、转移通货膨胀风险、分散并降低公司整体筹资风险、维持对公司的控制权等目的。

除国债外，债券发行时往往要进行信用评级。债券的信用评级是指按一定的指标体系对准备发行债券的还本付息的可靠程度作出客观公正的评定。

进行债券信用评级的最主要原因，是为广大投资者提供投资决策的重要参考。由于受到时间、知识和信息的限制，广大投资者尤其是中小投资者无法对众多债券进行分析和选择，因此，专业的信用评级机构作出的公开的权威性的资信评级，就成了投资者衡量其投资风险及评估其投资价值的最主要依据。此外，债券信用评级还有助于高资信的发行人降低筹资成本，帮助证券监管机构加强对债券的管理等。

目前，国际上公认的最具权威的信用评级机构，主要有美国的标准普尔和穆迪公司。它们都是独立的私人企业，不受政府控制。由于拥有详尽的资料，采用先进的科学分析技术，又有丰富的实践经验和大量专门人才，因此，它们作出的信用评级具有很高的权

威性和参考价值。标准普尔公司的信用等级标准从高到低可划分为：AAA 级、AA 级、A 级、BBB 级、BB 级、B 级、CCC 级、CC 级、C 级和 D 级。穆迪公司信用等级标准从高到低可划分为：Aaax 级、Aa 级、A 级、Baa 级、Ba 级、B 级、Caa 级、Ca 级和 C 级。两家机构的划分大同小异，前四个级别债券信誉高，违约风险小，是“投资级”债券，从第五级开始的债券信誉低，是“投机级”债券。

2. 债券的流通市场

债券的流通市场，是指已发行的债券在投资者之间转手买卖的场所。债券的流通市场可分为有组织的交易所市场和场外交易市场，但绝大多数债券的流通是通过场外市场实现的。这有别于大多数股票集中在证券交易所交易的情况。这主要是因为债券种类繁多，而证券交易所容量有限，难以容纳高达数万种的债券交易；债券频繁的还本付息的业务处理，将使证券交易所不堪负担；债券投机性比股票小得多，便于管理，场外交易的简单管理便已足够。加之场外交易市场的交易成本低，费用省，因此，场外交易市场成为债券流通市场的核心。

（1）债券市场供求关系。债券的供给是指新债券的发行和已发债券的出售。一般而言，债券供大于求时，债券价格下跌；反之，债券价格上升。

（2）市场利率。一般来说，市场利率上升，债券价格会下跌；反之，债券价格上升。

（3）经济周期。一般而言，在经济周期的复苏、繁荣阶段，企业需要大量资金进行生产。发行新债券是其筹资渠道之一，使得债券供给增加，而需求相对减少，因此债券价格下跌；反之，在经济衰退、萧条阶段，企业会用过剩资金购买债券，从而增加债券需求，而供给相对减少，因此，债券价格上升。

（4）宏观经济政策。一国实行紧缩的货币政策时，由于资金供应紧张，市场利率会上升，导致债券价格下跌；反之，债券价格上升。

9.4 黄金市场

黄金是国际经济往来的重要结算工具，也是国际投资活动的重要投资工具。作为国际贸易的最后支付手段，黄金在国际交往中执行世界货币的重要职能。同时，由于黄金具有易于携带、国际流通性好、较为稀缺、耐久、不会折旧及延展性好等特征，而且投资黄金还可以免税，因此，黄金也是财产保值、投资组合中的重要投资工具，其生产、储备及买卖历来受到各国的高度重视。

9.4.1 黄金市场概述

黄金市场是世界各国集中进行黄金买卖和金币兑换的交易中心，即黄金供求双方交易黄金的场所。黄金市场是国际金融市场的一个重要组成部分，其交易主体即主要参与者，是以市场所在国各大银行为代表的国际黄金商。他们的主要经营活动有：代理业务、期货交易、中间商业务、套购业务等。作为卖方出现的主要机构或个人有产金国的采金企业、持有黄金待售的集团或私人、为解决外汇短缺和支付困难的各国中央银行以及预测金价格下跌而做“空头”的投机商等。作为买方出现的主要机构或个人有为增加官方储备的各国中央银行、为保值作投资的购买者、预测金价格将上涨做“多头”的投机者、以黄金作为工业用途的工商企业等。此外，一些国际金融机构，如国际清算银行和国际货币基金组织也参与黄金的买卖。

目前，全世界共有四十多个可以自由买卖黄金的国际市场，主要分布在发达国家的经济中心城市。其中，伦敦、苏黎世、纽约、芝加哥和香港是世界五大黄金市场，其他国家或地区的市场也随着世界黄金市场的分散化和国际化而日见活跃。

9.4.2 黄金市场的形成与发展

19 世纪 60 年代，在英、德、法、美等国，以黄金作为本位货币货币制度——金本位制取代了金银复本位制。20 世纪初，金本位制在世界各国通行，成为国际性货币制度。在金币本位制度下，黄金在民间和国际间的自由流动提供了可能，促进了黄金市场的快速发展。在典型的金本位制度下，黄金作为本位币，为外汇市场的稳定发展提供了良好的基础，黄金市场在金融领域内的作用至关重要。

20 世纪 30 年代资本主义世界的经济危机，使金本位制的稳定性因素遭到破坏，许多国家纷纷放弃了金本位制，转为采用金块本位和金汇兑本位制。随着金本位制的崩溃，各国纷纷实行外汇管制，黄金交易的自由也受到了很大的限制。各国政府的货币当局均规定黄金一般要出售给官方外汇管理机构，或指定的银行，至于工业和其他用途的用金也需向外汇管理机构或指定的银行购买。这使得黄金的货币职能作用大为削减，黄金市场在金融市场中的地位也逐步下降。

1976 年国际货币基金组织在《牙买加协定》中，正式宣布废除黄金官价，取消黄金含金量。这标志着黄金与货币之间的固定联系被正式切断，黄金逐步丧失其货币职能，变为普通贵金属商品。

20 世纪 70 年代以来，一些国家或地区相继开放黄金市场或放松对黄金输出输入的管制，黄金市场规模进一步扩大，黄金市场几乎遍布全球，促使黄金交易量急剧增加。同时伦敦以外的一些黄金市场的重要性也逐步上升，各黄金市场金价波动剧烈，投机活动频繁，世界黄金市场出现了许多新特点，主要表现在以下几方面。

1. 黄金市场转变为以商品市场为主

在黄金非货币化后，随着黄金货币职能的丧失，黄金成为普通贵金融商品，黄金市场性质也发生了重要变化，由原来的金融市场为主转变为以商品市场为主的市场，遵循一般商品市场的运动规律。当然，由于黄金的保值作用，黄金价格的波动仍会受到汇率、利率、通货膨胀及资本流通等金融因素的影响，同时黄金市场的波动也会影响到其他金融市场，所以黄金市场仍为金融市场中的一个不可或缺的组成部分。

2. 黄金市场朝着一体化的方向发展

以美元为本位货币的布雷顿森林体系崩溃后，黄金的货币职能逐渐消失，各国对黄金的管制也逐渐放松，随之产生了一些新兴区域化黄金交易中心，世界黄金市场在 20 世纪 70 年代进入了大发展时期。除欧洲黄金市场以外，中东地区的贝鲁特、迪拜、利雅德，亚洲的香港、新加坡、东京及拉丁美洲的巴拿马城等地都成为世界性或地区性的黄金交易中心。现代电子与通信技术的应用也大大活跃了黄金市场交易，现代化的通信设备连续不断地将金价传播到世界各地，使全球黄金可以昼夜 24 小时不停止地进行交易，黄金市场全球一体化基本形成。

3. 黄金期货交易市场迅速发展

1975 年美国解除黄金禁令并开办了黄金期货市场，纽约、芝加哥两大期货市场的黄金交易得到了快速的发展。随后，新加坡、澳大利亚也相继开辟了期货市场，伦敦市场也于 1981 年开办了期货业务。这样，黄金市场的结构和布局发生了重大变化。

4. 黄金微型化交易的兴起

近年来，由于世界性通货膨胀加剧，黄金市场的交易也出现了一些新的动向。最为突出的是黄金微型化交易的发展。各种金条、金币形式多样化，而且重量更轻，使小额资金持有者也能够购买黄金作为保值手段。同时，各种纪念币不仅成为人们重要的贮藏手段，还是国家增加外汇收入的一个来源。另一种交易方式是黄金券交易。黄金券是黄金的凭证，持有人可随时向发行银行要求兑换成黄金或与其等值的货币。对于购买者来说，如同持有黄金实物一样，既可用于保值，又可用于投资，而且比持有实物更为方便和安全。而对于发行银行来说，由于黄金交易增多，实物交易供不应求，发行黄金券既可扩大黄金交易量，也可增加收益。

9.4.3 影响黄金价格变动的因素

1. 生产成本

从长期看，生产的劳动成本是决定金价的重要因素。生产成本高，导致金价上涨；相反，生产成本低，黄金的售价可能会降低。目前，黄金富矿越来越少，生产成本越来越高，是决定金价上涨重要因素。

2. 供求因素

黄金供求量的变化，对黄金价格的涨跌有着直接的影响。在供应量有限、需求量较大、供不应求的时期，黄金市场上的黄金价格就会上涨；反之，金价就会下跌。当今世界各国对黄金的需求日见增加，呈逐年上升趋势，而另一方面世界黄金产量增长缓慢，并且在短期内很难有较大增长，这种供不应求的局面，给世界的黄金市场造成了巨大压力，促使国际黄金市场的金价呈现出上涨的趋势。总量供不应求是造成金价的总体走势上涨的原因，而黄金价格的即期变动则在很大程度上取决于国际黄金市场上供求的瞬息变化。

3. 其他经济因素

（1）世界经济周期的波动趋势。在经济衰退时期，人们对经济发展的悲观预期会促使其抛售纸币、抢购黄金，以求保值，从而使市场上的黄金需求量增大，带动金价的上涨。在经济扩张时期，人们对经济发展的乐观预期会促使其抛售黄金、换入纸币，进行高回报率的投资活动，此时市场上的黄金需求下降，造成黄金价格的下跌。

（2）美元汇价的变动。虽然以美元为中心的布雷顿森林体系已经瓦解了，但当前美元仍是国际清算、支付以及储备中使用最多的货币。在国际货币市场中，美元所占的比重也最大。因此，美元汇价的波动会影响黄金价格的变动。美元汇价的下跌往往引起大量抛售美元抢购黄金的风潮，从而导致黄金价格的大幅度上涨。反之，美元汇价的上涨通常会造成金价的下跌。

（3）通货膨胀。通货膨胀会使人们手中持有的货币贬值，当利息收入不足以抵消通货膨胀所带来的损失时，人们可能会对纸币失去信心，认为持有黄金比持有纸币更安全，这样人们对黄金的需求增加而引起金价上升。反之，如果通货膨胀和物价上涨出现减缓的趋势，人们对物价上涨的担心会发生变化，也不急于将货币脱手，购进黄金的活动相应减弱。如果利率与通货膨胀率变化不一致，当通货膨胀率低于利率时，不仅会抑制金价的上涨，甚至可以迫使金价下跌。因为这时将资金投入证券市场或存入银行，不仅可以保值，而且可以获取较高的收益。

（4）石油价格的变化。目前国际石油价格以美元标价，当石油价格上涨时，往往引起美元贬值，而美元的贬值又会导致人们抢购黄金保值，进而刺激黄金价格上涨。反之，若由于石油供过于求，油价不断下跌，将会对金价的下跌产生明显的影响。

4. 政治因素

政治局势与突发性重大事件，也会对国际黄金市场上的黄金价格产生影响。

9.4.4 黄金市场的类型

根据黄金市场的性质、作用、交易方式、交易管制程度等，可对黄金市场做出以下分类。

1. 按性质分为国际性市场和区域性市场

国际性市场是指进行国际性集中交易，并在世界黄金市场中起主导性作用的黄金市场，该市场中黄金价格及交易量的变化对其他市场有很大的影响。这一类市场主要有伦敦、苏黎世、纽约、芝加哥和香港。

区域性市场主要是指交易规模有限且对其他市场影响不大的黄金交易市场，如巴黎、法兰克福、布鲁塞尔、卢森堡、贝鲁特等。

2. 按交易方式分为现货市场和期货市场

现货市场是指以现货交易为中心、在同业间利用电信工具联系交易活动的黄金市场，这种市场大多分布在欧洲，也称为欧洲类型的市场，如伦敦、苏黎世黄金市场。虽然伦敦黄金市场从 1982 年 4 月 19 日起开办了黄金期货业务，但它仍然是一个典型的现货市场。

期货市场是指以期货交易为中心、设有独立的交易场所的黄金市场，也称为美国类型的市场，如纽约、芝加哥和香港等黄金市场。

目前，世界黄金市场出现两大黄金集团并存发展的现状：一个是现货交易为主的伦敦—苏黎世集团；另一个是以期货交易为主的纽约—香港集团。这两大集团之间的合作十分密切，共同操纵着黄金市场。其中，伦敦黄金市场的作用尤为突出，该市场的黄金交易和报价是反映世界黄金市场行市的一个“晴雨表”。

3. 按管制程度分为自由交易市场和限制交易市场

自由交易市场是指可以自由输出入黄金、居民与非居民都可以自由买卖黄金的黄金市场，如苏黎世。

限制交易市场是指黄金的输入和输出受到管制的黄金市场。限制交易市场包括两种情况：一种是只准非居民买卖，不准居民自由交易的黄金市场；另一种是只允许居民自由买卖的国内黄金市场，如巴黎市场。这两种交易的管制方式虽有不同，但其目的都是出于外汇管制的要求。

9.4.5 中国的黄金市场

我国大陆地区的黄金市场起步相对较晚。新中国成立以来，对黄金流通实行严格的计划管理体制，由人民银行统一收购和配售黄金，统一制定黄金价格，严禁民间黄金流通。从 1982 年 9 月 1 日国内恢复出售黄金饰品起，中国迈出了开放金银市场的第一步。1999 年 11 月 25 日，中国放开白银市场，封闭了半个世纪的银行自由交易开禁，为放开黄金交易市场奠定了基础。2001 年 6 月 11 日，中国人民银行启动黄金价格周报价制度；8 月 1 日，足金饰品、金精矿和金银产品价格放开；9 月 29 日，中国国家黄金集团公司成立；从 11 月 1 日开始，《黄金饰品零售管理办法》正式实行，取消黄金制品零售业务许可证管理制度，实行核准制；11 月 28 日，黄金交易所模拟试运行，标志着中国黄金市场正式产生。

在各地的黄金市场中，上海的黄金市场发展比较迅速。上海黄金交易所于 2002 年 10 月 16 日首次实际交易试运行，完成了中国黄金市场开放后成交的第一笔交易，并于 2002 年 10 月 28 日挂牌运行，2002 年 10 月 30 日正式开业。2008 年 1 月 9 日，黄金期货正式在上海期货交易所挂牌交易。目前，上海黄金交易所还是一个区域性市场。随着我国经济的发展，我国黄金市场将逐步实现三个转变：从商品交易为主向金融交易为主的转变、由现货交易为主向期货交易为主的转变、由国内市场向国际市场的转变，中国黄金市场将逐步发展为世界重要的黄金市场之一。

9.5 衍生金融市场

衍生金融，又称金融衍生品，是指一类其价值依赖于原生性金融工具的金融产品。它根据某种相关金融资产的预期价格变化而定值。这种相关金融资产可以是原生性金融资产，也可以是原生性金融资产的价格，如利率、汇率、股票价格指数等。

衍生金融工具包括金融远期、金融期货、金融期权、金融互换四种基本衍生工具和由它们通过变化、组合、合成三种方式形成的再衍生工具。衍生金融工具市场的历史并不长，但却因其在融资、投资、套期保值和套利行为中的巨大作用而获得了飞速的发展。

9.5.1 衍生金融工具市场的发展

1972 年，外汇期货合约在美国芝加哥商品交易所（Chicago Mercantile Exchange, CME）上市，为金融衍生工具的产生和发展开创了新纪元。40 多年来，金融衍生工具市场发展迅猛，交易量急剧增长，交易额几十倍甚至上百倍于金融原生工具市场，成为国际上备受关注的金融市场。金融衍生工具市场在短短的几十年间获得如此飞速发展，有其深刻的背景。20 世纪 70 年代起，世界金融商品的主要价格形式——汇率、利率开始较大波动，金融市场风险急剧放大，用衍生金融工具避险成为金融发展的客观要求。

1. 外汇期货合约

1971 年 8 月，尼克松政府宣布美元停止兑换黄金，标志着固定汇率制度的解体。频繁而大幅度的汇率波动给多方面带来了风险。面对着不断变动的汇率，芝加哥商品期货交易所将它们丰富的商品期货经验用于外汇市场。1972 年 5 月 16 日，该所开辟了国际货币市场分部（International Monetary Market，IMM），办理澳元、英镑、加元、日元、瑞士法郎和联邦德国马克 6 种主要外币的期货交易，这是全世界第一个能够转移汇率风险的集中交易市场，也是衍生金融工具诞生的标志之一。同时，为了调控经济发展，各国中央银行纷纷利用利率杠杆控制货币供应量，实行宽松或紧缩的货币政策，利率从相对稳定转向频繁波动状态，利率风险加大。

货币利率、汇率的变化常常对债务、股票等金融资产具有根本的影响。资金利率上升，固定利率债券的价格下降；利率下降时，债券价格上扬。利率、汇率的频繁、大幅度波动及其广泛影响，全面加剧了金融工具的内在风险，同时为衍生金融工具的发展提供了契机。1975 年，芝加哥商品期货交易所率先开办了抵押协会债券利率期货，1982 年 2 月 24 日，美国堪萨斯市推出了第一份股票指数期货合约。

2. 股票期权

股票期权是金融期权最早出现的品种，20 世纪 20 年代美国就有了股票期权交易，不过由于长期以来只是场外交易，所以规模不大且影响力极小。1973 年 4 月 26 日，全世界第一家期权集中交易所芝加哥期货交易所（Chicago Board of Trade，CBOT）成立，该所初期交易 16 种以股票为标的物的买权契约。1977 年 6 月，芝加哥期权交易所（Chicago Board Options Exchange，CBOE）、美国证券交易所、费城交易所、太平洋证券交易所和中西部证券交易所 5 个交易所推出第一个利率期权合约，同年 12 月，费城交易所推出英镑期权合约。1983 年芝加哥期货交易所推出了股票指数期权即标准普尔 500 指数期权。1984 年 1 月，芝加哥商业交易所开办期货合约期权交易，期货和期权两种衍生交易方式组合在一起。

3. 货币互换、利率互换

20 世纪 80 年代以来，西方工业化国家进一步放松了金融管制，利率自由化趋势更为明显，于是，货币、利率互换这类衍生金融工具出现。1981 年 2 月，世界银行发行了 2.9 亿美元的欧洲债券，并决定将其本金与利息同 IBM 公司进行法郎和德国马克的货币交换，开创了互换市场的先河。1982 年，第一笔利率互换在美国完成，随后出现了期货互换、期权互换等。

利率、汇率的自由波动极大地冲击了传统的金融市场，同时也催生了衍生金融工具市场。30 多年来，衍生工具市场获得了迅猛的增长，2014 年，全球金融衍生品市场规模超过700万亿美元。

由上可见，推动金融衍生工具市场迅速发展的因素主要有以下几方面。

（1）金融自由化和金融市场的发展。20世纪70年代，罗纳德·麦金农和爱德华·肖在他们的专著中论证了金融部门与经济发展之间的密切关系。自此发展中国家先后推出了以金融发展为目标的金融体制改革，发达国家也相继放松金融管制，一场全球范围内的金融自由化运动迅速扩展。金融自由化运动解除了束缚在金融业身上的各种陈规，金融市场获得了长足的发展。作为原生资产的金融产品的极大丰富和流动性的大大增强，有力地推动了衍生工具的市场范围和交易量的扩张。

（2）经济运行不确定性的增强。利率自由化改革和固定汇率制度的破产，使得金融市场上利率和汇率的波动日益加剧，加之20世纪70年代西方各国普遍出现的高通货膨胀，使规避通货膨胀风险、利率风险和汇率风险成为金融交易的一项重要需求。作为避险手段的金融衍生工具得以迅速繁衍和发展。

（3）科学技术和金融创新的迅速发展，成为衍生工具迅速扩张的物质条件。由于计算机技术的突飞猛进，电脑网络、信息处理在国际金融市场的广泛应用，使得个人和机构从事金融衍生工具交易如虎添翼，甚至轻而易举。

随着中国市场化改革的推进，衍生金融工具在20世纪90年代初开始深入中国的金融领域。衍生金融工具在中国的产生同样遵循着国际规律，即在时间顺序上衍生金融工具的产生远远落后于原生金融工具。

20世纪90年代初，上海、深圳证券交易所相继成立并建立了全国性的股票市场后，借助于股票市场现成的交易网络系统，全国统一的国债流通市场开始形成。此后，股票、债券市场规模不断扩大，交易额逐年增长，成为90年代中国金融市场发展最迅速的部分，衍生金融工具也开始出现。1992年，上海外汇调剂中心率先开办了上海外汇期货市场，开办人民币汇率期货交易，同年12月上海证券交易所推出第一张国债期货合约。1993年3月，海南出现非正式的股票指数期货交易。1994年11月，深圳证券交易所认股权证交易掀起热潮，但由于我国金融市场上开展衍生金融工具的各方面条件不成熟，导致期市失常，在1995年国债期货市场出现“3·27”风波之后于5月暂停止。2006年9月8日中国金融期货交易所正式挂牌，成为中国内地成立的第4家期货交易所，也是中国内地成立的首家金融衍生品交易所。2010年4月16日，沪深300股指期货合约正式上市交易，标志着中国衍生金融工具市场的发展进入了一个新阶段。

9.5.2 衍生金融工具的特点

1. 衍生性

衍生金融工具以金融相关资产为基础，因而金融相关资产的价格支配着衍生金融工具价格的变化。它起源于原生金融工具或基础性金融工具，是传统金融相关资产现货发展到一定阶段后的产物。

2. 杠杆性

衍生金融工具通过预测股价、利率、汇率等金融现货在一定时期内的市场行情走势，以支付少量保证金签订远期合约或互换交易合约。达成衍生金融工具合约不需要缴纳合同的全部金额，如金融期货交易一般只需百分之几的保证金。利用少量资金就可以进行几十倍金额的衍生金融工具交易，就好像用一根长长的杠杆能省力地撬动一块巨石，这种杠杆交易的基本前提是参与交易的各方讲求信用。

3. 高风险性

衍生金融工具具有很大的灵活性和风险性。灵活性是指可以根据客户的需求任意创造出各种各样的金融产品，产品条件可以任意选定；风险性是指这类产品的风险性很强。衍生金融工具的产生最初基于降低金融现货市场中的风险，人们期望通过运用衍生金融工具来避险，但由于衍生金融工具交易保证金的高杠杆作用，使其具有高风险性和高投机性。因而，衍生金融工具就像一柄双刃剑，既可用于规避风险，本身又存在着巨大的风险。

4. 虚拟性

投资者预测这些金融工具未来的变化，支付少量的保证金或权利金签订远期性的合约，合约到期后，交易双方一般不进行实物交割，而是根据合约规定的权利与义务进行清算。例如，股票指数期货交易对象是股票指数，由指数上升或下降的点来决定损益，根本无法实现到期实物交割，完全是一种脱离现实商品的虚拟交易对象。

9.5.3 衍生金融工具的种类

衍生金融工具种类繁多，一般分为四大类别，即金融远期、金融期货、金融期权、金融互换。

1. 金融远期

远期交易是买卖双方在未来某一预定日期以预定价格购买或出售一定数量的某种商品或金融资产的合约。根据交易对象分类，远期包括商品远期和金融远期。

金融远期是指买卖双方在未来某一预定日期以预定价格购买或出售一定数量的金融资产的合约。预定日期称为到期日，预定价格称为远期价格，一定数量的金融资产称为原生资产或标的物资产。金融远期产生于20世纪70年代中期，是最早出现的衍生金融工具。

2. 金融期货

金融期货是指交易双方在期货交易所内以公开竞价的方式成交后，承诺在未来某一固定日期或某一段时期之内，以事先约定的价格交付某种特定数量的金融工具的标准合约。

金融期货的标的物包括各种货币、银行存款凭证、政府和政府担保证券、商业票据、股票价格指数等金融工具。根据标的不同，可将金融期货分为利率期货、外汇期货和股票指数期货。

利率期货是指按事先约定好的价格条件，在将来特定的时间购买或出售指定数量的有固定收入的有价证券的标准化协议。利率期货都是以有固定收入的有效证券为标的物的，其合约价格受当前和未来利率的影响很大。按照基础证券的期限长短划分，利率期货主要包括短期债券期货和中长期债券期货。短期债券期货是指基础债券的期限不超过1年的利率期货。中期债券期货是指基础债券的期限在1~10年的利率期货。长期债券期货是指基础债券的期限超过10年的利率期货。

为强调短期债券期货与中长期债券期货之间的区别，有时将短期债券期货从狭义上称为利率期货，将中长期债券期货称为债券期货。

外汇期货，又称货币期货，是一种以外汇作为交易对象的期货，规定买卖双方将在指定的日期内以合同所规定的汇价购买或出售某一指定数额的外汇。外汇期货的定价理论上应等于远期外汇的价格，如果两者不相等，套汇交易便会产生，促使两个价格趋于一致。外汇期货合约是高度标准化的协议，每份合约都规定固定的货币金额、最小价格变动单位、日价格最高和最低波动幅度以及特定的交割日等。

股票指数期货是指保证在将来某时刻以既定价格向合约持有者提供既定的“指数”所代表金额的合约，期货标的资产是股票指数。股票指数期货的主要特点是以现金结算，而不进行实物交割。股票指数反映了一个股票组合的价值变化，指数上升的百分比是同一时间内该组合内所有股票总价值上升的百分比。

3. 金融期权

金融期权是指在特定的时间，按协议价格和规定数量买卖某种指定金融资产的权利。金融期权具有：①交易的对象是权利，而不是商品本身；②这个权利是可选择的，可以选择执行、转让或放弃；③这个权利是单方面的，只有买入者因支付给卖出者一定的费用才拥有这项权利，期权的卖出者只能被动地履行义务；④这个权利只在规定的期限内才有效，过期由合约失效。

金融期权的种类繁多，按投资者预期划分可分为看涨期权和看跌期权。看涨期权指投资者买入期权后，等待期权标的物价格上涨后执行期权获取收益的期权合约。对买入者来说，看涨期权最大的损失是买卖期权时支付给卖出者的期权费。也就是说，当期权标的物的市场价格下跌，买入者可以放弃执行期权，损失仅限于期权费。看跌期权指投资者买入期权后等待标的物价格下跌后执行期权以获取收益的期权合约。对买入者来说，在买入期权合约时期权费是他的最大损失，即标的物价格上升，放弃执行期权，而一旦价格下跌，买入者就可获利，获利的程度要看到期日市场价格与执行价格的相差大小。

金融期权按期权交易对象划分可分为外汇期权、利率期权、股票期权、股票指数期权；按权利执行时间的不同，可分为美式期权和欧式期权。

4. 金融互换

金融互换是指两个公司之间达成协议，以按照事先约定的方式在将来交换现金流。金融互换是比较优势理论在金融领域最生动的运用。

金融互换的主要种类有利率互换和货币互换。利率互换是指当事人双方为交换同种货币表示以不同利率基础计算的现金流而签订的协议。在该协议中，双方同意在未来的一定期限内根据同种货币的约定名义本金交换现金流，其中一方的现金流根据浮动利率计算出来，而另一方的现金流根据固定利率计算。货币互换是指交易双互相交换不同币种、相同期限、等值资金债务或资产的货币的一种预约业务。在货币互换交易中，交易一方拥有一定数量的资产和由此产生的利息支付义务，另一方拥有货币相应数量的资产以及因此承担的利息支付义务，交易双方将各自拥有的资产和付息义务进行交换。

➢本章小结

1. 金融市场是资金供求双方运用各种金融工具、通过各种途径实现货币借贷和资金融通的交易活动的总称。其包括三层含义：金融资产进行交易的一个有形和无形的场所；反映了金融资产的供应者和需求者之间所形成的供求关系；包含了金融资产交易过程中所产生的运行机制，其中最主要的是价格（包括利率、汇率及各种证券的价格）机制。一个发达的金融市场应具有一定的广度、深度和弹性。

2. 金融市场作为金融资产交易的场所，从整个经济运行的角度来看，具有聚敛功能、配置功能、调节功能、反映功能等经济功能。

3. 金融市场的构成要素包括交易主体、交易对象、交易工具和交易价格。从动机看，金融市场的主体主要有投资者（投机者）、筹资者、套期保值者、套利者、调控和监管者五大类。金融市场的交易对象或交易载体是货币资金，交易对象的价格就是货币资金的价格。

4. 随着金融发展，出现了一系列的金融产品，相应地也出现了许多功能各异的金融市场，金融市场结构十分复杂。

➢关键术语

金融市场 货币市场 资本市场 黄金市场 金融衍生市场 投资者 投机者 套期保值 套利 金融期权 金融互换

➢复习思考题

1. 金融市场的广度、深度与弹性的含义是什么？
2. 金融市场有哪些功能？
3. 金融市场的构成要素包括什么？
4. 简述股票与债券的区别。
5. 货币市场的参与者动机是什么？
6. 简述衍生金融工具的种类及特点。
7. 黄金市场有哪几种类型？

第 10 章

国际金融

【本章提要】 本章主要介绍国际收支失衡的原因及调节机制；汇率的决定因素及其变动对经济的影响；国际货币体系的内容与特点；国际资本流动的原因、特点及影响；人民币汇率制度的特点及改革。

10.1 国际收支的主要内容

10.1.1 国际收支的概念

1. 狭义和广义的国际收支

狭义的国际收支是指一个国家一定时期对外的贸易收支。最初，国与国之间的经济交往主要是商品的进出口贸易，所以，贸易收支就是国际收支的全部内容。随着国际经济交易内容的不断扩大和发展，第一次世界大战后，国际信用、国际资本流动不断增多，国与国之间债权债务关系以及由于债权债务的清偿引起的收与支，成为国际收支的内容。所以，这一时期国际收支的概念，被解释为一国特定时期的外汇收支。第二次世界大战后，由于国际经济的内容和方式发生了变化，狭义的国际收支概念已不能完全反映国际经济的全貌。广义的国际收支是指一个国家一定时期内进行的全部国际经济交易的总和，不仅包括涉及对外货币收支的国际经济关系，还包括国家之间的无偿援助、易货贸易等。目前，各国都采用广义的国际收支概念。

国际货币基金组织对国际收支的定义是：国际收支是指一定时期内，一国居民对其他国家的居民所进行的全部经济交易的系统记录。其包括：① 一国与其他国家之间的商品、劳务、收入的交易；② 该国货币黄金、特别提款权以及对其他国家债权债务的变化；③ 无偿转移和从会计意义上必须予以平衡的尚未抵消的交易以及不易抵消的交易。

2. 国际收支平衡表

一国的国际收支状况通过国际收支平衡表来反映。国际货币基金组织对国际收支平衡表的定义是：国际收支平衡表是一种系统地记载特定时期内，一经济体（通常指一国）与世界其他经济体之间各项经济交易的统计报表，是将一国一定时期对外全部经济交易，根据交易的内容与范围按照经济分析的需要，分类设置账户编写出来的统计报表。

国际收支平衡表按照复式簿记原理采用借贷记账法编制，一切收入项目或对外负债增加、资产持有额减少都记入贷方，以正号表示；一切支出项目或对外负债减少、资产持有额增加都记入借方，以负号表示。在国际收支平衡表中，商品、劳务的出口、资本流入及来自外国的单方面转移，记入贷方；商品、劳务的进口、资本流出及对外国的单方面转让，记入借方。其中，资本流入是指本国对外的金融资产减少，或本国对外的负债增加；资本流出是指本国对外的金融资产增加，或本国对外的负债减少。

在国际收支平衡表中，每一笔经济交易同时以相同金额分记借贷两方，即“有借必有贷，借贷必相等”。因为，每笔经济交易都有两个方面，出售商品，卖方会取得相应的货款，购买商品，买方会支付相应的货款，金融资产的买卖也一样。单方面转移由于没有对等交易，则使用某个特定的对应项目，如从国外取得单方面收入时，先贷记无偿转移的收入，再借记相应的对应项目；相反，向国外提供单方面支出时，先借记无偿转移的支出，再贷记相应的对应项目。所以，从原理上说，国际收支平衡表中借方总额和贷方总额是相等的，其净差额为零。

国际收支平衡表记录的是一国在一定时期内对外经济交易的发生额，而不是某个时点的交易余额。并按“权责发生制”原则，即采用与所有权变更相一致的原则来确定交易的记载时间，包括以下项目，即经常项目、资本与金融项目、储备与相关项目、净误差与遗漏项目。

（1）经常项目。经常项目也叫往来项目，是一国对外经济交易中经常发生的项目，也是国际收支平衡表中最重要、最基本的项目。其包括货物、服务、收入以及经常转移：① 货物。该项目记录一国的商品进口和出口。按照国际货币基金组织的规定，进出口商品价格统一按离岸价格（free on board，FOB）计算。出口记入贷方，进口记入借方，其差额称为贸易差额。② 服务。记录服务的输出和输入。服务项目包括运输、旅游、通信、建筑、保险、金融、计算机和信息服务、专有权利使用费和特许费、其他商业服务、文化及娱乐服务以及有关的政府服务等。其中，服务输出记入贷方，服务输入记入借方。③ 收入。记录因生产要素在国际间流动引起的要素报酬收支，包括雇员报酬和投资收益。其中，雇员报酬是指一国居民个人在非居民国家工作而得到的现金或实物形式的工资、薪金和福利；投资收益是指居民因拥有国外金融资产或承担对非居民负债而造成的收入或支出，包括直接投资、证券投资及其他投资的收入和支出。其中，雇员报酬收入和投资收益收入记入贷方；反之，则记入借方。④经常转移。其记录单方面的、无对等偿付的收支，包括政府的无偿转移和私人的无偿转移。政府的无偿转移主要包括政府间的经济援助、军事援助、战争赔款、捐赠等，私人的无偿转移包括侨汇、赠与、赡养费、年金退休金、抚恤金和资助性汇款等。本国从国外取得的无偿转移记入贷方；本国向国外提供的无偿转移记入借方。

（2）资本与金融项目。资本与金融项目是记录资产所有权在国际间的流动行为的项目，包括资本项目和金融项目两大部分：①资本项目，包括资本转移和非生产、非金融资产的收买或放弃。资本转移是指一国居民向另一国居民无偿提供了金融产品或服务（如投资捐赠、债务减免等）；非生产、非金融资产的收买或放弃是指各种无形资产如专利、版权、商标、经销权等的转让。与经常项目的服务项下记录不同，资本项下记录的是专利、版权、商标、经销权等无形资产的所有权的买卖所引起的收支，而经常项目的服务项下记录的是专利、版权、商标、经销权等无形资产的使用费所引起的收支。②金融项目，是指一国对外资产和负债所有权变更的所有权交易，包括直接投资、证券投资和其他投资。直接投资是指一国的居民单位（直接投资者）对另一国的居民单位（直接投资企业）的经营管理拥有有效的控制权，包括直接在国外投资建立新企业、购买国外居民企业一定比例股票、以投资利润进行再投资等；证券投资是指一国的居民单位购买另一国的居民单位发行的有价证券而进行的投资，包括股本证券和债务证券；其他投资是指所有直接投资、证券投资未包括的金融交易（如长短期的贸易信贷、预付款、货币和存款、其他类型的应收款项和应付款项等）。与经常项目记账不同，资本与金融项目是按与上期相比的增减额来记账的，凡是对外负债净增加、债权或资产净减少记入贷方；而对外负债净减少、债权或资产净增加记入借方。

（3）储备与相关项目。储备与相关项目是指某一国的货币当局为了平衡国际收支或满足其他需要而进行各种交易的资产，包括货币黄金、特别提款权、在国际货币基金组织的储备头寸、外汇储备和其他债权等官方对外资产。货币黄金是指一国的货币当局为了维持货币信用，满足国际支付所持有的黄金资产；特别提款权是国际货币基金组织分配给成员国用于支付国际收支逆差的一种国际储备资产；在国际货币基金组织的储备头寸，是指成员国在国际货币基金组织的普通提款权（成员国在国际货币基金组织缴纳的基金份额中25%以黄金和可自由兑换外汇缴纳的部分）和国际货币基金组织为满足其他成员国资金需要而使用掉的本国货币（成员国在国际货币基金组织缴纳的基金份额中75%以本币缴纳的被国际货币基金组织动用的部分）；外汇储备是指一国货币当局所持有的准备用于稳定汇率、结算国际收支差额的外汇资产。储备资产的增加额计入借方，储备资产的减少额计入贷方。

（4）净误差与遗漏项目。由于国际收支平衡表采用复式簿记原理编制，因此，经常项目和资本与金融项目的净差额，与储备与相关项目的净差额相抵之后余额应该为零。然而，由于编制国际收支平衡表时种种因素的影响（如原始资料来源不一、资料失真、统计口径不一致、记录时间不一致或一些人为因素等）造成余额不为零，因此就需设立一个数额与借贷余额相等而方向相反的抵消账户来使国际收支平衡表达到平衡。具体说，当经常项目、资本与金融项目及储备与相关项目三个账户的贷方出现余额，在净误差与遗漏项目的借方列出与余额相等的数字，以负号记录；当经常项目、资本与金融项目及储备与相关项目三个账户的借方出现余额，在净误差与遗漏项目的贷方列出与余额相等的数字，以正号记录。

10.1.2 国际收支失衡的原因

国际收支平衡表是按照复式簿记原理编制的，国际收支平衡表全部项目的借方总额与贷方总额是相等的，净差额为零。实际上，国际收支平衡表中，每一具体项目的借方金额与贷方金额是不平衡的，经常会出现一些差额，如服务差额、贸易差额等。

1. 经济周期变化的影响

经济发展存在着周期性，经济周期的不同阶段，对国际收支有不同的影响。经济处于繁荣时期，经济增长会刺激出口增加，贸易收支会出现顺差；经济增长也会刺激投资和消费需求提高，引起进口需求增加，贸易收支可能会出现逆差；另外，经济景气又意味着该国投资回报率较高，可以吸引外资流入，资本与金融项目又会出现顺差。同样，经济处于衰退时期经济下滑，出口减少，贸易收支可能会出现逆差；经济衰退，失业增加，使投资和消费需求减少，物价下降，会使出口增加进口减少，贸易收支可能会出现顺差。经济不景气又会引起资本外流，使资本与金融项目出现逆差。在繁荣或衰退时期，一国会出现怎样的国际收支状况，取决于各国的具体情况。由经济周期变化所引起的国际收支失衡通常称为周期性失衡。

2. 经济结构变化的影响

各国由于地理环境、资源分布、技术水平及劳动生产率等条件的不同，形成了各国不同的经济布局和产业结构，即经济结构。经济结构对国际收支的影响主要是通过进出口结构的变化来实现。当商品、服务等国际市场供求发生变化时，会使国际经济结构也发生变化，如果本国商品的供需结构不能适应国际市场供需结构的变化，如不考虑资本与金融项目，本国的国际收支将出现长期的结构性失衡。当国际市场对本国具有比较优势的产品需求减少，本国无法开发出新的具有比较优势的产品去替代，或者国际市场上本国需进口的商品价格上涨，本国不能开发出替代产品以减少进口，都会导致国际收支长期逆差出现。这种由经济结构所引起的国际收支失衡，称为结构性失衡。

3. 国民收入变化的影响

国民收入变化对国际收支的影响，主要通过对对外需求的增减来实现的。一国国民收入增加，商品及服务的进口和捐赠、对外投资等贸易和非贸易支出会增加，会造成国际收支顺差减少或逆差增加；国民收入减少，国内需求会削减，对进口需求及非贸易支出减少，往往会减少逆差或增加顺差。这种由国民收入的变化所导致的国际收支失衡，被称为收入性失衡。

4. 货币币值变化的影响

货币币值变化对国际收支的影响，主要通过单位货币购买力变化对进出口商品价格的影响来实现。在一定的汇率水平下，一国货币单位购买力下降，商品价格会上升，不利于出口而有利于进口，使出口减少和进口增加，从而使贸易收支和国际收支出现逆差；相反，一国货币单位购买力上升，商品价格会下降，有利于出口而不利于进口，使出口增加和进口减少，从而使贸易收支和国际收支出现顺差。这种由货币币值变化所引起的国际收支失衡称为货币性失衡。

5. 资本流动变化的影响

资本在国际间的流动，对国际收支也会产生影响。当一个国家国际收支经常项目基本平衡或略有顺差时，如果有大量资本流入国内，会引起国际收支顺差或使顺差扩大；相反，当一个国家国际收支经常项目基本平衡或略有逆差时，如果有大量资本流出国内，会引起国际收支逆差或使逆差扩大。引起资本在国际间流动的原因有利率、汇率、国际投资环境等因素的变化。这种由资本流动变化所引起的国际收支失衡，称为资本性失衡。

6. 偶发性因素的影响

除上述外，一国政局的动荡、严重的自然灾害、战争等偶发性因素，也会对国内经济、汇率、利率、投资环境等造成影响，从而导致贸易收支失衡和巨额资本的国际移动，造成国际收支失衡。这种由偶发性因素所引起的国际收支失衡称为偶发性失衡。

10.1.3 国际收支的调节

1. 国际收支的自动调节

国际收支的自动调节，是指由于国际收支失衡引起的国内经济变量的变动对国际收支的反作用过程。在市场经济条件下，一国国际收支失衡后，有时并不需要政府立即采取措施进行调节，经济体系内部存在一些自动调节机制，可以在一定程度上缓解和改善国际收支，使其趋于均衡。

（1）价格机制调节。当一国国际收支发生逆差时，意味着对外支出大于对外收入，货币外流，使国内货币存量减少。一般物价水平下降，在其他条件不变的情况下，会增加出口，减少进口，贸易差额及国际收支差额因此而改变。其调节过程可表示为：国际收支逆差→本国货币外流，国内货币存量减少→国内一般物价水平下降→出口成本降低→出口增加→国际收支改善；顺差时，则相反。

（2）收入机制调节。当一国国际收支发生逆差时，对外支付增加，国内的国民收入水平下降，引起社会有效需求下降，进口需求下降，进口减少，从而贸易差额及国际收支差额得到改善。调节过程可表示为：国际收支逆差→对外支付增加→国民收入水平下降→社会有效需求下降→进口需求下降→进口减少→国际收支改善；顺差时，则相反。

（3）利率机制调节。利率调节国际收支有两方面：一是当一国国际收支发生逆差时，对外支付增加，使国内货币存量减少，利率上升，导致国内投资与消费减少，物价下降，出口增加进口减少，国际收支得到改善；二是当一国国际收支发生逆差时，国内货币存量减少，利率上升，使国内金融资产的收益率上升，导致资本外流减少，内流增加，国际收支改善。其调节过程分别为：国际收支逆差→国内货币存量减少→利率上升→国内投资与消费减少→物价下降→出口增加进口减少→国际收支改善；顺差时，则相反。

（4）汇率机制调节。当一国国际收支发生逆差时，因对外支付增加使本国对外币需求增加，外币汇率上升，本币汇率下降，有利于刺激出口，限制进口，使国际收支得到改善。其作用过程为：国际收支逆差→外币需求增加→外币汇率上升，本币汇率下降→

出口增加进口减少→国际收支改善；顺差时，则相反。

以上自动调节机制在调节国际收支时受一定条件的限制，例如，价格调节机制对国际收支的调节，要求商品进出口的需求弹性较大，即当商品价格改变后，其进出口需求变化率要大于商品价格变化率；利率调节机制要求市场的利率弹性较大，即资本流动对利率的变化较为敏感；另外，价格调节机制、利率调节机制、收入调节机制及汇率调节机制都要求国家干预要少，资本和商品能够自由流动，汇率能够根据货币供求自由浮动。

2. 国际收支的政策调节

国际收支尽管可以通过经济体内部的自动调节机制来调节，但受制约的因素较多，而且需要的时间较长。各国在出现国际收支差额比较大时，特别是影响到国内经济运行时，都会主动采取政策措施加以干预。

（1）外汇缓冲政策。外汇缓冲政策是指一国政府为了调节国际收支失衡，把外汇储备作为缓冲体，通过中央银行在外汇市场上买卖外汇来消除国际收支失衡所形成的外汇缺口，从而改善国际收支。当一国出现国际收支逆差时，中央银行则在外汇市场上抛出外汇，平衡汇价，从而使国际收支失衡所产生的影响仅限于外汇储备的增减，而不会导致汇率的急剧变化和对本国经济的进一步影响；反之，则购进外汇。外汇缓冲政策调节国际收支的程度受外汇储备规模的限制。一般该政策不适于调节长期、巨额的国际收支逆差，只为政府采取其他政策措施调节国际收支提供缓冲。

（2）国际信贷。当一国出现国际收支逆差时，可以在国际金融市场上筹集外汇资金或向国际金融机构及外国政府借款，直接还债，平衡国际收支。国际金融市场的借款利率较高，但限制条件少，使用方便；国际金融机构和外国政府的借款限制条件比较多，数量不大。

（3）财政政策。财政政策是指一国政府通过调整税收和政府支出，控制社会总需求和一般物价水平，以改善国际收支的政策措施。当一国国际收支发生逆差时，政府会实行紧缩性财政政策，提高税率，削减财政支出，抑制投资和消费需求，从而使物价下跌，刺激出口，限制进口。使国际收支逆差得到改善；相反，当一国国际收支发生顺差时，则实行扩张性财政政策，降低税率，扩大财政支出，增加社会投资和消费需求，抑制出口，增加进口，以减少国际收支顺差。

（4）货币政策。通过变动再贴现率，影响市场利率，改变社会的投资消费需求，影响进出口商品价格，以改善国际收支；通过利率变动，影响国际资本流动，以改善国际收支状况；通过变动存款准备金比率，影响商业银行可贷资金规模，进而影响社会总需求和国民收入，最终影响进出口商品额以改善国际收支；中央银行在公开市场上买卖有价证券，干预市场货币量，以达到调节国际收支的目的。一般当一国出现国际收支逆差时，中央银行实行紧缩性的货币政策，提高再贴现率和法定存款准备金率，或在公开市场上卖出有价证券等；顺差时，相反。

（5）汇率政策。汇率政策是指一国通过调整其货币的汇率，以影响进出口贸易收支，从而调整国际收支的政策措施。当一国国际收支出现逆差时，调低本币汇率，使本币对外贬值，在国内价格不变或变动不大的情况下，本国商品以外币计算的价格将会降低，以达到刺激出口改善国际收支的目的；当一国国际收支出现顺差时，汇率政策的作用过程同上述情况相反。但通常实行本币升值是在逆差国对顺差国施加强大的压力下不得已而为之。

（6）直接管制。直接管制是指政府以行政命令的办法直接干预对外经济往来，以达到调节国际收支的政策措施，包括外汇管制、财政管制和贸易管制。外汇管制是指一国政府通过有关机构对外汇买卖和国际结算进行行政干预，通常包括国家垄断外汇买卖、实行复汇率制、限制资本的输入或输出等。财政管制是指政府通过有关机构管制进出口商品的价格或成本以调节国际收支的政策手段。管制主要方式包括关税管制、实行财政补贴、出口退税、出口信贷及其他奖励形式等。贸易管制是指政府直接限制进出口数量的政策手段。常用的贸易管制方式包括进口配额制、进口许可制度、规定苛刻的进口技术标准、歧视性税收政策、歧视性采购政策以及国家垄断外贸业务、禁止私人从事进出口贸易等。

（7）国际经济金融合作。上述各种政策措施都是针对本国而言的，每个国家都采取对自身有利的政策措施，必然会引起其他国家为了保护本国利益而采取相应的对策，会引起国际经济合作的混乱。因此，从国际范围来讲，加强国际经济金融合作，也是调节国际收支不可或缺的。这种国际间的经济金融合作，包括通过建立国际性或区域性的经济金融组织或机构，消除国家间的贸易障碍，方便国际融资，加快债权债务的清算，促进全球贸易自由化和经济一体化，推动国际经济的均衡发展，从而改善和调节国际收支；同时通过各种国际经济协定确定国标收支调节的一般原则，如《国际货币基金协定》规定的建立多边结算制度、消除外汇管制和制止竞争性货币贬值原则等。

10.2 外汇与汇率制度

10.2.1 外汇

1. 外汇的基本概念

国际间发生的各种形式的经济交往，最终都会产生以货币表示的债权债务关系，在现代经济中，国际间债权债务的清偿，需要将本国货币兑换成外国货币，或将外国货币兑换成本国货币，产生了不同国家货币汇兑的金融活动，就产生了外汇。

外汇有动态和静态之分。动态的外汇是指把一个国家的货币兑换成另一个国家的货币，通过一定的金融机构和信用工具，进行国际间债权债务清偿的专门性的活动；静态的外汇是把外汇看做是一种工具，而不是一项活动。狭义的外汇，是指以外国货币表示的用于进行国际间债权债务清偿的工具或手段；广义外汇，是指在国际经济交往过程中，用于国际间债权债务清偿的所有对外债权。通常意义上的外汇概念是指外汇的静态含义，而运用最广泛的外汇概念是指外汇的狭义概念。

国际货币基金组织把外汇定义为：外汇是货币行政当局（中央银行、货币机构、外汇平准基金组织及财政部）以银行存款、财政部库券、长短期政府债券等等形式所保存的，在国际收支逆差时可以使用的债权。我国外汇管理条例规定，外汇是以外币表示的可以用做国际清偿的支付手段和资产，主要内容有：① 外国货币，包括纸币、铸币；②外币支付凭证，包括票据、银行存款凭证、邮政储蓄凭证等；③ 外币有价证券，包括政府债券、公司债券、股票等；④ 特别提款权、欧洲货币单位；⑤ 其他外汇资产。实际上，可用做国际结算的支付手段或可用做国际汇兑手段的货币和其他资产也不是一成不变的。总的趋势是这些支付手段和资产在不断增加，因此，外汇概念的外延也在扩大。

2. 外汇的特点

现实中，一种货币要被世界各国广泛接受成为通用的外汇，必须要具备：① 外币性。外汇必须是外国货币及其所表示的各种资产，本国货币及其表示的各种资产，即使可以自由兑换成外国货币及其表示的资产，也不是外汇的构成。② 可自由兑换性。除了两国政府协定的记账外汇以外，一般意义上的外汇必须具备可以自由兑换成其他国家货币及其表示的支付手段的特征。③ 国际性和普遍接受性。一种货币要成为外汇，必须是在国际上能被普遍接受和运用，作为国际储备、国际支付及国际结算等手段。如果不能被其他国家政府、工商界或居民、非居民普遍接受，无法承担国际支付的责任，就不成其为外汇。

3. 外汇的种类

从对外汇的管制程度及自由兑换性来划分，可分为自由外汇和记账外汇。自由外汇是指在国际结算和国际金融市场上，不需要货币发行当局批准，就可以自由兑换成其他国家货币，或可以向第三国办理支付的外汇，如美元、英镑、欧元、日元等；记账外汇也叫协定外汇或双边外汇，是指在两政府间签订的支付协定或清算协定项下规定使用的外汇。这种外汇不能自由兑换成其他国家货币，也不能转给第三国使用，但由于在协定双方银行账户上记载并计量结算双方贸易额，以记账方式充当国际支付手段作用，因此，在性质上可作为外汇看待。

从外汇的来源与用途来划分，可分为贸易外汇和非贸易外汇。贸易外汇是指由商品输出入引起收付的外汇，出口贸易可以赚取外汇，进口贸易则要支出外汇；非贸易外汇，是指由非商品输出入的其他往来而引起收付的外汇，包括劳务、旅游、侨汇、捐赠及援助外汇以及属于资本流动性质的外汇等。

从外汇买卖的交割期限来划分，外汇可分为即期外汇和远期外汇。即期外汇是指外汇买卖成交后在两个营业日内交割完毕的外汇；远期外汇是指外汇买卖合约签订时，预约在将来某一天办理交割手续的外汇。

4. 外汇的作用

（1）促进国际贸易的发展。外汇作为国际间支付结算的工具，可以缩短支付时间，加快商品流通，加速资金周转，方便了国际间债权债务的清偿。特别在国际贸易中运用外汇的各种票据或工具，还可以促使进出口商接受信用，扩大融资范围，促进国际贸易的发展。

（2）调节国际间资金供求的不平衡。由于各国经济发展水平不同，对资本的需求不同，资金余缺情况也不相同，一国资本过剩而另一国资本短缺的情况经常发生，客观上要求在国际间对各国的资本进行调节，促进资本在国际间的流动。外汇作为国际间的支付手段，可以实现购买力在国际间的转移，从而使国际间的信贷和投资活动成为现实，有利于促进资本在国际间的流动，调节国际间资金供求的不平衡。

（3）作为储备资产平衡各国的国际收支。在黄金非货币化之后，各国之间发生国际收支差额时，主要通过动用外汇储备来平衡，外汇成为各国清算债权债务平衡国际收支的主要工具。

（4）增强一国国际经济地位。外汇实际上是一国所拥有的对外债权，保有外汇越多，意味着该国拥有越多的国际购买力和国际债权，该国对国际商品市场和国际金融市场也就越有影响力，也意味着国际经济地位提高。

10.2.2 汇率

外汇汇率又称外汇汇价或外汇行情，是一种货币折算为另一种货币的比率或比价，也可以说是以一种货币表示另一种货币的价格。汇率是一切外汇交易的基础。

1. 汇率的标价方法

折算两国货币的比率，首先要确定以哪一国货币作为标准，这就是汇率的标价方法。国际市场上有两种标价方法，即直接标价法和间接标价法。

直接标价法，又称应付标价法，是指用一定单位（1、100、100 000 等）的外国货币作为标准来计算折合若干单位的本国货币的标价法，即以本国货币来表示外国货币的价格。在直接标价法下，如果一定单位的外币折合的本币数额比以前增多了，说明外币的币值在提高，本币的币值在下降，称作外汇汇率上升；反之，称汇率下降。世界上大多数国家采用直接标价法，我国采用直接标价法。

间接标价法，又称应收标价法，是指以一定单位（1、100、100 000 等）的本国货币作为标准，来计算折合若干单位的外国货币的标价法，即以外国货币来表示本国货币的价格。在间接标价法中，如果一定单位的本币折合的外币数额比以前增多了，说明本币的币值在提高，外币的币值在下降，本币汇率上升；反之，称汇率下降。英镑和美元采用间接标价法，但美元对英镑及欧元采用直接标价法。

美元标价法，是一种外汇市场上交易的习惯做法，是以美元作为标准，折算成若干单位的其他国家货币的标价法，即以其他国家的货币来表示美元的价格。在美元标价法下，银行只报出美元与其他国家货币之间的比价，而其他国家货币之间的汇率不直接报出，他们只能通过各自与美元的比价套算出来。

2. 汇率的种类

根据汇率制度不同，分为固定汇率和浮动汇率。

固定汇率是指两国货币的汇率受平价制约基本固定，只能围绕平价在很小范围内上下波动的汇率，包括金本位制下的固定汇率和纸币流通条件下的固定汇率。金本位制下两国货币含金量之比，即铸币平价是汇率决定的基础，黄金输送点是汇率波动的界限，属典型的固定汇率。纸币流通条件下两国货币法定含金量之比即黄金平价是汇率决定的基础，汇率的波幅人为规定，若汇率波幅超过这一幅度，各国货币当局有义务进行干预，如第二次世界大战之后形成的以美元为中心的货币体系，各国货币对美元汇率的波动幅度为上下限各 1 %，也属固定汇率。

浮动汇率是指一国货币的对外汇率不予固定，也不规定上下限的波动幅度，而是根据外汇市场的供求状况变动而波动的汇率。外国货币供过于求，则外币贬值而本币升值，称外汇汇率下浮。如果政府对汇率的波动不加干预，完全听任供求关系决定汇率，称为自由浮动或清洁浮动；反之，称为管理浮动，固定汇率制瓦解后，各国普遍实行的就是这种有管理的浮动汇率制。就浮动方式而言，如果一国货币不与其他国家货币保持固定联系，其汇率根据外汇市场的供求变化而自动调节，称为单独浮动；如果一国货币盯住某一发达国家的货币，随其涨落，称为盯住单一货币浮动；如果一国货币盯住一篮子货币，与一篮子货币挂钩，称为盯住一篮子货币浮动；一些经济共同体国家，在其共同体内部各成员国之间实行固定汇率，而对非成员国货币实行统一浮动的汇率，称为联合浮动。

从银行买卖外汇的角度，可将汇率分为买入汇率、卖出汇率、中间汇率和现钞汇率。买入汇率，又称买入价，是指银行购买外汇时所使用的汇率。直接标价法下，一定量外币折合本币数较少的那个汇率是买入价，位于卖出价之前；间接标价法下，一定量本币折合外币数较多的那个汇率是买入价，位于卖出价之后。卖出汇率，又称卖出价，是指银行出售外汇时所使用的汇率。直接标价法下，一定量外币折合本币数较多的那个汇率是卖出价，位于买入价之后；而在间接标价法下，一定量本币折合外币数较少的那个汇率是卖出价，位于买入价之前。中间汇率，又称中间价，是指买入价与卖出价的平均数。中间汇率一般适用于新闻媒体报道外汇消息，国际货币基金组织所公布的各国汇率表中，也采用中间汇率现钞汇率，又称钞价，是指买卖外币现钞的价格。现钞价又分为现钞买入价和现钞卖出价。银行现钞买入价要稍低于外汇买入价，通常低 2 %～3 %；现钞卖出价与外汇卖出价相同。

根据汇率制定的方法不同，汇率分为基本汇率和套算汇率。基本汇率是本国货币对某一关键货币的汇率。由于国外货币种类繁多，一国货币难以同时与众多外币制定出汇率，为了简化起见，各国一般都选定一种在本国对外经济交往中最为常用的重要货币作为关键货币，制定本国货币与该关键货币的汇率，这一汇率即基本汇率。由于美元在国际货币体系中的特殊地位，各国一般将本国货币对美元的汇率作为基本汇率。套算汇率，又称交叉汇率，是指根据基本汇率套算得出的对其他国家的汇率。

按照外汇买卖的交割期限不同，汇率分为即期汇率和远期汇率。即期汇率是指外汇买卖双方在成交后的当天或两个营业日以内办理交割所使用的汇率。一般地，电汇汇率、信汇汇率和即期票汇汇率都属即期汇率之列。即期汇率是确定远期汇率的基础。远期汇率是指买卖双方成交后，在约定的日期办理交割所使用的汇率。由于利率及外汇市场供求状况的变化，会引起远期汇率的变动，远期汇率与即期汇率经常不一致，差额称为远期差价。其中，远期汇率高于即期汇率称升水；远期汇率低于即期汇率称贴水；远期汇率等于即期汇率称平价。在直接标价法下，远期差价若为升水，远期汇率等于即期汇率加升水率；若为贴水，远期汇率等于即期汇率减贴水率。而在间接标价法下，其计算方法则正好相反。

按照银行外汇汇付方式不同，汇率分为电汇汇率、信汇汇率和票汇汇率。电汇汇率是指经营外汇业务的银行卖出外汇后，以电报方式通知国外分支行或代理行付款时所使用的汇率，电汇汇率通常高于其他汇率。目前，电汇汇率是外汇市场的基准汇率，是计算其他汇率的基础。各国公布的外汇牌价，除另有注明外，一般均指银行的电汇汇率。信汇汇率是指经营外汇业务的银行卖出外汇后，以信函方式通知国外分支行或代理行付款时所使用的汇率。由于这种支付方式所需邮程时间较长，银行在邮程时间内可利用汇款头寸，因此信汇汇率通常比电汇汇率要低一些，其差额与邮程期间的利息大致相当。票汇汇率是指银行买卖外汇汇票时所使用的汇率。由于票汇从出售到支付外汇也有一段时间间隔，银行也可在这段时间利用客户的资金头寸，票汇汇率自然也比电汇汇率低。

按汇率形成的方式不同，汇率分为官方汇率和市场汇率。官方汇率，也叫法定汇率，是一国货币金融管理机构（如中央银行或外汇管理局）规定并予以公布的汇率。在外汇管制较严的国家，官方汇率就是实际汇率，没有外汇市场汇率，一切外汇收入均须按官方汇率结售给外汇银行，所需外汇均须向国家或其指定的银行申请购买。官方汇率通常可分为单一汇率和多重汇率。单一汇率是国家只规定一种汇率，所有外汇收支全部按此汇率计算；多重汇率是一国政府对本国货币规定一种以上的汇率，其目的在于限制资本的流入或流出，以改善国际收支状况。以双重汇率为多，即本国货币与另一国货币的兑换同时规定两种不同的汇率。各国较多的是对贸易收支和非贸易收支规定不同的汇率，前者称为贸易汇率，用于进出口贸易及从属费用的收支；后者称为非贸易汇率，用于资金转移及其他非贸易收支。市场汇率是指在外汇市场上买卖外汇的实际汇率，它随外汇市场的供求关系变化而自由浮动。在外汇管制较松的国家，官方公布的汇率往往只起中心汇率的作用，实际外汇交易则按市场汇率进行。

按衡量货币价值来划分，汇率分为名义汇率、实际汇率和有效汇率。名义汇率是由官方公布的、或在市场上通行的汇率，它是银行买卖外汇的汇率或一般市场汇率。名义汇率包括名义双边汇率和名义有效汇率，前者是指外汇市场上报出的两种货币的比价；后者是指一国货币与其各个贸易伙伴国货币的名义双边汇率的加权平均值，权数的确定取决于各贸易伙伴国在本国进出口贸易中所占的份额。实际汇率包括两种概念：一是名义汇率与各种财政补贴及税收减免的之和或之差，即实际汇率=名义汇率±财政补贴和税收减免；二是在名义汇率的基础上剔除了通货膨胀因素后的汇率。有效汇率是指一种货币对多种货币汇率的加权平均汇率。它反映该国货币对外总价值的变化。在外汇市场上，一国货币对某一国货币的汇率可能是上升的，而对另一国的货币汇率可能是下降的，单一的双边汇率无法说明该国货币对外价值总的变化情况，通过有效汇率则可以综合说明。有效汇率的权数通常使用该国主要贸易伙伴国在与该国贸易中所占的比重，计算公式为

$$\text{A币的有效汇率}=\sum_{i=1}^{n}\text{A国货币兑}i\text{国货币的汇率}\times\frac{\text{A国同}i\text{国的贸易值}}{\text{A国的全部对外贸易值}}$$

3. 汇率的决定

汇率决定的基础不同。汇率是两国货币之间的比价，两国货币之所以具有这样的可

比性能，根本原因就在于都具有或代表一定的价值。在不同的货币制度下，货币所具有或代表的价值量的测定不同，或者说价值量的具体表现形式不同，因此，决定汇率基础也有所不同。

金本位制是以黄金作为本位货币的货币制度，包括金币本位制、金汇兑本位制和金块本位制。金币本位制是金本位制最典型的形式，其主要特征是：金币可以自由铸造，黄金可以自由输出输入，货币储备全部是黄金。在这种货币本位制下，金币由一定重量和成色的黄金铸成，每一金币单位所包含的黄金重量与成色，即含金量就是金币所代表的价值。所以，两国货币单位的含金量之比，即铸币平价，是决定汇率的基础。

纸币流通条件下，纸币不再代表或代替黄金流通，纸币与黄金彻底脱钩。各国纸币间的汇率不再以其含金量来确定，而取决于它们各自在国内所代表的实际价值，也就是说货币对内价值决定货币对外价值。而货币的对内价值又是用其购买力来衡量的。因此，两种货币实际购买能力的对比，即购买力平价就成为纸币流通体制下汇率决定的基础。

4. 影响汇率波动的主要因素

（1）国际收支的差额。一国的国际收支状况特别是经常账户的收支状况是影响汇率变动的基本因素。如果一国国际收支处于顺差状态，说明该国对外债权增加，会引起对该国货币需求增加，货币汇率上升；相反，如果一国国际收支处于逆差状态，说明该国对外债务增加，会引起该国对外汇需求增加，从而可能导致外汇汇率上升和本币汇率下降。

（2）通货膨胀率差异。在纸币制度下，两国货币的汇率取决于其各自代表的价值量的大小。物价水平是一国货币价值在商品上的体现，物价趋于上升，意味着单位货币代表的价值减少。所以，一般认为一国通货膨胀率超过另一个国家通货膨胀率，则该国货币的价值就要下降，本币汇率下跌；相反，则本币汇率上升。

（3）经济增长率的差异。经济增长率的差异对汇率的影响是多方面的。一方面，一国经济增长率较高意味着该国收入较高，社会需求增加，进口增多，使外汇供给紧张；另一方面，一国经济增长率较高也意味着该国劳动生产率提高较快，产品成本降低较快，可以改变本国出口商品在国际市场竞争中的地位，有利于出口，增加外汇供给。其对汇率的净影响要看两方面作用的力量对比。另外，经济增长率较高又意味着该国投资利润率较高，可以吸引外资流入，改变资本项目收支。一般来说，高经济增长率短期内可能不利于本币汇率，但长期内会对本币汇率起到有力的支撑。

（4）利率水平的差异。利率是影响国际资本流动的主要因素，如果一国利率水平高于周边国家，将吸引国际资本内流套利，使本币需求上升，可能会拉动本币汇率上扬。相反，则本币汇率下降。

（5）政府对外汇市场的干预。各国货币当局为了实现一定的经济发展目标，避免汇率变动对国内经济产生不良影响，都把汇率稳定在一个对本国经济发展有利的水平上。在本国货币汇率出现剧烈波动时，采用种种措施进行干预。

此外，影响汇率波动的因素还有政治因素、预期心理、金融投机等。

5. 汇率变动对经济的影响

（1）对贸易和国际收支的影响。当外汇汇率上升本币汇率下跌时，意味着出口所得的同等数额的外汇所兑换的本币比以前增加，而进口所需同等数额的外汇需更多的本币兑换，就增加了出口的盈利能力，加大了进口成本，有利于刺激出口；本币汇率上涨时情况恰好相反。

（2）对资本流动的影响。当外汇汇率上升本币汇率下跌时，本国或外国资本特别是短期资本，为避免货币贬值的损失会流向国外；本币汇率上升时，情况刚好相反。

（3）汇率变动对国际储备的影响。汇率变动对一国国际储备的影响可以表现在两方面：一是影响一国的外汇储备实际价值。一国外汇储备中，如果储备货币汇率上升，则外汇储备实际价值增加；相反，如果储备货币汇率下降，则外汇储备实际价值减少。例如，1971 年和 1973 年两次美元贬值，造成发展中国家外汇储备损失约 20 亿美元。二是影响一国的外汇储备数额的增减。在不考虑其他因素的情况下，本币贬值将刺激出口，使外汇收入增加，外汇储备增加；反之，则相反。

（4）对国内物价的影响。本币汇率下跌，在不考虑其他因素的情况下，会刺激出口，限制进口，使国内市场商品供应减少，供求紧张，可能引起物价上涨。而且出口增加引起外汇收入增加，使国内的有效需求增加，会加大供求矛盾，引起国内物价上涨；本币汇率上升时情况相反。

（5）对国际债务的影响。对一国来说如果债务货币汇率上升，将使国际债务实际价值增加，从而加重该国的债务负担；反之，将可能会减轻该国的债务负担。

10.2.3 汇率制度

汇率制度又称汇率安排，是指一国货币当局对其货币汇率的变动所作的一系列安排或规定。汇率制度包括：规定确定汇率的依据；规定汇率波动的界限；规定维持汇率应采取的措施；规定汇率应怎样调整。

1. 固定汇率制

固定汇率制是指汇率的确定受平价制约，现实汇率只能围绕平价在很小的范围内上下波动。其包括金本位制下的固定汇率制和纸币本位制下的固定汇率制。金本位制下，金币可以自由铸造和流通，银行券可以自由兑换成金币，金银可以自由输出和输入国境。金本位制下的汇率以铸币平价为基础，汇率的波动幅度受黄金输送点的限制，由于波动幅度小，所以汇率相对比较固定。

2. 浮动汇率制

浮动汇率制是指一国不再规定货币的金平价及现实汇率波动幅度，货币当局也不再承担维持汇率波动界限的义务，而是听任外汇市场的供求变化来决定货币汇率水平的汇率制度。1976 年以来实行的牙买加体系下，各国货币的汇率基本上都采用浮动汇率制。

10.3 国际货币体系

国际货币体系是指为适应国际贸易和国际支付的需要，各国政府对货币在国际范围内发挥世界货币职能所确定的原则、采取的措施、建立的组织形式的总称，包括汇率的确定和调整、国际收支的调节、国际储备资产的确定、黄金外汇流动与转移是否自由，以及国际货币事务的协调与管理等。

10.3.1 国际货币体系的演进

从时间先后看，国际货币体系大体上经历了三个阶段，即国际金本位体系阶段、布雷顿森林体系阶段和牙买加体系阶段。

1. 国际金本位体系阶段

金本位制是一种以一定成色及重量的黄金为本位货币的货币制度，包括三种形式，即金币本位制、金块本位制和金汇兑本位制，其中，金币本位制是典型的金本位制形式。在金币本位制下，流通中使用的是具有一定成色和重量的金币，金币可以自由铸造、自由兑换、自由输出输入。在金块本位制和金汇兑本位制下，流通中使用的是可以直接或间接兑换为黄金的纸币——银行券，银行券与黄金的兑换要受数量与币种的限制，黄金输出入也受到限制。与金币本位制相比，金块本位制和金汇兑本位制是不完全的金本位制。国际上最早实行金本位制的国家是英国，其1816年开始实行，而西方各国普遍采用金本位制是在19世纪后期。金本位制是国际金本位体系的基础，这种以各国普遍采用金本位制为基础的国际货币体系，叫国际金本位体系。

国际金本位体系有以下三个显著特征：①黄金作为最终清偿手段，充当国际货币；②汇率体系呈现为严格的固定汇率制；③国际金本位体系是一个松散、无组织的体系，没有一个国际协调机构来规范和协调各国的行为和内外政策，但是各国遵守金本位的原则和惯例，因而构成一种相对默契的国际货币体系。

国际金本位制下的汇率决定及国际收支调节：①国际金本位制下的汇率决定。在国际金本位体系中，各国货币都具有含金量，两国货币的汇率由两国货币的含金量之比——铸币平价决定。在铸币平价的基础上，受外汇市场供求关系的影响，汇率围绕铸币平价上下波动，其波动的幅度以黄金输送点为限，波动幅度相当有限，汇率是基本稳定的，属于固定汇率制。②国际金本位制下的国际收支调节。在国际金本位制下，各国的国际收支具有自动调节机制，即“价格—黄金流动机制”。当一国国际收支出现逆差，会引起黄金外流，使国内黄金存量下降，货币供给减少，在商品价格具有完全弹性的情况下，会引起国内物价水平和成本的下跌，从而使本国产品出口竞争力加强，外国商品在本国市场的竞争能力下降，出口增加、进口减少，国际收支逆差得到改善。反之，调整过程相反。

第一次世界大战后所形成的国际货币体系，实际上是一种残缺不全的金本位体系，稳定性被大大削弱。金块本位制下，虽然仍对货币规定了含金量，并以黄金作为准备金，但金币不能自由铸造，只允许流通纸币，纸币不能自由兑换黄金，黄金输出输入受到限制，黄金已不能发挥自发调节汇率和国际收支的作用。金汇兑本位制下，仍对货币规定了含金量，但国内流通的纸币不能兑换黄金，只能兑换外汇，用外汇在国外一定限制下兑换黄金。这两种货币制度虽然在一定程度上缓解了黄金供求严重失衡对国际贸易的不利影响，但由于取消了金币流通，黄金不能对货币流通做自发调节，银行券的发行有可能超过流通的需要，削弱了币值稳定的基础。由于黄金不能自由输出输入，还削弱了各国货币汇率稳定的基础，加之黄金储备份额的严重失衡，容易引起国际金融关系的动荡和混乱。1929~1933 年发生的经济危机使资本主义国家经济受到严重打击，残缺不全的金本位制在 1931 年国际金融危机中彻底瓦解。先是德国因国际收支严重失衡而宣布放弃金本位制，接着英国停止兑换黄金，1933 年美国也放弃了金本位制，法国、意大利、荷兰、比利时、波兰、瑞士的六国黄金集团也于 1936 年放弃了金本位制。至此，金本位体系彻底崩溃。

2. 布雷顿森林体系阶段

第二次世界大战使世界各国政治、军事、经济实力的对比发生了很大变化。参战各国经济遭到严重破坏，只有美国经济空前发展，美国依仗雄厚的经济实力试图取代英国充当金融霸主。英国虽然由于第二次世界大战经济实力受到了严重的削弱，但在世界经济中的实力仍然不可低估，国际贸易的 40%还用英镑计算，英镑仍然是主要的国际储备货币，伦敦依旧是最大的国际金融中心。因此，英国想同美国分享国际金融领域的领导权。于是，两国提出了重建国际货币体系的方案，美国提出了财长助理怀特拟订的“联合国平准基金计划”（怀特计划）；英国提出了由财政顾问凯恩斯拟订的“国际清算同盟计划”（凯恩斯计划）。经过几个月的谈判和讨价还价，美国迫使英国接受了“怀特计划”。1944 年，在美国的新罕布什尔州的布雷顿森林城，召开了由筹建联合国的 44 国政府代表参加的“联合国货币金融会议”，即布雷顿森林会议，通过了以“怀特计划”为基础的《国际货币基金组织协定》和《国际复兴开发银行协定》，总称《布雷顿森林协定》，确立了以美元为中心的国际货币体系，即布雷顿森林国际货币体系。

布雷顿森林国际货币体系是以美元为中心的国际货币体系，又称为美元—黄金本位制，主要内容包括：①建立一个永久性的国际金融组织，即国际货币基金组织。对各国的货币金融事务进行监督、管理和协调，以促进国际金融合作。该机构成为战后国际货币体系的核心。②美元充当国际货币，实行美元—黄金本位制。美元与黄金挂钩，规定 1 盎司黄金等于 35 美元，美元与黄金保持固定比价，各国政府或中央银行可随时用美元向美国政府按这一比价兑换黄金。其他国家货币按各国政府规定的法定含金量与美元挂钩，建立可调整的固定比价，称为可调整的盯住汇率。其汇率的波动幅度为平均上下各 1%，各国货币当局有义务在外汇市场上进行干预以保持汇率的稳定。布雷顿森林体系又被称为“双挂钩”，即美元与黄金挂钩，各国货币与美元挂钩。③对国际收支逆差成员国提供短期资金融通，帮助其解决国际收支困难。其主要方式是会员国可以利用在国际货币基金组织的储备头寸调节国际收支。④取消对经常项目账户交易的外汇管制，但不排除对国际资本流动进行适当的限制。在 20 世纪 30 年代国际金本位制崩溃后，各国都采取了严厉的外汇管制措施，这使国际间经济受到严重损害，为了改变这一状况，布雷顿森林体系要求各国尽快放开经常账户。但是，鉴于两次世界大战间国际资本流动的投机色彩特别浓厚，给国际货币体系稳定带来了非常大的冲击，因此，布雷顿森林体系要求对国际资本流动进行适当的控制，各国均严格限制资本的国际流动。⑤设立稀缺货币条款。根据规定，当会员国国际收支持续顺差，逆差国对该国货币需求持续增长，并向国际货币基金组织借取该种货币，使该货币在国际货币基金组织的库存急剧下降。当库存下降到份额的75%以下，即国际货币基金组织已将该种货币全部贷出时，可以宣布该种货币为“稀缺货币”，允许成员国在对“稀缺货币”发行国进行贸易时实行歧视。

布雷顿森林体系下的国际货币体系，实质上是以“美元—黄金”为基础的国际金汇兑本位制。美元既是美国的货币，同时，又因为是国际储备货币而成为世界货币。国际货币基金组织是这一货币体系正常运转的核心机构，它具有管理、融资和协调三方面的职能。总之，布雷顿森林体系是特定历史条件下，国际政治经济发展的客观产物，既在一定时期内满足了“清偿力”和“稳定”这两大基本要求，同时，又兼顾了一国内外均衡的客观需要，因而，在战后相当长的一段时间内，对世界经济的恢复与发展产生了至关重要的作用。

布雷顿森林体系以美元为中心，在这个体系中，美国有两个基本责任：第一是要保证美元按固定官价兑换黄金，维持各国对美元的信心；第二是要提供充足的国际清偿力，即美元。然而，这两种职责的实施是有矛盾的，一方面，为满足国际经济和国际贸易的发展，美元的供应必须不断地增长；另一方面，由于黄金产量和美国黄金储备的增长跟不上国际经济和国际贸易的发展，美元供应的不断增长，使美元同黄金的可兑换性难以维持。20 世纪 50 年代末，美国耶鲁大学特里芬教授在对布雷顿森林体系进行分析研究后，在其著作《黄金与美元危机》中就指出了这一矛盾，并提出如果没有别的储备货币来取代美元，以美元为中心的国际金汇兑本位制的货币体系，即布雷顿森林体系必将崩溃。这一矛盾被称为“特里芬难题”。

在布雷顿森林体系下，国际收支调节机制的效率不高。一方面，布雷顿森林体系实行固定汇率制度，各国无法通过汇率变动机制来调节国际收支。在发生国际收支差额时，主要靠逆差国紧缩国内经济来弥补，会影响世界经济正常增长。另一方面，国际货币基金组织协调解决国际收支不平衡的能力有限。布雷顿森林体系的一个主要内容，是利用国际货币基金组织调节各国国际收支的不平衡，由于国际货币基金组织的资金能力有限，面对日益严重的国际收支差额问题，经常显得力不从心。

第二次世界大战战后，西欧及日本经济开始复苏，经济增长较快，国际收支呈现顺差，国际储备资产不断增加，在国际贸易中的地位不断提高，打破了美国对世界经济的垄断和美元的霸主地位，美国财政赤字扩大，通货膨胀严重，国际储备资产逐年下降，国际收支持续逆差，美元信用不断下降，国际上竞相抢购黄金和德国马克及日元等“硬货币”，致使美元汇价暴跌。1960 年 10 月，美国的短期外债已经超过其黄金储备，美元的国际信用严重动摇，黄金市价达 1 盎司=415 美元，爆发了第一次美元危机。1968 年 3 月、1971 年 5 月、1973 年 1 月爆发了 3 次美元危机，动摇了布雷顿森林国际货币体系的基础。1971 年 8 月 15 日，美国总统尼克松宣布“新经济政策”，冻结国内工资、物价，停止向国外中央银行兑换黄金，对进口商品开征 10%的临时进口附加税。至此，黄金与美元完全脱钩，布雷顿森林体系的一大支柱倒塌。1973 年 2 月美元再次爆发危机，再次大幅度贬值，各主要资本主义国家也相应取消对美元的固定比价，实行浮动汇率制。至此，布雷顿森林国际货币体系赖以建立的两根支柱完全倒塌。

3. 牙买加体系阶段

布雷顿森林国际货币体系崩溃后，国际金融领域出现了混乱局面，美元的国际地位不断下降，浮动汇率制取代固定汇率制，汇率波动剧烈，全球性国际收支失衡现象严重，因此，改革国际货币体系成为当时十分紧迫的重大问题。1976 年 1 月 8 日，国际货币基金组织“国际货币制度临时委员会”在牙买加首都金斯敦召开会议，并达成《牙买加协定》，再次奠定了现行国际货币体系的基础。同年 4 月，国际货币基金组织理事会通过《国际货币基金协定》第二次修订案，从而形成了国际货币制度的新格局——牙买加体系。

牙买加体系实质是对布雷顿森林体系的扬弃，是在保留和加强国际货币基金组织作用的前提下对布雷顿森林体系的一种改革，其改革的主要内容集中在黄金、汇率和特别提款权三点上。其主要内容包括：① 汇率安排多样化。国际货币基金组织承认固定汇率制度和浮动汇率制度暂时并存。成员国可自由选择和决定汇率制度，但会员国的汇率政策，必须受到国际货币基金组织的监督，并须与国际货币基金组织协商，确保有秩序的汇率安排和避免操纵汇率来谋取不公平的利益。② 黄金非货币化。废除黄金条款，取消黄金官价，各成员国的中央银行要按市价从事黄金交易。各成员国相互之间以及国际货币基金组织与各成员国之间取消以黄金清算债权债务的义务，降低黄金的货币作用。③ 提高特别提款权的国际储备地位。修订特别提款权的有关条款，以使特别提款权逐步取代黄金和美元成为国际货币制度的主要储备资产。成员国之间可以自由地进行特别提款权交易，不必征得国际货币基金组织的同意。国际货币基金组织与成员国之间的交易用特别提款权进行清算。国际货币基金组织中一般账户所持有的资产一律用特别提款权来表示。④ 扩大国际货币基金组织的份额。各成员国对国际货币基金组织所缴纳的基金份额，由原来的 292 亿特别提款权单位增加到 390 亿特别提款权单位，增加 33.6%。⑤ 扩大对发展中国家的资金融通。国际货币基金组织以出售黄金所得设立信托基金，以优惠条件向发展中国家提供贷款，帮助他们解决国际收支困难。扩大国际货币基金组织信用贷款的额度，即由各成员国份额的 100%提高到 145%，放宽“出口波动补偿贷款”的额度，即由各成员国份额的 50%提高到 75%。

牙买加货币体系的特点：①黄金非货币化。黄金不再是各国货币平价的基础，各国之间债权债务清算也不用黄金，黄金退出货币领域。②国际储备多元化。在牙买加体系下，不仅黄金非货币化，美元的地位弱化，德国马克、日元、特别提款权、欧洲货币单位在世界储备中比例加大。③汇率制度多样化，浮动汇率制与固定汇率制并存。在牙买加货币体系中，整个汇率体系呈现出两大趋势：一是区域集团内实行稳定的汇率制，包括以前的欧共体及实行盯住汇率制的国家；二是主要货币之间实行浮动汇率制，汇率波动幅度加大。④国际收支的多种调节机制。在牙买加体系下，国际收支调节是通过汇率机制、利率机制、国际货币基金组织的干预和贷款、国际金融市场及商业银行的活动综合进行的。

从牙买加体系的实际运行情况看，与以往的国际货币体系相比，该体系是一个灵活的、更能体现世界政治经济多元化格局的新的国际货币体系，其运行的最大特点，是制度安排的灵活性和较强的适应性，在一定程度上符合了世界经济动荡、多变和发展不平衡的特点。在牙买加体系下，国际间的经济交往迅速发展；各国政策自主性得到加强，宏观经济的稳定运行进一步得到保障；该体系经受了多次各种因素带来的冲击，始终显示了比较强的适应能力。但该体系也有一些不完善的地方，如随国际资本流动的发展，汇率波动越来越频繁而且剧烈；各国国际收支状况并没有得到很好的调节，特别是伴随着短期资本的大量流动，国际收支不平衡的局面日趋严重；多样化的货币储备体系具有不稳定性；尽管各国政策自主性得到加强，但主要发达国家汇率调节政策损人利己，使盯住他们货币的发展中国家无论国内经济状况好坏都不得不承受额外的外汇风险，甚至常常成为大国经济金融摩擦的牺牲品；缺乏对大规模国际投机资本流动进行监控的机制；纯粹信用本位制导致金融经济过度膨胀等。随着国际经济的发展，牙买加体系的种种缺陷也进一步暴露出来，已经引起各国的关注，许多国家仍在调整自己的货币及汇率制度，并不断探讨寻找新的方案，有关这方面的争论与建议也一直没有间断过。

10.3.2 区域性货币体系

区域性货币体系是指一定地区内的有关国家和地区在货币金融领域实行协调与合作，形成一个统一的货币联合体系。其主要特征是：在货币联合体内实行统一汇率、统一货币、统一金融管理机构与统一货币政策。目前，世界范围内已有许多货币联合体，而欧洲货币联合体系最为成功。1978 年 12 月 5 日欧共体首脑在布鲁塞尔会议上达成协议，决定于 1979 年 1 月 1 日建立欧洲货币体系（European Monetary System，EMS），并于 1979 年 3 月正式生效。

欧洲货币体系的主要内容包括：第一，建立欧洲货币单位。欧洲货币单位是一种复合货币，按“一篮子”原则由各成员国货币混合构成，其价值是各成员国货币的加权平均值，每种货币的权数根据该国在欧共体内部贸易中所占的比重和该国 GDP 规模进行确定。欧洲货币单位具有计价单位、清算手段、干预手段等职能，主要被用做确定成员国货币汇率的依据，各成员国货币与欧洲货币单位保持固定比价，然后，再由此套算出同其他成员国货币的比价。同时，也作为成员国货币当局的储备资产，作为成员国官方干预外汇市场的手段。第二，实行稳定汇率机制。其主要通过两种汇率干预体系来实现汇率稳定机制：一是规定各成员国货币以其与欧洲货币单位的中心汇率为基础彼此确定相互间货币的中心汇率，并且要求各成员国相互之间的汇率，只能在中心汇率上下浮动，波幅为 ±2.25%；二是规定成员国货币对欧洲货币单位的中心汇率和差异界限，差异界限即每种货币对欧洲货币单位的中心汇率所允许的最大偏离幅度，当一国货币对欧洲货币单位比价超过其差异界限时，该国货币当局应采取措施进行干预，使其货币与欧洲货币单位的比价控制在差异界限之内，从而保证成员国货币间汇率的稳定。第三，设立欧洲货币基金。为了保证欧洲货币体系的正常运转，1979 年 4 月由各成员国提取本国黄金外汇储备的 20%，设立了欧洲货币基金，主要用于向成员国提供贷款，帮助成员国调节国际收支和干预外汇市场，保证欧洲汇率机制的稳定。

欧洲货币体系的建立和发展，对稳定欧共体国家之间的货币汇率作出了很大的贡献，也促进了欧洲经济一体化的发展，加入的国家也越来越多。1991 年 12 月，为尽快实现欧洲经济和货币联盟，推进欧洲的统一，欧共体成员国的首脑们又在荷兰的马斯特里赫特城召开会议，正式修订作为欧洲经济共同体成立基础的《罗马条约》，签署了《欧洲联盟条约》，又称《马斯特里赫特条约》。该条约规定，在欧洲联盟内建立一个负责制定和执行共同货币政策的欧洲中央银行并发行统一的欧洲货币。《马斯特里赫特条约》规定了分三阶段实施经济与货币联盟的计划：第一阶段，1990 年 7 月 1 日至 1993 年年底，协调各成员国的经济政策，取消外汇管制，实现资本的自由流动，使所有成员国都加入欧洲货币体系的汇率机制；第二阶段，1994 年 1 月 1 日至 1997 年，进一步实现各国宏观经济政策的协调，加强成员国之间的经济趋同，建立独立的不受政治干预的欧洲货币管理体系——欧洲货币局，作为欧洲中央银行的前身；第三阶段，1997 年至 1999 年 1 月 1 日，最终建立统一的欧洲货币和独立的欧洲中央银行。1998 年 3 月，欧洲委员会推荐已符合条件的 11 国在 1999 年经济货币联盟第三阶段率先采用欧元。这 11 个国家是：法国、德国、意大利、西班牙、比利时、荷兰、卢森堡、葡萄牙、奥地利、芬兰和爱尔兰。在 2002 年 7 月 1 日后，欧元 11 国各自的货币终止流通，由欧元完全取代，标志着区域性货币体系的改革取得成功。

10.4 人民币汇率制度

10.4.1 人民币汇率制度的历史演变

新中国成立以来，人民币汇率经历了不同阶段的历史演变，成为我国经济发展历程中的一个重要层面。回顾人民币汇率的改革历程无疑有助于我们认识过去、理解现状和探求未来。人民币汇率的变化大致经历了以下几个阶段。

1. 人民币汇率产生形成时期：1949~1952 年

1949 年 1 月 18 日，人民币对西方国家的汇率首先在天津产生。由于 1950 年全国财经统一制度建立之前，各地物价水平不一致，因此各地区的中国人民银行以天津口岸的汇价为基准，根据当地的情况，公布各自的外汇牌价。当时人民币汇率是典型的复汇率制度。1950 年 7 月 8 日，伴随着全国经济秩序的逐步恢复，全国统一财经制度确立，人民币实行全国统一汇率，由中国人民银行总行公布。从 1949 年到 1950 年 3 月全国统一财经工作会议前，人民币汇率调整频繁，并大幅度调低。为恢复和发展国民经济，扶植出口，积累外汇资金以购买主要进口物资，确定人民币汇率的方针是“奖出限入，照顾侨汇”。从 1950 年 3 月到 1952 年年底，人民币汇率持续升值，由 1950 年 4 月的 1 美元折合 42 000 元旧人民币，调至 1950 年 12 月的 1 美元折合 26 170 元旧人民币。

这一时期，国家用汇需求量大，但由于外国的经济封锁，外汇资源紧缺，进出口渠道不畅，侨汇阻塞。为迅速恢复国民经济，国家建立外汇集中管理制度，人民币汇率主要作用为调整对外贸易，照顾侨汇收入，制定的主要依据是物价。

2. 人民币汇率稳定时期：1953~1980 年

1953 年，我国进入社会主义建设时期。此时，一方面，以美元为中心的国际货币体系基本能发挥作用，维持固定汇率制度；另一方面，由于对外贸易实行国家垄断，人民币汇率无需服务于对外贸易，不具备调节进出口的功能，实质上只是充当外贸安排的内部核算和计划编制的一种会计工具。在这种条件下，人民币汇率主要用于非贸易外汇兑换的结算上，按国内外消费物价对比，汇率已适当照顾侨汇和其他非贸易外汇收入，也无调整必要。因此，人民币汇率只是在原定汇价的基础上参照各国政府公布的汇率确定，只有当西方主要国家货币发生贬值或升值时，才作相应的调整，人民币基本保持稳定。伴随 1973 年西方各国普遍实行浮动汇率制以来，为了与西方各国汇率的变化相适应，人民币汇率的制定方法有所改变，采用了盯住一篮子货币进行浮动的方式，具体的做法是选择与我国外贸有密切关系的国家和地区的货币组成"货币篮子"，再根据"篮"中货币浮动情况及我国政策进行调整，货币篮子的种类及其权重多少由国家统一掌握，并根据不同时期的情况加以变动，其中，美元、日元、英镑、联邦德国马克、瑞士法郎等在货币篮子中占重要地位。

这种"盯住汇率制"的汇率安排，在很大程度上抵御或减少了国际汇率波动对本国货币的影响，保持了人民币汇率的相对稳定。但该种方式却因篮子货币的币种选择和权数确定客观依据不足，而使汇率水平的合理制定失去可靠保证；同时，国际市场价格和国内市场价格严重背离，汇率作为经济杠杆的作用逐渐消失。所以，在整个计划经济时期，人民币汇率成为政府计划经济的调节工具，这种计划性注定了市场力量对汇率几乎不会起到任何作用。

3. 人民币双重汇率制时期：1981~1994 年

这个时期人民币的汇率制度经历了两个阶段：官方汇率与内部结算价同时并存时期和官方汇率与调剂汇率并存时期。

第一阶段：1981~1984 年，这一阶段我国实行的是官方汇率与内部结算价的双重汇价制，其原因是：一方面从进出口贸易的角度看，人民币汇价偏高。例如，1978 年 12 月 30 日，1 美元折合人民币 1.58 元，但是该年的出口平均换汇成本是 1 美元折合人民币 2.50 元，这意味着多出口 1 美元商品反而增加近 1 元人民币的亏损。1978 年外贸体制进行改革，外贸的经营权和财务权逐步下放到地方、部门和企业，无法像从前那样以进口盈利来弥补出口亏损。为了鼓励出口、抑制进口，必须纠正人民币汇率定值过高的偏差，以发挥汇率对进出口的调节作用。另一方面，由于我国经济发展水平低，与发达国家相比，非贸易品的价格偏低，所以从非贸易外汇的角度来看，人民币汇率又明显定值过低，要改变这种状况反而要将人民币汇率上调。1979 年 8 月，国务院决定改革人民币汇率制度，除继续保留人民币的公开牌价之外，从 1981 年 1 月 1 日起，实行贸易内部结算价，规定人民币兑美元的内部结算价为 1 美元折合 2.8 元人民币，内部结算价限于进出口贸易外汇的结算。双重汇率解决了不同利益主体矛盾，但是在具体实施中也存在很多问题，至 1985 年 1 月人民币汇率又恢复到单一汇率。

第二阶段：1985~1994。1985 年以后我国又形成了官方汇率和调剂汇率并存的双重汇率制。外汇调剂价是我国实行外汇留成后，这部分留成外汇在官方渠道之外通过外汇的调剂转让形成的为官方认可的另一外汇买卖价格。所谓外汇留成，就是对有收汇的部门、地方、企业，在其将外汇卖给国家银行后，按照收汇金额和规定的留成比例，分配给其相应的使用外汇的指标由其自行安排使用。外汇留成制度的实行，一方面提高了各单位、各企业的创汇积极性；另一方面由于有些地区和单位，企业留成外汇很少，实际使用量却很大，国家计划又不能满足其需要，因此产生了较大的外汇需求缺口，需要在外汇调剂市场填补。1980 年 10 月中国银行北京、天津、上海等几个城市的分行开办了外汇调剂业务，形成了外汇调剂价格。1988 年 9 月上海率先在全国成立外汇调剂公开市场，市场上实行公开报价、竞价成交的交易机制。外汇调剂市场上的交易价格放开后，其价格最低时为 1 美元=5.5 元人民币，最高时曾突破 10 元，到 1993 年 12 月，外汇调剂价为 1 美元=8.7 元人民币。与此同时并存的是官方汇率，就官方汇率而言，1985 年以后人民币汇率发生过几次较大幅度的贬值，到 1993 年年底，人民币官方汇率为 1 美元折合人民币 5.72 元。

4. 人民币汇率并轨及其走向市场化时期：1994~2004 年

1994 年年初，我国对外汇管理体制进行了改革，其主要内容是：①从 1994 年 1 月 1 日起，实行官方汇率和外汇调剂市场汇率并轨，人民币汇率成为以市场供求为基础的、单一的、有管理的浮动汇率。②实行银行结售汇制，企业出口所得外汇须于当日结售给指定的经营外汇业务的银行，同时经常项目下正常的对外支付则只需持有效凭证用人民币到外汇指定银行办理，取消各类外汇留成、上缴和额度管理制度。③建立银行间外汇市场。为了维持外汇市场的稳定和流动性，中国人民银行运用经济手段在外汇市场调节外汇供求，稳定汇率。④1996 年 7 月，正式将外商投资企业纳入银行结售汇体系，结束了 1994 年以前中资企业直接通过外汇指定银行办理结售汇业务，而外商投资企业则需通过外汇调剂中心办理外汇交易的差别做法。⑤我国 1996 年 12 月 1 日接受了国际货币基金组织第八条款，实现了人民币经常项目可兑换，所有正当的、有实际交易需求的经常项目用汇都可以对外支付，这是实现了人民币自由兑换的重要一步。

并轨后的人民币汇率在运行机制上，在对外贸易、外商投资以及对外国宏观经济的影响上都受到严峻考验。特别是 1997 年 7 月，由泰铢贬值引发东南亚金融危机，东南亚各国货币纷纷贬值，东亚各国如日本、韩国货币也不断下跌，而我国政府承诺人民币不贬值，并成功稳住了人民币汇率，对亚洲乃至世界经济的稳定起到了重要作用，获得了广泛的国际赞誉。保持汇率稳定是我国汇率政策的主要取向，1998 年以来，人民币的美元基准汇率的变动幅度不超过 1 %。人民币汇率保持稳定为对外经贸活动提供了一个相对稳定的环境，特别是在我国外汇市场不发达、防范汇率风险手段缺乏的情况下，作用更为明显。

2001 年，随着亚洲金融危机的平息，我国开始研究增强汇率弹性的问题。2003 年以后，由于人民币升值预期日趋强烈，加上国外一些人士对人民币汇率的指责日趋白热化，使得人民币汇率制度的改革势在必行。

5. 参考一篮子货币有管理的浮动汇率制度时期：2005年至今

2005年7月21日，中国政府决定实行以市场供求为基础、参考一篮子货币进行调节、有管理的浮动汇率制度。人民币汇率不再盯住单一美元，形成更富弹性的人民币汇率机制。与此同时，美元对人民币交易价格调整为1美元兑8.11元人民币。

2005年汇率形成机制改革以来，人民币汇率中间价作为基准汇率，对于引导市场预期、稳定市场汇率发挥了重要作用。但自2013年以来，人民币汇率中间价偏离市场汇率幅度较大，持续时间较长，影响了中间价的市场基准地位和权威性。为增强人民币兑美元汇率中间价的市场化程度和基准性，中国人民银行决定完善人民币兑美元汇率中间价报价。自2015年8月11日起，做市商在每日银行间外汇市场开盘前，参考上日银行间外汇市场收盘汇率，综合考虑外汇供求情况以及国际主要货币汇率变化向中国外汇交易中心提供中间价报价。此举使过去人民币中间价与市场汇率的点差得到一次性校正。2015年8月11日，人民币兑美元中间价为6.229 8元，与8月10日中间价出现了接近2%的贬值，创2013年4月25日来新低。

10.4.2 当前人民币汇率制度的主要内容

自2005年7月21日起，我国开始实行以市场供求为基础、参考一篮子货币进行调节、有管理的浮动汇率制度。本次汇率机制改革的主要内容以下包括三个方面。

1. 改革人民币汇率制度

采用以市场供求为基础、参考一篮子货币进行调节、有管理的浮动汇率制度代替1994年以来实行的以市场供求为基础、单一的、有管理的浮动汇率制度。两者的主要区别如下。

一是以市场供求为基础。这说明我国两次汇率制度改革都强调由市场力量来确定汇率的价格形成机制，也就是说改革的方向是坚持了市场化的目标。虽然目标是一样的，但受到体制、机制和市场基础等多方面的限制，1994年的外汇市场与今天的外汇市场不尽相同，在引导汇率形成机制上的效果不同。1994~1997年，人民币和美元双边名义汇率由1美元兑8.618 7元人民币升值到1美元兑8.289 8元人民币。1997年，为防止东南亚金融危机的蔓延，中国政府承诺人民币不贬值，加大对汇率的管理和调控力度，缩小汇率浮动区间，使人民币兑美元汇率基本维持在较窄空间波动。我国的汇率制度也因此被国际货币基金组视为盯住美元的固定汇率制度。2005年7月21日的汇率改革的重点是完善人民币汇率的形成机制，使人民币汇率水平能够真正反映市场供求关系。随着市场作用的不断增强，人民币汇率更加灵敏地反映市场供求变化，更加富有弹性。

二是改革汇率的定价机制。从1994年的“单一的、有管理的浮动汇率制度”转变为现在的“参考一篮子货币进行调节的、有管理的浮动汇率制度”。人民币汇率不再盯住单一美元，而是参照若干主要货币，组成货币篮子，篮子货币将根据贸易、外商直接投资和外债来源比重分别赋予不同的权重，比以前的汇率制度更富有弹性。新的汇率制度赋予人民银行很大的灵活性、主动性，人民银行可在不同形势，根据不同阶段的内外经济特点和国内经济发展的需要适时进行调整。

2. 确定中间价和日浮动区间

中国人民银行于每个工作日闭市后，公布当日银行间外汇市场美元等交易货币对人民币汇率的收盘价，作为下一个工作日该货币对人民币交易的中间价格。现阶段，每日银行间外汇市场美元对人民币的交易价仍在人民银行公布的美元交易中间价上下 0.5%的幅度内浮动，非美元货币对人民币的交易价在人民银行公布的该货币交易中间价 3 %的幅度内浮动。

3. 调整汇率的基准价格

2005 年 7 月 21 日 19 时，美元对人民币交易价格调整为 1 美元兑 8.11 元人民币，作为次日银行间外汇市场上外汇指定银行之间交易的中间价，外汇指定银行可自此时起调整对客户的挂牌汇价。这一调整幅度主要是根据我国贸易顺差程度和结构调整的需要来确定的，同时也考虑了国内企业进行结构调整的适应能力。

这些措施都是适应人民币汇率制度弹性化的需要，对银行间外汇市场和银行柜台市场，即外汇批发和零售市场的定价机制进行了必要的调整。这些举措扩大了外汇指定银行授权分支行在批发和零售这两个市场上，在合理的政策范围内自行确定挂牌汇价的权力，反映了市场主体在汇率弹性增加以后对价格波动的敏感性，对规避风险的需求日益强烈。

4. 当前人民币汇率制度的特点

（1）汇率的形成以外汇市场供求为基础。市场因素成为人民币汇率形成的决定性因素，中央银行主要根据外汇市场的供求关系，确定人民币调整方向，并根据市场发育状况和经济金融形势，适时调整人民币汇率的浮动区间，人民币汇率水平的变动方向和幅度将更趋灵活。

（2）人民币汇率的形成机制更为合理。人民币汇率不再盯住单一货币，而是参考一篮子货币，将减少人民币对主要货币的波动，分散外汇风险，有利于适应贸易多元化的要求，改善对外经济关系。

（3）浮动汇率增强汇率制度弹性。目前的汇率机制是一种浮动汇率，允许人民币汇率在中国人民银行公布的基准汇率一定幅度范围内上下浮动。

（4）有管理的汇率适应现阶段人民币汇率需要。为了维持外汇市场的稳定，人民银行可以运用货币政策等经济手段在外汇市场上吞吐外汇，调节外汇供求，以稳定汇率。

➢本章小结

1. 国际收支是一国对外交往中产生的全部经济关系的缩影，不仅反映一国在一定时期对外经济的规模、效益及相应的变化，还反映该国对外开放的程度、在国际经济中的分工以及国际地位的高低。受一国经济周期、经济结构、国民收入、货币币值、资本流动等因素影响可能失衡；价格机制、收入机制、利率机制、汇率机制对国际收支失衡具有自动调节机制，但受一定的条件限制；外汇缓冲政策、国际信贷、财政政策、货币政策、汇率政策、直接管制及国际经济金融合作成为各国调节国际收支失衡的政策选择。

2. 外汇是以外币表示的可以用做国际清偿的支付手段和资产。汇率作为两国货币相折算的比率，其变动主要受一国经济状况、国际收支、通货膨胀、利率水平及政府对外汇市场的干预等影响，而汇率变动对一国经济产生多重影响。

3. 为适应国际贸易和国际支付的需要，各国政府对货币在国际范围内发挥世界货币职能所确定的原则、采取的措施、建立的组织形式称为国际货币体系。从时间先后看，国际货币体系经历了三个阶段，即国际金本位体系阶段、布雷顿森林体系阶段和牙买加体系阶段。为促进区域经济的发展与合作，目前出现了区域性货币体系，欧洲区域性货币体系的运行最为成功。

4. 国际资本流动在促进世界经济发展、加速世界经济一体化方面发挥重要作用，同时过量的、不合理的资本流动又造成了有关国家、地区或世界金融市场的不稳定，如何合理规范资本在各国的流动已成为国际金融领域共同关注的问题。

5. 人民币汇率制度改革是我国金融体制改革的重要组成部分，自2005年7月21日，中国政府决定实行以市场供求为基础、参考一篮子货币进行调节、有管理的浮动汇率制度。

➤关键术语

国际收支 国际收支平衡表 外汇 汇率 直接标价法 间接标价法 汇率制度 固定汇率制 浮动汇率制 国际货币体系 国际资本流动 铸币平价

➤复习思考题

1. 国际收支失衡的原因和调节措施各有哪些？
2. 牙买加体系的内容和特点各有哪些？
3. 简述布雷顿森林体系的主要内容和其崩溃的原因。
4. 影响汇率变动的主要因素有哪些？
5. 汇率变动会对经济产生什么影响？
6. 现行人民币汇率制度的内容有哪些？

第 11 章

货币供求

【本章提要】 本章主要介绍西方货币供给理论的主要内容；货币供给的决定机制和运行机制；货币均衡与社会总供求平衡；通货膨胀及其对国民经济的影响；通货膨胀的成因与治理；通货紧缩理论的主要内容及治理。

11.1 货币需求

11.1.1 货币需求概述

所谓货币需求，是指在一定时期内，社会各阶层（个人、企业单位、政府）愿以货币形式持有财产的需要，或社会各阶层对执行流通手段、支付手段和贮藏手段的货币需求。

从货币需求的定义可以看出：不能将货币需求仅理解为一种主观欲望、一种纯心理的占有欲望。经济学意义上的需求虽然也是一种占有欲望，但它与个人的经济利益及其社会经济状况有着必然的联系，始终是一种能力和愿望的统一。同时满足两个基本条件才能形成货币需求：一是有能力获得或持有货币，二是必须愿意以货币形式保有其资产；所以，经济学研究的对象是这种客观的货币需求。

货币需求的根本原因在于货币所具有的职能。货币需求的职能范畴包括流通手段、支付手段、贮藏手段职能。在现代市场经济社会中，人们需要以货币方式取得收入，用货币作为交换和支付的手段，用货币进行财富的贮存，由此对货币产生了有一定客观数量的需求问题。

货币需求主要是一个宏观经济学问题。因为，市场需求是由货币所体现的有现实购买力的需求，所以，宏观调控主要也是需求面的管理。当然，实现又必然要通过对货币供给的控制来进行，由此，不能忽视与货币需求相对应的货币供给问题在宏观调控中占有的突出地位。

11.1.2 西方货币需求理论

1. 古典学派的货币需求理论

1）费雪方程式

1911 年，美国耶鲁大学教授欧文·费雪（1867~1947 年）在其出版的《货币的购买力》一书中提出了著名的“交易方程式”，被称为费雪方程式。费雪认为，假设以 M 表示一定时期内流通货币的平均数量；V 表示货币流通速度，也就是每单位货币在一年内与商品交易的平均次数；P 表示各类商品价格的加权平均数；T 表示各类商品的实际交易数量，则

$$M \cdot V=P \cdot T \text{ 或 } P=M \cdot V/T$$

这一公式说明，P 的值取决于 M、V、T 这三个变量的相互作用。不过费雪分析，在这三个经济变量中，M 是一个由模型之外的因素所决定的外生变量；V 是由经济中影响个人交易方式的制度所决定的，由于制度性因素在短期内不变，因而可视为常数；交易量 T 对产出水平常常保持固定的比例，并且由于费雪认为工资和价格是完全有弹性的，所以，在正常年份整个经济的总产出总是维持在充分就业的水平上。故在短期内也可以认为是大体稳定的。因此，只有 P 和 M 的关系最为重要。这样，P 的值就取决于 M 数量的变化。由于 $MV=PT$，则

$$M=P \cdot T/V= 1/V \cdot P \cdot T$$

这是费雪的货币需求函数。在货币市场均衡时，人们手持的货币数量 M 就等于货币需求量 M_d，故可以用 M_d 来取代式中的 M。如果用 K 来代替 $1/V$，则 M_d=KPT。这说明，仅从货币的交易媒介功能考察，全社会在一定时期一定价格水平下的总交易量决定了人们的名义货币需求量 M_d。而名义货币需求则决定于：①名义收入水平引致的交易水平；②经济中影响人们的交易方式、决定货币流通速度的制约因素。

由于所有商品或劳务的总交易量资料不容易获得，而且人们关注的重点往往在于国民收入，而不在于总交易量，所以，这一方程式通常被写成下面的形式（被称为数量方程的国民收入形式）：

$$M \cdot V=P \cdot Y \text{ 或 } P=M \cdot V/Y$$

其中，Y 表示国民收入。

2）剑桥方程式

由剑桥学派经济学家马歇尔和庇古等发展起来的现金余额数量论也得出了与现金交易说完全相同的结论，但分析的出发点完全不同。它首先将货币视为一种资产，然后探讨哪些因素决定了人们对这种资产的需求，进而得出货币和价格水平同比例变化的货币数量论观点。但遗憾的是，他们在作出结论时把其他因素都忽略了，而只是简单地断定人们的货币同财富的名义值成比例，财富又同国民收入成比例，所以货币需求就同名义

国民收入成比例，即

$$M_d = K \cdot P \cdot Y$$

其中，K 代表人们的持币比例，即人们经常在手边保存的平均货币量在年收入中所占的比例，也代表了愿意以货币这种形式持有的名义国民收入的比例。

剑桥学派还假定，货币供给 M 和货币需求 M_d 会自动趋于均衡，于是便有

$$M = K \cdot P \cdot Y$$

这便是著名的剑桥方程式，如果把 K 看成常数，该方程式和费雪交易方程式就仅有符号的不同了，只需令 $K=1/V$，它们便基本一样了。

2. 凯恩斯及其学派的货币需求理论

凯恩斯的货币需求理论，即流动偏好理论。按照凯恩斯的观点，作为价值尺度的货币具有两种职能，其一，是交换媒介或支付手段，其二，是价值贮藏。货币需求就是人们宁愿牺牲持有生息资产（如各种有价证券）会取得的利息收入，而把不能生息的货币保留在身边。至于人们为什么宁愿持有不能生息的货币，是因为与其他的资产形式相比，货币具有使用方便灵活的特点，持有货币可以满足三种动机，即交易动机、预防动机和投机动机。

（1）交易动机。交易动机是指人们为了应付日常交易的需要而持有一部分货币的动机。在任何收入水平上，无论是家庭还是厂商都需要作为交易媒介的货币。因为就个人或家庭而言，一般是定期取得收入，但经常需要支出，如家庭需要用货币购买食品、服装，支付电费和燃料费用等，为了购买日常需要的生活资料，他们经常要在手边保留一定数量的货币。

（2）预防动机。预防动机是人们为了预防意外的支付而持有一部分货币的动机，即人们需要货币是为了应付不测之需，如为了支付医疗费用、应付失业和各种意外事件等。虽然个人对意外事件的看法不同，从而对满足预防动机需要的货币数量有所不同，但从整个社会来说，货币的预防需求与收入密切相关。

（3）投机动机。投机动机是人们为了抓住有利的购买生息资产（如债券等有价证券）的机会而持有一部分货币的动机。一般而言，债券价格与利息率之间存在着一种反方向变动的关系：债券价格=债券固定利息收益/市场利息率。

在正常情况下，出于交易动机和预防动机的货币需求取决于收入水平的高低，出于投机动机的货币需求取决于利率水平的高低，货币需求可以用 M_1 和 M_2 表示，L 表示流动偏好函数，Y 和 r 分别表示收入和利率，相应的货币需求函数关系可写成

$$M = M_1 + M_2 = L_1(Y) + L_2(r)$$

虽然我们可以分别研究货币需求的交易动机、预防动机和投机动机，但是个人出于哪种动机而持有货币是很难分得清楚的，同样一笔货币可以用于任何一种动机。这三种动机都会影响个人对货币的持有量，并且当其他资产形式的获益提高时，对于货币的需求将下降。

3. 凯恩斯货币需求理论的发展

交易性货币需求理论的发展——平方根定律。在凯恩斯的流动偏好理论中，交易性

货币需求被假定为收入的函数，与利率无关。经济学家威廉·鲍默尔和詹姆斯·托宾分别发展了相似的理论模型，证明交易性质需求也受到利率的影响，他们的模型被合称为鲍默尔–托宾模型。

他们将存货管理理论运用于货币需求分析中，认为持有货币如同持有存货一样，也有一个最优规模问题。如果持有货币过多，则不会带来任何收益反而形成资金的浪费；如果持有货币过少，又不能满足日常交易之所需。那么，如何确定一个最佳的货币持有额呢？鲍默尔首先作了如下假设：第一，人们有规律地每隔一段时间获得一定量的收入，而支出是连续的和均匀的；第二，人们将与该交易所需资金额相等的一笔闲散资金，用于投资债券从中获得利息，然后再每隔一段时间用这部分债券回收现金以应付日常交易；第三，每次出现变现即出售债券与前一次的时间间隔及变现量相等。

根据存货管理理论，最佳的货币持有量应该是持有成本最小的规模。他们认为，持有货币的成本至少有两类：一是变现成本或交易成本，即每次出售债券获得现金时所支付的费用；二是持币的机会成本，即持有货币放弃的债券的利息收入。这两种成本都影响货币的需求数量。理性的交易者将计划持有最优的货币量，使持有货币的总成本最小。

设交易者在既定时期内的交易支出总额为 Y，交易者每次变现的债券为 C，债券变现的次数则为 Y/C，每次变现的交易成本为 b，则总的交易成本或变现成本为 $b(Y/C)$。交易者每次把债券转化为货币后将损失利息收入，损失的利息收入等于平均货币持有量（$C/2$）与利率（i）的乘积，则持有货币的利息成本为 $i(C/2)$。设持币的总成本为 K，则有

$$K=b(Y/C)+i(C/2)$$

交易者将通过选择 C 来使上式最小化。为此，我们求上式关于 C 的一阶导数，并令其等于零：

$$\mathrm{d}K/\mathrm{d}Y=-bY/C^2+i/2=0$$

整理得

$$C=\sqrt{2bY/i}$$

由于人们在整个支出期间的平均货币持有额为 $C/2$，所以，最优交易货币需求函数为

$$M=C/2=1/2\sqrt{2bY/i}$$

这就是著名的“平方根公式”，它将交易性货币需求与利率和规模经济的关系以数学公式形式表达出来，又称为“货币需求的存货管理模型”，该模型也表明人们的交易性货币需求同样与利率有关。

预防性货币需求理论的发展——惠伦模型。凯恩斯认为预防性货币需求只与收入有关，显然，这与现实不符。经济学家惠伦等按照和鲍莫尔–托宾模型大致相同的思路论证了预防性货币需求与利率成相反变化的关系。

假定出现流动性不足而造成的损失为 b，假定未来某一时间内的净支出 X（支出减去收入）遵从某一随机分布，方差为 S^2，企业或个人持有的预防性货币余额为 L_{12}。

$$\frac{\mathrm{d}K}{\mathrm{d}L}=\frac{-2bS^2}{L_{12}^3}+i=0$$

得出预防性货币余额最优持有量为

$$L_{12}^{*}=\left(2S^{2}b/i\right)^{1/3}$$

其中，b 为流动性不足而造成的损失。最优预防性货币余额与净支出的方差及出现流动性不足时的损失呈正向变化关系，与利率呈反向变化关系。

投机性货币需求理论的发展——资产选择理论。托宾用投资者逃避风险的行为来解释流动性偏好。他认为，人们可以选择货币和债券的不同组合（即资产组合）来持有其财富。人们在不同的资产组合之间来进行选择时，不仅要考虑到各种资产组合的预期报酬率（以资产组合在不同情况下的报酬率的期望值来衡量），而且要考虑到风险（以这一组合的报酬率的标准差来衡量）。同时，他按照人们对待风险的态度将人分为风险爱好者、风险规避者和风险中立者。他认为，现实生活中风险爱好者和风险中立者是少数，绝大多数是风险规避者，其资产选择理论就是以他们作为分析对象的。

对于一个风险规避者来说，总希望在既定的预期报酬率下实现风险的最小化，或者在既定的风险水平下实现预期报酬率的最大化。要使风险规避者认为两个不同的资产组合是无差异的，那么，其中风险较大的一个组合必须提供较高的预期报酬率。风险与收益是同步增长的，大多数人一般不会对货币和债券二者只择其一，而是既持有货币又持有债券，这就是资产组合的问题。

4. 货币主义的货币需求理论

1956 年，弗里德曼发表了名作——《货币数量说——新解释说》，标志着现代货币数量论的诞生。弗里德曼认为影响人们持有货币数量的因素主要有三类：①财富是影响货币需求的重要因素。这里的财富是包括货币在内的各种资产的总和。同时，他又将总财富划分为人力与非人力财富两种形式。②货币及其他各种财富的预期收益率是影响货币需求的另一因素。③其他因素，如财富所有者的特殊偏好等。

弗里德曼根据以上影响人们持有货币数量的因素提出了货币需求函数：

$$M_d / P=f\left(Y_p,W,r_m,r_b,r_e,\frac{1}{p}\cdot\frac{\mathrm{d}p}{\mathrm{d}t}\cdot\mu\right)$$

其中，M_d/P 表示实际货币需求；Y_p 表示实际恒久性收入，即财富；W 表示非人力财富占个人总财富的比率；r_m 表示货币的预期名义收益率；r_b 表示固定收益的债券预期名义收益率，包括债券利息与资本利得；r_e 表示非固定收益的证券预期名义收益率；$\frac{1}{p}\cdot\frac{\mathrm{d}p}{\mathrm{d}t}$ 表示商品价格的预期变化率，即实物资产的预期名义报酬率；μ 表示反映主观偏好、社会风尚及客观技术与制度等因素的综合变量。

在上述影响货币需求的因素中，Y_p 和 r_m 与货币需求成正向关系，W，r_b，$\frac{1}{p}\cdot\frac{\mathrm{d}p}{\mathrm{d}t}$，$r_e$ 与货币需求成反向关系。

对货币学派货币需求理论的评价如下。

货币学派的货币需求理论既是对古典学派货币数量论的继承，又是发展；而它既是对凯恩斯主义货币需求理论的批判，又是改进。它有机地结合了宏观经济运行和微观主体行为分析，是较全面的货币需求理论。与传统的货币数量论相比，有以下独特之处：① 认为财富是收入的资本化价值，因此，拒绝以当前收入作为财富的代表，而是以"恒久性收入"作为财富的代表。② 影响实际货币需求的最主要因素是恒久性收入。价格水平和利率虽然也是影响它的变量，但其重要性在恒久性收入之下，恒久性收入增加，则货币需求增加；反之，则减少。③ 由于恒久性收入的波动较小，因此，实际货币需求是高度稳定的。④ 不同于传统货币数量论者，假定货币流通速度 v 是固定不变的量，货币需求量也是一个稳定的数值，而是当做其他变量的稳定函数。⑤ 货币学派反对国家干预经济。他们认为经济中的私营部门具有内在的稳定性，如果政府不用那些欠周密考虑的政策来扰乱经济，虽然收入会有些波动，但失业水平将可以接受，而且通货膨胀也较轻。因此，应放弃政府干预，主张经济的自由放任。弗里德曼等学者的实证研究方法，突破了前人纯粹从理论上研究问题的局限性，给当时经济学界及以后的经济学家开启了一条崭新而实用的思路，这是方法论上的重大贡献。

5. 马克思的货币需求理论

马克思认为，一定时期，社会对执行流通手段职能的货币需求量是一个客观必要的宏观总量，由商品劳务量、商品劳务价格水平和货币流通速度（次数）三个因素决定的。因此，深入了解和剖析货币必要量，就必须对这三个因素作进一步的分析。

马克思的货币必要量理论，建立的前提条件：第一，马克思的货币必要量理论以劳动价值论为基础，即商品的价格决定于商品的价值，而商品的价值决定于生产商品所需要的社会必要劳动时间。因此，商品价格是在流通领域之外决定的。也就是说，商品是带着价格进入流通的。由于价格是先于流通过程而决定的，因此，商品价格总额是个既定的值，由此决定货币的必要量。在这一点上，与费雪的交易方程式有着本质的区别。交易方程式中的物价完全取决于流通环节，表现为一个完全由货币量决定的因变量。第二，马克思的研究以黄金作为货币。由于金属货币本身具有内在价值，因此，马克思认为金属货币具有蓄水池功能，能自发调节货币流通。从理论上看，金属货币自身具有价值。当作为货币金属的价值大于作为商品金属的价值时，退出流通的金属货币会重新以货币形式进入流通，反之，则退出流通。第三，马克思对于货币必要量的研究是基于简单商品流通。"不言而喻，这一切只适合于这里所考察的简单商品流通形式"。在马克思的论述中，简单商品生产主要是与资本主义商品生产相区别使用的一个范畴。在简单商品流通条件下，货币主要表现为一种单纯的媒介物，这从简单商品流通公式 $W—G—W$ 可以看出。在资本主义商品生产条件下，货币是资本总周转的起始点和复归点，不仅作为交易媒介在发挥作用，而且作为资本在进行流通，这由资本循环公式 $G—W\cdots p\cdots W'—G'$ 可以看出。仅从这两种不同的理论公式就可以得知：简单商品流通条件与复杂商品流通条件下，货币需求无论从形式上还是内容上都是不尽相同的。

马克思的货币需求理论集中反映在货币必要量公式中。理论的假设条件是金币流通。在此条件下，马克思进行了论证：① 商品价格取决于商品价值和黄金的价值，商品价值取决于生产过程，所以，商品是带着价格进入流通的；② 商品数量和商品价格的多少决定了需要多少金币来实现；③ 商品与货币交换后，商品退出流通，货币仍留在流通中多次媒介商品交换。

用公式表示为

执行流通手段的货币必要量=商品价格总额/同名货币的流通次数

$$M=P\cdot Q/V$$

该公式表明：在一定时期内，执行流通手段的货币必要量主要取决于商品价格总额和货币流通速度两类因素，与商品价格总额成正比，与货币流通速度成反比。

11.2 货币供给

11.2.1 货币供给及其理论

1. 货币供给的含义

货币供给是指时点上为社会经济运转服务的货币量，由包括中央银行在内的金融机构供应的存款货币和现金两部分构成。

关于货币供给的定义，需要说明的是：① 货币供给中所指的货币，关系到货币供给的具体内容，但迄今为止，理论界对此没有一个统一的认识。由此，许多金融理论和实务问题，如货币供给在整个社会经济活动中的重要性，货币政策对宏观经济的调控作用等，还都存在争议。因此，有必要进一步弄清货币供给的定义和其包含的内容。② 货币供给是一个存量概念，货币供给量是指一国某一时点上的货币存量。货币供给量不外乎是指被财政部门、各个生产经营单位、家庭个人所持有，由银行体系所供给的存款量和现金发行量。因此，影响和决定货币供给存量大小的是银行的信贷收支。银行是供给和改变货币存量大小的重要机构。③ 货币需要量虽也是一个有客观数量界限的存量，但毕竟是一个预测量。而货币供给却是实实在在地反映在银行资产负债表上的一定时点上的银行负债总额。具体地说，存款量是商业银行的负债，而现金发行量则是中央银行的负债。④ 因为中央银行能够按照自身的意图运用货币政策工具对社会的货币量进行扩张和收缩，即货币供给量的大小在很大程度上为政策所左右，所以货币供给首先是一个外生变量。然而，货币供给量的变化又受制于客观经济过程，即除受中央银行货币政策工具的操作左右外，还取决于经济社会中其他经济主体的货币收付行为。它同时又是一个内生变量，即不为政策因素所左右的非政策性变量。因此，中央银行对货币供给量的调控就变得十分困难。

2. 货币供给理论的主要内容

现实中，货币供给与货币需求相伴而生的。在理论中，与货币需求理论相比，货币供给理论相对滞后的。直到 20 世纪 60 年代初期，现代意义上的货币供给理论才逐渐产生。此后许多经济学家诸如弗里德曼、施瓦茨、卡甘、乔顿等对货币供给理论做出了重要贡献。在此，我们介绍主要的货币供给理论及其模型。

首先，根据相关定义有以下公式：

货币存量（M）=通货（C）+活期存款（D）

基础货币（H）=通货（C）+总准备金（R）

总准备金（R）=活期存款法定准备金（R_d）+定期存款法定准备金（R_t）+超额准备金（R_e）

1）弗里德曼–施瓦茨的货币供给模型

弗里德曼和施瓦茨关于货币供给量的决定因素的分析，见于他们合著的《1867~1960年的美国货币史》一书，其模型为

$$M = C + D = \frac{C+D}{H} \bullet H = \frac{C+D}{C+R} \bullet H = \frac{\dfrac{C+D}{C \bullet R}}{\dfrac{C+R}{C \bullet R}} \bullet H$$

$$= \frac{\dfrac{1}{R} + \dfrac{D}{R} \bullet \dfrac{1}{C}}{\dfrac{1}{R} + \dfrac{1}{C}} \bullet H = \frac{\dfrac{D}{R} + \dfrac{D}{R} \bullet \dfrac{D}{C}}{\dfrac{D}{R} + \dfrac{D}{C}} \bullet H = \frac{\dfrac{D}{R}\left(1+\dfrac{D}{C}\right)}{\dfrac{D}{R} + \dfrac{D}{C}} \bullet H$$

若 $m = \dfrac{\dfrac{D}{R}\left(1+\dfrac{D}{C}\right)}{\dfrac{D}{R} + \dfrac{D}{C}}$，则 $M = Hm$，其中，m 为货币乘数。

其中，基础货币 H 由中央银行决定，而影响货币乘数的变量在弗里德曼–施瓦茨的分析中简化为两个：存款准备金比率（D/R）和存款与通货的比率（D/C）。由方程式可看出，决定货币存量的三个因素是 H、D/R 和 D/C，他称之为“货币存量的大致的决定因素”。

基础货币，是非银行公众所持有的通货与银行的存款准备金之和。之所以还被称为高能货币，是因为一定量的基础货币被银行作为准备金而持有后，可引致数倍的存款货币。弗里德曼和施瓦兹认为，高能货币的一个典型特征是能随时转化为（或被用做）存款准备金，不具备这一特征就不是高能货币。

弗里德曼和施瓦兹利用上述分析方法，检验1867~1960年美国货币史得出的基本结论是：高能货币量的变化是广义货币存量长期性变化和周期性变化的主要原因；D/R 比率和 D/C 比率的变化对金融危机条件下的货币运动有着决定性影响，同时，D/C 比率的变化，还对货币存量长期缓慢的周期性变化起重要作用。

2）卡甘的货币供给模型

几乎就在弗里德曼和施瓦兹写作《1867~1960 年的美国货币史》的同时，美国著名经济学家菲利普 · 卡甘系统研究了美国 85 年中货币存量的主要决定因素，并于 1965 年出版了专著《1875~1960 年美国货币存量变化的决定及其影响》。就分析货币量而言，两部著作所使用的方法很相似，而且，这三位经济学家在写作过程中，经常交流研究成果。卡甘货币供给模型的推导如下：

$$M = \frac{H}{\dfrac{H}{M}} = \frac{H}{\dfrac{H \bullet D}{M \bullet D}} = \frac{H}{\dfrac{(C+R) \bullet D}{M \bullet D}} = \frac{H}{\dfrac{C \bullet D + R \bullet D}{M \bullet D}} = \frac{H}{\dfrac{C \bullet D + R(M-C)}{M \bullet D}}$$

$$=\frac{H}{\frac{C\cdot D+M\cdot R-R\cdot C}{M\cdot D}}=\frac{H}{\frac{C}{M}+\frac{R}{D}-\frac{C}{M}\cdot\frac{R}{D}}$$

若 $m=\frac{1}{\frac{C}{M}+\frac{R}{D}-\frac{C}{M}\cdot\frac{R}{D}}$ 则 $M=Hm$，m 为货币乘数。

卡甘的这一模型与弗里德曼-施瓦兹模型相似，但略有不同。他也认为决定货币乘数的变量只有两个：一是通货与货币存量的比率（C/M），并以此取代存款与通货比率；二是准备金与存款比率（R/D），并以此取代存款准备金比率。但是，这些区别并没有多大理论意义，（R/D）只是（D/R）的倒数，而（C/M）和（D/C）一样也反映了 M、C、D 三者之间的关系，因为 $M=C+D$。

3）乔顿的货币供给模型

美国经济学家乔顿于 1969 年对前面所讲的两个模型进行了改进和补充，导出了一个数额比较简洁明了的货币供给模型。乔顿模型提出以后，得到了大多数经济学家的认可或接受，并被大多数教科书采用。因此，该模型被看做货币供给机制的一般模型。

乔顿模型采用的货币定义仍为 $M=C+D$。根据现代货币供给理论，货币供给量（M）是基础货币（H）与货币乘数（k）的乘积。则

$$M=k\cdot H$$

$$M=C+D=\frac{C+D}{H}\cdot H=\frac{C+D}{C+R}\cdot H=\frac{\frac{C}{D}+1}{\frac{C}{D}+\frac{R}{D}}\cdot H=\frac{\frac{C}{D}+1}{\frac{C}{D}+\frac{R_d+R_t+R_e}{D}}\cdot H$$

$$=\frac{\frac{C}{D}+1}{\frac{C}{D}+\frac{R_d}{D}+\frac{R_t}{D}+\frac{R_e}{D}}\cdot H=\frac{\frac{C}{D}+1}{\frac{C}{D}+\frac{R_d}{D}+\frac{R_t}{D_t}\cdot\frac{D_t}{D}+\frac{R_e}{D}}\cdot H$$

分别以 c、r_d、r_t、t、e 表示通货活期存款比率（C/D），活期存款法定准备金比率（R_d/D），定期存款法定准备金比率（R_t/D_t），定期存款与活期存款比率（D_t/D），以及超额准备金比率（R_e/D），代入上式可得到

$$M=\frac{1+c}{r_d+r_t\cdot t+e+c}\cdot H$$

除了前面介绍的一些经济学内容的货币供应理论外，其他学者如布伦纳、梅尔泽、史密斯等都有各自的货币供应理论和货币供应模型，相互间不尽相同，有些差别还较大。但正统的货币供给理论都有着一个统一的模式，即货币供给量是基础货币和货币乘数两个因素的乘积。

11.2.2 货币供给的形成

1. 货币出自银行

由于货币供给量是存在于流通领域之中被各经济单位（银行系统以外的个人、家庭、企业和机关团体等）所持有的货币存量，如果把“经济单位”划分为两个部分：一是个

人、家庭，称为“个人”；二是企业、机关团体，称为“社会各单位”。那么，流通中的货币是从哪里来的问题就转为个人手中的货币从哪里来和社会各单位的货币从哪里来两个问题。

个人手持货币主要来自于：① 社会各单位发放的工资、奖励、抚恤金、补贴、稿酬等。② 出售商品或提供劳务所得的收入。③ 来自银行等金融机构。这又包括：借款所得；金融机构付给的利息；将个人持有的金银和外汇卖给银行。④ 非金融机构借款，包括民间借贷。⑤ 亲友赠送。

社会各单位所持有的货币，在我国通称“货币资金”。如果作一次归类，有以下的五种情况：① 通过销售商品从买主那里得来；② 银行借款；③ 上级拨入；④ 同业拆入（包括对单位和个人借款、预收货款等等）；⑤ 金融市场收入（包括股票和债券的发行收入和买卖有价证券的业务收入）。

上述对个人和社会各单位货币收入来源分析说明：现实生活中的货币都出自银行、财政、企业单位、机关团体及个人等，只是货币的运用者，不得发行货币，货币只由银行发行，又不断回归银行，所以，银行是整个货币流通的中心环节。

2. 出自银行的货币都是信用货币

银行作为一个信用媒介的机构，早为原始银行业所具备，主要体现在银行的业务活动之中。而近代银行作为信用媒介机构和信用创造机构的统一，本质特征在于信用创造方面，即银行可以在相当范围内，通过增加自身的负债去增加货币供给量，由此影响社会各种资源的配置、再生产诸环节的协调、各种经济杠杆的作用发挥以及币值本身的稳定。与此同时，这一信用创造功能还使银行在国民经济中的地位有了根本改变，一方面大大强化了现代商品经济中的信用经济性质，另一方面促使整个经济的运转与金融活动息息相关，不可分离。

11.2.3 货币供给的决定机制

1. 由存款派生引出的货币乘数与货币供给模型

在说明存款货币创造机制时，常使用原始存款和派生存款这对概念。从一笔存款派生过程而言，即用微观方法剖析存款货币创造的机制，应该说，选定任何一点都是成立的。在此意义上，原始存款与派生存款的含义都是相对的。

实际上，货币乘数与信用扩张乘数虽都旨在说明存款派生的量，但是，仔细分析，有以下区别：①货币乘数说明增加一个单位基础货币的供给可相应引起商业银行存款货币增加多少；而信用扩张乘数通常是指商业银行存款与法定存款准备金的比率。②货币乘数是包括商业银行缴存中央银行的存款准备金和流通中包括现金在内的中央银行对社会总负债的改变量；而信用扩张乘数只反映中央银行对商业银行负债的改变量，是中央银行全部负债数量的一部分。

所谓货币乘数，也称为“信用的扩张倍数”或“存款的扩张倍数”，是指一定量的基础货币发挥作用的倍数。亦即银行系统通过对一定量的基础货币运用之后，所创造的货币供给量与基础货币的比值。

在基础货币一定的条件下，货币乘数决定了货币供给的总量。货币乘数越大，则货币供给量越多；反之，货币乘数越小，则货币供给量也就越少。所以，货币乘数是决定货币供给量的又一个重要的甚至是更为关键的因素。

设 M_s 为货币供给量，m 表示货币乘数，B 是基础货币，那么，整个货币供给量模型为

$$M_s=m \cdot B$$

货币乘数模型为

$$m=M_s/B$$

从动态看，增量基础货币 ΔB 与货币乘数决定着即将增加的货币供应量 ΔM，用公式表示为

$$\Delta M=m \cdot \Delta B$$

2. 基础货币“质”和“量”的规定性

（1）基础货币“质”的规定性。基础货币亦称“高能货币”或“强力货币”，又可称为“货币基数”。把基础货币通俗地定义为金融体系能够以其为基础创造出更多货币的货币。所以，从“质”的角度看，基础货币具有如下显著特点：①是中央银行的负债。②有很强的流动性。即持有者能够自主运用，是所有货币中最活跃的部分。③派生性。能够产生出数倍于它本身量的货币，具有多倍的伸缩功能。④较高的相关度。它的变化对于货币供给变化起着主要决定作用。⑤可控性。中央银行能够控制它，并且通过对它的控制来控制整个货币供给量。

（2）基础货币“量”的规定性。从大多数西方学者的著述和解释中看出，基础货币一般都包括现金和商业银行的准备金两大部分。对于现金，计算口径略有差别：有的是指整个银行体系以外社会公众持有的现金，有的则是指中央银行体系以外社会公众与商业银行持有的现金。对于商业银行在中央银行的存款，也有人只指商业银行上缴的法定存款准备金，而另一些人则包括法定准备金与超额准备金。

以上对基础货币质和量的分析，可以得出：基础货币的完整定义应该是指创造存款的商业银行和金融机构，在中央银行的存款准备金与流通于银行体系之外的通货这两者的总和。前者包括商业银行在中央银行的法定存款准备金以及超额存款准备金，用 R 表示，C 表示流通于银行体系之外的现金通货。基础货币“量”的组成通常用以下公式表示：

$$B=R+C$$

3. 基础货币变动与中央银行控制

基础货币的高能和强力作用，能向社会提供多倍于它的货币量，所以，研究影响基础货币变动的因素尤为重要。如前所述，一般认为，基础货币主要由以下两个部分组成：一是存款准备金；二是流通在银行体系以外的现金。那么，影响基础货币变动的因素，就是影响组成基础货币的两个方面的因素。

（1）影响商业银行存款准备金变动的因素：①存款准备金比率。如果中央银行提高存款准备金的比率，商业银行上缴存款准备金则多，基础货币量增加；反之，中央银行降低存款准备金的比率，商业银行上缴存款准备金则少，基础货币量就减少。②流通中的现金量。流通中的现金流入银行系统的数量增加，能使商业银行上缴存款准备金随之

增加；流通中现金流出银行系统，能使商业银行的上缴存款准备金减少。前面已提到，一些国家财政部门有直接向流通中投入现金的权力，所以财政部门直接投入流通中现金量的多少，也会相应地增减存款准备金。③中央银行的行为。这包括中央银行买卖信用证券的数量以及中央银行对商业银行放款和贴现的松紧。中央银行通过“公开市场业务”买进有价证券，就能使商业银行的上缴存款准备金增加；反之，如果卖出有价证券，商业银行的上缴存款准备金减少。中央银行作为“最后的贷款者”，如果它扩大或放松对商业银行的放款和贴现，商业银行在中央银行的存款准备金也能够增加；反之，会使商业银行的上缴存款准备金减少。

（2）影响流通在银行体系以外现金量变动的主要因素：①公众收入增加和消费倾向。一般来说，公众货币总收入会逐年增加，手持现金量也会有所增加。同时，由消费倾向所决定的支出构成变化，也会引起现金量的复杂变动，即表现为积蓄和待用部分现金存入银行转化为存款；表现为因购买中高档消费品和大中型生产资料而形成手持现金暂时增加；因劳务供应增加促使实际现金流通量增加。②物价变动状况。一般来说，在币值和物价比较稳定的情况下，公众的手持现金除了随着季节性的变化有所变动外，基本上是比较稳定的。但是，在币值和物价不稳定，甚至出现持续的严重通货膨胀状况下，往往出现提取存款、手持现金、抢购商品等混乱状况，一时会出现流通中现金增加现象。③经济发展和体制变动情况，如商品交易的发展、就业人数增加、集贸市场扩大、价格调整等因素，往往会促使流通中现金量增加。④存款和现金比例的变化。例如，收购农副产品付现比重提高，农业贷款、个人贷款中相当部分的付现等，也会促使现金流通量增加。⑤信用发展程度。例如，银行存款利率的提高、储蓄网点的增多、非现金结算的广泛开展等，这些因素往往会影响流通中现金量。

可见，中央银行虽对基础货币的决定有重要作用，但是，影响基础货币的诸因素，并不都是同向关系，而是在错综复杂的联系中，呈现相互消长的趋势。所以，对于基础货币来说，并不是某一因素的影响即有变化，而是最终取决于诸因素（包括来自银行部门和来自非银行部门）的合力和消涨作用。

11.2.4 货币供给的运行机制

1. 现金运行机制

我国现金——人民币（纸币加硬币）由中国人民银行发行，具体是由中国人民银行设置的发行基金保管库（简称发行库）来办理的。在运行过程中，可将其表述为：中央银行将现金从发行库调至商业银行的业务库，从而进入流通程序。单位或个人从银行提取现金后，进行购买或支付，然后商品的售出者或款项的收受人再将收取的现金存入商业银行。最后，现金由商业银行的业务库回笼到中央银行的发行库，如图 11-1 所示。

图 11-1 现金运行机制

纵观现金运行机制，具有如下特点：①现金主要在银行之外流通，进入银行体系之后或走出银行体系之前，都不是流通中的，尽管它仍然以现金形态存在；②如果银行体系既不增加现金投入，也不组织现金回笼，那么无论现金如何流通，它只会发生持有人结构的变化，而不会有数量上的增减；③现金流通一般主要对应于小宗商品即消费品的交易。

2. 原始存款和派生存款

原始存款，是指商业银行吸收的现金存款或中央银行对商业银行贷款所形成的存款，包括商业银行吸收到的增加其准备金的存款。商业银行的准备金以两种具体形式存在：一是商业银行持有的应付日常业务需要的库存现金；二是商业银行在中央银行的存款。这两者都是商业银行持有的中央银行的负债，也是中央银行对社会公众总负债中的一部分。

派生存款，相对于原始存款而言的，是指由商业银行以原始存款为基础运用转账方式发放贷款或进行其他资产业务而引申出来超过最初部分存款的存款。具体可从以下三点进行理解。

（1）派生存款必须以一定量的原始存款为基础。派生存款作为商品经济条件下银行信用活动必然产生的普遍现象，作为银行的经济活动提供信用流通工具的一种机能，并非可以凭空创造，必须具有派生的基础，即有一定量的原始存款给予保证。

（2）派生存款是在商业银行（或称存款货币银行）体系内直接形成的。在现实的银行信用活动中，凡是在银行具有创造信用流通工具的能力以及实行转账结算的条件下，就使其有创造派生存款的能力。

（3）以原始存款为基础通过商业银行内的存贷活动形成的派生存款量。数量界限应是由贷款引出超过最初部分的存款。例如，1万元的贷款，转为1万元的存款，通过存款的派生，形成5万元的存款，其中，派生存款数应是4万元（即二者之差）。

3. 存款货币的创造与收缩过程

考察和理解存款货币的创造以及收缩过程，对于认识商业银行的信用创造功能，并且对于认识货币供给机制均有着极为重要的意义。

存款货币的多倍扩张和收缩，会受到多种因素的影响。为了分析的简便起见，我们作如下假设：①整个银行体系由中央银行及至少两家商业银行所构成；②中央银行规定的法定存款准备率为20%；③准备金由商业银行的库存现金及在中央银行的存款组成；④商业银行只保留法定准备金，而不持有超额准备金，其余均用于贷款或投资；⑤公众不保有现金，即客户将全部货币收入都存入银行体系。

产生多倍存款的过程：存款货币多倍扩张过程实际上就是商业银行通过贷款等行为，引起成倍的派生存款的过程。就整个银行体系而言，一家银行发放贷款，将使另一家银行获得存款，而这家银行也因此发放贷款，从而使第三家银行也获得存款。于是，通过整个银行体系的连锁反应，一笔原始存款将创造出数倍的派生存款。

假设，甲银行接受客户A存入的100万元活期存款。由于法定准备金率为20%，该银行需要提取20万元的准备金，并将剩余的80万元全部用于发放贷款。当甲银行将80万元贷出后，客户用于购买或其他支付。假设客户手中不得保有现金，故借款人B又将这笔款项存入另一家银行——乙银行。乙银行在得到活期存款并不保留超额准备金的前提下，依照 20%的比率提取 16 万元的法定存款准备金。然后，将其余的 64 万元贷出去，这个过程不断继续下去。那么，最初由客户存入甲银行的 100 万元原始存款，经过银行体系的反复使用，存款货币成倍增长。从理论上讲，这种扩张将一直进行到全部原始存款都已成为整个银行体系的存款准备金，从而任何一家银行都已没有任何剩余准备金可用于贷款为止。

从这一系列变化过程中，我们能够看到银行之所以能够创造存款货币，是由于运用原始存款发放贷款的结果。就前面分析而言，法定准备率的高低，直接影响银行创造存款货币的能力大小。准备率越高，银行运用原始存款创造信用的能力就越低，存款货币量就愈小；反之，准备率越低，创造存款货币的数额就越大。就个别银行而言，银行只能对超过法定准备金的那部分加以运用，也即只能创造与其超额准备金相等的存款。但就整个银行体系而言，则能创造大于原始存款若干倍的存款货币。这就是我们在前面分析过的存款货币的创造过程。

表 11-1 表明，在部分准备金制度下，一笔原始存款，由整个银行体系运用扩张信用的结果，可产生大于原始存款若干倍的存款货币。此扩张的数额，主要决定于两大因素：一是原始存款量的大小；二是法定准备率的高低。原始存款量越多，创造的存款货币量越多；反之，则越少。法定准备率越高，扩张的数额越小；反之，则越大。

表 11-1　银行体系创造存款的扩张过程（单位：万元）

银行数	存款	法定准备金	贷款
1	100	20	80
2	80	16	64
3	64	12.8	51.2
4	51.2	10.24	40.96
⋮	⋮	⋮	⋮
总计	500	100	400

如以 D 表示存款总额，R 表示存款准备金（本例中为原始存款），r 表示法定准备金比率，则存款货币的多倍扩张可用公式表示如下：

$$D=R/r$$

如把上例代入公式，则为

$$D=R/r=1\ 000\ 000/20\%=5\ 000\ 000\text{（元）}$$

可见，存款总额由 100 万元扩张到 500 万元，其中，100 万元是原始存款，400 万元为派生存款。在本例中，扩张以后的存款总额是原始存款的 5 倍。

4. *存款的多倍收缩过程*

存款货币多倍收缩的过程与多倍扩张的过程正好相反。如果说存款货币的多倍扩张是由商业银行的准备金增加所引起的，那么，存款货币的多倍收缩就是由商业银行的准备金减少引起的。通常商业银行准备金的减少有两个原因：一是存款人从银行提取存款；二是中央银行向商业银行出售有价证券。

现在假设某存款人从甲银行提取 100 000 元现金，这就使得在甲银行减少 100 000 元存款的同时，其准备金也减少 100 000 元。但是，根据中央银行规定的法定准备率，甲银行只能减少 20 000 元（即存款总额的 20%）。由于假定商业银行不持有超额准备，故甲银行发生准备金短缺，金额为 80 000 元。必须通过回收贷款等方式加以弥补，现假设甲银行收回贷款弥补准备金的不足。然而，甲银行收回贷款必然使其他银行因此减少存款，从而引起其他银行的准备金也发生短缺并同样通过收回贷款等方式来弥补。假定因甲银行收回贷款而使得乙银行减少了 80 000 元存款，并相应减少了 80 000 元准备金。根据 20%的法定准备率，乙银行只能减少 16 000 元准备金，于是需要补足 64 000 元。此时，乙银行也通过收回贷款来补足准备金。

很显然，在准备金制度下，这种存款的减少必然引起准备金的不足，从而也必须收回贷款或证券等。于是，经过整个银行体系的连锁反应，存款总额将会成倍收缩。所以，存款货币的多倍收缩过程实际上是多倍扩张的反向过程。

5. 存款货币创造在量上的限制因素

通过上述分析，可以看出乘数（即扩张倍数）与法定存款准备率之间呈倒数关系，但事实并非如此简单。在以上分析中，考虑了法定准备率这一个因素，实际上，在商业银行存款创造的过程中，还要受诸如超额准备金、现金漏损率等因素的影响。下面我们继续考察和理解各种因素对存款创造倍数的限制。

现金漏损率（c）。前文中假设公众将所有货币收入都存入银行而不在手中保有现金，但事实上是不现实的，尤其是对于银行制度不发达的国家来说，人们总会将部分收入以现金形式保留在手中。这样就出现了现金漏损，即银行在扩张信用及创造派生存款的过程中，难免有部分现金会流出银行体系，保留在人们的手中而不再流回。由于现金外流，银行可用于放款部分的资金减少，因而削弱了银行体系创造存款货币的能力。这种现金漏损对于银行扩张信用的限制与法定存款准备率具有同等的影响，而当把现金漏损问题考虑进去后，银行体系创造存款的扩张乘数公式应扩展为

$$k=\frac{1}{r+c}$$

超额准备金率（e）。前面假设商业银行不持有超额准备金，而在实际经营中为了保持流动性，银行实际持有的准备金总是大于法定准备金，这种差额称为超额准备金。不过，为了实现利润最大化，其持有的超额准备金通常较少。从实证分析我们发现，银行的超额准备金同存款在数量之间也保持着某种有规律的关系，故对其可用超额准备率来表示。这样，银行体系创造存款的扩张乘数公式应为

$$k=\frac{1}{r+c+e}$$

同法定准备率及现金漏损率一样，超额准备率的变化在存款创造时起着同等作用。如果超额准备率大，则银行信用扩张的能力缩小；如果超额准备率低，则银行信用扩张的倍数提高。

定期存款准备金对存款创造的限制。由于经济行为主体既会持有活期存款，也会持有定期存款。当活期存款被转入定期存款时，尽管不致使原持有的准备金额下降，但这

种变动会对活期存款乘数 k 产生影响。因为法律规定，银行对定期存款（D_t）也要按一定的法定准备率（r_t）提留准备金（定期存款的法定准备率往往不同于活期存款的法定准备率）。定期存款（D_t）同活期存款总额（D_d）之间也会保有一定的比例关系，当令 $t=D_t/D_d$ 时，则（$r_t \cdot D_t$）/ $D_d=r_t \cdot t$。也就是说每一个货币单位的活期存款中就会有 $r_t \cdot t$ 作为法定准备漏出（假定对个人定期存款不保持超额准备），考虑到这部分对存款乘数的影响，从而乘数公式进一步扩展为

$$k=\frac{1}{r+c+e+r_t \cdot t}$$

上面几种情况，是用抽象的方法分别说明 r、c、e、$r_t \cdot t$ 等因素对存款乘数 k 的影响。就实际情况来说，存款货币的扩张究竟能达到多少倍数，还得依整个国民经济情况，依所处的经济发展阶段而定。

11.3　货币均衡

11.3.1　货币均衡的含义

货币均衡是指货币供给与货币需求的一种对比关系。简言之，货币均衡是在一段时期内，一国的货币供应量与经济运行中客观所需要的货币数量相适应的关系，可以表述为

$$M^D=Pf(i,\ Y)=\theta Mh=M^S$$

在这个均衡等式中货币需求是一个关于价格水平、利率和收入水平的函数，货币供给则是与高能货币和货币乘数有关系。在这里特别要注意的是对货币均衡在以下两个层次上的区分。

（1）浅层次的货币均衡。所谓货币均衡是指仅仅考虑货币市场均衡，即货币市场中货币供给与货币需求相等。如图 11-2 所示，分析货币市场均衡与均衡利率水平的关系时，M^D 曲线的斜率是负的；分析货币市场均衡与均衡价格水平的关系时，M^D 曲线的斜率是正的；而货币供给可以看做是一个外生变量，为一条垂直线。这仅仅是一个最为简单的框架模型，因为在图 11-2 中只是考虑到利率 i、价格水平 P 与 M^D 的关系，但在现实生活中影响货币需求的因素有很多，经济学家们建立了各种不同的货币需求模型来分析利率 i、收入水平 Y、价格水平 P 等因素与货币需求 M^D 的关系，但事实上，不可能通过这些公式具体统计出实际货币需求量的数值是多少。人们能够看到的货币需求量的数值实际上就是货币当局货币供给的数量，因为，发行的货币总是以不同的形式为人们所持有。从这个意义上来说，单纯的分析货币市场的均衡并没有太大的实际意义，M^S 曲线的移动总是能与 M^D 曲线交于一点，而这个均衡点和其对应的均衡利率或均衡价格水平，并没有提供一个评判经济运行状态的标准。可以这么说，孤立于实际经济运行来分析货币均衡问题，得到的答案就是：货币市场“永远”都是均衡的。

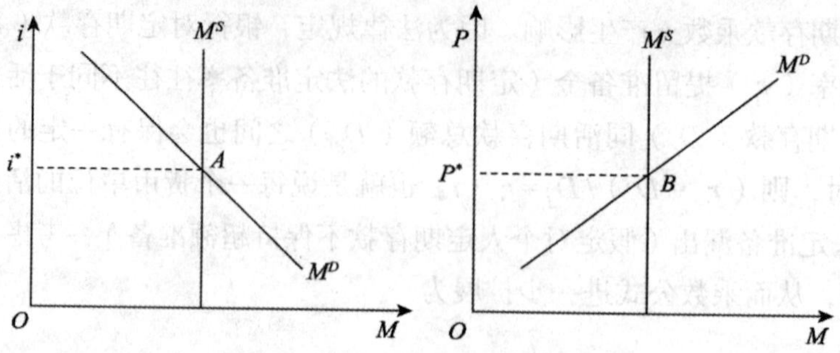

图 11-2 浅层次货币市场均衡

（2）深层次的货币均衡。深层次的货币均衡是指在社会总需求与社会总供给大致相当条件下的货币供求均衡。也就是在第一节中，多次提到的两市场同时实现均衡。在两市场同时均衡的经典模型 IS-LM 模型的框架下，再放大观察货币市场均衡，将两者统一起来，如图 11-3 所示。

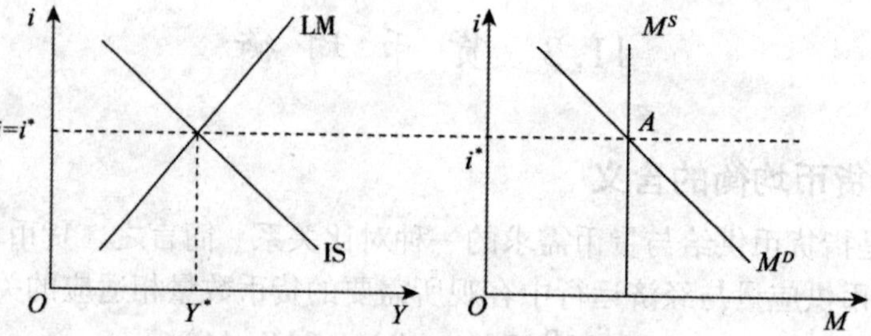

图 11-3 IS-LM 框架中的货币市场均衡

11.3.2 社会总供求平衡的含义

一国经济在运行过程中总产品的需求量等于供应量，此时的产出水平，就是均衡产出水平，对应的价格水平就是均衡价格水平它是社会总供给和社会总需求共同作用的结果，即为社会总供求平衡。

1. 社会总供给

社会总供给简单地说可以理解为一国在一定时期内，在一定价格水平的条件下，企业和家庭（个人）愿意提供的产品总量。不同经济学派对社会总供给的认识也不尽相同。

古典学派在充分就业的条件下认为名义工资 ω 具有完全的弹性，货币条件发生改变，价格水平发生变化时，名义工资会迅速地调整，以保证实际工资（ω/P）。在劳动力市场上，实际工资决定着劳动供给和劳动需求的均衡，因为实际工资（ω/P）没有变化，所以劳动力市场的均衡在价格水平发生变化时，市场出清状况并没有被打破。社会总供给 Q^S 看做是关于资本 K 和劳动 L 的函数，在 Q^S（K，L）中假定 K 保持不变，则 Q^S 不会随价格水平发生变化，如图 11-4 所示，Q^S 曲线是一条垂直线。按照古典学派的这种分析，货币失衡引起的价格水平的变化并不会影响社会总供给量。

对此凯恩斯学派提出了截然不同的看法，凯恩斯学派认为就业是非充分的，并且短期内名义工资 ω 是粘性的。当价格水平变动时，实际工资（ω/P）也将发生变化。如图 11-5 所示，假设价格水平由 P_0 下降至 P_1，则实际工资水平就由（ω/P_0）上升到（ω/P_1），

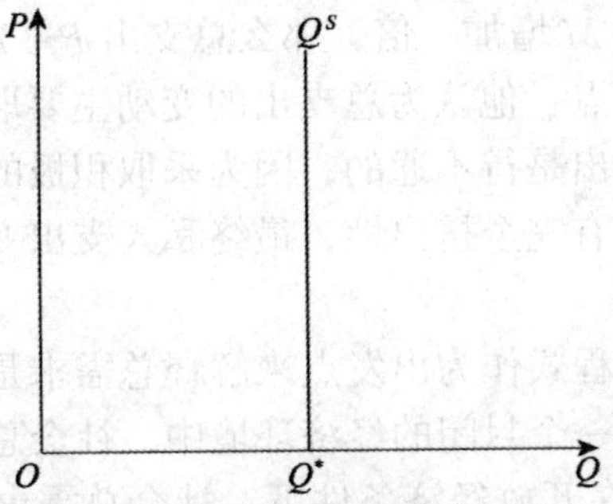

图 11-4 古典学派对总供给的认识

此时，厂商的劳动需求将会减少，出现非自愿失业，社会总供给将由最初的 Q_0 减少到 Q_1，对应的均衡价格水平也将由最初的 P_0 下降到 P_1。凯恩斯学派的总供给曲线是一条斜线，这就意味着，货币因素的变化，将会对实体经济产生影响，货币均衡和商品市场均衡都不可能孤立地实现。

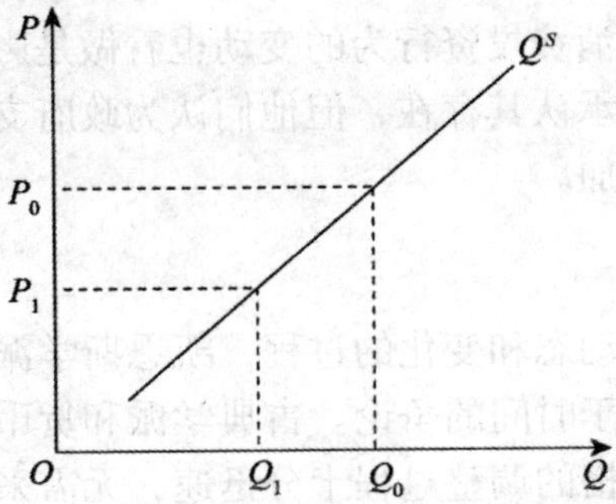

图 11-5 凯恩斯学派对总供给的认识

2. 社会总需求

社会总需求通常是指一定时期内，一国的社会各方面实际占用或使用的全部产品之和。总需求曲线是一条向右下方倾斜的曲线，价格水平与总需求的关系如图 11-6 所示。社会总需求曲线的形状相对简单，但是，不同经济学派对影响总需求曲线的因素有着不同的认识。

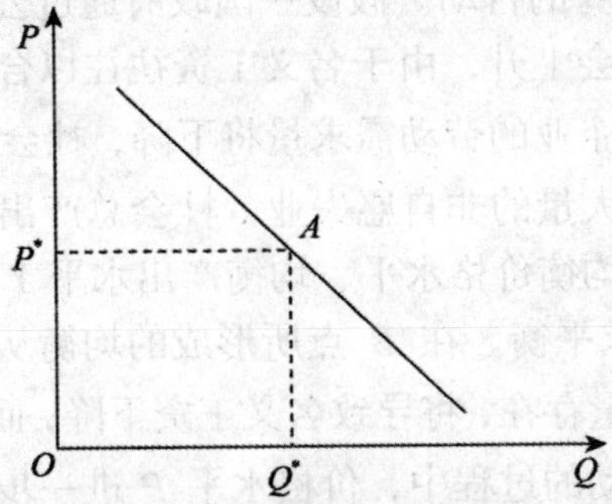

图 11-6 社会总需求曲线

货币学派分析总需求曲线移动是从交易方程式 $M \cdot V = P \cdot Y$ 入手，将价格水平 P 与商品和劳务的名义总量（$P \cdot Y$）联系起来。弗里德曼假设在一段时间内货币的流动速度保持不变，如果货币供应量 M 增加一倍，那么总支出 $P \cdot Y$ 也将增加一倍，这也就是弗里德曼现代货币数量论的观点：他认为总支出的变动主要取决于货币供应量的变动，采取财政拉动的方法增加总支出是行不通的，因为采取积极的财政政策增加政府支出会使私人支出减少，这种增加具有完全挤出性，最终私人支出变动会完全抵消扩展性财政政策的效果。

凯恩斯学派不以交易方程式作为出发点来解释总需求是如何决定的，他们将总需求进行了细分。具体来说，在一个封闭的经济环境中，社会总需求可以用一个简单的会计恒等式表示：$Q^D=C+I+G$。在开放经济条件下，社会总需求就是在既定的价格水平上，本国和外国购买者对本国产品的总需求量：$Q^D=C+I+G+(N-X)$。

一方面，凯恩斯学派通过分析价格水平 P 的变动会通过投资 I 和汇率 E 来影响总需求水平的过程，得出和货币学派一样的结论——总需求曲线向下倾斜。另一方面，凯恩斯学派认为不仅仅是货币因素会影响总支出的变化，如政府支出的增加（$G\uparrow$），税收减少导致居民消费（$C\uparrow$）和企业投资（$I\uparrow$）增加等因素都会影响到总支出的变化。凯恩斯把这种个人预期带来的消费投资行为的变动也看做是影响总需求曲线的重要原因。对于挤出效应，凯恩斯学派承认其存在，但他们认为政府支出的增加只具有部分挤出效应，仍然会引起总需求的增加。

3. 社会总供求平衡

社会总供求平衡是一个动态和变化的过程，凯恩斯学派和古典学派在刚性和粘性工资上的争论，说到底就是关于时间的争论。古典学派和货币学派的经济学家都认为工资具有充分的弹性，工资和价格的调整过程十分迅速，无需采取任何宏观经济政策（按他们的观点也没有时间来采取任何政策）经济就将恢复到均衡水平。凯恩斯学派也看到了经济有恢复到充分就业均衡的倾向，但他们认为经济的这种反应是逐渐的，其中的时差可以利用财政政策和货币政策来加快经济恢复均衡的速度。基于这两种观点，社会总供求平衡从时间上可以区分为短期的社会总供求平衡和长期的社会总供求平衡。

（1）短期的社会总供求平衡。由于信息不对称和货币幻觉的存在，在一个短时期内，货币量的改变带来的影响首先会被信息占优的一方察觉（如企业、政府等），信息处于劣势的一方不会马上改变自身的行动。假设一国政府通过公开市场业务，减少货币供应量，则名义工资（ω/P）将会上升，由于名义工资往往以合同等形式提前确定下来，在一定时期内是固定的，所以企业的劳动需求量将下降，社会总需求下降，图 11-7 中 Q^{D0} 曲线左移至 Q^{D1}，社会出现大量的非自愿失业，社会总产出和价格水平都将下降，形成新的均衡点 B，以及对应的均衡价格水平、均衡产出水平 Y。

（2）长期的社会总供求平衡。在 B 点所形成的均衡从长期来看是会被打破的，因为总产出的减少，失业的大量存在，将导致名义工资下降，而名义工资的下降会使 Q^{S0} 曲线右移至 Q^{S1}，供给曲线移动的过程中，价格水平 P 进一步下降，产出水平开始回复，但只要产出水平低于 Y^0，就存在名义工资 ω 下降和产出水平 Y 上升的趋向，直到产出水平回复到 Y^0 为止。

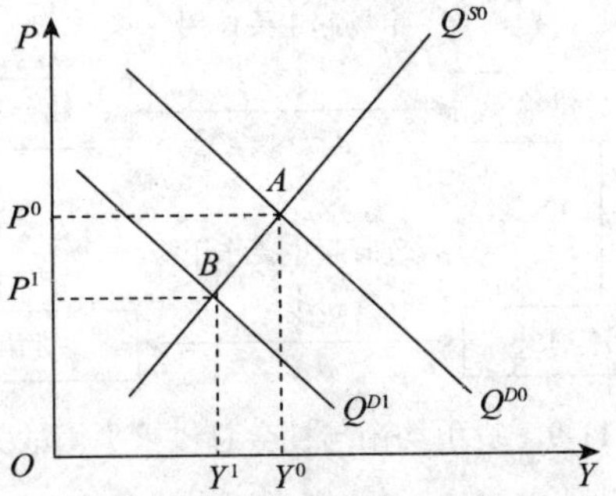

图 11-7 短期社会总供求平衡

图 11-8 中社会总供求，从均衡点 A 到均衡点 B 的过程中，价格水平缓慢下跌而产出水平急剧下降。从均衡点 B 到均衡点 C 的过程中，价格水平迅速下降而产出水平开始回复，直至均衡打破前的充分就业水平上。最终的结果正如古典学派所预期的那样：货币量的改变会影响价格水平 P 的变化，但产出水平仍然保持在原有充分就业的水平上。在社会总供求从均衡→失衡→再均衡的发展过程中，短期内，经济表现出凯恩斯学派的特征，而在长期内则表现出古典学派的特征。

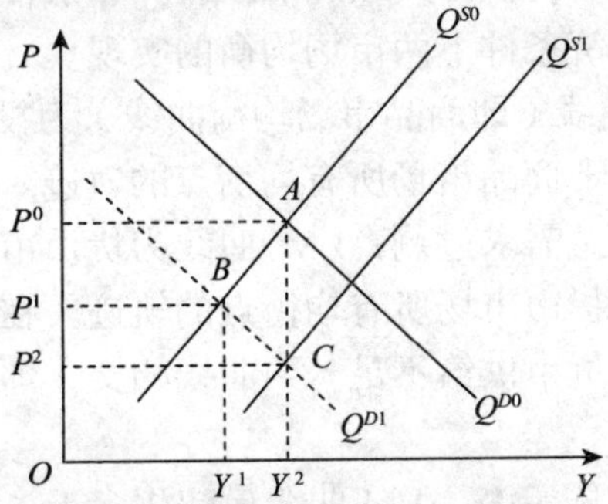

图 11-8 长期社会总供求平衡

11.3.3 货币均衡与社会总供求平衡

1. 货币均衡与社会总供求平衡的关系

分析货币均衡与社会总供求平衡的关系，首先要明白构成货币均衡的货币供给、货币需求与构成社会总供求平衡的社会总需求、社会总供给之间的关系。

现代商品经济的发展，并不是要纯粹的追求社会总供给和总需求的绝对一致，现实的总需求略大于现实的总供给，是现代商品经济发展的一个内在动因，在知道社会总供给形成货币需求，货币供给形成社会总需求的情况下，保持社会总供求平衡的关键，在于一国货币当局如何通过控制货币供给量来协调实际货币需求与名义货币供给的关系。货币均衡与社会总供求平衡的关系如图 11-9 所示。

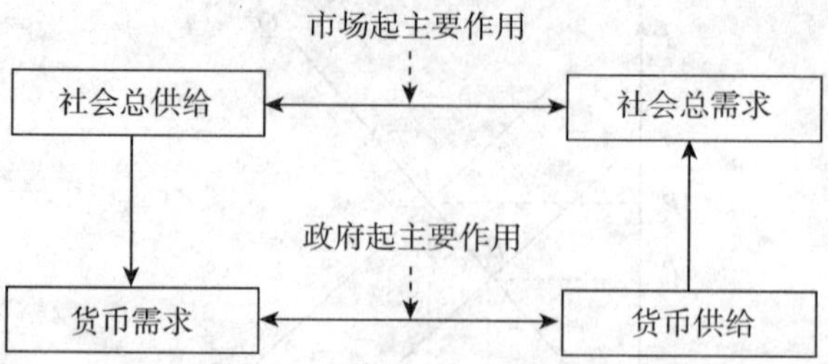

图 11-9 货币均衡与社会总供求平衡的关系

图 11-9 中可以看出，一国货币当局对货币供给控制的作用十分明显，暂且不论是凯恩斯的后继者提出的“相机抉择”正确，还是货币学派的“单一规则”与实际情况更加吻合，他们所提出的理论背后都蕴涵着相同的思想——货币供给与货币需求相适应，实现货币均衡是整个宏观经济平衡的关键。

2. 货币均衡与社会总供求平衡的实现

封闭经济条件下货币均衡与社会总供求平衡的实现。封闭经济条件下货币均衡与社会总供求平衡的实现相对简单，新古典经济学派经济学家希克斯、汉森提出的 IS-LM 模型就很好的描绘了在封闭经济条件下两市场均衡的实现。

在 IS-LM 模型中，IS 曲线（即商品市场均衡曲线）为投资与储蓄曲线，描述的是在不同的产出水平和利率水平下商品市场所有均衡点的轨迹。在该曲线左下方区域代表总需求不足，右上方区域代表总需求过剩；LM 曲线为货币市场均衡曲线，描述的是在不同的产出水平和利率水平下货币市场所有均衡点的轨迹。在该曲线左上方区域代表货币供给过剩，右下方区域代表货币供给不足。两曲线相交，即为均衡点，对应着均衡利率水平 i^*和均衡产出水平 Y^*。

在 IS-LM 模型框架中，假定 IS、LM 曲线最初相交于 A 点，现在该国的货币当局增加了货币供给，LM 曲线向右下方移动，于 IS 曲线相交于 B 点。在封闭经济的条件下，国内利率 i 会从 i^*下降至 i^0，Y 会从 Y^*增加到 Y^0，如图 11-10 所示，形成新的两市场均衡点 B。

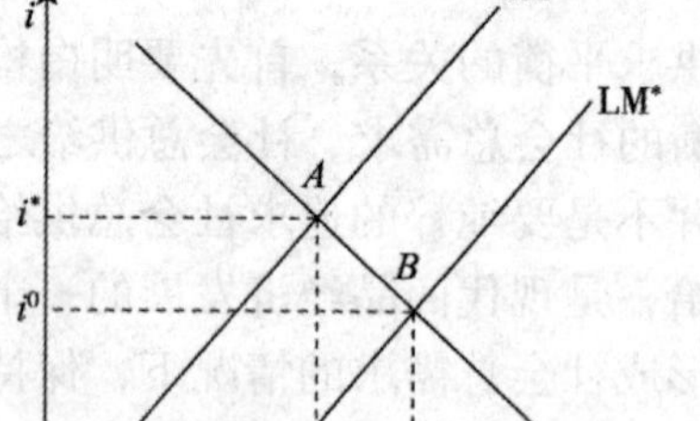

图 11-10 封闭条件中两市场均衡

开放经济条件下货币均衡与社会总供求平衡的实现。在开放经济的条件下，必须考虑国际收支的平衡，蒙代尔-弗莱明模型是分析这一问题的重要理论模型。在现实的经济生活当中，货币均衡与内、外均衡的关系，以及货币均衡与内、外均衡的实现过程，会受到一国是固定汇率还是浮动汇率、是否有资本控制、本国利率变化能否引起其他国家利率变化等一系列因素的影响，不同的条件应用 IS-LM-CM 框架分析得出结果是不一样的，但其原理是相同的。在此我们以一国实行的是固定汇率，没有进行资本控制，资本可以在国与国之间自由流动，并且该国利率 i 不能影响到另一国利率 i^*为假设前提，以此来说明开放经济条件下货币均衡与社会总供求平衡的实现。

很明显，如果该国国内的利率 i 高于或低于国外利率 i^*，由于资本具有趋利性，那么存在的套利机会将使理性人在两国之间进行资本的无风险套利，直到 $i=i^*$套利机会消失为止。$i=i^*$是我们在上面三个假设前提下的关键，我们将 $i=i^*$在 IS-LM 模型中描绘出来，称为资本流动线（capital mobility，CM）。将 CM 纳入 IS-LM 模型中，如图 11-11 所示情况，此时 IS、LM、CM 曲线的交点即为均衡点，表示该国在商品市场、货币市场和国际间资本的流动都实现了均衡，此时的均衡利率水平为 $i=i^*$。

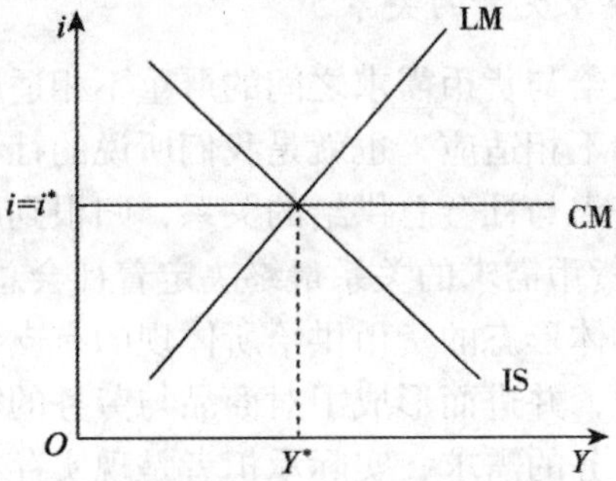

图 11-11　IS-LM-CM 框架中的均衡

分析其实现过程，如果一国的货币当局增加了货币供给，图 11-12 中 LM 曲线向右下方移动，与 IS 曲线相交于 B 点，国内利率 i 会下降（$i<i^*$），此时，本国居民就会向货币当局出售本币，而持有外币在国际资本市场上进行套利，个人的行为会抵消货币当局增加货币供给的作用，LM 曲线向左上方移动，使本国货币利率回升到 $i=i^*$的水平。均衡点会从最初的 A 点向 B 点移动，最终又回到 A 点位置，在此过程中货币当局的行为“唯一的作用”就是耗损了本国的外汇储备。

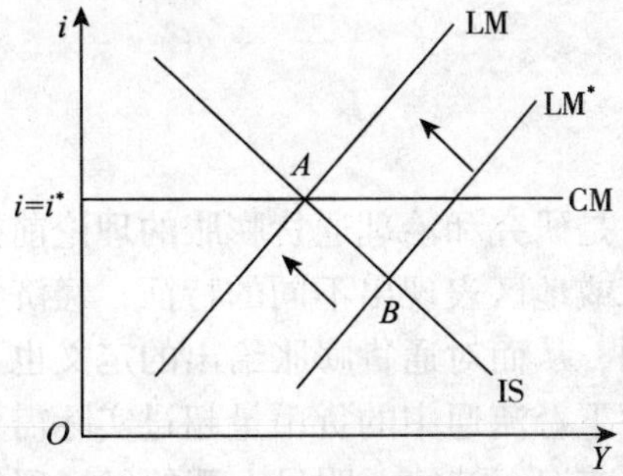

图 11-12　IS-LM-CM 框架中均衡的实现

比较上面的分析，可以看到，实行固定汇率安排的国家货币均衡与社会总供求均衡的实现过程，在封闭经济中，LM 曲线的移动是政策的外生变化；而在开放经济条件下，它则变成了对资本流动的内生反应，并且以增加货币供给来拉动经济的增长是失效的，至少货币政策的效果会大打折扣。

11.4 货币失衡

11.4.1 货币失衡概述

1. 货币失衡的含义

相对于货币均衡而言，货币失衡是指货币供给偏离货币需求的一种经济现象。这里的“偏离”不是指货币供给与货币需求之间的一般性不相适应，而是指货币供给与货币需求之间的不相适应已经达到了影响国民经济正常运行的程度。货币失衡不外乎两种情况：相对于货币需求而言，货币供给过多；或者，货币供给不足。简单表述为货币供给量＞货币需求量，或者货币供给量＜货币需求量。

2. 货币失衡与社会总供求失衡的关系

货币失衡反映了货币供给与货币需求之间的严重不相适应，同时也从根本上反映了社会总供给与总需求之间的不相适应，也就是我们所说的社会总供求失衡。在社会主义市场经济条件下，社会总需求与社会总供给的关系，归根到底是货币供给与货币需求的关系。或者说，货币供给与货币需求的关系最终决定着社会总需求与社会总供给的关系。

社会总需求是由各种具体形态的货币供给所体现的有支付能力的购买力构成的，即货币供给形成了社会购买力，并进而形成了对商品与劳务的需求。社会总需求也就是在现有货币供给下对商品和劳务的需求，实际承担者是现实存在的货币供给量。社会总供给的具体形态是各种待售的商品与劳务，然而，社会生产的最终目的是将其使用价值转化成价值，而价值是通过货币表现出来的。因此可以说，社会总供给是以商品与劳务的形式而对货币发生需求，生产总量决定着货币的实际需求数量。很显然，社会总需求与总供给的关系，实际上就是货币供给与货币需求的关系的外化，最终由货币供给与货币需求的关系所决定的。因此，社会总需求与总供给的失衡，实际上是货币供给与货币需求的失衡。也就是说，货币失衡是社会总供求失衡的形成原因，社会总供求失衡是货币失衡的表现形式。

11.4.2 通货膨胀

1. 通货膨胀的含义

理解通货膨胀的含义，是研究和治理通货膨胀的理论前提和基础。然而，由于不同时期的通货膨胀在不同国家或地区表现出不同的特征，经济学家对其成因、表现形式以及内在机制的认识不尽相同，从而对通货膨胀给出的定义也不同。本书将通货膨胀的定义概括为：在纸币流通条件下，流通中的货币量超过实际需要量所引起的货币贬值，商品和劳务的货币价格总水平普遍、持续、明显上涨的经济现象。

2. 通货膨胀的类型

在经济分析中，由于研究者对通货膨胀所强调的重点和目的不同，会按不同的标准对其进行分类。主要有以下几种。

1）按严重程度分类

根据通货膨胀的严重程度通常可将其分为温和的通货膨胀、严重的通货膨胀和恶性的通货膨胀。目前人们普遍认为，3 %以内的通货膨胀率属于正常的物价上升，可以为社会所承受。当价格总水平的年增长率超过 3 %而停留在 10%以内时，我们称之为温和的通货膨胀。当通货膨胀率突破 10%而进入两位数增长，且发展速度很快时，被认为是严重的通货膨胀。恶性的通货膨胀就是指物价上升特别猛烈，且呈加速趋势，此时货币已完全丧失了价值贮藏功能，部分地丧失了交易媒介功能。

2）按表现形式分类

根据通货膨胀的表现形式分类，可分为公开型通货膨胀和隐蔽型通货膨胀。公开型通货膨胀是指政府当局不对物价进行管制，而由市场力量所决定的一般物价水平明显而直接的、持续的上升过程，这是市场经济条件下通货膨胀的一般表现形式。隐蔽型通货膨胀则是指当经济生活中积累了难以消除总需求大于总供给的压力时，由于政府采取物价管制而使物价水平不能自由上升的通货膨胀。

3）按成因分类

按照通货膨胀的成因，经济学界存在着各种不同的分类，最常用的分类方法是将其划分为需求拉上型通货膨胀、成本推进型通货膨胀以及结构性通货膨胀等三类。

3. 通货膨胀的度量

1）居民消费价格指数

居民消费价格指数（consumer price index，CPI），也称零售物价指数，是根据家庭消费的具有代表性的商品（主要食品、衣服及其他日常用品）与劳务（交通、医疗、娱乐等）的价格变动编制而成的。该指数的优点是资料搜集容易，公布频率高，通常每月一次，能及时反映影响居民生活水平的消费品价格的变动趋势；然而，该指数所包括的范围较窄，只包括社会最终产品中居民消费品这一部分，不能反映公共部门的物品、生产的资本品，以及进出口商品和劳务的价格变动趋势。

2）批发物价指数

批发物价指数（wholesale price index，WPI）是根据制成品和原材料的批发价格编制而成的。该指数的优点是对商业周期反应灵敏；缺点是指数编制中没有考虑劳务产品，只计算了商品在生产和批发环节上的价格变动，没有包含商品最终销售时的价格变动，故其范围比 CPI 更为狭窄。

3）国民生产总值平减指数

国民生产总值平减指数（GNP deflator）是按当年价格计算的国民生产总值与按固定价格计算的国民生产总值的比率。所谓固定价格，是指所规定的某一基期年份的价格。该指数的优点是包括范围广，能较为全面地反映总体物价水平的变动情况；但由于编制所需数据繁多，资料搜集困难且编制难度大，因而，公布频率不如 CPI，通常是一年一次，不能及时反映一国通货膨胀状况。

4. 通货膨胀对国民经济的影响

20 世纪 50～60 年代，人们普遍认为通货膨胀造成的经济增长代价并不太严重，且一定的通货膨胀对经济增长有益；然而，随后20多年内的通货膨胀和经济危机在很大程度上改变了人们的这种看法，由于通货膨胀的动态作用，如果不及时加以控制，极小的通货膨胀则可能导致严重的通货膨胀，最终给经济带来灾难性的破坏。以下从生产、流通、分配和消费四个方面来探讨通货膨胀对国民经济的影响。

（1）通货膨胀对生产的影响。不同阶段的通货膨胀对生产的影响效果是不同的。通货膨胀初期，会对生产有一定的促进作用，但这种促进作用是递减的，随之而来的就是对生产的破坏性影响。总的来说，通货膨胀不利于生产的正常进行。在通货膨胀初期，商品价格上涨的幅度大于工资的增长，厂商实际成本下降，利润增加，从而刺激厂商扩大投资及生产规模，促进产量的增加与经济的增长；与此同时，货币的贬值刺激了消费需求的增长，产品销售因之而增加，进一步刺激了生产规模的扩大和经济的增长。然而，随着通货膨胀的推进，在商品与劳务的价格普遍上涨的情况下，原材料价格上涨更为突出，从而导致生产成本提高，生产性投资风险加大，生产部门的资金进而转向商业部门或进行金融投机，引起生产规模的大幅度萎缩；被严重扭曲的市场价格失去了其应有的调节功能，消费者与生产者也因此失去了作出正确决策的标准，容易形成错误的消费与投资决策，进而导致经济资源的不合理配置和浪费，严重阻碍生产的进行与经济的增长。同时，通货膨胀使货币的价值尺度功能受到破坏，厂商的成本、收入、利润等无法进行准确的核算，企业的经营管理尤其是财务管理陷入困境，严重影响生产活动的正常进行。

（2）通货膨胀对流通的影响。通货膨胀破坏了正常的商品流通秩序。正常的商品流通秩序是：商品由生产企业制成后，经过批发、零售环节，进入消费领域。但是，在通货膨胀情况下，价格信号被严重扭曲，商品均向着价格更高的方向流动，从而出现了商品的倒买倒卖，使其迟迟不能进入消费领域；盲目的流动同样会增加商品的运输成本，造成社会资源的浪费。在此期间，人们为了防止进一步的物价上涨及货币贬值，纷纷采取抢购行为使商品供求严重失衡，从而破坏了流通秩序；由于国内市场商品价格的上涨，出口商品的价格也会上涨，这样会使国内商品进入国际市场的通道受阻。

（3）通货膨胀对分配的影响。国民收入经过物质生产部门的初次分配之后，会由于税收、利息、价格等经济杠杆的作用而发生再分配。通货膨胀直接改变了社会成员原有收入和财富的实际水平，引起国民收入的非正常地再分配，加剧分配不公，这是因为不同社会成员的收入方式和收入水平不同，消费支出的负担不同，消费领域和消费层次也不尽相同。在通货膨胀时期，依赖固定收入的工薪阶层和退休人员由于名义工资的提高幅度不如商品价格的提高，使得他们实际工资水平下降，故而实际收入水平下降，生活水平下降；而一些非固定收入者如商人则可以利用投机从通货膨胀中获利。另外，通货膨胀使债权人的资产货币价值大幅度下降，成为通货膨胀的受害者，而债务人则因通货膨胀使其实际负担减轻，成为通货膨胀的受益者；实际财富持有者得利，货币财富持有者受损；对政府来说，通货膨胀实际上是政府向公众加征的税收，即“通货膨胀税”。

（4）通货膨胀对消费的影响。消费是生产的目的，消费水平是衡量社会成员生活水平的标准，而消费水平的高低取决于个人对商品使用价值或效用的直接占有和支配能力的大小。在商品货币经济条件下，人们的这种支配能力是通过货币收入表现出来的。通货膨胀使币值下降，人们在分配中所得的货币收入的实际价值也因此而大打折扣，实际消费水平也就随之下降了。

5. 通货膨胀的成因

（1）需求拉上型通货膨胀。该理论认为，在国民经济超分配导致全社会消费需求和投资需求剧增的情况下，各种资源出现短缺，商品和劳务的供给并未随有效需求增长而相应地增长，从而出现了“太多的货币追逐太少的商品”现象。社会总需求超过社会总供给，货币供给大于货币需求，导致供求失衡，一般物价水平上涨。这种类型的通货膨胀产生的途径有两种：一是在货币需求量不变时，货币供给的增加导致物价上涨，从而引起通货膨胀；二是在货币供给没有增加的情况下，经济体系对货币的需求减少，从而引起货币供给的相对增加，导致通货膨胀。

（2）成本推进型通货膨胀。该理论认为，通货膨胀产生的原因在于：商品生产的各种相关成本价格上升进而推进企业生产的商品价格上涨。其中，成本上升的原因主要有：①工会组织的活动使得企业不得不提高工人的货币工资，工资的提高使得商品生产的成本增加，为了弥补损失，企业往往采取提高商品售价的办法，从而引起市场价格的上涨；②垄断组织操纵垄断企业的产品价格，带动相关产品价格的上涨；③一些大的寡头企业之间协定提高产品价格，波及相关产品，引起物价总水平的上涨；④进口成本、间接成本等各种成本上升；⑤资源枯竭、环境保护政策、企业管理费用等间接因素也会引起成本的上升。

（3）结构性通货膨胀。该理论认为，通货膨胀的原因既不在于需求拉动上，也不在于成本推进，而在于经济结构本身的不平衡。社会经济中存在两个部门，由于需求转移、劳动生产率增长的不平衡或世界通货膨胀率的变化，一个部门的工资、物价上升会引起另一个部门工资、物价的同比例上升，结果是引起物价总水平普遍而持续地上涨。

6. 通货膨胀的治理

（1）紧缩性货币政策。中央银行采取的紧缩性货币政策措施有：①缩减货币供应量，抑制总需求。一方面，中央银行提高法定存款准备金率，使商业银行的超额准备金减少，贷款能力减弱，从而削弱商业银行的存款货币创造能力和供给能力，减少社会的信用供给量，达到紧缩货币的目的；另一方面，中央银行减少基础货币投放；②提高利率，抑制投资需求，刺激储蓄增长和降低消费需求。当经济出现需求拉上的通货膨胀时，中央银行也可以提高再贴现率和再贷款率，从而抑制信用需求，相应地抑制投资需求和消费需求，缓解供求矛盾。

（2）紧缩性财政政策。紧缩性财政政策概括地说就是增收节支、减少赤字。其主要的措施有：①增加赋税。赋税的增加可以减少消费者的可支配收入，缩减其购买力，从而抑制消费需求和投资需求；同时，赋税的增加可以降低财政赤字，缩减货币的财政性发行量，相应减少货币供给量。②削减政府支出。其中包括减少军费开支和政府在市场上的采购。一方面，可以减少财政赤字；另一方面，政府财政支出的削减，本身就是减少了社会总需求。③限制公共事业投资和公共福利支出。但是，财政支出具有很大的刚性，教育、国防、社会福利的削减都阻力重重，有时并非中央银行所能完全控制，同时，税收的增加也会遭到公众的强烈反对。

（3）紧缩性收入政策。紧缩性收入政策，是政府对工资和物价进行直接管制的政策，主要适用于治理成本推进型通货膨胀。其措施有：①工资—物价指导线。该指导线是指政府根据劳动生产率长期的增长趋势来确定工资与物价的增长标准，要求将工资与物价的增长率限制在劳动生产率的平均增长幅度以内。②工资—物价管制，即政府颁布法令对工资和物价实行管制，甚至实行暂时冻结。③以税收为基础的收入政策。政府以税收作为奖励和惩罚的手段来限制工资和物价的增长。如果增长率保持在政府规定的幅度之内，政府就以减少税收的方式作为奖励；否则，就增加税收。

（4）积极的供给政策。供给学派认为，治理通货膨胀，摆脱滞胀困境的方法在于增加生产和供给。其主要的措施有：①减税。减税可以提高人们的储蓄和投资能力与积极性。②减少国家对经济的干预和对企业经营活动的限制，充分发挥市场机制的调节作用。③削减政府开支，争取平衡预算，消灭财政赤字，限制货币增长率，从而压缩总需求。

11.4.3 通货紧缩

1. 通货紧缩的含义

通货紧缩可定义为：经济中货币供给量少于客观需要量，社会总需求小于总供给，一般物价水平普遍而持续下跌、币值不断上升的经济现象。通货紧缩成为经济研究的重要课题是在20世纪30年代世界经济出现大萧条之后。30年代以前，虽然世界许多国家也多次发生通货紧缩，但经济学家的研究不多；第二次世界大战后因很少出现通货紧缩，而主要呈现通货膨胀，所以，20世纪60、70年代西方经济学教科书中几乎不提“通货紧缩”这个词。

2. 通货紧缩理论的主要内容

（1）凯恩斯关于通货紧缩的理论。凯恩斯在其《就业、信息和货币通论》中阐述的“有效需求理论”是直接针对20世纪30年代大萧条中存在大量非自愿失业和严重通货紧缩提出的。尽管他在《就业、利息和货币通论》中更多地使用了“有效需求不足”这样的术语，它首先是对大萧条中失业与通货紧缩的分析与机理判断。他认为资本主义之所以会发生世界性生产过剩危机，产生失业与严重通货紧缩，根本原因在于社会“有效需求不足”。而发生有效需求不足的原因，在于消费倾向下降导致消费需求不足、资本边际效率下降导致投资需求不足、流动性偏好增强在减少了流通中货币供给量的同时也使利率上升，从而减少有效需求，降低就业水平，增加失业，物价下跌。

上述的分析可以看出，凯恩斯理论有着显而易见的政策含义：当经济衰退时，企业投资低落，可以通过增加政府支出来稳定有效需求；同时，由于在经济严重衰退时，企业家的利润预期非常之低，以至于任何正的利率都显得太高，因此，通过采用货币政策放松银根、降低利率来抑制衰退，效果不会明显。

（2）克鲁格曼的通货紧缩理论。克鲁格曼在通货紧缩的研究方面独树一帜。他主张推行“激进”的或“反传统”的货币政策主张，形成了一套“新凯恩斯主义”的通货紧缩理论。他的主要思想是：当今世界发生的通货紧缩不是由供给过剩造成的，而是起因于社会总需求不足。克鲁格曼认为，通货紧缩的成因是需求不足，而需求不足在不同国家和不同时期有着不同的社会制度根源。他认为，人口老龄化和缺乏完备的社会保障制度是日本国内储蓄增加而消费减少的原因。同时，他还认为，通货紧缩产生以后，人们对于通货紧缩的预期会使通货紧缩自身加剧，经济一旦进入这种通货紧缩的“死亡螺旋”之中，很难从中摆脱出来。

通货紧缩、物价下跌，是市场价格机制强制实现经济均衡的一种必然，更是“流动性陷阱”作用的结果。克鲁格曼认为，在信用货币条件下，货币政策失效的根本原因在于：一方面，经济处于“流动性陷阱”状态下；另一方面，公众偏向于未来，使储蓄倾向大于投资倾向。要走出“流动性陷阱”，只能遵从价值规律，设法使社会提高投资收益预期和信心，促进投资的增长。

3. 通货紧缩理论的治理

克鲁格曼认为，在“流动性陷阱”的状态下，保持零通货膨胀的货币政策不再是中性的，而是有紧缩性的负面影响；同时，公众对物价水平保持稳定的预期会使货币政策丧失效力。因此，不要盲目追求物价水平的稳定，更不要造成公众对物价水平保持稳定的预期。一旦发生通货紧缩，可以用“管理的通货膨胀”或适度的通货膨胀来治理通货紧缩。

4. 货币主义关于通货紧缩的论述

货币主义学派的核心观点是：货币对于经济活动是重要的。以弗里德曼为首的货币主义学派并没有一个完整的通货紧缩理论。他们对于通货紧缩的论述主要在两个方面。

（1）关于大萧条原因的解释。货币主义学派认为，通货紧缩的原因在于货币政策的失误，其例证是美国20世纪30年代在危机期间，美联储货币政策的逆向操作导致通货紧缩和经济衰退。紧缩的货币政策导致了货币供给的大幅度下降，从而使得生产和消费支出的大幅度下降。尤其是当生产支出大幅度下降时，居民的实际收入和预期收入也会随之下降，而债务的实际利率有所上升，人们发现偿还债务已不可能，货币总需求就会大幅度下降。在这种情况下，通货紧缩主要是由货币政策紧缩所引起。

（2）关于货币存量与价格变动的关系。在弗里德曼重新表述的《货币数量论》中，包含着从货币紧缩到价格下降传导机制的说明：当货币紧缩时，货币的边际收益率上升，人们就会将金融资产和实物资产转换成货币资产，这就可能导致金融资产和实物价格的降低。但是，弗里德曼也指出：货币存量的变动与价格的变动之间的关系虽然十分紧密，但并不是精确的或机械不变的；产量的变动与公众希望持有的货币数量的变动，会造成货币存量变动与价格变动之间的不一致。因此，他认为更为重要的是要考察单位产量的货币存量，同时，还要考虑到货币流通速度的变化。

货币存量的变动与价格水平变动不仅在幅度上存在不一致，而且由于从货币存量的变动到价格水平变动之间的传递需要一个过程，二者在时间上也存在不稳定的时间间隔，这种时滞往往更难以把握。弗里德曼认为，由于时滞的存在，“相机抉择”的货币政策不仅无助于经济的稳定，往往还加剧经济波动，因此，他反对采用“相机抉择”的货币政策。

货币主义的政策处方是：为了既避免大规模的通货膨胀，又避免大规模的通货紧缩，必须使货币供给的增长率保持在适当的水平上。针对当时美国的情况，弗里德曼认为："为了保持价格水平的长期稳定，每年的货币存量增长率是必要的"。这也就是后人所说的货币政策固定法则。

➤本章小结

1. 货币需求理论有古典货币学派的货币需求理论、凯恩斯的货币需求理论、货币主义的货币需求理论、马克思的货币需求理论。货币供给理论主要是研究货币供给量的规定性、供给渠道或程序、决定因素及中央银行调控等理论。

2. 出自银行的货币都是信用货币，流通中的货币主要是由银行通过贷款这一渠道注入流通的。基础货币从来源看，是金融当局的货币供给，从运用上看，它由流通中的通货和商业银行的准备金组成。银行的信用创造过程，是一个以一定货币量作为基础和始点，不断放大其倍数即货币乘数效应。而影响基础货币和货币乘数的诸因素，则来自经济主体的多方面，这就增加了中央银行调控货币供给量的复杂性和困难性。

3. 西方货币均衡理论的发展，从古典学派的货币数量论到维克塞尔、缪尔达尔、哈耶克的货币均衡思想，凯恩斯到弗里德曼、米德内外均衡论、蒙代尔-弗莱明模型的提出，人们对于货币在经济生活中的认识，是随着社会环境的变化而逐步深入的，将货币均衡纳入整体经济均衡中考虑，将货币均衡、产品市场均衡、外部市场均衡统一起来，已成为当今货币均衡思想的核心内容。货币均衡是指货币供给与货币需求的一种对比关系，是从供求总体上研究货币运行状态变动的规律。社会总供求平衡是一个动态和变化的过程，分短期社会总供求平衡和长期社会总供求平衡。社会的总供给形成了对货币的需求，货币供给形成社会总需求，社会总供求的平衡取决于货币均衡的实现。

4. 货币失衡是指货币供给偏离货币需求的一种经济现象。通货膨胀是指在纸币流通条件下，由于流通中的货币量超过实际需要量所引起的货币贬值，商品和劳务的货币价格总水平普遍、持续、明显上涨的经济现象。治理通货膨胀的措施主要包括紧缩性货币政策、紧缩性财政政策、紧缩性收入政策、积极的供给政策。通货紧缩是经济中货币供给量少于客观需要量，社会总需求小于总供给，一般物价水平普遍而持续下跌、币值不断上升的经济现象。凯恩斯认为资本主义之所以会发生世界性生产过剩危机，产生失业与严重通货紧缩，根本原因在于社会"有效需求不足"。

➤关键术语

货币需求　货币供给　基础货币　超额准备金比率　原始存款　派生存款　货币均衡　社会总供给　社会总需求　货币失衡　通货膨胀　通货紧缩

➤复习思考题

1. 简述西方货币需求理论的主要内容。
2. 解释货币供给的含义与形成。

3. 简述存款货币的创造过程。
4. 简述货币均衡与社会总供求平衡。
5. 简述货币失衡与社会总供求失衡的关系。
6. 简述通货膨胀的成因及治理方法。
7. 简述通货紧缩理论的主要内容。

第 12 章

金融创新

【本章提要】 本章介绍金融创新不断发展的动态过程。金融创新的基本理论；金融创新的动因；金融创新的表现；金融创新的影响及金融创新的环境。

12.1 金融创新的主要理论

自熊彼特（Joseph Alois Schumpeter）于 1912 年提出“创新”一词至今，创新理论不断发展并被应用于实践。20 世纪 60 年代以来西方国家掀起了一场金融创新的热潮，金融工具、金融业务、金融管理、金融体制的创新，不仅改变了金融机构的经营方式、经营理念，也极大地推动了金融深化和金融国际化的进程。金融创新是金融发展的核心动力，促使金融业日新月异不断向前发展，促进了整个经济的发展进步。

12.1.1 金融创新的含义

狭义的金融创新特指第二次世界大战以后，特别是 20 世纪 70 年代西方国家放松金融管制以来，金融领域内的各种要素重新组合和产生性变革所产生的金融现象。广义的金融创新泛指金融发展史上出现的任何创造性变革，从货币产生、信用发展、银行建立，直至 20 世纪 70 年代令人眼花缭乱的创新都属于金融创新范畴。

关于金融创新（financial innovation）的定义，国内外经济学家迄今为止尚无统一的解释，有关金融创新的定义大多是根据熊彼特的创新定义衍生而来。熊彼特在《经济发展理论》（*Theory of Economic Development*）一书中对创新所下的定义是：创新是指新的生产函数的建立，也就是企业对生产要素实行新的组合。它包括五种情形：① 新产品出现；② 新生产方法或技术的采用；③ 新市场的开拓；④ 新原材料供应来源的发现；⑤ 新企业管理方法或组织形式的推行。美国著名经济学家弗里德曼认为，金融创新实际上“是一种国际货币制度的变革或改变”。国际货币制度的空前发展“使得金融市场上的各种金融创新层出不穷，创造出新的金融工具和结构”。在美国《银行词典》中专门列出金融创新这一词条。这部词典将金融创新定义为“支付制度促进银行及一般金融机构作为资金供求中介作用的减弱或改变”，并指出金融创新包括四个方面：① 技术创新（technological innovations），如电子通信系统，即以电子借记和贷记代替支票转账；② 风险转移创新（risk transferring innovations），如可调利率抵押放款，将信用风险从一方转移到另外一方；③ 产生信用的创新（credit generating innovations），如住宅信用的创新，它是借款人获得使用金融资产的新途径，并且增加了信贷的有效供给；④ 产生股权的创新（equity generating innovations），使银行获得了一种比发行新普通股成本更低却可以提高权益资本的新途径。1986 年西方十国集团中央银行编写的《近年来国际银行业的创新》的研究报告中指出：“金融创新从广义角度看包括两种情况，一种是金融工具的创新，主要是指票据发行便利、货币和利率互换、外汇期权和利率期权、远期利率协议；另一种是金融创新的三大趋势，主要是指金融领域的证券化趋势、资产表外业务与日俱增的趋势和金融市场全球一体化的趋势”。中国著名经济学家、北京大学的陈岱孙、厉以宁主编的《国际金融学说史》根据熊彼特经济创新的定义将金融创新定义为：金融创新就是在金融领域内建立“新的生产函数”，“是各种金融要素的新的结合，是为了追求利润机会而形成的生产改革。它泛指金融体系和金融市场上出现的一系列新事物，包括新的金融工具、新的融资方式、新的金融市场、新的支付手段以及新的金融组织形式与管理方法等。整个金融业的发展史就是一部金融创新不断出现的历史，金融业的每一次重大发展，都离不开金融创新。信用货币的出现、商业银行的诞生、支票制度的推广等是历史上及其重要的金融创新。”

简而言之，金融创新是各种金融要素的重新结合，是金融机构为追求微观利益、金融当局为提高整个金融业宏观效益而发生的金融创造性变革，主要是指新的金融产品、金融业务、金融市场、金融机构、金融制度的创造和推广。理解金融创新需要注意三点：①金融创新是一个动态的概念。金融创新伴随着金融发展的全过程，从过去到现在，又将走向未来。金融创新不是一个国家特有的现象，而是出现在各个国家和全球范围内的共同趋势，包括了完成组合、变革和发现的整个过程。金融创新永远丰富多样，既有历史上各种货币和信用形式所导致的货币信用制度、金融管理制度创新，又有金融机构组织和经营管理以及金融业结构的创新，还有金融工具、交易方式、操作技术、服务种类以及金融市场的创新。②金融创新可以通过政府和市场两条途径产生。政府通过金融立法和有关管理条例的变更可以引导金融创新，如通过修改金融法规、存款贷款管理条例、金融交易等制度性变化激发金融创新，这种金融创新和金融发展的主要动力来自政府，我们称为政府主导型金融创新。政府主导型金融创新在经济转型国家比较多见。市场主导型金融创新是由于市场条件或环境发生变化产生了对新的金融工具需求，金融机构根据金融市场变化和金融服务的需要，通过供给有效金融产品和金融服务而出现的金融创新。市场主导型金融创新是当前世界主要国家的创新方式。③金融创新具有明显的历史阶段性。在不同的历史时期金融创新的环境、背景不同，因而金融要素重新组合的基础就不同，表现的特征不同，对经济的影响也不同。一般来说，狭义金融创新多用于微观金融研究，广义金融创新多用于宏观金融研究。

12.1.2 金融创新理论

20 世纪 30 年代以来金融创新蓬勃发展，究其原因是经济发展对金融领域产生了新的需求，包括两个阶段：第一阶段，是 20 世纪 30 年代开始，经济大危机以后，凯恩斯的国家干预经济理论成为主流派，宏观需求管理对金融业务、金融制度、金融机构等产生了重大影响。第二阶段，是从二次世界大战以后开始，西方国家的经济在布雷顿森林货币体系下稳定运行，进入 20 世纪 70 年代西方国家普遍出现的高通胀和布雷顿森林货币体系解体，对凯恩斯经济思想提出了挑战，经济学界出现了多元化思想，货币主义、预期学派等成为关注的焦点，这些多元化思想对金融创新产生了重大影响。金融创新理论源于 20 世纪 50 年代对于金融创新生命力和原动力的探索，从不同视角提出了各种有价值的见解。

1. 约束诱导金融创新理论

约束诱导理论的代表人物是美国著名的经济和金融学家威廉·L.西尔柏（W. L. Silber），1983 年 5 月，西尔柏发表了《金融创新发展》一文，详细阐述了金融创新的原因，并用直线程序模型加以说明，他从金融机构利润最大化的创新这个表面现象出发，认为人们创造新的金融工具或业务是为了消除或减轻外部对其生产的金融限制而采取的“自卫”行为，是为了追求利润最大化。西尔柏还认为，在金融创新中最重要的因素是技术和立法，这两种因素有时是通过约束起作用，但更多的时候是独立发挥作用，技术进步为金融工具和业务创新提供了可能，同时也加快了金融创新的速度。遵守法规同样也会加强企业成本，许多金融手段都是用来对付法规的，即使这些立法所引起的金融创新并非真正是外部因素，如不断增长的税收负担、通货膨胀会刺激金融创新。西尔柏从微观金融供给角度探讨金融机构的业务和工具创新，分析金融创新的成因指出，金融创新就是为了使利润最大化，并且强调了“逆境选择”，但这样的成因解释同样适用于普通企业的创新，不能充分体现金融创新的特征和个性。该理论过分强调了金融企业在金融创新中的作用，对与金融企业相关联的市场创新及宏观经济环境引发的金融创新避而不谈。因此，西尔柏的理论不能完美地解释各种形式的金融创新，连西尔柏本人也承认他所设计的模型，只能解释 1970~1982 年美国金融创新的 60%。

约束诱导型创新理论主要从供给方面探讨金融创新，认为引发金融创新的根本原因在于金融业内部和外部存在着各种约束因素，金融机构之所以发明种种新的金融工具、交易方式、服务种类，是为了摆脱或逃避面临的种种约束。

2. 技术推进金融创新理论

熊彼特在《经济发展理论》中曾对技术创新的影响提出了创建性的探讨，强调新技术的发明、应用和推广是经济发展和企业循环的主要原因。后来，他又在《资本主义、社会主义与民主》中提出了技术创新理论，认为企业规模越大市场结构越集中，技术创新的可能性就越高。因为，在现代资本主义制度下，新技术发明创新需要大量的研究与开发费用，中小企业独立负担不起，只有大企业或企业联合才能完成。熊彼特的技术创新理论只针对企业创新没有涉及金融创新，但该理论却为金融创新中技术推进研究奠定了基础。真正从技术创新角度探讨金融创新问题的是韩农（T. H. Hannon）和麦道威（J. M. McDowell），他们在1984年发表的《市场集中与技术在银行业的推广》一文中，通过实证研究发现20世纪70年代美国银行业新技术的采用和扩散与市场结构变化密切相关，从而认为新技术的采用是导致金融创新的主要因素。但是，他们进行实证研究的资料过于具体，仅限于自动提款机，对电子计算机和电子通信设备的技术革新与金融创新的相关性研究未能取得充分证据。因而，他们提出的技术创新理论是局部的，不具有一般代表性，而且该理论也无法解释许多政府放宽管制而出现的金融创新。概括地说，技术推进理论认为新技术革命的出现，特别是电脑、电信工业的技术和设备成果在金融业的应用，是促成金融创新的主要原因。其理由是高科技在金融业的广泛应用，出现了金融业务的电子计算机化和通信设备现代化，为金融创新提供了物质上的保证。新技术在金融领域的引进和运用促进了金融业务创新，大大缩小了时间和空间，加快了资金的调拨速度，降低了成本，使全球金融市场一体化，24小时全球金融交易成为现实。

3. 制度改革金融创新理论

制度改革理论主要是制度学派一些学者的观点，如诺斯（D. North）、戴维斯（L. E. Davies）、塞拉（R. Scylla）等。这些学者主张从经济发展史的角度来研究金融创新，认为金融创新并不是20世纪电子时代的产物，而与社会制度紧密相关。在计划经济体制下，由于高度集中和严格的计划管理，金融创新不是无法展开就是受到极大的阻碍，金融活动的规模和范围很小，金融工具的种类较少，金融服务和管理都比较落后，很难形成功能齐全、规模适度、真正自由的金融市场和国际金融中心。但若在完全的自由放任市场制度下，金融业研究得到充分发展，金融创新可施展的空间很小，没有为了规避官方管制而创新的必要。因此，制度学派的这些学者认为，全方位的金融创新只能在受管制的市场经济中出现。制度学派将金融创新解释为“管制→创新→再管制→再创新”的螺旋式发展过程，其中暗含着政府的管制干预行为本身就是金融制度领域内的创新。

制度改革理论认为，金融创新是一种与经济制度相互影响、互为因果的制度改革，基于这种观点，金融体系的任何因制度改革而引起的变动，都可以视为金融创新。从上述制度学派观点看，该学派将政府行为也视为金融创新的成因，实际上，将金融创新的内涵扩大到包括金融业务创新与制度创新两方面。他们，将带有金融管制性质的规章制度也视为金融制度是其他学者难以接受的，因为金融管制本身就是金融创新的阻力和障碍，起到管制作用的规章制度只能是金融革命的对象。

4. 规避管制金融创新理论

该理论由美国经济学家凯恩（E. J. Kane）于1984年提出。凯恩认为，规避是指对各种规章制度的限制性措施实行回避，规避创新是回避各种金融控制和管理的行为的创新。意味着当外在市场力量、市场机制与机构内在要求相结合，回避各种金融控制和规章制度时就产生金融创新行为，政府为保持经济均衡、稳定而进行的各种形式的经济立法，与经济个体为追求利润最大化而寻求规避之间存在着创新与管制的动态博弈。

规避管制金融创新理论认为，许多形式的政府管制与控制，实质上等同政府对金融机构的隐含税收，阻碍了金融机构从事已有的盈利性活动。因此，金融机构会通过创新来逃避政府管制，当金融创新危及金融稳定与货币政策时，金融当局又会加强管制，新管制又会导致新的创新，两者不断交替形成一个相互推动的过程。规避管制金融创新理论，在某种程度上可以说是约束诱导金融创新理论和制度改革金融创新理论的综合。该理论一方面同意约束诱导金融创新理论的观点，认为企业是为了规避政府的种种限制和管制而进行了种种创新。另一方面，该理论也赞同制度学派的说法，认为政府当局在金融创新严重妨碍货币政策或危害金融稳定时，也会作出反应加强金融管制，这种市场力量和政治势力的对抗构成金融创新的辩证过程。但是我们必须看到，凯恩的规避管制金融创新理论与西尔柏的约束诱导创新理论，及诺斯等的制度改革创新理论有很大的区别。西尔柏的创新理论主张从内、外制约两方面探讨金融管制对金融创新的影响，至于金融创新对金融管制的反作用力未曾谈及。与此不同，规避创新理论主要强调金融创新主要源自外部环境约束的影响，强调外部约束与金融规避的相互作用，全面分析了外部约束与企业规避间的作用力与反作用力；规避创新理论与制度创新理论的主要区别在于对金融管制的定位不同，前者将金融管制视为金融创新的外部压力，是金融创新的动因，后者则将金融管制视为金融规避创新的一个组成部分，在分析规避创新的同时强调技术创新的重要性。

5. 交易成本金融创新理论

该理论的代表人物是希克斯（J. R. Hicks）和尼汉斯（J. Niehans）。希克斯把交易成本、货币需求与金融创新联系起来，得出以下结论：交易成本是作用于货币需求的一个重要因素，不同的需求产生对不同类型金融工具的要求，交易成本高低使经济个体对需求预期发生变化。交易成本降低的发展趋势使货币向更高级的形式演变和发展，产生新的交换媒介和新的金融工具。不断地降低交易成本就会刺激金融创新，改善金融服务。

该理论的基本命题是：“金融创新的支配因素是降低交易成本”，即交易成本的降低是金融创新的主要动因。其具体含义有二：①降低交易成本是金融创新的首要动机，交易成本的高低决定了金融业务和金融工具的创新是否具有实际价值；②金融创新实质上是对科技进步导致交易成本降低的反应。交易成本理论把金融创新的动因归结为微观金融机构的逐利动机，由微观经济结构的变化来降低成本，有一定的合理性。但科技进步并不是交易成本下降的唯一决定因素，竞争也会使得交易成本下降，促进新的金融创新工具产生。

6. 货币促成金融创新理论

该理论代表性人物是货币主义的米尔顿·弗里德曼（Milton Friedman）。弗里德曼认为：“前所未有的国际货币体系是促成金融创新不断出现并形成放松金融市场管理压力要求的主要原因。”他认为20世纪60年代美国通货膨胀的加剧，导致了1971年布雷顿森林体系的崩溃，割断了美元与黄金的联系，使世界上所有货币直接或间接建立在不兑换纸币的基础上。布雷顿森林体系解体拆除了政府实施通货膨胀的障碍，反过来又加剧了20世纪70年代通货膨胀及其在世界各地的传播，通货膨胀和汇率的频繁变动，使利率反复变动引起经济不稳定，促使金融机构进行创新。

该理论的核心是把金融创新归于货币方面因素的变化促成的。其认为20世纪70年代的通货膨胀和汇率、利率反复无常是金融创新的重要成因，金融创新作为抵制通货膨胀和利率波动的产物而出现。货币促成理论可解释20世纪70年代布雷顿森林体系解体后出现的多种转嫁汇率、利率、通货膨胀的创新工具和业务，但对20世纪70年代以前躲避管制及20世纪80年代产生信用和股权的金融创新无法解释。

7. 财富增长金融创新理论

该理论的代表人物是格林鲍姆（S. I. Greenbem）和海沃德（C. F. Haywood）。这两位经济学家在研究美国金融业发展历史时，得出了财富增长是决定对金融创新需求的主要因素的结论。他们认为，经济的高速发展所带来的财富迅速增长，是金融创新的主要原因。因为，科技的进步引起财富增加，随着财富增加人们要求避免风险的愿望增加，加大对金融资产和金融交易的需求，促进了金融创新以满足日益增长的金融需求。

财富增长理论主要从金融需求角度探讨金融创新的成因，从金融资产的需求角度来分析金融创新的成因，以及需要金融管制放松的前提条件。当金融当局出于稳定的目的对金融业施加管理，特别是在经济困难时期实施严厉管制时，无疑会抑制需求产生替代效应，即高利率和利率变动对金融创新的影响。因此，这种理论对20世纪70年代以后，出于转嫁利率、汇率和通货膨胀的各种金融创新无从解释。换言之，财富增长理论解释20世纪70年代以前的金融创新尚可立足，解释20世纪70年代以后的金融创新就显得力不从心。

8. 对上述金融创新理论的评价

西方金融创新理论的主要流派对创新动因的解释各不相同，有的从科技进步角度、有的从金融制度角度、有的从成本下降角度，充分说明了金融创新的复杂性和丰富性。不同流派的金融创新理论内容有相似之处，如技术推进理论和交易成本理论都强调科技进步在金融创新中的推动作用；又如约束诱导理论、制度改革理论及规避管制理论都主张金融制度的逆境动因。这说明不同流派的金融创新理论都认识到，金融创新进程中科技进步不可磨灭的特殊贡献，以及金融管制与金融创新的相互促进作用；说明尽管各种金融创新理论流派观点有差异，但对金融创新生成机理有共识之处。

从理论本身的产生和发展来看，各种理论确实能说明一定时间和空间跨度内金融创新背后的生成机理，但都偏重于某个侧面而忽略了各因素的互相作用合力。例如，20世纪50年代末至60年代，欧洲货币市场的产生和发展就是由于西方国家严格的金融管制而出现的市场创新，就这个阶段的金融创新而言，约束诱导金融创新理论和规避管制金融创新理论的解释无疑是准确的。而20世纪70年代的金融创新主要是风险转移创新，这又可以从需求推动金融创新理论得到印证。但这些理论对金融创新的研究主要侧重于动因研究，对金融创新的效果和后果研究得很少，除了约束诱导金融创新理论外，其他金融创新理论都忽视了金融创新的根本原因——趋利动机。但就动因研究来说各理论又多从某个侧面来研究金融创新，要么是规避管制，要么是技术推进，没有宏观与微观层面以及供给与需求层面结合起来综合研究，缺乏系统性。另外，约束诱导、规避管制等理论都强调了金融管制对金融创新的逆境推动，但金融管制不是金融创新的根本原因。在金融机构没有逐利动机的情况下，就没有规避管制增加收益的欲望，金融创新也就无从产生。计划经济体制下中国金融创新几乎处于空白就是最好的例证。

12.2 金融创新动因与形式

目前习以为常的许多金融工具30多年前都不存在，如自动转账服务（ATS）等。今天可供人们投资的金融工具种类迅速增加，新的金融机构不断出现，是什么原因造成了金融制度的革命性变化,致使消费者可以选择的金融产品层出不穷呢？从微观角度来看，金融创新是金融家的活动，每一个金融创新都是创新主体的内在动因和外在环境的一种综合体现。从内因上创新主体有获利性需求，因而会产生逐利性创新，在逐利本性下又会产生规避性创新，金融行业的高风险性会诱发避险性创新；从外因上由于经济发展与市场变化，金融主体内部竞争加剧，会诱发竞争性创新。我们从促使金融创新出现的内外因方面分析产生金融创新的原因及表现。

12.2.1 金融创新的动因分析

1. 规避金融管制产生的金融创新

金融监管实际上是限制微观金融组织机构的某些“获利”机会而可能导致的金融风险，这就使金融监管的意向必然与微观金融组织机构的个人理性行为相冲突。这种冲突就促使商业银行不断通过金融创新来逃避监管，实现最大利润。商业银行在利益最大化驱使下，一方面，不断加大对金融当局的压力，要求取消限制性规定；另一方面，千方百计绕过管制障碍限制壁垒，实行金融创新。例如，大额可转让定期存单就是20世纪60年代美国花旗银行为逃避存款最高限制利率而创新的存款工具，银行发行的这种存单由于其利率高于同期储蓄存款利率，且可随时在二级市场出售转让，因此，很受存户欢迎。这一创新工具逃避了美国金融监管当局的“Q条例”约束，提高了银行的负债和效益。20世纪60~70年代西方商业银行特别是坚持分业经营的美国，这类金融创新工具很普遍，在当时高通货膨胀背景下，为避免资产贬值，投资者总是力图逃避严厉的利率限制而追求更高的收益。本·霍利姆和希尔博认为，1952~1972年纽约大银行引入的金融创新主要是对管制法规的反应行动，这一期间，美国涌出了大量的金融创新产品，如欧洲美元和银行商业票据、NOW账户、ATS账户和隔日回购协议等。20世纪50年代金融市场的创新——欧洲货币市场的诞生，就是金融机构为了逃避西方国家的资本管制，将资本调到境外自由运用取得相对较高利润的金融创新结果。以逃避管制而产生的金融创新不仅可以为商业银行带来较竞争者更为丰厚的收益，而且可以推动金融市场的良性循环发展，事实上，是商业银行与监管机构之间进行着一种重复的博弈，形成“创新→管制→创新”的循环发展过程。管制与创新之间的关系并不是单一的，表现为一条“菱形曲线”，越过了一定界限金融监管当局就会实施严格控制。可以看出，逃避管制类的金融创新是一种相对潜伏的活动，但不可否认的是这种金融创新在一定程度上冲破了传统的金融监管，促进了金融业的发展，推动了市场创新和金融一体化，提高了金融服务效率。

2. 行业竞争加剧迫使的金融创新

随着世界经济与金融全球化发展趋势加快，金融自由化浪潮使得银行业的专业化分工日益模糊，金融领域的国际化竞争日益加剧，商业银行逐渐成为能提供综合服务的金融中介，它们通过扩大表外业务等不断增加收益。在银行业与证券业交叉日益突出的情况下，一些金融机构设法推出衍生金融工具建立新的金融市场，以提供新的服务方式。金融机构之间的激烈竞争是促使金融机构进行金融创新的外在压力，由于技术进步，如电子计算机和现代通信技术的运用降低了金融机构的交易成本，相对增加了非金融机构的竞争力，迫使商业银行通过金融创新来保持自己在金融竞争中的优势。商业银行一方面在业务领域对传统业务进行重新组合，以获取传统市场上更多的市场份额，如 20 世纪 60 年代以前商业银行市场比较稳定，业务主要集中于存、放、汇等传统业务方面；20 世纪 70 年代以后，随着“脱媒”现象的出现商业银行利润下降，金融市场逐步由卖方转为买方市场，顾客有了更大的选择余地。在此情况下，商业银行不得不在原有活期存款、储蓄存款的基础上推出了 ATS 服务、NOW 账户等创新业务。另一方面，商业银行积极开展多样化的投资和服务，将业务重心转向非传统的金融领域。金融机构间竞争的加剧使得商业银行存贷款利率利差缩小，迫使商业银行积极开拓表外业务，寻找新的利润增长点，如票据贷款、循环承诺贷款、浮动利率债券、期货交易等。

3. 金融市场需求刺激的金融创新

“需求是创造之母”。随着经济发展社会财富的增加和收入水平的变化，金融创新发生了重大变化，政府、企业和消费者对金融业提出了更高的服务需求，这些需求构成了金融创新的强大引力。因为，每一种新的需求都意味着有潜在的市场或客户，都存在着可挖掘的利益，当原有的金融业务或制度安排不能适应这些新需求时，金融业只能通过创新为自己开辟新的发展空间。经济发展对金融创新刺激主要表现在，跨国公司需要商业银行提供跨越国界的国际金融服务，政府需要通过金融市场筹资以增加政府投资，个人消费需求多样化要求金融机构提供更高效快捷的服务，从而促进了电话银行、电子银行、信用卡、ATM 等金融业务的创新。金融市场客户信贷需求的增长也刺激了信用创造方面的需求，如政府为弥补财政赤字对债券需求增加，由于政府发行的国库券信誉极好，替代了一部分商业银行信贷供给，导致企业和个人信贷需求削弱；商业银行不愿从信贷市场被“挤出”，他们设法创新金融工具吸引企业和个人，于是有了无息债券、“垃圾债券”、股权分享融资等金融创新工具。此外，随着居民收入的增加对金融资产的需求也发生了相应的变化，投资者需要新的金融工具回避利率、汇率和信用风险，增加资产的流动性和收益性，需要金融机构不断地进行创新供给，各种基金、可转换债券等应运而生。

4. 回避金融风险需要的金融创新

金融业在安全性原则指引下相当注重在经营过程中避免和化解风险，市场经济条件下经济增长与通货膨胀关系密切，利率变化造成了金融资产价格较大的易变性。为了消除利率和汇率变动造成的金融资产价格风险和信用风险，避免金融资产价值受损，产生转移风险的创新需求。20 世纪 70 年代，西方各国经济普遍出现滞胀现象，特别是美国经济竞争力下降直接导致了浮动汇率制，汇率和市场利率的大幅度波动不可避免，出现了转嫁利率风险的需求，金融机构相应推出了利率期货、利率互换等金融衍生工具。20 世纪 80 年代，爆发了以拉丁美洲国家为代表的发展中国家巨额外债危机，这场危机使 40 多个国家深陷泥潭。外债危机引起了人们对债权银行信用可靠性的普遍怀疑，造成金融业特别是商业银行信用风险大大提高，产生转移信用风险的需求，从而催生了债务转换、债务回购、资产出售、可转让贷款合同、金融资产证券化等金融创新产品。

5. 追逐最大利润激励的金融创新

从金融创新中获取利润是金融机构从事金融创新最普通最直接的动力。纵观当代金融创新的历程，尽管金融创新的具体形式千差万别，但其目的都是为了提高金融资产的流动性，降低风险增加收益。金融机构有其自身的利益目标约束，只要外部环境变化改变了这些约束，出现了利益最大化机会，金融机构就会去追逐创新。20 世纪 70 年代末，金融监管部门要求银行在经营中保持较低的杠杆率，商业银行及时推出了票据发行便利、远期利率协议、互换交易等不影响资产负债表构成但却可以增加收益的创新业务。与这些衍生金融工具相比较，传统的金融工具所包含的传统管理成本日益超过维持金融机构生存的临界点，这是产生金融创新要求的压力之一，也是衍生金融工具替代传统金融工具的重要原因。衍生金融工具的运用为一般投资者进行资产管理提供了便利，一般来说衍生金融工具的交易佣金是现货交易的几十分之一、几百分之一、甚至几千分之一，运用衍生金融交易进行投资可以比运用传统金融工具更为经济和便利。

6. 现代技术进步推动的金融创新

20 世纪末的科技创新改变了人类的生存方式和理念，计算机和电子网络化在金融领域的广泛应用促使金融业发生了深刻变革，改变了金融管理和金融运作，直接推动了金融创新。以电子计算机为核心的信息技术运用加快了金融机构业务多样化进程，在信息技术革命的影响下，企业和个人都深感及时掌握信息的重要性，客户在获取信息方面越来越高的要求促使金融机构向多功能综合化方向发展。信息技术拓展了银行的功能，银行可以通过电子银行为顾客提供昼夜服务，电子资金清算系统可广泛用于资金调拨、证券买卖、外汇交易等。

计算机和现代通信技术的运用为技术相对复杂的金融创新工具提供了保证，使金融机构能够对结构复杂的创新进行设计和定价，能连续地观察和控制经营创新工具产生的风险，为转移这些风险设计套期保值措施。计算机和现代通信技术的运用创造了全球金融市场，促进了金融机构的创新活动，交易过程的电子化加快了银行业、证券交易业的国际化步伐。目前已形成世界上最大的、拥有最新技术的电子计算机清算系统，即银行同业支付清算系统，是一个办理国际美元收付的电脑网络，各个国家利用这个清算系统可以在极短的时间里完成跨国清算。电子网络化使国际间债权债务关系无论相距多远，都可在几分钟甚至几秒钟内完成，大大降低了金融交易成本，提高了经营效率，扩大了金融交易的范围，突破了时空限制，使得大量创新工具的运用成为可能。毫不夸张地说，没有技术进步的支撑和保障，金融创新无能为力；在缺乏现实推广的技术条件下，金融创新将是无米之炊。

12.2.2 当代金融创新的表现

美国著名经济学家考夫曼曾形容说："谁要钻到山里数年回来，他一定会对现在丰富多彩的金融世界感到陌生和惊讶!"当代金融创新总量大、种类多、范围广、速度快，可谓层出不穷。现在的人们已经感受到了金融业的巨大变化，要详细介绍如此大规模全方位的金融创新是困难的。这里主要从金融业务创新、金融组织结构创新、金融机构管理创新、金融制度创新四个方面来描述金融创新。

1. 金融业务创新

当前的金融业务创新主要体现在以电子信息技术为主开辟金融业务创新，是一个全新的领域。计算机在金融领域的运用极其广泛，金融业的存、贷、取、汇、证券买卖、市场分析等均通过计算机处理，资金电子化转移系统、电子化清算系统、自动付款系统等金融电子系统形成了电子化资金流转网络。金融机构一方面通过对原有金融工具特性的解捆和重配不断推出新的金融工具；另一方面，在新的金融结构和制度下创造出全新的工具，如股票债券投资、存款与保单组合、定期与活期存款转换、可转换式贷款与证券、价格指数与市场利率挂钩等，种类繁多，不胜枚举。金融已实现全球性金融交易，各种新型离岸金融业务和国际化金融业务纷纷出现，形成了期货、期权、掉期等各种金融衍生工具市场。金融机构开发出各种新型存款业务、批发或零售贷款业务、新型跨国业务、表外业务、信息业务、新型结算工具和新型融资技术等，金融业务创新使人眼花缭乱。

2. 金融组织结构创新

金融组织结构创新包括金融机构创新、金融业结构创新等与金融业组织结构相关的创新。20 世纪 50 年代涌现出许多新型金融机构，如无人银行、网络银行、跨国大型复合金融机构、金融超市等，金融业的国际化使金融机构的组织结构发生了根本性变化，最重要的组织创新是跨国大型金融机构的崛起。其创新的标志是，经营管理从全球化战略出发，具有更高的灵活性和前瞻性，以适应不同国家的不同立法要求，业务的广泛性，要求更积极地进行金融创新才可以有效规避风险。

金融机构在业务和组织创新的基础上逐渐打破了职能分工的界限，混业经营迫使分业管制被动放松，各类金融机构的业务和性质逐渐趋同。在过去单一制、总分行制的基础上，新推出的连锁制、控股公司制以及经济上相互独立而业务上互助互让并协调一致的联盟制银行，在分支机构形式上也创新了全自动化分支点、百货店式分支点、金融广场式分支点、专业店式分支点等。例如，美国的第一邦克银行公司，把地区特性和关键地段作为银行分支点的选择原则，改造了其分支网络。第一邦克银行公司有两种全新名称的分支机构类型，即百货店型和专业店型。百货店型银行分支点通常处在交通繁忙的地点，所提供的全套金融服务，也包括房地买卖和旅游服务等，业务品种十分齐全，满足普通大众的日常需要。专业店型分支点是针对某一地区的需要而设立的，如在富人区、高级住宅区，根据他们的特殊需要而建立相对的“专业店”，这种因地制宜、根据需求提供不同的金融服务使各分支机构的效益，都达到了最佳目标。

3. 金融机构管理创新

金融机构管理创新是当代金融创新的关键，表现在金融机构内部机构层次设置扁平化管理。旧的部门撤并，新的部门设立，各部门权限与关系被重新配置，按职能分工设立部门，取消多层次的审批执行体系，使各部门职权相对独立，直接对行长负责。网络技术在金融业的应用，方便了金融机构信息库建立，使金融决策中心上移，实现了金融业管理手段现代化；分散在各地的网点通过网络联结成一体，便利了业务的进行，又使决策层迅速掌握基层机构运作的信息，以便及时进行监控和决策。金融机构管理方法不断推陈出新，金融机构管理目标更贴近产品、贴近消费者和贴近市场，更有利于金融资源的合理流动与配置。

4. 金融制度创新

金融制度创新主要体现在国内金融制度创新与国际金融制度创新。发展中国家金融制度创新主要表现在：①从计划管制型金融体制向市场竞争型金融体制的创新发展。特别是在第二次世界大战之后建立的计划经济国家，金融体制选择了国家垄断和统一管制的金融资源配置方法，在经济体制转轨改革中，金融体制创新发展成为重要内容。②从封闭金融模式向开放金融模式的创新发展。亚洲国家、南美国家、东欧国家由于历史和民族的原因，先后普遍推行封闭或相对封闭式金融发展模式，实践检验的结果证明其效率和发展速度多低于开放金融模式，从20世纪60年代开始逐步实行金融开放政策，建立了开放型金融发展模式。③从单一国有制金融机构向多样所有制金融机构创新发展。通过对国有制金融机构实行股份制改造和新建股份制金融机构，实现金融机构多元化和多样化。发达国家的金融制度创新主要体现在金融法规的修改和调整，美国政府 1999年通过的《现代金融服务法案》打通了金融混业经营的隔离墙；加拿大国会 1992 年对《银行法》进行了大幅度修改，允许商业银行通过附属公司从事信托、保险和证券业务，2001年通过了《C-8 法案》允许建立银行控股公司、保险控股公司，促进了金融集团的快速发展。

国际金融制度创新主要体现在国际货币制度的重建和国际金融监管制度的形成。20世纪 70 年代初，美元和固定汇率制维系的布雷顿森林体系崩溃以后，逐步形成了多元化储备货币体系下浮动汇率制为核心的新型国际货币制度，还出现了地区国家组成货币联盟——区域性货币制度。其中最著名的是欧洲中央银行制度和欧洲统一货币。阿拉伯货币基金组织、西非货币联盟、中非货币联盟、加勒比开发银行等区域性的货币联盟，也是国际金融制度创新的形式。在金融全球化进程中面对动荡的国际金融环境和日益严重的国际金融风险，各国强烈要求创建新型有效的国际金融监管体制。1975 年，新成立的巴塞尔银行监管委员会专门致力于国际银行的监管工作。此外，随着国际证券业委员会、国际保险监督协会、国际投资与跨国企业委员会、期货业国际公会、证券交易所国际公会等国际性监管或协调机构和国际性行业自律机构的创立与履职，一个新型的国际性金融监管组织体系开始运转。各国监管当局正联手不断更新监管方式和手段，着手创建一个集早期预警、风险防范、事后救援三大系统为一体的创新型国际金融监管体系。

12.3 金融创新的市场效应

金融创新对整个金融业乃至整个经济运行机制形成一定程度的影响，其影响利弊俱存。从整体看，金融创新的影响利大于弊，应当积极地推进金融创新，同时要加强有效金融监管。

12.3.1 金融创新的积极效应

1. 金融创新促进了金融机构运作效率的提高，增加了经营效益

（1）大幅度增加了金融机构的资产和盈利率。金融机构的盈利能力建立在其业务能力基础上。金融创新使新的金融工具、金融业务和金融服务方式或融资技术不断涌现，如大额可转让定期存单、可转让支付命令账户、自动转账服务、票据发行便利、货币市场存款账户等，满足了各种类型的客户对金融产品和金融服务的多样化需求，增加了金融机构的业务种类，拓宽了金融机构的经营活动范围和发展空间，扩大了金融机构的业务经营收入。同时，使用创新工具使金融机构组织和运用资金的能力大大提高，资产总额大幅度增长，提高了经营活动的规模效益，降低了平均成本，使金融机构的盈利能力大为增强。

（2）加强了金融机构的竞争能力。金融机构创新使金融体系中不断有新的金融机构加入，造就了多元化金融机构并存的格局，金融工具创新、金融业务创新使传统金融对客户的吸引力下降，都要求金融机构必须强化竞争才能求得发展。金融创新对金融竞争的强化，既提高了金融机构的整体运作效率，使客户可以享受到快捷便利的金融服务，又进一步促进了金融创新的持续发展。金融创新与金融竞争这种相辅相成的互动关系表明，金融创新构成了金融竞争的外在压力，金融竞争是推动金融创新的内在动力。正是通过“创新→竞争→再创新”这样一个持续不断循环往复的过程，金融机构的竞争能力不断增强，金融创新不断向更高的层次发展。

（3）金融业的发展空间扩大。金融创新在业务拓展、机构扩大、扩大就业与素质提高等方面促进了金融业发展。金融机构发展和盈利能力的增强，带动了金融机构资本扩张和设备现代化水平的提高。金融创新推动了金融业产值的快速增长，使之在第三产业和 GDP 中的比重迅速上升，金融业产值的提高，加大了金融业对经济的贡献度。在一些经济和金融发展水平较高的国家，金融业已成为国民经济的主导产业。

（4）金融机构规避风险能力增强。金融创新对金融机构的这种影响，主要是通过金融机构对具有风险转移功能金融工具的运用体现出来。例如，浮动利率债券或浮动利率

票据，这种建立在对传统金融工具的特征进行重新组合基础上的金融创新工具，可使金融机构减少筹资利率风险。期权（option）、互换（swap）、远期利率协议（forward rate agreements）等金融衍生产品则为金融机构提供了有效的风险管理手段，使金融机构可以根据对市场的预期及对风险的偏好程度，选择适合自己的衍生金融产品将风险转移。

2. 金融创新丰富了金融市场，促进了金融市场一体化

金融创新增强了金融市场的活力。金融工具创新丰富了金融市场交易品种，使金融市场的金融资产种类不断增加，衍生金融产品的序列不断延长，种类繁多且各具特色，技术性也越来越强。从衍生产品技术的组合设计层出不穷花样翻新，既有基础金融工具与衍生金融工具的嫁接，如外汇期货、债券期货、股票期权等，也有衍生金融工具之间的搭配，如期货期权、互换期权等由两种衍生工具组合而成的“再衍生金融工具”，目前的衍生金融工具已达 1 200 多种。通过这些由金融工程师精心设计的千姿百态五彩斑斓的衍生金融产品，各类投资者很容易实现他们自己满意的投资组合，在相同风险环境下获得较高的收益，或在相同预期收益时承担最小风险。金融创新后的金融市场对于广大储蓄者和投资者来说，提高了持有金融资产的实际收益，增加了金融资产的安全性和流动性，能够享受到完善的金融服务和诸多金融便利。对于生产者来说，由于金融市场上融资渠道拓宽、融资技术提高、融资方式灵活和融资成本下降，可以在时间、数量、期限等方面满足筹资者的要求。在持续的创新浪潮中，金融市场始终保持着对市场交易主体足够的吸引力，活跃了交易，繁荣了市场。

金融创新推动了国际金融市场融资证券化。20 世纪 80 年代以来，国际金融市场发展的一个重要特点，就是融资方式的证券化。推动融资证券化进程的因素很多，其中金融创新对证券化起了推波助澜的作用，如果没有金融创新推出众多新的金融工具，如可调整利率的抵押贷款证券（adjust rate mortgage）、本息切块抵押贷款证券（stripped mortgage-backed security）等，没有新的金融交易技术如数理解析技术、制度缺陷补偿技术及组合技术等，即使经济社会中存在旺盛的证券需求，金融市场也无法提供多样化的证券供给，证券化也就无法形成。可以说融资证券化是金融工具创新的重要成果。

金融创新促进了金融市场自由化。20 世纪 60 年代开始，随着各国对金融管制的放松以及金融创新的发展，金融通过全球化发展逐步联为一体，形成一个无区域、无时间界限和统一的全球金融市场。金融创新加速了国际资本流动，促进了国际资本市场规模迅速扩大，使其一体化程度加深。一些创新的金融工具（如浮息票据、零息债券等）和融资技术已经被越来越多的国家所接受，交易规模急剧放大并迅速向全球金融市场拓展。有些创新金融工具或衍生金融工具的交易，本身就要以多个金融市场作依托，是一种跨市场的国际性金融交易。例如，货币互换（currency swap）和利率互换（interest rate swap）涉及多种货币和多种利率，涉及多个金融市场，这种涉及多个市场的创新金融工具的生成和发展，促进了金融市场一体化在时间上、空间上的一体化。金融创新是推动金融市场一体化的重要内生变量。

3. 金融创新推动金融制度革新，促进经济的发展

（1）金融创新促进了金融混业经营。20 世纪 80 年代以来，在金融自由化和金融创

新浪潮推动下，金融机构之间的竞争加剧，彼此间业务渗透和交叉越来越广泛，银行业务与证券业务之间的界限变得越来越模糊。特别是一些国家先后撤销了分业经营的法律限制，对促进金融业务交叉的作用更为明显，如美国、加拿大从法律上为金融混业经营开启了绿灯。在这种情况下，改变分业经营模式实行综合化经营，成为西方金融界的基本共识，成为金融制度变迁的大趋势。顺应这种趋势，西方国家的政府开始有意识松动金融业务管制，从分业经营向混业经营转变。金融创新在这一转变过程中发挥决定性的作用，当金融机构的业务交叉或规避分业管制的金融创新已经成为现实，并且对于金融发展发挥积极作用时，政府开始承认由于宏观经济金融环境的变化，原有金融制度已经明显滞后，采取了明智的现实主义态度，即对已有的金融创新予以认可，并努力通过规范化制度安排进行制度创新。

（2）金融创新导致融资制度结构变化。按照金融学原理，间接融资是指以银行为信用中介的资金融通行为，直接融资是筹资人与投资人不需借助金融中介机构直接融通资金。金融创新却使这些划分标准遇到顽强的挑战，金融创新使直接融资和间接融资、资本市场与货币市场变得越来越水乳交融。例如，银行贷款毫无疑问属于间接融资，但是在证券化组合处理后，就很难准确界定它到底属于何种融资形式；又如，有一种到期自动可转期债券，按转期前的期限划分属于货币市场融资活动，考虑到转期因素似乎又是资本市场融资行为。总之，金融创新使原本清晰的融资制度结构变得难辨真伪。融资制度的这种结构变化，表明原有的融资形式种类已不能适应金融发展的融资需求，需要向多样化和复杂化方向发展。

（3）金融创新推动了区域货币一体化。按照一般的金融学解释，货币制度是一种以国家强制力为后盾的契约安排，货币制度与国家政权相联系，都被深深打上国家的印记。欧元的启动打破了这一坚冰。欧元制度是一种超国家组织的产物，是在国家主权分立情况下实现货币整合，用传统金融学的货币制度理论无法解释。在现代信用货币制度下，以欧元这种统一货币取代欧元区的货币分割，是欧洲国家适应经济金融全球化进行金融风险的抉择，是货币制度创新的典型案例。

4. 金融创新提高了金融产业在经济中的作用

在国民经济学中，一般把一国的国民经济分为农业、工业和服务业三大部门，即所谓第一、第二、第三产业，三者产值之和构成一国的GDP。在当代金融创新的历史进程中，发生了两个明显的变化：一是从总体上看，呈现第一产业增长率小于第二产业增长率，第二产业小于第三产业增长率的情况，服务业产值的比重在整个GDP中的比重迅速上升；二是在第三产业产值急剧增长的同时，其内部构成中又以金融、保险和不动产的产值增长最为显著。

金融业产值的急剧增加及其在GDP中比率的不断提高，与当代金融创新的时间高度吻合，这不是简单时间上的巧合，充分说明了金融创新对金融业发展的巨大促进作用，也表明金融创新使金融产业在整个国民经济中的份额越来越大，地位越来越重要。

12.3.2　金融创新的负面效应

金融创新提高了金融机构的运作效率，扩大了金融市场的融资规模，促进了金融业的发展和经济增长，但金融创新对经济运行和金融稳定等方面也具有负面影响。

1. 金融创新降低了金融体系的稳定性

金融创新使传统的金融分业经营模式被打破，金融机构之间的业务互相交叉，高度融合，竞争十分激烈。这种竞争虽然有助于提高金融效率，但因金融机构有悖业务经营规则和制度规范，监管部门监管不力以及经济、金融形势发生突发性变化等原因，个别金融机构有可能发生支付危机或信用风险，从而影响整个金融体系运行的安全性。

金融创新引致的资本流动国际化和金融市场一体化，使不同国家的金融机构之间、金融市场之间的相互联系和依存度大大增强，一旦某一国家金融运行中的某一环节出现问题，便会累及其他国家或整个国际金融业，酿成全球金融系统性风险。新的金融工具尤其是衍生金融工具出现后，使得金融市场异化现象开始出现，即高杠杆效应所引起的投机性加剧，无论是远期合约（forward contract）、期货合约（future contract）、期权，还是互换交易都不像原生金融交易工具那样需要交易者有实际的资金或相应的资产买卖金融产品，交易者只需交付少量保证金就可动用相当于保证金 10 倍乃至更高倍数的金融资产，使投资利润或投资损失相应扩大，投机性交易猛烈上升严重威胁了金融体系的稳定。

2. 金融创新使金融体系面临的风险加大

随着金融自由化、信用证券化及金融全球化发展，各种信用形式得到充分运用，金融市场价格呈现高度易变性，金融业面临的风险相应增加。20 世纪 70 年代以后的金融创新工具就个别金融机构和投资者而言，可以在一定程度上起到转移和分散风险的作用，但就整个金融业体系而言不能从总体上消除风险。非但如此，金融创新可能使金融业在传统风险的基础上面临新的风险。计算机技术和通信技术在金融业的广泛运用是当代金融创新的技术推动力，极大地提高了金融市场地运作效率和覆盖面，同时，计算机运行过程中可能出现故障风险和犯罪分子利用计算机进行活动，金融业也出现新型电子风险。电子风险具有系统性特征，涉及交易金额大，一旦发生这些风险可能把一个金融机构甚至整个金融业都罩进不安全网中。计算机和通信技术使金融市场连为一体，金融业的国际风险加大，一国的金融风险会累及多国，1994 年墨西哥金融危机不仅影响了拉美国家，对其他地区的国家也有不同程度的影响；1997 年泰国金融危机不仅引发了东南亚金融危机，而且引起欧美金融市场的动荡；2007 年美国的次贷危机导致了 2008 年的全球金融危机。

金融机构业务多元化及金融机构同质化，使各金融机构间形成了密不可分的伙伴关系，金融机构之间、金融机构与非金融机构之间、国内金融机构与国际金融机构之间的依赖性大大增强，一旦某个环节、某个部门出现比较大的金融风险，便会酿成“多米诺骨牌效应”。20 世纪 80 年代，金融机构表外业务创新的“四大发明”（即票据发行便利、远期利率协议、期权交易、互换交易）灵活性大和杠杆性强，但透明度差，风险具有潜伏性和扩散性，一旦爆发就会给金融机构造成巨大损失甚至致命性打击，大和银行巨额亏损案及巴林银行倒闭案即最好的例证。

3. 金融创新降低了金融监管的有效性

衍生金融工具交易和其他表外业务的迅猛增长，是导致金融监管有效性下降的重要原因。监管部门传统的金融监管方式是通过审核金融机构的财务报表发现问题。衍生金融交易等表外业务不反映在财务报表中，这使传统的监管方式无法及时发现风险萌芽并施行有效监管控制。由于对表外业务缺乏统一公认的会计标准，不同金融机构对同一种交易采用不同的会计技术处理方法，加之衍生金融交易有相当一部分是在极短时间内通过头寸对冲来实现，即使定期检查金融机构头寸或采用其他监管方式，也难以对表外业务的风险程度作出准确、客观的评价。另外，国内金融市场与国际金融市场互相融合，国内金融机构大量参与国际金融市场的金融交易活动，也加大了金融监管的难度。

4. 金融创新影响货币政策的实施效果

金融创新扩大了货币供给范围，货币需求的波动较大，不仅改变了货币需求的构成，引起商业性货币需求比重的下降和金融性货币需求的上升，而且使货币需求的决定因素变得更为复杂和不稳定，各因素的影响力及其货币需求的函数关系的不确定性更为明显，从而最终降低了货币需求的稳定性。金融创新改变了货币结构和内涵，使传统的货币政策调控对象越来越不适应金融环境的变化，金融创新工具的出现，扩大了货币内涵，人们总资产中以货币形式保有的欲望下降，货币和其他金融资产之间存在的替代效应使中央银行对货币需求准确判断增加了难度，而使调控货币政策目标的实现难度加大。

5. 金融创新使财务报表信息披露功能受到影响

金融创新的发展特别是金融机构表外业务的大量运用，财务报表所提供的信息已经远远无法满足投资者和金融监管机构对金融创新工具的信息需求。按照现行会计方法，创新金融工具还不能正式纳入财务报表，只能作为表外项目列示，目前表外注释或附注可能不再是原来意义上的所谓财务报表的补充说明，应与财务报表本身共同构成报表体系。

12.3.3 对金融创新的几点总结

1. 金融创新是“三种冲突”的具体表现

所谓“三种冲突”，一是传统金融与现实金融的冲突。金融的运行与发展是一个生生不息永无休止的过程，传统金融与现实金融的冲突与这一过程相伴相随，是一个自然的、客观的、非人力所能阻遏的过程。过去建立的一些办法、规则、制度，是与过去的金融相适应，在过去看来是合理必要的，但在今天看来，可能不仅明显不合时宜，甚至有可能遏制金融活力成为金融发展的羁绊。金融主体要寻求新发展，就必须冲破金融传统的禁锢，通过金融创新确立新的秩序、规则和制度。从这个意义上说，金融创新是对传统金融的革命，反映了金融主体摆脱传统制度束缚，争取更大生存发展空间的愿望。二是金融效率和金融安全的冲突。金融效率与金融安全具有统一性，只有微观金融主体具有较高的经营效率，资产增长速度快且质量较好总体盈利能力较强，经营的安全性才能得到切实的保障。但金融效率与金融安全又存在矛盾性，一国一定时期内金融机构资产总规模或资产的增长速度，是衡量该国金融效率的一个重要指标，金融资产的较快增长可能是由经济过热拉动、政府强令放贷、金融机构违规形成，或过度贷款、贷款中的逆向选择严重多种原因造成，这些情况不利于现实金融安全。作为国家金融活动的金融监管机构，为保证金融安全往往采取一些严格的金融管制措施，这些金融管制措施又会对金融机构的经营形成约束，影响经营效率，导致金融机构采取相应的规避管制创新行动。三是微观金融最优和宏观金融最优的冲突。作为政府更多的是从宏观层面着眼，考虑金融体系运行的稳定性和国家金融安全，所采取的政策措施多侧重于促进宏观金融活动的最优化；微观金融主体更多从自身经济利益和发展着眼。通过金融创新扩张自己的经济利益，力求使微观金融活动最优化。总之，金融活动是金融领域中各种冲突和矛盾运动的必然结果。

2. 金融创新是推动金融制度变革的强大力量

金融创新带动了金融结构的升级，把金融发展水平不断推向更高的层次，促进了金融制度的调整和进步，强化了金融在社会经济生活中的地位和作用。从世界各国近代金融发展历史考察，金融制度变迁与金融创新发展存在线形相关性，金融创新推出的千姿百态功能各异的金融商品，扩大了消费者选择，增进了金融消费者的社会福利，推动金融制度变革与其相适应。20 世纪 70 年代以来欧美国家金融制度发生的一系列变化，主要是基于其日新月异的金融创新活动和影响。

3. 金融创新的影响利大于弊

马克思主义的唯物辩证法原理告诉我们，世界上任何事物都具有两重性，金融创新当然也不例外。当人类和整个经济社会在享受金融创新所带来的种种便利和享受时，理所当然也要承担金融创新所带来的风险。汽车取代步行和马车，大大加快了人们的出行速度，便利了人们的交往，但大城市的塞车问题和交通事故也因此日渐严重，却不能因此取消汽车，重新回到步行和马车流行的时代。实际上，即使对金融创新带来的风险也有一个站在什么角度，用什么样的风险观来加以评价和衡量的问题。没有金融创新，金融制度就不会发生如此深刻的演进和变革；没有金融创新，经济与金融发展可能仍在低层次、低水平阶段徘徊；没有金融创新，人类有可能停留在金融的蛮荒时代。以金融创新加剧了金融风险，危及宏观稳定作为理由，对其加以鄙薄非难以至否定，是没有道理的。从整体上衡量，金融创新的积极作用远远超过它的负面影响，金融创新的收益远远超过它所带来的风险。

12.4 金融创新的环境影响

12.4.1 金融创新的体制环境

金融创新植根于商品经济土壤，随着商品经济日益发展而日渐活跃。作为商品经济特有的产业，金融发展与商品经济一样具有阶段性，尽管金融发展对商品经济的发展有着越来越大的反作用，但在历史上和逻辑上，金融发展阶段是由商品经济的发展所决定，与商品经济的发展阶段和生产力水平相适应。

1. 自由的市场金融运作与金融创新

19世纪中叶以前的金融活动具有自发性、简单性的特点，金融机构和金融市场尚未形成规模，业务量小、竞争不明显宏观上金融监管或调控的必要性不充足，没有必要设立专门的机构从事管制活动，因此金融运行呈现自由市场特点，金融机构设立、金融业务开展到金融价格确定等基本上没有人为限制，只受市场内在规律约束。

从理论上说，在这种金融运作模式下的金融创新活动不受任何限制，有着极为宽松的环境。但在实际中金融创新并不很活跃，主要原因是自由市场运作主要发生在初始金融阶段，低层次的金融活动中金融创新需求少，供给能力弱。由于不存在管制没有回避管制的创新动因，金融创新的种类少。因此，在完全自由的市场金融运作中，金融创新并非是最活跃的。

2. 集中管制的计划金融运作与金融创新

集中管制的计划金融主要出现在社会主义制度下计划经济国家中，与高度集中的计划经济体制相适应。这种运作的最大特点是高度集中性和计划性，一切信用活动集中于国家银行，国家银行的一切业务服从于计划，在这种金融体制中，金融创新不是无法开展就是不需要开展。金融创新无法开展的原因是一切金融业务具有高度的计划性，金融业是在严格集中管制下操作，金融机构（银行）不是独立的经济法人而是行政机关之一，一切活动都要受高度统一的计划制约，处于严格集中管理之下，没有经营自主权也没有独立的经济利益，不具备金融创新的供给能力。

金融创新不需要开展，是因为在这种体制下生产投资都按计划执行，产品实行统购包销流通以计划调拨为主，消费以平均配给为主，银行按计划贷款，企业按计划借款资金统收统支，货币只是一种简单的计价工具，金融部门只是一个简单的出纳机关，居民货币积累少缺乏投资的渠道等。由于金融活动被局限在一个极其狭小的范围，因而没有什么创新的需求，自然不必开展创新活动。

3. 管制下相对自由的市场金融运作与金融创新

管制下相对自由的市场金融，自19世纪中叶以来被大多数市场经济国家所采用，其基本特点是：金融活动以市场为核心，以法律为准绳，在宏观管理机构的监管调控下有较高的自由度，这一运作模式与金融发展程度相适应。随着金融业发展和影响力越来越大，风险程度越来越高，宏观金融调控和监管的必要性日显突出。

自19世纪中叶后各国都相继设立了中央银行或专门机构专职从事调控和监管，建立了金融法规体系，从金融机构市场准入、市场活动和市场退出的全部金融活动监督管理，对金融业提供的货币信用总量进行调节控制。相对自由的市场金融下，管制的松紧程度在不同国家不同时期有所差别，但只要存在着管制，金融机构就会受到约束，特别是当管制影响到其经营发展时，就会触发逃避管制的创新动机。由于在法律规定的框架内可以自由经营，银行家们便想方设法通过金融创新避开现有的法律条文，创造出一种全新的规避法律约束的新事物。这种金融运作是以市场为基础，竞争不可避免，金融机构作为独立的经济主体，在追逐盈利、转移风险、争夺社会金融资源的过程中，必然会产生获利性、避险性、扩源性的创新动机，引发各种金融制度创新、业务创新和组织结构创新。因此，只有在这一金融运作类型中，才会出现大规模、全方位的金融创新。

12.4.2 金融创新的市场结构环境

竞争与垄断是市场结构中两个此消彼长的矛盾统一体。按照两个要素对市场结构的影响，将市场经济分为完全竞争、完全垄断、垄断竞争、寡头垄断四种结构。在不同的市场结构中，金融活动的竞争程度和垄断程度不一，金融创新的条件和环境也不同。

1. 完全竞争的市场结构与金融创新

在完全竞争的市场结构中，尽管金融活动的竞争程度最高，但由于每个金融机构规模都不大，所占市场份额有限，只能接受全行业供求状况所确定的价格，加上金融机构可以自由进入市场，因此，从长期看每个金融机构只能获得平均利润，在这种市场结构中，金融创新的有利因素与不利因素并存。

有利因素之一是，在接受行业定价和正常利润的前提下，为了追求超额利润以实现利润最大化目标，银行家们必须进行创新，从而强化了金融创新的获利性动机；有利因素之二是，每个金融机构实现所占市场份额有限，它们都力图去扩展自己的市场，机构规模的扩大要受许多客观条件限制，要想在竞争中占领有利地位，创新成为重要的途径，通过成功的金融创新不仅有利于保持原有的市场份额，还可以开辟新的市场抢先拥有较大份额，创新动机受到不断的刺激。

不利因素之一是，由于市场完全开放，各金融机构可以自由出入，使得创新成果的模仿与普及速度很快，创新带来的收益被迅速瓜分而趋于平均化，造成创新者获得创新收益的时间短、数量递减快，可能影响创新机构的积极性；不利因素之二是，由于金融业产业缺乏专利，创新不能享受专利权或知识产权，在完全竞争的市场中，创新成果将被模仿而为全行业共同拥有，但创新成本却要由创新者独家承担，会在一定程度上削弱创新活动的动力。

需要说明的是，从理论上分析，这两类因素在完全竞争的市场结构中是存在的，但能否完全发挥作用与金融发展阶段有很大关系。由于这种类型的市场结构在初始金融阶段比较普遍，初始金融阶段，因创新的需求和供给都很有限，都不能充分发挥作用。

2. 完全垄断的市场结构与金融创新

在完全垄断的市场结构中，一家金融机构独占金融市场自主定价，只要能阻止其他金融机构进入市场，就可以长期保持超额垄断利润。由于缺乏竞争创新动力不足，金融机构独占市场创新需求弹性小，又因可以长期保持超额利润，这种市场结构不利于金融创新。在计划经济国家出现过“大一统”的金融结构，从形式上观察，也是完全垄断的市场结构，但这与市场经济中的金融市场垄断在机理上不一样，计划经济国家的金融垄断主要是国家计划程度过高，由国家统一调配金融资源，而不是垄断的问题。我国在计划经济时期的“大一统”银行机构本身不能决定资金分配，也不允许自主定价，因此对这种市场结构要结合经济体制背景具体分析，不能千篇一律一概而论。

3. 垄断竞争的市场结构与金融创新

垄断竞争的市场结构的主要特点是多种金融机构各自提供有差别产品和服务，在不同领域和范围内有一定的垄断性；金融机构进入市场主要受法律限制而非垄断阻止。这种市场结构比较靠近完全竞争的市场结构，有利于金融创新因素发挥作用，同时由于市场上的差别产品或服务之间有一定替代性，创新需求弹性比较大。此外由于受金融机构的制约，价格竞争利益不大，金融机构会更注重产品或服务的品种差别和质量，在获利性、扩源性动机的驱使下业务创新较为活跃。由于进入金融市场和业务经营受法律限制与监管，避管性动机下可以引发一系列组织、制度与业务创新。大多数市场经济国家在金融发展阶段基本处于这种市场结构，无论是理论分析还是现实情况都证明，这是最有利于金融创新的市场结构。

4. 寡头垄断的市场结构与金融创新

寡头垄断市场结构居于完全竞争与完全垄断之间的一种市场结构，其特点是市场上只有少数几家大金融机构，它们实力相当提供基本相同的产品或服务，这一类型比垄断竞争性更接近于完全垄断。在这种类型中由于市场集中率高，寡头们共同占有市场相互制约又相互影响，他们之间为了避免相互报复或伤害，主要采取非价格竞争，即主要靠改进产品质量和提高服务水平吸引客户，在这一点上与垄断竞争一样有利于金融创新。但由于他们提供的是相同产品和服务，在没有金融专利权的情况下极易仿制，不利于创新，因此，寡头垄断市场结构的金融创新没有垄断竞争市场结构那么活跃。现实中管制下相对自由的德国金融业，虽然进入发达阶段，但金融创新却不太活跃的原因，可能与其全能型大商业银行占主导的寡头垄断市场结构有关。

12.4.3 金融创新的科技环境

当代金融创新受科技进步的影响，科技进步引起的技术性金融创新是金融创新的主流和方向，金融创新必须依靠科技提供强大的支持和保障，换言之，当代金融创新需要依赖于技术进步提供物质基础和技术保证。20世纪初期金融业务处在比较落后的水平，商品交易发生的结算只能通过交通工具运送货币完成，瑞典的经济学家威克塞尔（WicRsell）在当时认为，货币运行速度不可能超过邮政火车或轮船这些用来运送货币的交通工具的速度。近年来在金融业务电子化进程中最引人注目的是国际互联网的开发，在互联网络上的商业活动和金融活动逐渐增多，互联网简便快捷，信息丰富，费用低廉吸引着越来越多的金融机构参与。新技术成果大大降低了创新成本，充分发挥创新的规模优势，相对增加金融创新的收益，这是全世界普遍热衷于金融技术创新的重要原因。目前几乎所有的金融创新都直接或间接地依赖于技术进步，特别是科技界对新技术在金融业的应用推广积极性十分高，主动提供各种便利周到的技术服务。许多高科技公司专门为金融业设计开发电子产品，如IBM公司的成功引发了许多企业的模仿，有力地推动了金融业的创新。技术进步在金融业的广泛应用，使距离已不再是障碍，缩小了世界范围，使金融全球一体化成为可能。

随着网络和电子技术不断应用于金融业务领域，金融科技创新已经成为金融机构在市场竞争中抢占制高点的关键，当今世界发达国家的银行已实现了服务电子化、存取款自动化、传输网络化。科技进步的另一表现是理论储备，金融工具创新和金融制度创新都建立在理论基础之上，理论可以给各种创新产品提供依据。更为重要的是，对各种创新工具进行合理定价，是各种金融创新工具在市场上稳定发展的基础。金融工程研究的重点，主要是从理论上设计金融创新产品，给以合理定价逐步推向市场，应鼓励超越现实的理论探索，研究重点应放在设计真正符合各国实际的创新工具上。我国商业银行也不同程度地开办了多个网络银行业务，但一些网络银行没有必要的辅助应急措施，影响到网络安全，进而影响到消费者对网络银行的信心。技术落后还在一定程度导致了金融创新的低效率和高成本，如各家商业银行使用不同的网上银行认证体系就属于此。所以我国商业银行要从战略高度制定金融科技的发展规划，要在现有的基础上，加快电子化和网络化建设的步伐，采用电子计算机和现代通信技术设备，促进银行电子化以及由此延伸的自动服务手段，提高业务处理能力和运作效率。由于金融科技投入具有高成本、高风险、高收益的特点。因此，应注意消化吸收和坚持效能、效用、效率、效益的原则，以防止一方面投入不足，另一方面又造成惊人浪费的现象。

技术创新的一个重要因素是员工素质的提高。人是生产力的第一要素，作为现代银行业的工作人员，必须要有综合素质和丰富知识储备，既懂计算机技术又懂银行经营管理，既懂货币市场业务又能通晓资本市场业务，既能开发设计新金融产品又懂市场营销，否则就无法适应金融创新的需求。要对现有员工进行技术培训，并通过引入优胜劣汰的竞争机制，强制充电实现知识结构不断升级，增强金融创新和市场营销能力，尽快建立适应新型金融发展的高素质复合型人才队伍，为金融创新特别是技术创新创造条件，培育吸引和使用人才的机制，为优秀人才的脱颖而出营造良好的激励机制。

12.4.4 金融创新市场需求环境

金融创新的需求是指投资者和消费者对具有良好金融服务功能的新型工具的愿望。金融创新需求与价格理论中的需求概念有区别，在价格理论中，需求是指在某特定商品的价格和数量关系之间发生的函数关系，而金融创新需求不是针对任何一种确定的新工具需求。金融创新需求实际上就是对这些特有的职能或特征的需求。1986 年 4 月国际清算银行针对金融工具在金融中介作用的不同，将眼花缭乱的金融创新分为四种，即风险转移型金融创新、增强流动型金融创新、信用创造型金融创新、股权创造型金融创新。

1. 风险转移型金融创新需求

20 世纪 80 年代以来的金融创新中，风险转移型创新是市场上最流行和受欢迎的创新工具。这种创新需求产生的根本原因，是资产价格的波动加剧和金融资产状况的恶化，特别是利率和汇率剧烈波动使人们不得不关心金融资产可能会遭受的损失，并考虑避免损失的方法。在这种情况下，迫使商业银行在管理资产开发使用了浮动利率工具，其他的创新工具诸如期货、期权、掉期等的培育成功使金融资产保值得以实现。

2. 增强流动型金融创新需求

导致增强流动型金融创新工具产生和发展的动因，是金融市场对流动性需求的普遍增强。对流动性需求增加源自机会成本，在市场利率较高的时期，若以传统金融工具持有某种资产，其机会成本就会显得较高，于是对能够增强流动性的创新工具需求就自然增加。近几十年来发达国家举债率增加，在美国尤为突出，美国的家庭债务对收入比率和公司债务对股本比率在全世界居于首位，日本、西欧国家的举债率也大幅度上升。经济活动单位债务负担的加重也使得负债者面临资产价格突然变动时的风险增大，因此他们既需要合理调整其负债结构，以分散化原则减少风险，又要增强负债工具本身的流动性，以便在某项工具的风险突然变大时可以尽早脱手。

3. 信用创造型金融创新需求

信用创造型金融创新的主要起因是对商业银行信贷需求的增长，近年来金融创新使金融市场日趋活跃，机构和个人对商业银行的信贷需求量很大，由于政府国库券的大量发行分流了商业银行一部分负债来源，使商业银行信贷供给能力欠缺，迫使通过金融创新工具吸引存款。从公司融资方面来看，近年来举债率增加的趋势占了主导地位，美国等一些国家在这方面的情况比较突出，公司融资证券化的这种发展又会产生广泛的市场影响，特别有助于国际市场上的兼并活动，同时，那些面临被兼并危险的公司管理层，也会采用同样的方法来尽力买回公司债务，这种激烈的竞争形成了对信用创造金融创新的重要动力。

4. 股权创造型金融创新需求

与其他类型的创新相比，股权创造型金融创新的发展稍微迟缓一些，一般公司如果可以采用信用创造型创新，是不会偏好股权创造型金融创新的。近年来唯有商业银行是这一创新工具的积极推动者，其主要在于 20 世纪 80 年代年代后期以来的有关金融监管规则，都注重商业银行资本金比例的缘故。各国商业银行面对不同的股权需求，设计灵活多样的融资方式，设计出资本债券、可转换资本债券、可转换优先股、次级优先股、有期限优先股等，在满足投资者对金融机构股权投资需要的同时，扩大了商业银行资本金的比例，相对提高了商业银行的社会信誉。金融创新要以市场需求为基础，有市场才会有创新，有创新才会有效益，任何金融创新必须接受市场的检验。

12.4.5 金融创新的全球化环境

20 世纪 90 年代以来金融全球化步入一个新阶段，各国金融市场的逐渐开放，一些传统的国内金融机构已经成为非居民债务的重要投资者，各国在国外金融市场上发行股票、债券的规模都有跳跃性增长，远远超过同期世界生产增长和全球贸易增长。亚洲金融危机爆发之后，出现了反对金融全球化的观点，要求重新加强金融管制的呼声渐高，国内学术界也有关于金融全球化被遏制的预言，呼吁发展中国家应当悬崖勒马。事实上，就连竭力声讨金融全球化的马来西亚，在重回外汇管制后不到一年，又顺应大势取消了管制。随着高新技术的不断发展，尤其是信息技术的发展，全球经济增长方式将发生根本变化，金融成为现代经济的核心已经深入人心，21 世纪金融发展总的趋势是全球化进程加快，这是一个世界经济发展中不可逆的历史过程。

金融全球化的基础是各国金融市场发展，市场化在全世界范围的迅速发展掀起经济全球化和金融全球化的浪潮，使世界经济格局发生了巨大变化，传统经济结构向现代经济结构整体的转换，对金融资产提出了高流动性、多选择性和强弹性的要求，迫使商业银行突破传统的业务范围，创造出适应现代金融市场需要的新工具、新产品、新服务和新制度，满足企业和个人多样化的需求。传统商业银行是根据自己的情况来确定推出金融品种、金融工具和金融服务，让客户适应银行的需要，是守株待兔的经营方式。现代金融市场是客户主导的金融市场，金融机构必须树立“客户第一，信誉至上”的新观念，以客户需求为目标，根据客户的需要来选择设计新品种和新服务，满足市场和客户的需求。根据现代金融市场发展的客观要求，金融机构需要在三个方面加强金融创新：为消费者个人开立账户提供全面金融服务；为企业提供全方位的金融结算、投资和有关各类信息咨询服务；向政府机构提供各种投资代理和市场筹资服务。

作为金融主题的商业银行生命力来自金融创新，只有重视创新、善于创新、勇于创新和持续创新，才会充满活力蓬勃发展。实践早已证明，现代商业银行要在现代金融市场激烈的竞争中立于不败之地，必须以金融市场需求为中心不断进行金融创新，才能在竞争中争得优势。如果说经济全球化是现代金融创新的源动力的话，那么金融创新便是经济全球化的加速剂，随着知识经济的到来世界各国都面临诸多挑战，要求金融业进行务实创新，为本国经济发展提供全方位、大力度、多功能、高效率的金融服务，在观念、科技、产品、银行重组、市场和管理等多方面创新上下功夫，没有创新就没有金融业的发展。

➤本章小结

1. 金融创新有广义和狭义之解。广义的金融创新是历史的范畴，泛指金融发展史上出现的任何创造性变革，金融发展史就是一部金融创新史。狭义的金融创新是指第二次世界大战以后，特别是20世纪70年代以来，西方国家放松金融管制，金融领域内的各种要素重新组合和创造性变革所创造或引发的新事物。金融创新是金融机构为追求微观利益和金融当局为提高整个金融业的宏观效益，而发生的金融业创造性变革，主要是指新的金融业务、金融产品、金融市场、金融制度、金融机构的创造推广，既有微观层次的创新，也有宏观层次的改革。

2. 金融创新理论源于20世纪50年代，到70年代发展丰富，集中于诱发金融创新的动因研究。其主要的理论有约束诱导理论、技术推进理论、制度改革理论、规避管制理论、交易成本理论、货币促成理论、财富增长理论。

3. 金融创新迅速发展的主要原因有：规避金融管制产生金融创新；行业竞争加剧迫使金融创新；市场需求刺激金融创新；回避金融风险需要金融创新；追逐最大利润激励金融创新；现代技术进步推动金融创新。金融创新的具体表现为金融业务创新、金融组织结构创新、金融机构管理创新和金融制度创新。

4. 金融创新的经济效应表现为积极的正面影响和消极的负面影响。正面经济效应表现为：金融创新促进了金融机构运作效率的提高，增加了经营效益；金融创新丰富了金融市场，促进了金融市场一体化；金融创新推动金融制度革新，促进经济的发展；金融创新提高了金融产业在经济中的作用。负面经济效应表现为：金融创新降低了金融体系的稳定性；金融创新使金融体系面临的风险加大；金融创新降低了金融监管的有效性；金融创新影响货币政策的实施效果；金融创新使财务报表信息披露功能受到影响。

5. 金融创新产生和发展的环境包括体制环境、市场结构环境、科技环境、市场需求环境和全球化环境。

关键概念

金融创新　金融管制　利率互换　远期利率协议　金融衍生工具　制度改革　金融监管　金融制度　约束诱导　交易成本　技术推进　金融风险

复习思考题

1. 简述“技术推进论”与“约束诱导论”的内容。
2. 金融创新表现在哪些方面？创新产生的动因是什么？
3. 评价金融创新的利与弊。
4. 简述金融创新的环境。
5. 试述我国金融创新的发展及对策。

第 13 章

金融发展

【本章提要】 金融发展即金融结构的变化，它在一国经济发展过程中发挥着重要的作用。本章重点介绍了金融发展的范畴及金融发展的一般趋势；发展中国家实施金融抑制政策原因及影响；金融深化的内涵，金融自由化的次序及金融约束论的内容；金融危机的生成、防范与治理。

13.1 金融发展的范畴

13.1.1 金融发展的含义

金融工具和金融机构的组合统称为金融结构，不同类型的金融工具与金融机构组合在一起，构成了不同特征的金融结构。

不同国家金融工具和金融机构的数量、种类、先进程度，以及已有金融工具与金融机构的相对规模、经营特征和经营方式都存在诸多差异，即不同国家的金融结构存在差异，形成了发展程度不同的金融结构。各国金融结构的相对规模的变化方式也不尽相同。这些差异反映在不同的金融工具及金融机构相继出现的顺序、相对速度、对不同经济部门的渗透程度，以及对一国经济结构变化的适应程度和特点方面。戈德史密斯将金融结构的这样一些变化定义为金融发展。金融发展程度越高，金融工具和金融机构的数量、种类就越多，金融的效率就越高。

金融结构是金融工具与金融机构共同决定的，因此，研究一国的金融结构应从以下数量关系加以描述：金融资产与实物资产在总量上的关系；金融资产与负债总额在各种金融工具中的分布；以金融机构持有和发行的金融资产所占的比例来表示的金融资产与负债总额在金融机构和非金融经济单位中的分布；金融资产与负债在各个经济部门的地位等。为此，戈德史密斯用八个数量指标来衡量一国的金融结构：第一，金融相关比率（financial interrelations ratio，FIR），即金融资产市价总值与国民财富（实物资产总值与对外资产净值之和）的比例，该指标主要用来衡量一国金融上层建筑与经济基础结构的关系，是衡量金融结构最基本的指标。第二，主要类型的金融工具在金融工具总额中所占的份额，主要经济部门在金融资产中所占的份额，该指标用来衡量金融上层建筑的构成状况。第三，金融资产总额（各类金融工具余额）在各个经济部门及其子部门之间的分布，这反映了不同金融工具在经济中各个部门的渗透程度，以及各个部门对不同金融工具的偏好。第四，各类金融中介机构所持有的金融资产在所有金融机构资产总额中的比例及其在金融工具总额中的比例，用来衡量一国金融结构中，各种金融机构的发育程度及其相对重要性。第五，金融中介率，即所有金融机构在全部金融资产总额中的份额，是考察一国金融结构机构化程度的最简单而又最全面的指标。第六，各种金融资产存量在金融工具种类和经济部门种类的分布。第七，对金融结构的流量分析，可参照上述存量分析进行。第八，不同部门的内源融资（储蓄）与外源融资（借款或发行股票）在资金账户总资产或总负债中所占的比重，以此测定各个经济部门和子部门之间资金来源与资金运用的情况。

对金融发展的状况进行比较分析，主要是围绕金融相关比率展开的。金融相关比率的变动反映了金融上层结构与经济基础结构之间在规模上的变化关系，大体上可以视为金融发展的一个基本特点。因为在一定国民财富的基础上，金融体系越发达，金融相关比率也就越高。在经济发展的过程中，金融相关比率必然会逐步提高，所以根据金融相关比率基本上可以衡量一国的金融发展水平。金融相关比率包含有两个因素：一是一定时期内金融活动的总量 F_t，二是该时期内经济活动的总量 W_t。

$$F \cdot I \cdot R = F_t / W_t \tag{13-1}$$

一国的经济活动总量可以直接用国民生产总值（GNP）表示，但是，GNP 只考虑产品的最终价值，忽略了中间交易，尤其是资本形成引起的交易。因此，在考虑金融活动的现实基础时还要考虑到各产业部门之间的交易量。假设产业部门之间的交易价值占全部 GNP 的比重为 w，那么，W_t 就等于 $Y(1+w)$，Y 代表 GNP 指标数量。

金融活动总量 F_t 的决定因素相当复杂，没有任何现成的国民经济统计指标表示。为了全面反映 F_t 的性质变化，戈德史密斯从众多因素中选择五个要素作为决定金融活动总量的指标，即非金融部门发行的金融工具、金融部门发行的金融工具、国际金融活动发行的金融工具三个流量指标和新发行乘数及价格调整系数两个存量指标。通过上述金融相关比率的构成指标可以看出，一国金融相关比率是多种因素综合决定的结果。

13.1.2 金融发展的规律

通过对世界 35 个国家近 200 年金融发展历史的考察，戈德史密斯认为，就基本的发展趋势而言，各国金融发展道路的差别不是很大，不仅发达国家的金融发展过程非常相似，发展中国家迟早也会走上同样的发展道路。

1. 十二条规律

第一，在一个国家的经济发展过程中，金融部门作为上层建筑，其增长速度要大大快于国民生产与国民财富这些物质部门的增长速度，因此金融相关比率的基本趋势是不断上升，期间甚至可能发生迅速提高的“爆发”运动。从这方面看，金融发展水平能在很大程度上反映一国的经济发展水平。

第二，金融相关比率并不会无限制的提高，当一国金融结构发展到一定水平，尤其是金融相关比率达到 1.5 左右时，就会趋于稳定。

第三，不同经济发展水平国家的金融相关比率差别很大，发展中国家的金融相关比率远远低于发达国家。所以，这个指标可以大致反映金融发展和经济发展水平的差异。

第四，决定一国金融相对规模的主要因素是不同经济单位和不同经济集团储蓄和投资功能的分离程度，因此归根到底，金融相关比率是由一国经济结构的基本特征所决定的。

第五，随着经济发展水平的提高，即使金融相关比率已趋于稳定，但大多数国家的金融中介率仍在提高，即金融机构发行和拥有的金融资产的比重在不断加大。

第六，储蓄及金融资产持有的“机构化”倾向，必然使金融机构和金融工具向多样化方向发展。一般而言，债权的机构化比股权的机构化要迅速，同时，长期债权的机构化发展水平要高于短期债权的机构化发展水平。

第七，现代金融增长都是始于银行体系的发展，并伴随着经济货币化程度的提高，但是两者的发展在金融增长中都表现为一个迅速上升到逐渐平稳，甚至下降的过程。

第八，随着经济发展，银行资产占机构全部金融资产的比重将会下降，非银行金融机构的资产比重相应会大大提高。在有些发达国家，非银行金融机构的金融资产总额已超过银行资产总额。

第九，国外融资作为国内资金不足的补充手段，或作为国内剩余资金的出路，在许多国家的经济发展中起过重要作用，甚至在某些历史时期，其增长速度还曾超过国内融资增长。

第十，与国际资金的引入同等重要的是，发达国家对发展中国家的示范效应，如金融工具的引进、金融机构的设立、金融管理技术的传播等，这对于推动落后国家金融发展是有益的，当然也要注意本国经济的基本面情况。

第十一，金融发展水平越高，融资成本（包括利息与各种费用）就越低。金融制度的完善本身就会降低交易成本，金融机构之间的竞争和金融资源的充分调动都会提高金融市场的效率。

第十二，在金融发展与经济发展之间存在着大致平行的关系，在总体规模水平和结构复杂程度上，会呈现近乎同步的增长。但两者之间这种关系的因果联系，还未有令人信服的论据来说明。

戈德史密斯认为，在金融发展过程中，只存在一条主要的金融发展道路，在这条道路上呈现出上述种种规律。尽管不同的国家所处的经济发展阶段不同，经济发展速度各异，但很少偏离这条道路。从另一方面看，各国政府对金融机构拥有、参与的程度不同，致使金融发展的具体表现又有所不同，基本上又分出两种轨迹。沿着第一条轨迹发展的国家，基本所有的金融机构都是由私人拥有和经营的，只是在金融发展的后期出现了中央银行和保险组织，美国是典型代表。沿着第二条轨迹发展的国家，重要的金融机构往往由政府全部或部分所有。例如，第二次世界大战以前的欧洲、战后的大多数发展中国家和所有社会主义国家，都沿着这一轨迹发展。

2. 金融结构的三种基本类型

通过对近代以来自由经济和中央管制下的混合经济对金融结构不同影响的分析以及两类经济中的金融结构具有许多规律性的共同点，可归纳为以下三种基本类型。

第一类金融结构，其特征是金融相关比率较低，其值在1/5~1/2；债权远远超过股权而居于主导地位；在全部金融资产余额中金融机构所占的比例较小，商业银行在金融机构中占据了统治地位。这是金融发展初级阶段的特征，在此阶段，纸币包括银行券和活期存款起补充作用并逐步取代金属货币，同时社会生产和流通中的主体是家庭所有制的小企业。这类金融结构大约出现在18世纪到19世纪中叶的欧洲和北美洲。

第二类金融结构，其普遍存在于20世纪前半叶的大部分非工业化国家。这类金融结构的特征是：金融相关比率同样较低；债权仍然大大超过股权；银行在金融机构中占主导地位。与第一类金融结构的主要区别在于政府和国有金融机构发挥了更大的作用，从而体现出这些国家经济的混合型特色；另一个区别是这类金融结构具有较低的国内储蓄和投资率，与此对应的是存在较高的金融中介比率。

第三类金融结构，它们广泛存在于20世纪初至今的工业化国家。其特征在于：首先，金融相关比率较高，往往达到1，也就是说它的金融资产总值与国民财富总值相等，并且金融相关比率变动的幅度相当大，为3/4~5/4，偶尔升高到2；其次，尽管债权依然占全部金融资产的2/3以上，但股票对债券的比率已有所上升；最后，金融机构在全部金融资产中所占份额也已提高，金融机构多样化导致银行业在金融体系中的地位下降，储蓄机构和私人及公共保险组织的地位上升。

虽有如此的规律性，但从金融发展的历史来看，一国的金融结构并非截然就是上述三种类型之一，有些金融结构的特点介于上述三种之间，或兼有不同类型的特点。其原因在于，一国的金融结构转换是一个渐进的过程，不同国家金融结构的数量特征虽不是千差万别，但也绝非全部集中于几种范围内。尽管如此，将金融结构大体分为三类还是适合大多数国家实际情况的，这样划分既有助于对各国的金融结构进行必要的分析，又不至于完全抹杀各种金融结构之间存在的实际差异。

在金融发展的概念上，麦金农和肖把金融发展看做是金融市场形成与完善的过程，戈德史密斯把金融发展视为金融结构的变化。不论是金融结构的变化还是金融市场的完善，都是金融发展的基本构成要素，两者在实际发展过程中往往相互渗透，金融结构的优化离不开金融市场的健全，金融结构的扭曲总是与金融市场的不完全相伴随。金融发展实质上就是金融结构的优化与金融市场效率的提高。金融结构的优化包括了两层含义：一是金融工具种类与规模的扩张。作为金融机构供给的金融商品，金融工具种类与规模的扩展反映了金融机构创新能力的进步，以及对社会经济更深层次的介入；二是金融机构类别与构成的优化。金融机构类别的扩展与构成上的此消彼长，反映了金融服务日趋走向完善。金融市场效率的提高也包括了两层含义：一是金融资源使用效率的提高，二是金融资源配置效率的提高。这两种效率的提高依赖于金融市场制度的变革和金融结构的优化。所以，金融发展内含了全部金融要素的进化，金融机构是金融交易的主体，金融工具是金融交易客体，金融市场是金融交易制度的集合。金融发展是在全部金融要素共同演进中得以实现的，并且只有通过考察这些金融要素的成长和优化才能更好地研究金融发展水平。

13.1.3 金融发展的功能观

戈德史密斯将金融发展界定为金融结构的变化，所揭示的金融结构变化的事实能够被人们真切感受、理解和接受。但随着经济金融的巨大变化和理论研究的深入，该理论的局限性与片面性以及实践上的负面性日益显现，于是对这个定义的质疑与修正也就越来越多。默顿（Merton）和博迪（Bodie）提出金融功能观以后，从金融功能的角度来研究金融发展的学者不断出现。他们认为，尽管金融机构的形式在各时期和各地区变化多样，但金融功能却相对比较稳定；金融机构的形式变化以及金融工具创新都是围绕金融功能而实现的，金融机构的形式源于功能；金融机构创新和相互竞争导致金融功能的增强。因此分析金融问题应当从金融功能出发，而不应从金融机构出发。各种金融功能是随着经济金融的发展而产生的，并按照一定的内在逻辑形成了不同的层次。国内学者白钦先根据这些功能所处的不同层次，把金融功能划分为以下四个具有递进关系的层次。

1. 基础功能

金融的基础功能是服务功能和中介功能，也就是说金融产生以后在相当长的历史时期内主要是为经济、社会活动提供交易、兑换、结算、保管等服务功能以及进行简单资金融通的中介功能。服务功能主要是指金融为整个经济运行所提供的便利，包括为现实经济活动甚至社会活动提供统一的度量标准、为拥有剩余物质财富的人提供跨时消费的途径、解决物物交换的困境从而便利交易。为大宗跨地交易提供汇兑结算服务、财富保管服务等。

2. 核心功能

金融的核心功能是资源配置功能。从广义上来讲，货币的价值尺度功能（价格）本身就是一种重要的资源配置功能。前面的中介功能也可以视为资源配置功能的萌芽状态，而资源配置功能可以理解为是金融中介功能的复杂化和主动化。中介功能只是便利价值运动，而资源配置功能则是直接引导价值运动实现资源有效配置。

3. 扩展功能

金融的扩展功能是经济调节功能和风险规避功能。扩展功能并不是在核心功能充分发展以后才出现，而是金融功能的横向扩展。从历史过程进行考察，两者在时间顺序上具有较大的重叠性。经济调节功能从严格意义上说并不是金融的功能，而是通过金融手段发挥的功能。在金融的核心功能显现出来以后，尤其是随着经济的金融化，金融在整个社会资源配置过程中日益居于主导地位，通过金融手段对经济进行调节便显得有效和直接。由于金融活动本身具有极大的不确定性，可以说从金融活动产生之日起就面临着如何规避风险的问题。金融的风险规避功能主要是利用大数定理把风险分散化，各种金融工具以及相配套的金融机构如保险公司、信用担保公司等则是风险规避的具体手段。

4. 衍生功能

衍生功能是金融体系为了进一步提高资源配置效率而在微观与宏观两个层面的“衍生”，其内容比较丰富，包括风险交易、信息传递、公司治理、引导消费、区域协调、财富再分配等功能，并可以概括为（微观）风险管理和宏观调节两类。风险管理主要包括风险交易、信息传递、公司治理等，而宏观调节主要包括财富再分配、引导消费、区域协调等。

在金融发展的过程中，金融最早显现出其基本功能。随着经济发展水平的提高和金融本身的发展，金融的资源配置功能逐步显现出来。此后，为了解决资源配置过程中的伴随问题，金融功能进行了扩展，即经济调节功能和风险规避功能。为了进一步提高资源配置的效率，金融衍生功能开始显现出来，一方面是利于改善公司治理结构及化解风险，另一方面是宏观调节功能的显现，以进一步实现微观效率和宏观效率的统一。在这样一个过程中金融功能的发挥并不是无条件的，而是依赖于不断发展的经济金融环境以及科学技术水平。只有当经济金融发展到一定程度才会产生对某种金融功能的需求和供给；在需求和供给达到均衡状态的环境中，该种功能才能有效地发挥出来。可以用图 13-1 来粗略地表示这样一个发展过程。

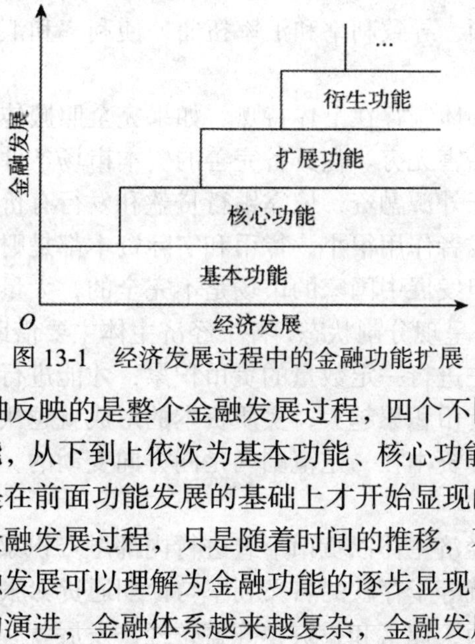

图 13-1　经济发展过程中的金融功能扩展

如图 13-1 所示，纵轴反映的是整个金融发展过程，四个不同台阶反映了在不同历史阶段逐渐出现的金融功能，从下到上依次为基本功能、核心功能、扩展功能、衍生功能，并且反映出后面的功能是在前面功能发展的基础上才开始显现的，而每一个功能从出现之日起将一直贯穿整个金融发展过程，只是随着时间的推移，不同功能的性质发生了更替。由此可以看出，金融发展可以理解为金融功能的逐步显现、逐步扩展、逐步提升和逐步复杂化，随着功能的演进，金融体系越来越复杂，金融发展程度越来越高，经济资源的配置效率也不断提高，从而极大地促进了整个经济的发展。

13.2 金 融 抑 制

13.2.1 金融抑制现象

麦金农和肖认为，传统的西方经济理论假设：金融市场极为发达和健全、信用工具非常丰富；生产要素和产品具有“无限可分割性”，各种经济单位都能使用相同的技术；货币和资本可以相互替代；等等。这些只适用于发达国家，而不适用于发展中国家，其原因在于发展中国家经济金融有着自身独有的特征：第一，发展中国家经济货币化程度低，自然经济占有很大比重。货币化是指国民生产总值中货币交易总值所占的比例，比例越低表示自然经济和物物交换在整个经济中的比重越高，因此经济效率十分低下，同时货币政策的作用受到限制。第二，发展中国家的金融体系存在着明显的二元结构。一是以大城市和经济发达地区为中心的由现代大银行为代表的现代部门；二是以落后的农村为中心的由钱庄、当铺、合会为代表的传统部门。这种状况使得货币政策传导机制受到严重扭曲，从而货币政策预期效应难以发挥。第三，发展中国家金融机构单一，商业银行在金融活动中居于绝对的主导地位，非银行金融机构极其不发达，而且金融机构多为国有，经常受政府控制；金融机构专业化程度低，金融效率低下。第四，金融市场发展落后，许多国家根本不存在资本市场，金融工具种类匮乏，社会资金的融通渠道不畅，导致资本形成不足。第五，政府对经济和金融业实行管制，突出表现在大多数国家对利率和汇率进行管制和干预，导致利率和汇率扭曲，使利率和汇率丧失了反映资金和外汇供求的作用。

由于发展中国家金融体制存在上述特点，如果完全照搬传统的货币金融理论和发达国家的实践经验，必然贻害无穷。在具备完善的资本市场条件下，各种资产的收益趋于平均化，投资主要依赖于外源融资，依靠银行贷款和发行有价证券来筹集资金，货币对资本积累没有直接作用或者作用很小，货币和实际资本都是财富的组成部分，因此两者是相互竞争的替代品。但发展中国家的市场是不完全的，大量企业、住户、政府机构等经济单位相互隔绝，经济呈现分割状态，各个经济主体主要借助内源融资积累投资资金，也就是说经济单位必须先进行一定数量的货币积累，才能进行投资。投资意愿越强，对货币积累的需求越大，货币积累越大，实质资本的形成就越快，投资率越高。因此，在发展中国家，货币与实际资本在一定范围内是同方向变动的，它们是相互促进、相互补充的。

麦金农认为，各个经济主体以货币形式进行内部融资积累的意愿主要取决于持有现金余额的收益，其收益就等于存款的名义利率与预期通货膨胀之差，即 $d-\pi^e$。$d-\pi^e$ 越大，人们越愿意持有货币，储蓄和投资越旺盛，经济发展就越快。发展中国家经济之所以发展缓慢原因就在于 $d-\pi^e$ 太低，许多国家甚至是负数，这可能是政府人为压低利率造成的，也可能是通货膨胀过高造成的，或两者兼而有之。发展中国家出于对经济增长的渴望，不顾本国的实际情况盲目效仿发达国家采取低利率政策非但没有刺激投资，反而加重了资本不足。低利率在减少了储蓄、投资的同时，由于资本供给严重不足，迫使政府实行信贷配给制度，更加降低了投资效率。因此，这种低利率政策非但未能促进经济的发展，反而阻碍经济并造成了金融抑制现象的产生。

由于政府人为的规定存款利率上限，无法控制通货膨胀，结果实际利率往往是负数，金融资产持有者得到的不是报酬，而是惩罚。很低的实际利率抑制了金融中介的实际债权自愿需求量和总需求量，降低了提供贷款的能力。与此同时较低的实际贷款利率导致的过多贷款需求只能借助配给办法解决，因此贷款利率不能发挥辨别投资的作用，这种贷款配给制度产生了种种不良后果，如腐败现象、资金配置不合理、社会成本增大、投资—产出比率不高等。

总之，麦金农和肖认为，发展中国家的金融体制与经济发展存在一种恶性循环，一方面金融体制的落后阻碍经济发展，另一方面经济发展的停滞又制约着金融发展。造成这种状况的根本原因在于体制上的缺陷和当局政策上的错误，没有在经济发展过程中发挥市场机制的作用，相反，在经济各个领域进行过多的干预。这种干预在金融领域的表现是强制规定和控制利率（尤其存款利率）和汇率，使其低于市场的均衡水平。其他各方面的控制和规定，也束缚了金融业的手脚，对经济发展起了相反作用。

13.2.2 金融抑制的政策原因

发展中国家的政府面临着发展经济，改善人民贫困生活的压力，同时受制于经济发展水平低、政府财力薄弱、外汇资金短缺的现实约束，为获得实现经济发展的资金，发展中国家政府常常不得不对存贷款利率、汇率、信贷规模和投向、国际资本流动以及金融业的准入等实行全方位的限制和干预。这种压抑性的金融政策主要体现在以下几个方面。

1. 人为压低实际利率

为了降低筹资成本，刺激投资以促进经济发展，发展中国家通常以设定存贷款利率上限方式来压低利率水平；同时由于依靠通货膨胀政策来弥补巨大的财政赤字，通货膨胀率则往往居高不下。结果是实际利率通常很低，有时甚至是负数。过低的实际利率使得持有货币的实际收益十分低下，从而打击货币持有者储蓄的意愿，无法吸引他们将剩余资金存入金融体系，金融资产的实际规模也就无从得以扩展。

2. 采取信贷配给

过低的利率既压制了储蓄意愿，又刺激了投资需求的膨胀，发展中国家通常面临着巨大的资金供求缺口。面对这种情形，往往实行选择性的信贷政策，或设立开发银行等政策性金融机构直接参与信贷分配，引导资金流向政府偏好的部门和产业。而这些为政府所偏好的企业和项目，大多是享有特权的国有企事业和机构，或与官方金融机构有特殊关系的私营企业，而大多数民营企业不得不通过非正规金融融资，由此导致是资金配置效率的低下。

3. 对金融机构的严格控制

这种控制包括：对金融机构要求很高的法定准备金率和流动性比率；严格限制金融机构的资金流向；严格限制某些种类的金融机构的发展；实施金融机构的国有化；等等。过高水平的准备金率使得大量的资金离开商业信贷活动，以便政府集中调配这些资金。

政府倾向于鼓励那些能够从中获取巨大铸币收益的金融机构和金融工具的发展，抑制其他金融机构和金融工具的发展。银行系统往往受到偏爱和保护，因为通过储备要求及强制性的持有政府债券，政府可以无息或低息为公共部门融资。私人债券及证券因为无从获取铸币税，政府则借助于交易税、印花税及资本所得税等多种形式对其进行限制。这些控制造成的直接后果是金融机构成本高昂，效率低下，金融机构种类单一，专业化程度低。

4. 人为高估本币的汇率

发展中国家为了发展本国经济需要从国外进口大量先进的生产机器设备，为了降低进口成本，常常人为的高估本币的汇率，使其严重偏离均衡的汇率水平。发展中国家产品的国际竞争力本就处于弱势，过高的本币汇率使其更弱；经济落后本来需要进口，过高的本币汇率使进口需求更高。其结果是汇率政策使自己陷入了更为严重的外汇短缺境地。于是，发展中国家不得不实行全面的外汇管制，对稀缺的外汇资源进行行政性分配。

发展中国家实行上述政策的出发点是期望更快地促进本国经济的发展，然而这些政策非但未能促进经济的发展，反而加重了金融抑制的程度。

发展中国家实施金融抑制政策的理论依据可以用以下模型说明（图 13-2）。用 DD 曲线表示进口替代产业的资金需求，其实质是该产业的资本边际产出，SS 曲线表示资金供求状况，市场均衡点是 E，此时均衡利率和均衡供求量分别是 r_2 和 Q_2。资金供应方的利息收入是 OQ_2Er_2，进口替代产业的生产者剩余是 KEr_2。如果实施以利率管制为核心的金融抑制政策，金融市场的利率水平被限制在 r_1 水平，使得企业的外部融资成本降低，资金供应方的利息收入将为 OQ_1Cr_1，进口替代产业的生产者剩余上升为 $KFCr_1$。该产业的投资意愿增强，对资金的需求增加，资金需求曲线 DD 向右移动到 DD′。进口替代产业的迅速发展会带动整体经济的迅速成长，而总体经济的成长又提供了更多的资金供给。这样，资金供给曲线 SS 也向右移动。结果是虽然实行低利率的金融抑制政策，对进口替代产业的扶持能带来与国民经济总体发展的良性互动，同样达到投资水平的稳步增长。

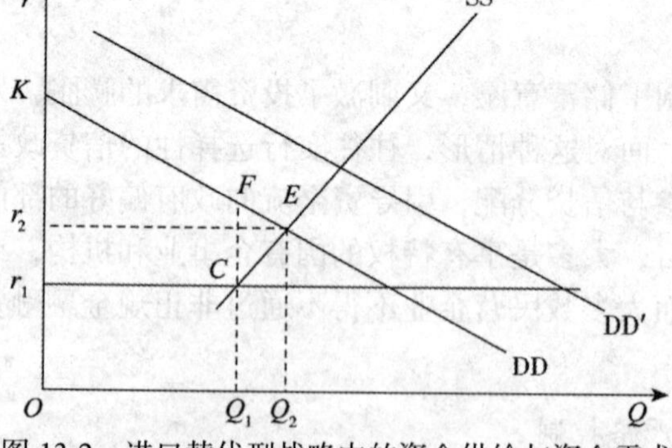

图 13-2 进口替代型战略中的资金供给与资金需求

13.2.3 金融抑制对经济的影响

发展中国家的金融抑制政策扭曲了金融市场价格——利率，这种扭曲对经济造成的危害是严重的，其危害主要表现在四个方面：一是低利率扭曲了公众对资金的时间偏好，促使人们更关心现期消费，忽视未来消费，从而导致储蓄水平低于社会最优水平。低的储蓄使投资也低于最优水平，最终损害经济的增长。二是低利率使得资金持有者收益下降，潜在的资金供给者不去正规的金融机构存款，而是直接从市场寻找投资机会，这不但成本高昂、收益可能低，而且风险也大，这就降低了整个经济体系的效率。三是地方性的、非正规的、地下的信贷市场兴起可能削弱政府管制的金融机构。四是由于利率较低，资金成本会更低，收益较低的项目也会产生利润，银行借款人会投资于资本密集的项目，这就生产了对贷款的超额需求。为了避免信贷扩张产生通货膨胀，政府和银行不得不在压低利率的同时，实施行政性信贷配给。结果是寻租和腐败行为难以避免，而逆向选择也使得整个银行体系的资产质量下降。因此，这种低利率政策非但不能促进经济的发展，反而阻碍了经济，造成抑制的严重后果。

麦金农和肖对利率管制阻碍经济增长进行了深入的分析。若 $S(g)$ 代表经济增长率为 g 的储蓄函数，当经济增长率提高时，$S(g)$ 向右移动。相对于利率来说，$S(g)$ 是实际利率的增函数。I 代表投资函数，它是实际利率的减函数。如果没有金融抑制，投资曲线与储蓄曲线的交点为 E，均衡利率为 r^*，与投资均衡的储蓄水平为 SI^*。FR 代表金融抑制线，即政府将存款利率人为固定在 r_1 的水平，低于均衡利率 r^*。假定此时经济增长率为 g_1，则投资被限定在与抑制利率 r_1 相对的储蓄量 SI_1 的水平。

假设政府只对存款利率而不是贷款利率施加上限，则银行会把贷款利率定在 r_3。投资者或借款者在这个利率水平上借走全部受限制的储蓄供给 SI_1，则一个受管制但却是竞争性的银行体系可以得到对应于存款利差 r_3-r_1 的收益。这笔收益会远远大于非价格服务体系的成本，是正常利润之上的超额垄断利润，从而也可花费在非价格竞争上，如增设营业网点和做广告等。

图 13-3 中 AB 线段代表的是，在 r_1 水平上会有的信贷需求与储蓄量能满足信贷需求的差额——超额信贷需求。这就是说，在政府限制存款利率的前提下，将会存在大规模的超额信贷需求。而面对这种情况，政府和银行只有通过信贷配给措施来分配稀缺资金。信贷分配往往不一定依据于投资项目的预期回报率，相反，裙带关系、政府压力、腐败行为等都会成为决定项目取舍的重要因素。

如果政府放宽利率管制，将图 13-3 中的利率上限从 r_1 提高到 r_2，原来的一些低收益项目被排除，总的投资回报或效率将会提高。在这一过程中，经济增长率将上升，储蓄函数移向 $S(g_2)$，储蓄和投资将右移到 SI_2。如果完全放开利率，均衡利率将由储蓄与投资的均衡点决定，储蓄和投资的规模扩大，促进经济增长率上升；储蓄函数右移，则储蓄和投资的规模扩大，这就形成良性循环。假定经济的潜在增长率为 g_3，那么 g_3-g_1 就是由于利率管制所产生的经济增长损失。

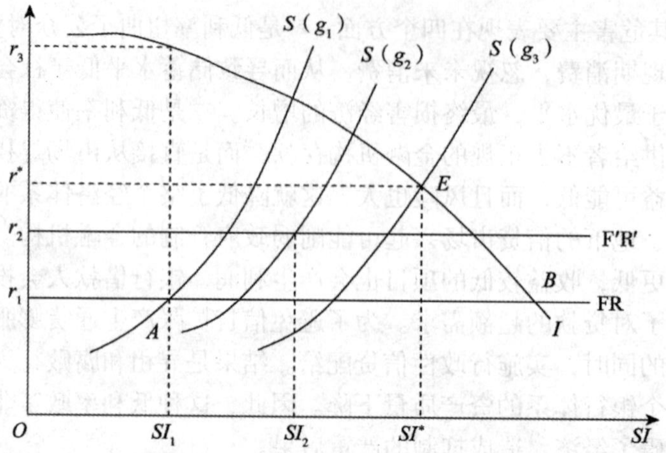

图 13-3 利率管制下的储蓄与投资

利率管制不但阻碍发展中国家的经济增长，对发达国家也会产生消极影响。20 世纪 60 年代以后，通货膨胀使市场利率提高。银行存款利率受到利率上限的管制，市场利率与银行存款利率的差距拉大，造成了西方一些发达国家的货币脱离银行体系之外流通的"脱媒"（disintermediation）现象发生。

13.3 金 融 深 化

13.3.1 金融深化的内涵

麦金农和肖认为，金融抑制政策所带来的金融萎缩严重制约了发展中国家的经济增长，使之陷入金融萎缩和经济萎缩的恶性循环。发展中国家要想使经济得以发展，必须重视金融对经济的影响。一个国家的金融体系与经济发展之间存在着互相刺激和互相制约的关系。要发挥金融对经济的促进作用，应废弃所奉行的"金融抑制"政策，实行金融深化或金融自由化政策，也就是放弃国家对金融体系和金融市场过分的行政干预，解除对利率和汇率的不适当控制，让其充分反映资金和外汇的实际供求状况，充分发挥市场机制的作用，有效地控制通货膨胀。如此，金融体系尤其是银行体系，不仅能以适当的利率吸引大量储蓄，而且也可以适当放宽利率满足经济各部门对资金的需求。这样，金融体系本身可以发展，进而促进经济的发展，形成金融与经济发展相互促进的良性循环。在金融深化的着眼点上，两人还是有所不同，麦金农是从"导管效应"的角度出发，肖是从金融中介的角度出发，但却得出了基本相同的结论，即金融深化的核心是放开利率管制。

麦金农认为，发展中国家金融市场不发达，金融工具单一，而且投资具有不可分割性，投资必须达到一定规模才能获得收益。在内源融资的约束下，经济单位必须先积累相应规模的货币资源才能进行一次性投资。因此，对实物资本需求越高的投资者，其货币积累的需求也越大。在这样的情况下，货币与实物资本存在互补关系，而不是传统理论所说的替代关系。在这互补性假说下，麦金农认为发展中国家的货币需求是由以下几个因素构成的：实际国民生产总值 Y、实际投资 I；货币的实际收益率 $d-\pi^e$（d 为各类存款利率的加权平均数，π^e 为预期的通货膨胀率）。在发展中国家普遍存在利率压制和通货膨胀的情况下，货币存款的实际利率 $d-\pi^e$ 往往为负数，这就制约了货币供给，当然也就制约了金融部门发展。如果采取适当的金融自由化政策，使货币存款的实际利率 $d-\pi^e$ 提高，并转为正值，则持有货币有了实际收益，就会导致货币需求的增加和存款货币积累的不断增长。

在货币存款的实际利率低于投资的实际回报率 r 的范围内，由于货币需求与货币存款的实际利率成正相关，实际利率的上升，就会提高人们以货币形式进行内部储蓄的愿意。在投资不可细分的假设下，内部储蓄的增加，导致内源融资型投资上升。麦金农将货币存款的实际利率对投资的这种正向影响称作货币的“导管效应”（tube effect）——货币在一定条件下是资本积累的一个导管，而不是实物资本的替代品。

在货币存款实际利率较低时，导管效应比较明显，因而投资将随实际利率上升而增加。但是，当货币存款的实际利率超过实物资本的平均回报率 r 以后，经济主体将持有货币，而不愿意进行投资，资产替代效应将超过导管效应而居于主导地位，此时投资将随着利率的上升而减少（图 13-4）。

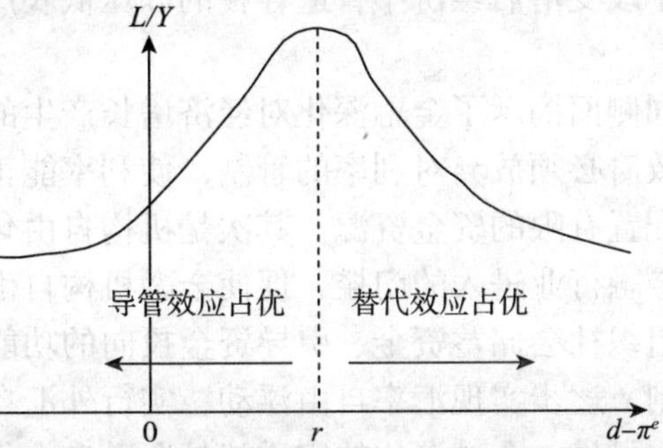

图 13-4　发展中国家货币的导管效应与资产替代效应的关系

肖认为，货币实际余额不是财富，而是货币体系的债务，金融中介机构借助这种债务在整个社会经济中发挥着媒介作用，使得社会生产顺利进行。金融中介机构的任务就是吸引储蓄，并使之转化为投资，而实现这种转化最好的工具就是引入各种金融资产。金融中介比率的提高就是金融深化的表现，其关键就在于减少国家对金融的干预，提高实际利率，改变原有的储蓄形式，从原先持有真实资产或通货转化为持有某种金融资产，从而增加投资和提高投资效率。因此，肖也认为金融深化的关键就是提高实际利率，以使储蓄得到更大的发展和更合理的配置。肖认为以取消利率和汇率管制为主的金融深化政策会产生以下四大效应。

1．储蓄效应

取消利率管制后，随着储蓄实际收益率（实际利率）的上升，以及金融资产的多元化，私人部门储蓄的积极性提高，将使国内私人储蓄率上升。国内利率高于国际金融市场利率，在放松资本管制的条件下，还会吸引大量的外资流入。

2. 投资效应

取消利率管制后，利率将作为一种相对价格有效地引导资源配置。随着储蓄效应和金融中介的发展，投资规模和投资效率都将提高。一方面，金融中介的发展使得企业能在更大范围内、更方便地筹集资金；另一方面，金融深化后，政府对资金的行政性分配减少，信贷资金更多流向高收益的投资项目，使社会的投资效率得以提高。

3. 就业效应

落后经济中的失业，在某种程度上是金融抑制的结果。由低利率造成的储蓄本来就不能为生产提供足够的资金，更为糟糕的是，由于利率的人为压低，这些与劳动力相比本来就十分稀缺的资金往往又被大量投资于资本密集型产业，从而使失业状况更为严重，而金融深化则有助于缓解这一状况。

4. 收入分配效应

金融深化有助于促进收入分配的平等。金融深化可以通过提高就业增加工资收入的份额，减少拥有特权的少数进口商、银行借款者和资源消费者的垄断收入。金融深化带来的资本积累还有助于改变落后经济中普遍存在的以压低农产品价格形式对农民的变相剥夺。

麦金农和肖从不同侧面揭示了金融深化对经济增长产生的效应。其政策的核心内容首先是利率自由化。政府必须放弃对利率的管制，使利率能正确地反映资金稀缺程度，促进储蓄并能有效地配置有限的资金资源。其次是机构自由化。改革金融体制，打破银行业内的垄断，降低金融行业进入的门槛，促使金融机构自由竞争，使银行体系和金融市场真正发挥吸引和组织社会储蓄资金、引导资金投向的功能。最后是汇率自由化。放宽外汇和资本流动管制，逐步实现汇率自由浮动，实行外汇自由交换，使汇率真正反映外汇资金的供求关系。可见，金融深化的实质就是金融自由化，金融自由化是推动金融发展进而推动经济发展的重要动力。那么，如何来衡量一个国家的金融深化程度，一般来说可用以下六个标准来衡量：① 通货膨胀受到控制，实际利率为正值；② 利率弹性大，金融资产吸引力强；③ 货币化程度稳步上升；④ 对外债和外援的依赖程度降低；⑤ 汇率自由浮动，不存在黑市和炒汇现象；⑥ 多层次、多类型金融机构并存，并且鼓励相互竞争。

金融深化理论的提出标志着现代金融发展理论的建立，不仅在理论研究上开辟了新领域，而且在实践中对许多发展中国家的货币政策制定以及金融改革产生了深远的影响。长期以来，发展中国家不顾本国国情盲目照搬传统货币金融理论，盲目效仿发达国家的货币政策，造成金融抑制与经济落后的恶性循环。金融深化理论主要分析发展中国家货币金融制度的特殊性，指出传统货币金融理论对发展中国家的局限性和不适应性，将金融理论与发展经济学紧密结合起来，创造了全新的发展理论框架。金融深化理论系统阐述了金融与经济发展的关系，解释了发展中国家经济落后的一个长期被忽略的重要原因——金融制度不健全，肯定了金融发展对经济发展的重要推进作用。金融深化理论为发展中国家改革金融制度、发展经济提供了理论上的指导，并结合发展中国家的具体实际提出了一些卓有成效的政策主张。这也正是金融深化理论被许多发展中国家所接受，被奉为金融改革理论依据的主要原因。当然，金融深化理论也存在许多不足，在理论研究上的一些假设条件较为严格，如发展中国家完全自我融资的假设就不太切合实际，货币与实物资本的互补性假说也很难成立。这在一定程度上影响了金融发展理论的准确性和实用性。

13.3.2 金融自由化的次序

发展中国家政府对金融及经济体系的过分干预导致了经济的分割性。由于资源不能自由流动，很难通过竞争性市场来改善资源的配置效率。因此，政府放松对金融的过分干预对发展中国家而言可能是一个合适的选择。麦金农和肖所主张金融体制改革，取消政府对金融机构和市场的管制和干预，即主张金融的完全自由化。取消利率控制和金融市场自由化后，正的实际利率会促进储蓄率的提高，加速资本的形成。利率机制会自动地对借款者进行甄别和筛选，提高金融资源的配置效率。因此，从麦金农和肖的主张看来，只要发展中国家对金融体系进行大刀阔斧的改革，实行金融自由化，就能推动发展中国家的金融发展，促进经济增长。

完全的金融自由化能否真正解决发展中国家的金融抑制现象？实践证明，许多发展中国家如南美洲的巴西、阿根廷、智利等国和亚洲的韩国、泰国、马来西亚等国依据金融深化理论进行金融改革，相继推出了利率自由化、金融业务自由化、金融机构自由化以及资本流动自由化等激进的金融改革措施。这些国家最初的金融改革对经济的增长确实起到了一定的促进作用，私人金融资产增长较快，对私人部门的信贷也大幅度提高，私人金融资产与 GDP 之比和对私人部门的信贷与 GDP 之比增长尤为迅速。例如，韩国在金融改革后三年对私人部门的信贷与 GDP 的比率平均达到了 68%，实际 GDP 的平均增长率达到了 9.5%。而且，改革后大多数国家通货与存款的比率大幅度下降，反映了金融改革后金融中介比率有所上升。同时，中央银行对金融机构的信贷也大幅度下降，如阿根廷的这一比率在改革后三年下降了 10.8%，尽管部分国家的这一比率还有少量增长，但也基本上与改革前的总水平持平。这反映了这些国家在金融改革后政府征收的铸币税已大量减少。M_2与 GDP 之比有所上升，反映了通过金融自由化后金融有所深化。在这些国家金融自由化后，银行信贷曾迅速地扩张。同时，也正如麦金农和肖所预言的那样，这些国家的利差也缩小了，经济增长率有所提高。

这些国家在大规模推进金融自由化后不久，便遭受了银行危机乃至金融危机的打击，严重地阻碍了金融部门的发展，并导致实际国民生产总值大幅度下降。阿根廷和智利在 20 世纪 70 年代中后期完成了利率和银行业自由化后，80 年代初就爆发金融危机。菲律宾在 70 年代中后期放松了银行业市场准入限制，1981 年开始了利率自由化，紧接着发生了金融危机。尤其是 1997 年的亚洲金融危机，对早先大刀阔斧地推行金融自由化的国家造成了沉重的打击。早先被麦金农和肖称作“没有痛苦的金融改革”的韩国，在这场危机中也未能幸免，经济体系曾一度因东亚金融危机而陷入瘫痪境地。在东欧转轨经济国家中，金融自由化后立即爆发了银行危机，许多银行因清偿力不足而纷纷破产，结果导致了这些国家信贷的急剧收缩，投资减少。巨额财政赤字的增加，政府为了挽救问题银行，大量增发基础货币，使得这些国家陷入了恶性通货膨胀的泥潭。

这些国家不顾具体国情和金融发展的路径依赖，采取激进的一揽子自由化政策的结果是金融的混乱，经济的衰退。与之形成鲜明对比的是以中国为代表的一些东亚国家采取的渐进的市场化改革方式，金融稳步发展，经济快速增长，取得了令世人瞩目的成就，这促使人们认识到选择好改革和自由化的路径与时序对发展中国家的重要性。

发展中国家股票市场不发达，缺乏完善的中央银行制度承担最后贷款人的职能，也没有存款保险制度来保护存款人的根本利益，一旦实行利率自由化，银行追逐高风险收益贷款，坏账大量增加，容易造成银行倒闭，扰乱金融秩序，因此，发展中国家政府应加强对银行的有效监管。金融自由化并不等于政府放弃对银行和其他金融机构的监管，金融自由化要具备一定的必要条件。麦金农认为，对于实行经济市场化而言，客观上存在一个如何确定最优次序的问题，财政政策、货币政策和外汇政策如何进行次序安排是极其重要的。经济市场化的次序虽因各种经济类型的不同而有所区别，但依然存在一些共同特点。正如麦金农所说，对一个高度受抑制的经济实行市场化，犹如在雷区行进，你的下一步很可能就是你的最后一步。

麦金农认为，经济市场化次序包括以下三大步骤：第一步，平衡中央政府的财政，财政控制优先于金融自由化。为实现财政平衡，首先要限制政府支出。若政府支出不受控制而经常出现赤字，或是中央银行被迫过度发行基础货币以弥补公共部门的赤字，或是通过资本市场发行公债，其结果是引致通货膨胀或陷入严重的国内债务危机。其次，为确保政府支出来源，同时又不引起严重的通货膨胀，政府必须建立严格的税收管理制度。在有效的税收征管体制建立之前，政府对某些紧缺的资源或产品实施管制是必要，否则很难避免陷入严重的债务危机。在紧缩的财政控制到位、财政赤字消除、物价基本稳定之后，可以实施第二步，即开放国内资本市场，储蓄者按实际利率获得收益，借款者按实际利率支付利息，银行体系自主经营。为了避免银行恐慌和金融崩溃，放松对银行和其他金融机构管制的步伐，必须与政府稳定宏观经济方面的成效相适应，不能单兵突进。实行金融自由化，而同时又保持货币控制，是大有好处的。银行系统永远必须受到管制，以维护整个支付机制的安全运作。在国内金融成功自由化以后，政府可以实施第三步，即汇率自由化改革，这当中同样存在一个正确的次序问题。经常项目的自由化首先应统一所有经常项目的汇率，避免多重汇率，使全部出口交易都能以相同的有效汇价进行；其次，逐步取消扭曲性的进出口配额和其他直接行政控制，代之以显性的、逐步降低的关税。资本项目自由兑换是经济自由化次序的最后阶段。过早地取消对资本流动的控制会导致未经批准的资本外逃或无偿还保证的外债堆积。只有在国内借贷在均衡利率水平上进行、国内通货膨胀受到明显地抑制、汇率稳定时才可实行资本项目自由化。

发展中国家金融自由化改革的进展是相当不平衡的，在已经进行改革的国家中，金融自由化既有成功经验，也有失败的教训。世界银行《1989年世界发展报告》在论述发展中国家的经济自由化改革中，总结的主要教训有以下几点。

1. 控制通货膨胀保持宏观经济的稳定

发展中国家的金融市场不发达，资本长期短缺，在这种条件下实行金融自由化，放松利率管制，会出现利率迅速提高的后果，使得借款者的负担增加，信贷配额的松动又容易使得信贷规模以更快的速度扩张，整个社会借贷活动中的违约风险急剧增大，引发许多企业和银行的破产，加剧宏观经济波动。只有首先创造稳定的宏观经济背景，金融改革才能避免上述种种不稳定经济状况。

2. 稳步推行利率管制放松和资本项目开放

在金融市场发育程度较低的条件下，一个国家贸然放弃利率管制和实行资本自由流动，频繁变动和居高不下的利率将会对本币汇率的稳定性造成伤害。较高的利率水平固然可以吸引国外资本流入，但长期的高利率也会背离均衡水准而对经济的发展带来不良影响，一旦利率下跌，就可能随时出现资本外逃现象，对汇率和国际收支平衡带来巨大冲击。

3. 建立适合本国国情的审慎监管制度

金融自由化并不是要完全取消政府的直接干预，而是改变干预方式。在非银行金融机构和金融市场还不够发达的情况下，以银行体系为中心实施金融自由化必须做到鼓励竞争和加强监管相结合。在放宽限制的条件下，银行在自由化过程中的信贷分配方面容易产生失控或营私舞弊等现象，情况严重时会使许多银行丧失清偿能力并面临破产威胁。因此，实施金融自由化政策必须营造良好的金融运行基础，如完善的法律法规、会计制度、信息披露及立法框架等。

4. 必须平衡各方利益

政府当局在推行金融自由化改革政策时，必须考虑利率和汇率变动对不同利益群体的影响，出于公平原则和政治稳定的要求，应采取适当的经济补偿措施平衡受损方利益，以减轻社会的震荡。

13.3.3 金融约束论

针对一些发展中国家金融自由化令人失望的结果，许多经济学家开始反思和检讨以往经济发展理论的结论和缺失。以赫尔曼、凯文、斯蒂格利茨为代表的新凯恩斯主义从信息不对称、外部性、规模经济和监管的角度提出以金融约束取代金融自由化。

金融约束论运用信息经济学理论重新审视了金融体制中的放松管制与加强政府干预的问题，认为金融市场失灵本质上是信息失灵，它导致了金融市场交易机制难以有效运行，必须由政府供给有正式约束力的权威制度来保证市场机制的充分发挥。所谓金融约束是指政府通过一系列金融政策，对存款利率、对市场进入及资本市场的竞争加以限制，从而为金融部门和生产部门创造租金机会，并通过租金效应和激励作用来有效解决信息不对称问题。而所谓租金是指超过竞争性市场所能产生的收益，即政府通过控制存款利率使其低于竞争性均衡利率水平（但保持实际利率为正），从而为银行创造了获取租金的机会。适当的政府干预有助于金融的发展，从而推动经济的增长，即合理的金融约束是金融自由化的必经阶段，这给发展中国家的金融发展提供了新的理论依据和政策框架。

假设经济体系中有家庭部门（资金供给主体）、企业（资金需求主体）和银行（金融中介）三个，宏观经济环境稳定，通货膨胀率较低且可以预测，实际利率为正值。

图 13-5（a）表明没有政府干预，即在自由市场上，家庭部门的资金供给曲线和企业部门的资金需求曲线相交，形成了均衡利率 r_0 和均衡供需量 Q_0，根据 Giovannini 等学者的实证研究，储蓄随利率的上升而增加，但其弹性很低。因此，资金供给曲线 S 的斜率要比资金需求曲线 D 的斜率小。图 13-5（b）表明政府干预金融市场，实施存款利率管制，但不控制贷款利率。此时，市场的存款利率为 r_d，存款量为 Q_d，市场决定的贷款利率为 r_L，高于没有政府干预时的贷款利率。（r_L-r_d）就是政府通过价格控制创造的租金机会，银行如果按照这个存款和贷款利率进行资金运营，则将获得全部租金（r_L-r_d），即从家庭部门得到（r_0-r_d），从企业部门得到（r_L-r_0）。如果银行得到租金必然会设法投资来改善存款的基础设施，使客户更方便地进入正式金融体系。对家庭部门来说，由于租金效果产生的存款便利性和安全性可以在一定程度上弥补利率上的损失。图 13-5（c）表示银行获得租金后会增加投资来改善存款的基础设施，银行存款的安全性增加和到正规金融机构存款变得比以前简单容易等导致储蓄和投资增加，资金供给曲线向右移动。而随着可贷资金规模由 S 扩大到 S'，企业也可以较低的利率 r_{L1} 得到贷款额 Q_{d1}。图 13-5（d）表明政府既管制存款利率，又管制贷款利率，假设存款利率为 r_d，贷款利率为 r_1，均衡贷款利率为 r_0，银行可获得租金（r_1-r_d），企业可获得租金（r_0-r_1）。

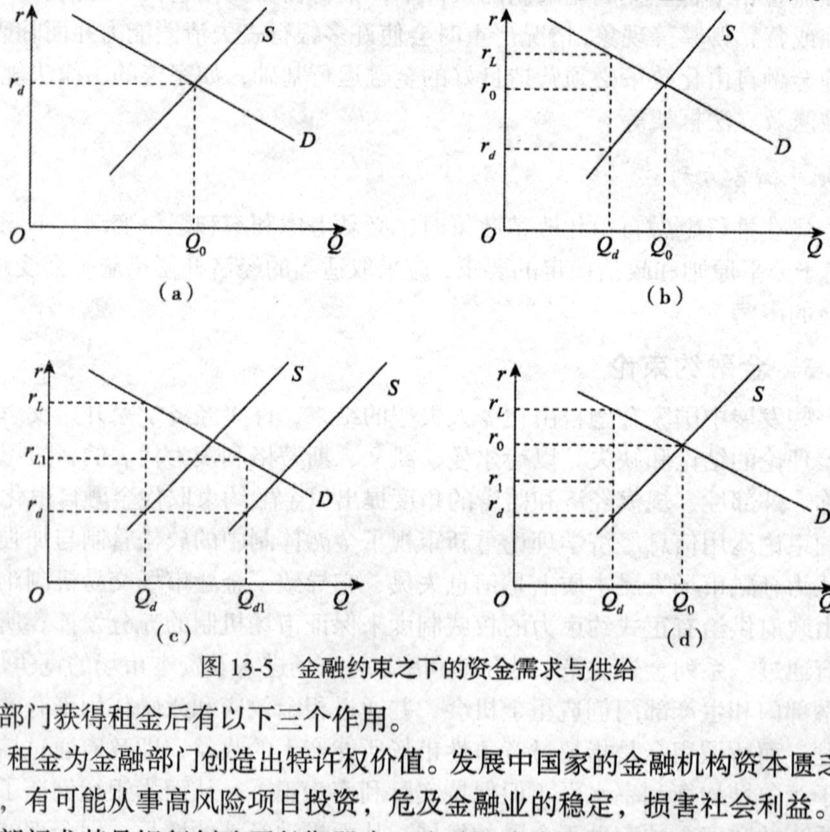

图 13-5 金融约束之下的资金需求与供给

金融部门获得租金后有以下三个作用。

（1）租金为金融部门创造出特许权价值。发展中国家的金融机构资本匮乏，自有资本水平低，有可能从事高风险项目投资，危及金融业的稳定，损害社会利益。特许权价值为金融部门尤其是银行创造了长期股本，这种股本在短期不能得到，也不会由于负面的宏观经济冲击而消失，它为银行创造了一个持续而稳定的利润流，使银行不至于因短期风险而破产。只要持续经营，银行就能获得不断的租金，因而银行就有了长期稳健经营的动因，可以有效地避免道德风险。

（2）租金增强了银行寻找更多存款来源的动力。由于市场准入等限制的存在，率先开发新市场的银行暂时享有垄断权力，可得到较高的边际租金，就有动力扩大投资，使客户更方便地进入正式金融体系，扩大了资金来源，提高了资金融通效率。

（3）通过偿还期转化机制发展长期信贷。由政府承受通货膨胀的风险，帮助民间银行参与长期融资，消除银行发放长期贷款时对通货膨胀的顾虑。由民间银行承担信用风险，迫使其谨慎地选择客户，对风险进行区分，让最有能力的主体有效地承担风险，积极监督企业，保证资金的妥善利用和及时收回。

租金从居民手中转移到企业可以提高投资水平，提高资金配置效率。一方面，生产部门获得租金可以增加资本积累，增强其偿还债务的能力，降低其融资项目的风险，降低企业的代理成本；另一方面，租金增加企业股本可以作为一种信号发送工具，把好的企业与差的企业区分开来。金融约束论认为企业通过股票市场发行新股票增加股本反映该企业效益不佳，积累有限，前景不乐观。通过获得租金进行积累增加股本，表明企业有良好的经营状况和投资前景，从而可获得银行更多的贷款支持，获得更多的租金机会。这样企业会形成一个良性循环，获得租金——提高股本份额——发送良性信号——获得更多的贷款支持——获得租金。在这一循环中，企业和银行都因规避了逆向选择和道德风险，实际收益得到增加，整个社会经济发展更加稳定。

既然金融约束能促使经济稳定发展，如何实现这种作用。赫尔曼等提出了相应的政策主张。

（1）政府控制存贷款利率。金融约束发挥作用的关键在于租金的创造，政府可以通过控制存款利率使得银行得到租金，通过控制贷款利率使得企业得到租金，并且确定租金在银行和企业间的分配比例。政府可以利用贷款调节政策确保资金流向预期收益较高的企业，提高资金的使用效益。当然，政府对存贷利率的控制必须是温和的，尽量减少其副作用。

（2）偿还期转化。大多数发展中国家的商业银行不愿意发放长期贷款，最主要的原因是发展中国家通货膨胀比较严重，银行不愿意承担通货膨胀风险，而且长期贷款流动性差。在股票市场和债券市场不发达的情况下，企业缺乏长期资金来源，因此许多国家建立开发银行来提供长期资本，以此解决市场失灵问题。但政府直接放贷，会受到自身代理问题的困扰，而且，"政府失灵"往往比"市场失灵"危害更大。理想的方案是政府帮助商业银行参与长期融资，由政府承担通货膨胀的损失，银行只负责选择客户和监管贷款的使用，承担企业违约拖欠风险。这样可以有效调动银行发放长期贷款的积极性，满足社会对长期资金的需求，促进经济增长。

（3）限制竞争。尽管利率控制可以使银行在短期内获得租金，但长期内的激烈竞争却会消除这些租金，影响银行的利润来源，导致大量银行的倒闭，危及金融体系的稳定。银行面临的竞争有两种，一是银行部门的过度进入，二是现有银行间的过度竞争。政府虽然可以利用存贷利率控制防止价格竞争，但非价格的竞争仍然存在，如设立网点和服务质量等。因为如果没有市场准入的限制，银行得不到特许权保护，在经济发展水平比较低、市场容量有限的情况下，竞争的结果是没有动员任何新的社会资金而仅仅是争夺现有储户，这种无效竞争造成社会资源的浪费，加大银行的成本，引起银行的倒闭，影响金融安全。政府限制竞争可以提高金融体系的安全性，对整个社会有重要的外部效应，因此政府可以进行市场准入控制，引导竞争，避免过度竞争。

（4）限制资产替代。金融约束论认为，发展中国家的证券市场不健全，市场风险很大，过量资金涌入证券市场会加剧证券市场的金融资产的价格波动，威胁金融体系的稳定。资金大量从银行部门“脱媒”势必影响银行的信用创造功能，资金供应减少，扩大资金缺口，对经济发展不利。因此，在缺乏有效银行体系以及成熟的证券市场情况下，发展中国家不应过分强调证券市场的作用。

金融约束论与金融抑制尽管所运用的手段相似，但两者有本质的不同。金融约束创造的是租金机会，而金融抑制下只产生租金转移。租金机会的创造与租金转移完全不同。在金融抑制下，存在着租金转移，这种转移改变收入的分配，当事人有可能更愿意通过有影响力的活动来获得与其地位不相称的租金份额，而不是进行生产性投资。例如，在贷款利率很低的情况下，企业家就有可能千方百计通过各种关系从银行取得贷款，然后转贷出去，或从事效益低下的生产。相反，租金机会则会使竞争性均衡下供给不足的活动递增收益和福利。金融抑制将实际利率压得很低，政府通过把名义利率保持在远低于通货膨胀的水平而间接地从金融部门攫取租金；而在金融约束的情况下，政府运用各种干预手段所创造的租金全部由金融中介和企业获得，政府本身不获得任何租金。

金融约束论虽然是合理的金融发展政策，但在理论方面仍存在不成熟的方面，尤其是在实际执行中会因种种因素导致效果很差或受到扭曲，其中最大的危险是金融约束变为金融抑制，因此，金融约束的实施时机和实施效果较难把握。

金融约束政策要能够发挥作用，必须具备一些前提条件，如稳定的宏观经济环境、较低的通货膨胀、正的实际利率等，这些条件多数发展中国家都难以满足，即使短期内可以满足，但在长期却不能保证。金融约束论者忽视了成功实施金融约束的另一重要前提条件，即制约银行和企业行为的制度因素和体制因素。由于金融约束是通过政府为银行和企业提供租金机会，并由此产生一种激励机制而发挥作用的。因此，金融约束能否达到预期的效果取决其作用的主体——银行和企业对这种租金机会的反应程度。如果由于政府干预或保护过多，使银行和企业不能按市场化的要求经营，或者经营严重亏损，或者企业经营者的利益与经营的好坏无直接联系，那么金融约束不但不能创造租金机会，而且可能成为金融抑制的另一代名词。金融约束论者并未提及金融约束如何防止金融抑制条件下所产生的种种弊端。负责制定金融约束条件的政府如何正确把握金融约束和金融抑制之间的界限？在金融约束下，如何避免逆向选择和道德风险问题的出现？如何保证资金这一稀缺资源的分配符合经济发展的要求？这些问题可能是实施金融约束所面临的首要问题。这些问题如不解决，金融约束就只能停留在理论阶段。仅强调政府通过种种干预措施为银行和企业创造租金机会是片面的。因为这种租金的产生是以牺牲资金的供给者——储蓄者的利益为前提的。也就说金融约束所创造的租金对于银行和企业来说是一种收益，而对储蓄者来说则是一种损失。这不可避免地会造成资金供给更加紧张，反过来又可能拉大官方利率与市场利率之间的差距，使金融约束演变为金融抑制。它过分强调银行金融机构在经济中的作用，对发展中国家的证券市场、非银行金融机构的地位与作用估计过低，也没有提出解决非银行渠道融资效率低下的有效方法。虽然认识到了随着经济的发展，金融约束应进行调整，金融约束应该是一种动态的政策工具，但对这一动态过程没有进一步深入研究，因而它对发展中国家金融约束政策的建议依然是模糊的。

13.4 金融危机

13.4.1 金融危机理论

1. 金融危机的界定

金融危机在理论上至今没有统一的定义。从形成角度来说，金融危机是金融风险大规模积聚爆发的结果。Kaminsky 和 Reinhart 认为，金融危机是指由于信用基础被破坏而导致的整个金融体系的动荡和混乱。从表现形式而言，雷蒙德·戈德史密斯将金融危机界定为，所有或绝大部分金融指标——利率、汇率、资产（股票和房地产）价格、企业的偿债能力以及金融机构破产数——急剧、短期和超周期的恶化。

2. 金融危机的类型

金融危机按不同的标准可划分为不同类型。依照危机发生的区域，可分为地区性、全国性、国际性和全球性金融危机。按照危机发生的领域不同，分为银行危机、货币危机、股市危机。国际货币基金组织在《世界经济展望 1998》中将金融危机分成货币危机（currency crises）、银行危机（banking crises）、系统金融危机（systemic crises）和债务危机（debt crises）四大类。

货币危机是指投机冲击导致一国货币大幅度贬值，或同时迫使该国金融当局为保卫本币而动用大量国际储备或急剧提高利率。银行危机是指真实的或潜在的银行破产致使银行纷纷中止国内债务的清偿，或迫使政府提供大规模援助以阻止事态的发展，银行业危机极易扩散到整个金融体系。系统金融危机是指金融市场出现严重的混乱局面，它削弱了市场有效性原则，会对实体经济产生极大的负面效应，一次系统金融危机可能包括货币危机，但一次货币危机却不一定导致国内支付体系的严重混乱，也就不一定导致系统金融危机的发生。债务危机是指一国处于不能支付其外债利息的情形，无论这些债券是属于外国政府还是属于非居民个人。在上述四类金融危机中，货币危机和银行危机是两种主要危机形态，它们可以单独发生，也可能同时出现在一次金融危机中，并且相互作用、互为结果，后者构成现代金融危机的一个重要特征。

实践中，判定金融危机是否发生以及发生程度需要一些具体指标，但目前没有形成公认的金融危机判定指标体系，较有影响的只是货币危机、银行危机的判定指标。

对于货币危机一般若将货币大幅度贬值或国际储备的大幅减少的程度视为货币危机发生的指标，如将每月汇率（直接标价法）变动的百分数与每月以美元计算的国际储备变动的百分数的加权平均数称为外汇市场压力指数（其中权数必须满足使该指数两个组成部分——国际储备与外汇的方差相等这一条件），用公式表示为

$$I_t = w_t \frac{\Delta e_t}{e_t} + (1+w_t)\frac{\Delta R_t}{R_t}$$

其中，I_t 为第 t 月外汇市场的压力指数；e_t 为第 t 月汇率；R_t 为第 t 月国际储备；w_t 为权数；$\Delta e_t = e_t - e_{t-1}$，$\Delta R_t = R_t - R_{t-1}$。

从上式可以看出，货币贬值（$\Delta e_t / e_t < 0$）和国际储备降低（$\Delta R_t / R_t < 0$）程度越大外汇市场压力指数 I_t 负得越多，因此，指数 I_t 大幅度的减小反映了本币强大的卖出压力。如果 $-(I_t - \sigma I_t^e) > 3\sigma I_t^e$ 就表明 t 时期发生了货币危机，其中 σI_t^e 为外汇市场压力指数 I_t 在第 t 月的标准差，I_t^e 为外汇市场压力指数期望值。这种衡量货币危机的方法，对判断是否发生货币危机具有重要的参考价值，可操作性强。然而由于外汇管制、外汇体制变革等因素的干扰，外汇市场压力指数的准确性可能受到一定的限制。

相对而言，识别银行危机要比识别货币危机更困难，选取指标值更复杂，分歧甚多。一些人认为，发生银行危机的标志必居下列四因素之一：一是银行体系中不良资产比率超过10%；二是银行危机的财务成本至少占GDP的2%；三是银行部门发生的问题导致大规模的国有化；四是较大范围的银行挤兑，或者采取包括延长银行假期、存款冻结的紧急措施，或者存款政府担保普遍化。也有人提出认定银行危机的两个标准：一是银行挤兑，二是即使没有银行挤兑，但发生大规模的银行关闭、合并、接管、政府救助。有人指出，应该把“银行危机”和“银行发生严重问题”这两种情况加以区分，认为只有发生挤兑或者大规模的资产转移、金融机构破产、大规模的政府干预，才能认定为银行危机。还有人认为，判定是否发生银行危机应主要依据熟悉该国银行问题的专家的看法来确定。因为银行危机突出表现为对市场主体和经济主体预测的影响，而专家的意见正直接反映了这种预测。

金融危机的代价非常高，一国财政和准财政花费在重建金融业方面的资金十分巨大。此外，银行危机和货币危机还能导致资源配置和利用失误，从而导致真实产出的减少。银行危机比货币危机更持久，代价更大。

13. 4. 2 金融危机产生的机制

金融体系内在的脆弱性和不稳定性，是金融危机产生的理论根源。尽管在市场经济环境下金融风险是普遍存在的，有些是由于金融市场交易者的不当或违规行为引起，但更多的是由于金融市场机制本身的问题而引起，即现代金融体系具有内在的脆弱性或不稳定性。所谓金融脆弱性（financial instability hypothesis）是指私人信贷创造机构，特别是商业银行和相关贷款者具有某种内在特性，这些机构要不断经历危机和破产的周期性波动。这些金融中介的崩溃会传导到经济生活的各个方面，并引起总体经济的下降。

金融脆弱性理论的奠基人是美国经济学家海曼·明斯基（Hyman Minsky），理论分析建立在资本主义繁荣与萧条长波理论基础之上。金融脆弱性理论认为，正是经济繁荣时期埋下了金融动荡的种子。在资本主义经济50年上升时期的前20~30年，贷款人的贷款条件越来越宽松，借款人也充分地利用宽松有利的信贷资金环境多借款。借款企业可以分为三类：第一类是抵补性企业，只根据自己未来的现金流量作抵补性的融资，是最安全的借款人；第二类是投机性的借款人，根据预测未来资金的余缺状况和期限来确定借款；第三类是高风险的借款企业，借款用于投资回报期限很长的项目，在较长时期内它们都无法用投资的收益还本付息，而需要滚动融资用于支付本息。随着经济的进一步繁荣，在借款人中后两类的比重越来越大，而较为安全的第一类借款人所占比重却越来越小。生产部门、个人和家庭的债务相对其收入的比例都越来越高，股票和不动产的价格持续上涨，经济的正常秩序遭到破坏。之后，经济增长开始放缓，经济滑坡出现，任何打断信贷资金流入生产部门的事件都将引起违约和破产，这又进一步反馈影响到金融体系。结果金融机构的破产就像传染病一样迅速地蔓延，金融资产价格的泡沫也迅速地破灭，金融危机爆发，而且金融危机的负面效应很快传导到其他生产性部门。于是，长周期中的下降过程开始了。

造成这一循环的原因有两种可能：一是代际遗忘（generational ignorance），即今天的借款人忘记了产生危机的历史过程和痛苦经历，贪欲战胜了恐惧，价格上涨推动更多的购买，结果又促成了新一轮的过度繁荣；二是竞争压力（rivalrous pressure）是指在经济上升时期，面对同业竞争的压力，银行不得不放宽对外贷款的条件，以防止失去顾客和市场，结果是信贷市场中的贷款质量下降，为新一轮金融危机埋下了种子。

随着信息经济学的发展，人们可以更深刻地认识到金融中介机构在金融环境变化面前的脆弱性。信息不对称将导致逆向选择和道德风险，从而在决定金融中介的性质和脆弱性方面具有特殊的重要性。相对于贷款人，借款人对其借款所投资项目的风险拥有更多的信息，而最终债权人——储蓄者对信贷用途则缺乏了解，产生了信贷市场上的逆向选择和道德风险。金融中介的产生可以在一定程度上降低信息的不对称。当最终贷款人（储蓄者）将他们的资金集中到以商业银行为代表的金融中介手中时，他们事实上委托了金融中介作为代理人对不同的借款人实施差别对待，即根据相对风险大小来对贷款进行定价，这样可以降低借款人的逆向选择风险；由于相对于零散的储蓄者，金融中介机构处于更有利的地位来监督和影响借款人在借款后的行为，这样也限制了道德风险。但是，以商业银行为代表的金融中介积极作用的发挥受到两个前提条件的限制：一是储蓄者对银行的信心，只有储蓄者不同时提款，才能保证金融机构将其对零散储户的流动性负债转化为对借款人的非流动性债权；其二是金融机构对借款人的筛选和监督是高效的，并且是无成本或至少是低成本的。由于不对称信息的存在，两个条件的成立不是绝对的。当存款人对金融机构失去信心时，会出现对金融机构的挤兑。挤兑往往是意外事件的发生所引起的，尽管意外事件本身并不一定会使银行丧失清偿力，但面对意外事件，每一位存款人本能的反应是立即将钱从银行取出。

由于信息的不完全，借款人事实上要比金融机构更了解其项目的风险与收益特征。因此可以说，作为解决信息不对称而产生的金融机构，仍然由于信息不对称而难以解决存款人信心和资产选择问题，从而产生了金融机构的内在脆弱。然而，金融脆弱性仅仅表明金融体系具有潜在的不稳定性，它还不是金融危机。金融机构所具有的内在脆弱性只有积累到一定程度才会爆发金融危机。但最终在何时发生，还需要某一些突发性的金融事件，如不良信息的暴露、重要企业的破产等造成公众信心的动摇。

在金融市场上，受到信息不对称的制约，分散的交易主体对金融资产的选择缺乏充分的信息作为决策的基础，导致交易者非理性决策相当普遍，市场上投机性强，使得金融资产的价格常处于动荡之中，随着金融创新的发展，大量的金融衍生产品的出现，更加加剧了对金融资产的投机风潮，由金融资产价格波动所带来的风险也随之增加。而金融资产风险的积累性和极具传染性的特点，往往会引发金融体系的危机。

金融机构内在的脆弱性以及金融机构之间存在密切而复杂的联系，使得金融资产风险具有很强的传染性。一旦单个金融机构发生危机，往往局部性金融动荡很快演变成为全面的金融危机。米什金从这一角度对现代金融体系危机进行了诠释：所谓金融危机就是因为逆向选择和道德风险问题变得太严重，以至于金融市场不能够有效地将资金引导到那些具有最优效率的投资项目，而导致的金融市场崩溃。

13.4.3 金融危机的治理

早期的金融危机主要是银行危机，与实体经济存在比较直接的联系。当银行出现支付困难，引起挤兑，导致银行破产危机时，通过最后贷款人——中央银行提供流动性，支持银行渡过挤兑困难并获得喘息机会。随着国际间经济交往的不断加深，金融全球化的进一步加快，金融危机与实体经济之间的联系日益曲折迂回，金融危机的成因和表现形式复杂多样，治理金融危机的对策也趋于多样性。

各国治理危机的对策大致归纳有三类：一是在危机发生之时，迅速采取应急的措施稳定金融市场，包括动用外汇储备干预外汇市场、提高利率以增加资金成本、动用财政资金稳定股市、保障金融债权维护存款人信心、管理国际资本流动等；二是重组和改革金融部门，包括确立金融部门重组和改革的规划及其执行机构、多渠道分离和处理不良资产、多渠道充实银行资本金、吸引外资参与重振国内金融业、加强金融机构的公司治理、重组有问题的金融机构；三是推进宏观经济结构性改革，包括实施扩张性的财政政策和货币政策、调整和优化经济结构等。这些治理措施在减少危机损失，恢复公众信心，重建良好的经济秩序方面起着不可或缺的作用。

➤本章小结

1. 金融工具和金融机构的组合统称为金融结构，不同类型的金融工具与金融机构组合在一起，构成了不同特征的金融结构，金融结构的变化被戈德史密斯称为金融发展。在金融发展的概念上，麦金农和肖把金融发展看做是金融市场的形成与完善化过程。不论是金融结构的变化还是金融市场完善，都是金融发展的基本构成要素，两者在实际金融发展过程中相互渗透，金融结构的优化离不开金融市场的健全，金融结构的扭曲总是与金融市场的不完全相伴随。金融发展实质上就是金融结构的优化与金融市场效率的提高。

2. 发展中国家采取低利率政策非但没有刺激投资，反而加重了资本不足，迫使政府实行信贷配给制度，更加降低了投资效率。这种低利率政策非但未能促进经济的发展，反而阻碍了经济的发展，造成了金融抑制现象。压抑性的金融政策主要体现在：人为压低实际利率、采取信贷配给、对金融机构严格的控制、人为高估本币的汇率。发展中国家的金融抑制政策扭曲了金融领域的价格——利率，对经济造成的危害是严重的。

3. 发展中国家要想使经济得到发展，必须重视金融对经济的影响，废弃金融抑制政策，实行金融深化或金融自由化政策。但金融自由化并不等于政府放弃对银行和其他金融机构的监管，金融自由化要具备一定的必要条件。金融约束论认为，金融市场失灵本质上是信息失灵，导致了金融市场交易机制难以有效运行，必须由政府供给有正式约束力的权威制度来保证市场机制的充分发挥。

4. 金融危机是指所有或绝大部分金融指标——利率、汇率、资产（股票和房地产）价格、企业的偿债能力以及金融机构破产数——急剧、短期和超周期的恶化。金融危机分成货币危机、银行危机、系统金融危机和债务危机四大类。金融体系具有内在的脆弱性或不稳定性，这是金融危机产生的理论根源。金融危机危害甚大，每个国家往往避免不了，这就促使人们寻找防范措施，建立危机的预警系统和选择治理危机的对策。

➤关键概念

金融发展　金融抑制　金融深化　金融约束　金融脆弱性　金融危机

➤复习思考题

1. 如何衡量一国的金融发展水平？
2. 为什么发展中国家存在较严重的金融抑制现象？
3. 简要叙述金融深化论的基本观点。
4. 发展中国国家的金融自由化改革中经验和教训。
5. 金融约束论对发展中国家的金融发展的指导意义。
6. 试述金融脆弱性演变成金融危机的机理。

第 14 章

金融全球化

【本章提要】 金融全球化是经济全球化的内在要求，金融全球化从整体上有力地推动了世界经济和国际金融的发展，带来了众多的利益。本章重点介绍了金融全球化的含义、进程及其影响因素；金融全球化的表现与金融全球化的积极效应和负面影响；金融全球化给中国带来的挑战。

14.1 金融全球化的演进

金融全球化是经济全球化的内在要求，也是经济全球化的重要动力，将经济全球化推向前所未有的广度和深度。金融全球化从整体上有力地推动了世界经济和国际金融的发展，带来了众多的利益。金融全球化之所以成为 20 世纪 90 年代以来使用频率很高的一个名词，最重要的原因就在于，现代国际金融危机的爆发和传导与金融全球化的背景有着极为密切的关系，在金融全球化的发展过程中，与其相伴的蔓延效应使金融危机迅速扩散，产生巨大的波及和放大效应，国际金融动荡已成为一种常态。金融全球化是一把“双刃剑”，它对世界各国利弊兼而有之，机遇与风险相伴。随着中国全面融入金融全球化的进程，深入认识金融全球化，把握金融全球化带来的机遇，应对金融全球化的新挑战，已成为中国无法回避的一项十分重要而紧迫的任务。

14.1.1 金融全球化的含义

“金融全球化”是近二十年来人们使用频率很高的一个名词，也是整个世界日益广泛关注的热点问题。究竟什么是金融全球化？迄今为止，国内外学术界尚无统一的定义。

归纳起来，国内外具有代表性的看法主要有以下几种。

1. 核心论

金融全球化是经济全球化的重要组成部分，经济全球化必然要求、也必然带来金融全球化，金融全球化是经济全球化的核心。正如金融是现代经济的核心一样，金融全球化也是经济全球化的核心，但金融全球化又有其自身规律和丰富内容。从金融本身的发展规律来看，推动金融全球化的主要动因是西方国家 20 世纪 80 年代以来金融自由化、信息技术和金融创新的发展。金融全球化是经济全球化的组成部分，但它同时又是独立于并在很大程度上背离实体经济的全球运动。与实体经济无关的国际资本流动大多属于投机性资本流动，它们不仅无助于实体交易和投资运动，还往往会成为实体经济的不稳定和破坏性因素。

2. 趋势论

金融全球化是一种趋势，是指因全球范围内金融管制放松和金融业开放加速而使国际资本得以在全球范围内自由流动的趋势；是资金或资本或金融服务在全球范围内迅速、大量和自由的流动，最终形成全球统一金融市场、统一货币体系的趋势。金融全球化是与金融自由化、金融国际化和金融一体化紧密相关的，金融自由化、金融国际化和金融一体化从不同侧面推动了金融全球化。金融自由化是指一国国内金融管制的解除，包括利率自由化、银行自由化、金融市场自由化等；金融国际化包括各国银行在国外设立分支机构、发展境外金融中心与外币拆放市场、资本项目的放开等，反映其国际化程度的关键是资本项目是否放开；金融一体化是指国内金融市场和国际金融市场相互贯通，并以国际金融中心为依托，通过信息网络和金融网络形成全球统一的、不受时空限制的、无国界的全球金融市场。

3. 过程论

金融全球化是一个过程，是各国经济、金融的相互依存关系因国别资本或金融服务的跨国界流动而变得日益密切的动态过程；是全球金融活动和风险发生机制联系日益紧密的一个过程；是全球化进程中资本积累的金融化，是一个客观历史过程。之所以把金融全球化表述为是全球金融活动和风险发生机制联系日益紧密的一个过程，这是因为：一是金融全球化不仅是金融活动越过民族国家藩篱的过程，而且也是风险发生机制相互联系而且趋同的过程；二是金融全球化是逐步削弱民族国家经济权利的过程，无论是对发展中国家还是对发达国家，概莫能外；三是它是不断深化的过程，这既表现为它在范围上是逐渐扩展的，也表现为它在程度上的不断加深。金融全球化是一个自然的、历史的过程，尽管它在给全球各国带来巨大经济利益的同时也会带来极大的不安定因素，尽管它的发展历程可能存在曲折，但总体来说是一个不可逆的过程。

4. 一体化论

金融全球化是指世界各国（地区）的金融活动趋于一体化，一个国家（地区）的金融活动与其他国家（地区）的金融活动密切相关，各国（地区）货币体系和金融市场之间的联系日益紧密，国际金融市场日趋一体化。金融全球化作为经济全球化的需要，既是经济全球化的一部分，也是资金在全球范围内筹集、分配、运用和流动的过程，包括国际金融机构及各国货币的交叉使用。金融全球化的目的是统一金融市场、金融机构、金融产品和货币，是经济发展到一定阶段的产物。市场化是金融全球化的基础，从金融市场的基本要素来看，金融全球化包括金融机构国际化、金融业务国际化和货币国际化；从金融市场的结构来看，金融全球化包括货币市场国际化、资本市场国际化、外汇市场国际化以及欧洲货币市场的形成与发展。

法国学者弗朗索瓦·沙奈认为，金融全球化是指各国货币体系和金融市场之间日益紧密的联系。这种联系是金融自由化的结果，但并没有取消各国的金融体系，它们只是以“不充分”或“不完全”形式使其一体化并形成一个整体。这个整体有三个特点：首先，它有明显的等级之分，美国的金融体系支配着其他国家的金融体系，这是美元的地位以及美国的债券和股票市场的规模所决定的，各国之间的发展不平衡以及它们之间的竞争并未消失，甚至被金融自由化激活了；其次，这个整体的各个监管和监督机构是无能为力和不负责任的；最后，这个整体的各个市场的统一是由金融交易者根据各市场差别进行交易来实现的。

上述定义是从不同的角度对金融全球化进行了界定，但是各个定义之间也存在着一定的交叉，实际上在上述定义中有一些观点都是共同的，只是强调的程度不同而已。例如，金融全球化在经济全球化中居于核心地位、金融全球化是一种趋势、金融全球化是一个过程、金融全球化是世界各国（地区）金融活动趋于一体化等。可见，金融全球化具有广泛的内涵，它是一个综合性的概念。因此，它可以表述为：金融全球化是经济全球化的重要组成部分，是金融业跨国境发展而趋于全球一体化的趋势，是全球金融活动和风险发生机制日益紧密关联的一个客观历史过程。

14.1.2 金融全球化的进程

真正意义上的金融全球化是20世纪90年代出现的，它是在前期金融国际化的基础上发展起来的，与世界经济总体发展进程相适应，金融全球化的演变过程可分为以下发展阶段。

1. 离岸金融发展阶段

第二次世界大战后，以美国为主导的布雷顿森林体系建立，西方国家之间实行严格的固定汇率制度，跨国资本流动受到严格控制，各国政府对金融管制甚严。直到20世纪60年代初，西欧才首先出现了一个美元市场，并逐步演变成欧洲货币市场。苏联和西欧国家对美元的需求，加之美国贸易逆差日增导致美元外流，便在西欧孕育了第一个有一定规模的美元“国外市场”。此后，亚洲、中东和拉丁美洲的美元市场也相继发展起来，成为金融业务国际化的先导。

2. 放松金融管制阶段

1971年，布雷顿森林体系瓦解以后，世界货币市场持续动荡，《牙买加协定》宣告了固定汇率制的终结和浮动汇率制的建立，为了减轻冲击，欧共体建立了欧洲货币体系。固定汇率制度的瓦解从反面刺激了全球资本市场的新生。

美国、德国最早放松了资本管制，英国也在 1979 年放松对资本流动的管制，日本 20 世纪 80 年代以来也逐步放松了资本管制，法国和意大利直到 20 世纪 90 年代才取消了对跨国投资的限制。到 20 世纪 80 年代后期，放松金融管制之风开始刮遍西方国家，金融监管体制、方法与观念发生重大变化。为了吸引资金，一些国家甚至出现“竞争性的放松管制”，竞相出台优惠宽松的政策。这一趋势大大提高了金融效率，推进了经济全球化，同时还规范了这些国家政府对金融的干预行为。国际资本市场和金融业务国际化在这一阶段得到了较大拓展，为真正意义上的金融全球化到来奠定了基础。

3. 金融全球化时代阶段

20 世纪 90 年代以来，广大发展中国家告别了过去封闭的内向型战略，相继走上开放之路，一些东亚新兴工业化经济体开始走向金融自由化的道路。与此同时，随着信息技术的突破和网络经济的发展，金融创新层出不穷，这也进一步推动了金融全球化的发展。

14.1.3　影响金融全球化的因素

1. 政治因素

（1）政治格局的改变。冷战结束后，国际政治格局的改变使得真正意义上的金融全球化变得可能，这有几个方面的内涵：一是从直观上看，大批东方阵营国家或受其影响的国家，都加入市场化金融运作体系中来，使得金融合作的基础几乎扩大到所有国家。二是冷战之后世界进入多极化发展，考虑到金融全球化的最终目标是使世界各国都相对获益，因此与两极格局相比，政治格局多样化更有利于这一目标的实现。三是随着和平与发展成为世界主题，更多的资源不再浪费于政治对抗，而是用于各国社会福利的改进和可持续发展，国际经济竞争在国际社会中成为主导，这就为经济全球化、金融全球化创造了良好的外部环境。

（2）国家利益的驱动。从政治角度来看，一国政府是否积极参与金融全球化进程，首要考虑的是能否从中获益，国家的利益驱动是金融全球化的政治基础。就金融全球化不断演进的过程来看，发达国家始终是主要的推动者和倡导者。甚至可以说，第二次世界大战以后，美国一直领导着国际金融一体化的进程。对此，有两个基本的判断可以明确：一是以美国为代表的发达国家之所以努力推动国际金融开放，不仅因为它们能在其中获得相对于发展中国家更多的利益，更是想通过这一体系扩大其政治影响力；二是虽然发展中国家的金融开放并非发达国家强迫，但发达国家所做的国内外金融决策，都直接影响到新兴工业国家的金融开放步骤，并在某种程度上暗示了这是它们唯一的选择。

（3）国家安全的考虑。随着金融开放而产生的危机和动荡，使得多数国家认识到金融全球化中国家安全的重要性，国家的安全考虑直接影响金融全球化的边界。由于市场体系和经济基础的不完善，与发达国家相比，发展中国家在危机中往往会遭受更大的损失。通常有两种不同的选择会影响到国际金融发展前景。一是减慢开放的速度、停止金融深化的进程，这是与全球金融发展趋势相悖的，但却是目前部分发展中国家的理性选择。二是强化区域金融合作，增强共同抵御国际金融风险的能力。这在一定程度上促进了货币联盟和区域金融的发展，成为金融全球化的组成部分。

2. 经济因素

实体经济的全球融合趋势，是金融全球化最根本的动因。进入20世纪后期，生产的国际化达到了前所未有的程度。在劳动力、原材料、制造过程、产品销售等生产的各方面，世界各国的市场边界都开始变得模糊，并表现出市场信号的收敛性。与实体经济相适应，虚拟经济也逐渐在世界范围内重新组合和扩展，资本的国际流动不仅满足了实体经济的需要，而且创造出更多的虚拟金融要素市场。具体来看，影响金融全球化的经济因素主要表现在以下三个方面。

（1）世界贸易的持续增长。全球贸易的增长使得越来越多的国家参与到全球大市场中，为金融全球化奠定了坚实的经济基础。

（2）经济结构的优化升级。经济结构的调整和优化已成为21世纪全球经济发展的核心环节。随着各国经济宏微观主体的不断完善，以及各类媒介手段的日趋现代化，各国经济的发展都对经济结构，尤其是产业结构的调整表现出强烈的路径依赖性。随着经济全球化和国际产业化的兴起，国际性产业重组已经波及每个工业化国家。伴随着相关产业不断向发展中国家转移，产业资本也在国际范围内进行重新整合。

（3）生产要素的国际流动。随着贸易与生产的全球化，国际范围内的分工与合作不断展开，经济要素的国际流动存在数量和质量两个方面，这两方面分别由全球化和高科技化两条主线来完成。其中全球化反映量的重新配置，包括经济资源跨国流动、产业资本跨国投资、强势企业跨国联合等；而高科技化则反映质的重新配置，包括国际范围内新兴产业的崛起和传统产业的改革。就物质要素来看，一国所控制的经济资源向海外转移，将降低无法在国际间进行转移的生产要素（劳动和土地）的报酬，从而引起其他可以在国际间流动的生产要素（资本等）向国外转移，这就会通过福利水平的改变影响一国的全球化政策。此外，劳动力的国际流动也是全球化条件下不可阻挡的趋势，这些都共同促进了金融要素全球化的形成。

3. 制度因素

（1）金融自由化。20世纪70年代以来金融自由化浪潮为金融全球化的发展创造了制度环境。金融自由化主要表现为改革金融制度，政府改变对金融的过度干预、放松对金融机构和金融市场的限制，增强国内的筹资功能以改变对外资的过分依赖，放松对利率和汇率的管制使之市场化，最终达到抑制通货膨胀、刺激经济增长、形成金融资产增长与经济增长之间良性循环的目的。从发展中国家金融自由化改革情况来看，20世纪70年代末到80年代后期，各国基本上完成了利率市场化改革；此后进行了以银行业务自由化为主的金融改革，建立和完善了国内金融市场；20世纪90年代以来，各国先后进入了完全开放资本项目的改革阶段。在发展中国家普遍进行金融自由化改革的同时，发达国家的金融自由化改革也在不断深入：由放松利率管制到放松金融业务管制，再发展到放松资本项目管制。这极大地促进了金融机构之间的竞争，推动了金融机构向全能化、国际化发展。金融自由化改革对全球金融活动、金融机构和金融市场产生了巨大而深远的影响。正是由于各国金融活动的逐步自由化以及阻碍资金跨国流动的藩篱的不断拆除，使得本来独立运行的各国国内金融，日益融合在全球金融的大潮之中。全球金融自由化构造出真正的金融活动的全球基础，从而促进了金融全球化发展，也为金融全球化提供了制度环境。

（2）金融自由化变革的外部效应。就国际范围来看，金融自由化的制度变革，可以在两方面诱发金融深化的国际进程。一方面，发达国家的金融政策选择，经常会对发展中国家政府产生较强的外部示范作用；另一方面，由于国际竞争日趋激烈，在具有同等竞争地位的国家之间，一国制度变革的外部效应也是明显的。一国通过促进金融深化而增强金融主体和金融市场活力，常常会带来财政能力的改善、经济结构的优化、国际竞争力的增强。在这种情况下，与该国存在竞争性的国家就会面临新的问题，即其维持金融抑制状况的机会成本就增加，可能会超过国内原有制度均衡下的总收益。这样，该国内部就会产生推进金融深化从而保持国际竞争地位的动力。如上所述的两方面，都形成了目前国际范围内金融深化趋势的动因。

4. 技术因素

（1）现代科学技术的发展。第二次世界大战后，以通信技术和信息技术为代表的现代科学技术的迅速发展，极大地缩短了时间、压缩了空间，缩短了世界市场之间的距离，为人们参与跨国经贸活动和全球交流提供了极大的便利，对金融全球化产生了极其重要的推动作用，使全球化向前所未有的广度和深度发展。通信技术和信息技术的迅速发展，促进了金融业务和金融工具的电子化和网络化，使资金的全球调拨在瞬间完成，大大降低了交易费用和成本，同时也使分布在全球各地的金融市场和金融机构紧密地联系在一起，形成了全天候的全球金融市场。正是由于现代科学技术的发展，特别是通信技术和信息技术的发展，为金融全球化提供了物质基础和技术条件。

（2）金融创新。金融创新是金融全球化的技术因素之一，始于 20 世纪 60 年代，20 世纪 80 年代席卷全球。迅猛发展的金融创新活动极大地推进了金融全球化的进程。金融创新通常是指金融领域内部通过各种要素的重新组合和创造性变革所创造的金融现象。由于金融创新是一个动态的广义概念，因而具有众多的表现形式，如货币信用形式与制度的创新、金融机构组织和经营管理上的创新、金融体系创新，以及金融工具、交易方式、操作技术、服务种类和金融市场等业务上的创新。如果从国际金融市场的角度来考察，金融创新主要包括金融市场创新、金融技术创新和金融产品创新。新型金融市场的崛起是金融市场创新的重要标志，如欧洲货币市场、金融衍生工具市场等已成为国际金融市场上最活跃的部分。金融技术创新主要表现在，现代化信息通信技术与计算机网络的应用和发展，带来金融交易手段的变革，金融资料的处理和传递更加便捷，计算机网络技术促进了全球交易体系的形成，使客户能够得到比以往更为方便和低成本的服务，任何交易者都能够通过计算机终端了解所需要的各种金融信息。金融产品创新是国际金融市场金融创新活动的焦点所在，因为任何金融市场创新和金融技术创新只有体现在金融产品创新上才实现其自身的价值，目前国际金融市场上已知的金融创新产品多达 1 200 多种，这些金融创新产品最主要有金融远期、金融期货、金融期权、金融互换和票据发行便利五大类。始于发达国家的金融创新，从根本上改变了整个金融业的面貌，新的金融工具、新的金融市场和新的金融机构不断出现，为金融全球化提供了适当的载体。由于金融创新能够为投资者提供低成本、高效率的规避风险手段，能够提高金融市场和金融机构的运作效率，能够增强金融业的发展能力，从而对金融全球化产生了重要的推动作用。

14.2 金融全球化的表现

金融全球化是指世界各国（地区）放松金融管制、开放金融业务、放开资本项目管制，使资本在全球各个国家（地区）的金融市场自由流动，最终形成全球统一的金融市场的趋势。金融全球化是经济全球化的高级阶段，是贸易一体化和生产一体化的必然结果。金融全球化主要表现在以下几方面。

14.2.1 金融机构全球化

金融机构全球化包括本国金融机构的准出和外国金融机构的准入两个方面。20 世纪 70 年代以来，由于国内金融业经营竞争加剧和金融管制的放松，发达国家金融机构的全球化步伐加快，世界上出现了一大批跨国银行和跨国金融公司。

发达国家金融机构的全球化途径主要有：第一，在境外设立分支机构；第二，通过间接投资将当地金融机构变为自己的附属机构；第三，参股控制当地原有的银行或金融公司，使其成为总行的分支机构；第四，设立代表处；第五，入股参加多国金融机构联合体等。

发达国家金融机构通过这些途径在国外发展分支机构，大力拓展境外业务。跨国金融机构不仅开辟发达国家的金融市场，而且还拓展发展中国家市场。发展中国家出于吸引发达国家资金以及发展本国金融市场的需要，开始逐步放宽了对外资金融机构的限制，扩大其业务经营范围，改善经营环境；同时采取各种措施鼓励本国金融机构积极开展国际业务，设立国外分支机构，从而推动了跨国金融机构的蓬勃发展，形成全球范围的经营网络。

20 世纪 90 年代以后跨国金融机构纷纷从事跨国兼并收购活动，不仅包括同业的联合，还包括跨业务范围的兼并。这些兼并收购活动使金融机构向着巨型化、复合化、全球化发展，加速了金融机构全球化过程。

14.2.2 金融业务全球化

金融机构的全球化必然带来金融业务的全球化，金融业务的全球化主要体现为金融机构在全球范围内调度资金，经营各种业务，不受国界的限制。金融业务全球化的程度一般用国际性金融业务量占总业务量的比重来衡量。

20 世纪 70 年代中期开始，世界各国不断放松对资本流动和外汇的管制，取消了非居民购买本国国债和货币市场票据的限制，开放了国际银团贷款，银行业、证券业、信托业、保险业都大力开拓国际业务，特别是银行业，为了适应国际性融资的需要，业务发展不仅由传统的存、贷款及结算业务逐步向多样化、综合化方向发展，而且越出国界开展业务，大幅度增加国际性存、贷、汇业务的比重，同时还拓展了一些新的国际业务，如购买他国工商企业股票、充当国际性大公司财务顾问、经营国际信托、国际租赁业务等。

20 世纪 80 年代以后层出不穷的金融创新活动更是加快了金融业务全球化的进程，如期权、货币互换、利率互换和票据发行便利等金融衍生工具从一开始就是全球性的，在全球范围内开展交易。

14.2.3　金融资本全球化

随着投资行为和融资行为的全球化，资本流动也全球化了。金融资本全球化是国际资本流动发展的重要阶段，是资本跨越国界的大规模活动，表现为多向及多边的资本流动，是资本实现全球范围重新配置的过程。金融资本全球化过程表现为货币资本的国际转移及实物形态生产资金的国际转移两种形式。

世界生产力的发展和国际分工的深化促使资本流动由生产资本和商品资本形式为主转向以货币资本形成为主的国际化过程，并导致全球金融市场的一体化。资本流动的全球化不是一帆风顺的，20 世纪初，资本流动一度达到很高的全球化程度，1929~1933 年金融危机引发的全球性大萧条和世界范围的战争与动荡使这个进程戛然而止，第二次世界大战结束后，资本流动重新走上了全球化道路，经历了欧洲资本时期、石油资本时期、债务危机时期等阶段，最终进入资本的全球化流动时期，全球资本流动规模持续扩张，资本跨国流动的影响范围不断扩大。

20 世纪 80 年代以来，国际资本流动呈现出不断加速和扩大的趋势，特别是 20 世纪 90 年代以来，国际资本以前所未有的数量、惊人的速度和日新月异的形式使全球资本急剧膨胀。

14.2.4　金融市场全球化

随着生产和资本全球化的发展，西方发达国家的国内金融市场逐步向外延伸，并从纯粹办理国内居民金融业务发展到经营所在国居民与非居民之间的国际金融业务，形成国际金融市场，甚至出现了以经营非居民之间的业务为主的欧洲货币市场这一新型的国际金融市场。金融市场全球化主要表现在以下几点。

1. 全球性金融市场网络的形成

第二次世界大战结束后，离岸金融市场的发展带动了资本在全球的高速流动。由于发达国家金融管制的放松和发展中国家的对外开放战略，大批新兴的金融市场在适合的环境下迅速发展，成为重要的国际性金融市场，如香港、新加坡、巴林等目前已成为世界上重要的离岸金融市场，它们与发达国家原有的国际金融市场相互贯通，构成了全球性的金融市场网络，并打破了不同市场时差的限制，形成 24 小时不间断地连续运行，带动了资本在全球的高速流动。

2. 交易主体和交易工具日趋全球化

20 世纪 70 年代以后，发达国家放松了资本流动限制和外汇管制，允许非居民参与本国金融市场交易，这一方面吸引了大量的外国企业在本国发行股票和债券；另一方面，也导致本国大量的金融资产为外国投资者所持有。20 世纪 80 年代以后，发展中国家也逐步开放本国金融市场，吸引境外投资者。各国传统金融市场的开放使投资者和筹资者可以在国际范围内选择市场和投资对象。各国金融市场交易主体中非居民所占的比重上升。而作为当今国际金融市场核心的离岸金融市场则是以非居民之间的境外金融交易为主，从而交易主体的全球化得到了充分体现。交易主体的全球化特别是筹资者身份的全球化带来了金融市场交易工具的日趋全球化。在主要发达国家（地区）的股票市场上，大量的境外公司股票上市，如近年来中国大陆就有许多公司纷纷到香港、纽约、新加坡和伦敦等地的证券交易所上市。

3. 主要金融资产的价格和收益率差距缩小

随着金融管制的放松，资本的逐利性使之不断流向收益最高的地方。资本的这种大规模套利活动的开展使同种金融产品在不同国家（地区）金融市场上的价格和收益率趋于接近。从目前的情况看，外汇市场和证券市场在这方面的表现最为明显，金融全球化促进了外汇市场上主要货币汇率水平的趋同和全球股权市场的一体化。

14.2.5 金融监管全球化

金融机构、业务和市场的全球化，对于推动国际资本流动、促进国际贸易和经济的发展产生了巨大的影响。国际性金融机构尤其是国际性商业银行也因此获得了巨大的收益，同时也面临着更大的风险。

单靠一国金融监管当局的力量已经无法适应这种迅速发展的全球化。金融全球化条件下的金融监管和协调，更多地依靠各国政府的合作，依靠国际性金融组织的作用，以及依靠国际性行业组织的规则。

目前，国际银行业和国际证券业的监管正在向全球统一化方向发展，以保证统一标准，堵塞漏洞，维护国际金融活动的安全。例如，国际货币基金组织就是典型的国际金融协调机构，它负责调节成员国的国际收支差额，维持汇率的稳定。巴塞尔银行监管委员会发起拟订的“巴塞尔协议Ⅰ、Ⅱ、Ⅲ”及“有效银行监管的核心原则”等为越来越多的国家（地区）所接受，标志着全球统一的金融监管标准趋于形成。

14.3 金融全球化的效应

金融全球化是经济全球化在金融领域的表现，是一把“双刃剑”，对各国经济金融发展既能够产生积极的推动效应，又会带来负面的影响。

14.3.1 金融全球化的积极效应

1. 促进国际贸易和国际投资的发展

贸易一体化的发展对金融全球化提出了需求，金融全球化反过来又有力地促进了国际贸易的发展。金融机构的全球化使国际结算更加快捷、便利，从而推动着国际贸易地域范围的扩展和国际贸易活动规模的扩大；国际信贷规模的扩大为国际贸易提供了有力的资金支持；国际衍生金融产品市场的迅速发展为国际贸易参与各方提供了大量防范风险的工具等。

在全球化金融活动中，国际范围内有形资本形成的增加、人力资源的开发、技术知识的转移、生产能力的利用、市场的开拓和对外贸易的扩大，有力地促进了国际贸易的发展，推动了世界经济的增长。同时，金融全球化强化了金融资本的流动性，推动了国际投资的发展，国际投资活动遍布全球。资本等生产要素的大规模流动对世界经济的发展具有全方位的促进作用。首先，单个国家的经济发展不再受制于国内储蓄和资金积累的限制，特别是国际直接投资所带来的技术扩散效应、示范效应和学习效应等极大地促进了东道国经济的发展。其次，金融全球化可以使资本等生产要素在全球范围内优化配置，提高了资源的配置和利用效率，推动世界经济的发展。

2. 促进全球金融业自身效率的提高

首先，降低交易费用。金融全球化促进了金融机构之间的竞争，从而降低了交易费用。其次，提高金融资本的配置和运行效率。金融全球化使国内资本市场与国际资本市场衔接，使融资者可以在世界范围内选择成本最低的资本，投资者则选择利润最丰厚的项目，从而可以实现全球范围内的最佳投资组合。第三，增强了金融机构的竞争能力和金融发展能力，金融机构可以在全球范围内经营业务并开展竞争，金融创新的成果可以在全球范围内普及推广，有利于提高全球金融业的服务质量和管理水平，推动各国金融体制的改革和金融结构的合理调整。

3. 促进金融监管领域的国际协调与合作

金融全球化使各国经济利益息息相关，各国都认识到合作产生双赢而对抗导致双输，因此加强国际协作是金融全球化的必然趋势。同时，资本的自由流动、汇率和利率的市场化对世界各国金融管理体制提出了更高的要求，如国际游资的数量已经远远超过了世界各国的外汇储备之和，单靠一国政府当局的力量实现经济调控目标的难度较大，这势必将促进世界各国在金融监管领域的深入合作。

西方七国（美国、日本、德国、英国、法国、意大利和加拿大）每年都要举行一次财长会议，就各国的货币政策进行磋商和协调。新、旧《巴塞尔协议》对全球性的银行监管制定了严格的达标要求，开创了全球金融机构统一资本充足率管理标准的先河，未来的全球金融管理体制将在多边和双边机制的基础上发展起来。

14.3.2　金融全球化的负面影响

1. 增加金融风险

首先，金融机构的全球化使得经营风险大大增加。在当代各国和国际复杂动荡的政治、经济、军事和社会环境下，跨国经营的金融机构置身于一个高风险的经营环境中，要承担来自于外部环境动荡造成的经营风险。同时内部经营管理的难度和风险都在加大，任何一个国外分支机构出问题，都会累及母行和其他分支机构。

其次，在金融业务的全球化进程中，加大了原有的利率风险、市场风险、信用风险、流动性风险和经营风险。金融业务全球化还会形成新的国际电子风险和连带风险，在新型的国际电子支付清算网络运行中，各国系统间的关联性日益紧密，各种国际性的电子病毒、故障或黑客都会危及本国金融网络的安全，在金融业务全球化进程中还伴随着风险的国际转移和国际性金融犯罪。这些新型的国际风险随着金融业务的全球化进程有增无减。

最后，在金融市场全球化进程中，原有的市场风险随着市场的扩大而增加，特别是存在信息不对称和道德风险，金融市场上的风险随市场的全球化扩展而增大。

2. 削弱国家宏观经济政策的有效性

随着金融全球化的发展，一国经济金融受外部因素的影响的影响越来越大，因此，国家制定的经济政策尤其是货币政策在执行中出现有效性降低的情况。例如，当一国国内为抑制通货膨胀而采取紧缩货币政策，国内利率提高时，国内的银行和企业可方便地从国际货币市场获得低成本的资金，同时，国际游资也会因一国利率提高而大量涌进该国，从而使该国紧缩通货政策的效力受到削弱。

3. 加速金融危机在全球范围内的传递

金融全球化使各国的经济联系不断加强，各国经济相互融合，形成了一个有机整体。这不仅使金融的时空界限被打破，也加速了金融风险在全球的传播，金融局部失衡范围在扩大，程度在加深，增加了国际金融体系的脆弱性，单个国家的金融危机可以迅速演化为地区性甚至世界性的金融危机。

14. 3. 3 金融全球化对不同国家影响的差异

金融全球化对所有国家都是一把“双刃剑”——利弊共存，但是这种利弊影响是不对称的，对经济发展水平不同的国家的影响存在差异。经济实力强大的发达国家，往往能获得“利大于弊”的效应；相反，处于弱势地位的发展中国家往往得到的是“弊大于利”的结果。在发展中国家内部，由于先天条件和后天经济政策的差异，金融全球化对不同类型的发展中国家产生的影响也存在差异。

1. 对发达国家的影响

发达国家是金融全球化的主要受益者。发达国家拥有充裕的资金和高度发达的金融市场，在国际金融业的竞争中拥有绝对的优势，而且发达国家凭借这一优势不断要求发展中国家开放金融市场，实行金融自由化，为其过剩资本开辟新的获利场所。当然，对于发达国家来说，金融全球化也并非百利而无一害。金融全球化加大了国家经济宏观管理的难度；离岸金融中心的税收优惠政策吸引了大量的国际资本，影响了政府的税收；资本输出伴随的技术输出很可能会培养起许多竞争对手等。

2. 对新兴市场经济国家的影响

对于新兴市场经济国家来说，金融全球化有利的方面：金融全球化有力地推动资金、技术、商品和劳务的跨国流动，新兴市场经济国家可以利用市场上充裕的资金和先进的技术促进经济迅速发展，即发挥后发优势。新兴市场经济国家实行对外开放战略，大量引进外资，由此产生了一批新兴的国际金融中心，通过这些金融中心进行的融资活动，在一定程度上缓解了国内资金不足的困难，改变了单纯依赖发达国家金融市场的局面。

对于新兴市场经济国家来说，金融全球化不利的方面：发达国家一方面要求新兴市场经济国家开放国内金融市场，向其输入大量的资本，另一方面对其实行贸易保护主义，一旦新兴市场经济国家经常项目连续出现赤字或国内经济出现问题，国际资本又匆匆撤离，严重冲击新兴市场经济国家的经济发展，20 世纪 80 年代的拉丁美洲国家债务危机、1997 年亚洲金融危机以及其他发生在发展中国家的金融危机的教训是极为深刻的。发达国家通过资本输出向新兴市场经济国家转移夕阳产业和过时技术，影响了新兴市场经济国家的可持续发展等。

3. 对欠发达国家的影响

欠发达国家由于经济发展水平很低，国内储蓄极为有限，国民经济运行主要依赖于国际组织的贷款和私人贷款，金融全球化一方面为这些国家带来了经济发展所需要的资金，另一方面造成这些国家许多现代经济部门被外资所控制，容易变成发达国家的组装工厂。但是，从总体上来看，欠发达国家经济落后、自然灾害、战乱等不安定因素接连不断，对国际资本缺乏吸引力，这些国家金融市场全球化的步伐也远远落后于新兴市场经济国家，他们在金融全球化的潮流中基本上处于被边缘化的位置。

14.4 中国金融的全球化发展

14.4.1 中国金融业的对外开放

1. 银行业的对外开放

银行业对外开放是中国改革开放基本国策的有机组成部分，是中国经济日益融入世界经济的客观要求，是推进中国银行业改革和提高整体竞争力的重要力量。外资银行进入中国已有一百多年的历史。新中国成立后，保留了汇丰银行、东亚银行、华侨银行和渣打银行 4 家外资银行（继续在上海营业）。1978 年，中国步入改革开放时期。作为金融对外开放整体战略的重要组成部分，中国银行业对外开放从 1980 年到现在经历了四个阶段。

第一个阶段为 1980～1993 年。这一阶段，中国银行业对外开放的总体战略是：通过外资银行的进入引进资金和改善对外资企业的金融服务，创造更好的投资环境。1980 年，日本输出入银行在北京设立代表处；1981 年，南洋商业银行在深圳设立分行，成为改革开放以来外资银行在中国设立的第一家营业性机构。在不断适应经济金融发展需要、稳步推进银行业对外开放方针的指导下，中国银行业扩大了对外开放地域，逐步从经济特区扩展到沿海城市和中心城市。经过十三年的发展，截至 1993 年年底，外资银行在中国 13 个城市设立了 76 家营业性机构，经营对外资企业和外国居民的外汇业务，资产总额达到 89 亿美元。

第二个阶段为 1994～2001 年。在这一阶段，中国经济体制改革取得突破性进展，加快了建立社会主义市场经济体制的步伐，对外贸易全面发展，外商投资显著增加，对外开放的总体格局基本形成。为进一步提高对外开放水平和改善投资环境，中国实施了相关政策，完善涉外经济法规，保持了外商来华投资的良好势头，外资银行业务随着外资企业在中国的迅速成长以及中资企业国际业务的发展而快速发展。在修订和完善 1985 年颁布的《中华人民共和国经济特区外资银行、中外合资银行管理条例》基础上，中国于 1994 年颁布了全面规范外资银行的第一部法规——《中华人民共和国外资金融机构管理条例》，规定了外资银行在华经营的市场准入条件和监管标准，外资银行在华经营逐步进入法制化、规范化的发展轨道。银行业对外开放地域在第一阶段开放的基础上从沿海城市和中心城市扩展到全国范围，外资银行可以在中国所有城市设立分支机构。为促进外资银行业务进一步发展，中国于 1996 年颁布了《上海浦东外资金融机构经营人民币业务试点暂行管理办法》，进一步向外资银行开放了对外资企业及境外居民的人民币业务，加速了外资银行在中国的发展。截至 1997 年年底，在华外资银行营业性机构达到 175 家，四年内增加了 99 家，资产总额增长了 3 倍多。亚洲金融危机爆发后，外资银行在亚洲地区的发展趋于谨慎，在华机构布局和业务拓展也明显放缓，个别外资银行退出了中国市场。1998 年至 2001 年，在华外资银行营业性机构仅净增了 15 家。为促进外资银行在华发展，中国适时采取了一系列政策措施，批准深圳成为继上海之后第二个允许外资银行经营人民币业务的试点城市；允许外资银行加入全国银行间同业拆借市场，解决其人民币业务资金来源问题；放宽外资银行经营人民币业务地域限制，允许上海市外资银行将人民币业务扩展到江苏和浙江，允许深圳市外资银行将人民币业务扩展到广东、广西和湖南。在外汇贷款规模逐年收缩的同时，上述措施促进了外资银行人民币业务的发展。

第三个阶段为 2002～2006 年年底。这一阶段，中国银行业对外开放发生了巨大变化。中国于 2001 年 12 月 11 日加入世界贸易组织。在五年过渡期内，中国认真履行承诺，有序推进银行业对外开放。稳定的开放预期和适时的政策调整推动了外资银行加速发展。中国加入世界贸易组织之后的五年，在华外资银行营业性机构从 190 家增加到 312 家，剔除机构合并等因素净增加 122 家。自加入世界贸易组织之日起，中国逐步向外资银行开放对所有客户的外汇业务；逐步将外资银行经营人民币业务的地域从加入时的上海、深圳、天津、大连四个城市扩大到全国所有地区；逐步将外资银行人民币业务客户对象从外资企业和外国人逐步扩大到中国企业和中国居民。同时，逐步放松对外资银行在华经营的限制，取消外资银行人民币负债不得超过外汇负债 50%的比例限制；放宽对外资银行在境内吸收外汇存款的比例限制；取消对外资银行在华经营的非审慎性限制，在承诺基础上逐步给予外资银行国民待遇。

在履行加入世界贸易组织承诺的同时，中国还根据经济发展和金融改革需要，在承诺之外积极实施了一系列自主开放措施。第一，积极支持和鼓励外资银行在中西部和东北地区发展，提前向外资银行开放了西安、沈阳、哈尔滨、长春、兰州、西宁等城市的人民币业务，放宽其在这些地区经营人民币业务的营利资格条件，为外资银行在中西部和东北地区设立机构和开办业务开辟了绿色通道，在同等条件下优先审批其设立机构和开办业务的申请。第二，适时调整外资银行营运资金政策，逐步减少经营本外币业务的营运资金档次，降低营运资金要求。第三，允许外资银行与中资银行同步开办衍生产品交易业务、合格境外机构投资者境内证券投资托管业务、代客境外理财及托管业务，允许外资银行开办代理保险业务。第四，根据与香港和澳门特别行政区签订的关于建立更紧密经贸关系的安排（Closer Economic Patnership Arrangement，CEPA），允许香港和澳门地区银行以优惠条件在内地设立机构和开办业务。第五，调整外资金融机构参资入股中资银行比例，允许合格的境外战略投资者按照自愿和商业原则投资入股中资银行，参与中国银行业改革。从总体上看，中国银行业已形成了以长江三角洲、珠江三角洲和环渤海经济圈为核心、向周边地区辐射的开放格局，开放的广度和深度发生了质的变化。

中国根据加入世界贸易组织承诺和自主开放政策的需要，修订和颁布了一系列法律法规和部门规章，逐步形成了以《中华人民共和国银行业监督管理法》《中华人民共和国商业银行法》等法律，《中华人民共和国外资银行管理条例》《中华人民共和国外资银行管理条例实施细则》等法规和部门规章组成的外资银行监管法规体系，保障了银行业的对外开放依法、有序推进。

第四个阶段为 2006 年年底至今。这一阶段，中国银行业开始全面对外开放。第一，取消外资银行经营人民币业务的地域限制。从 2006 年 12 月 11 日起，中国取消了外资银行经营人民币业务的地域限制，获准外资银行可以在全国范围内向他们的客户提供人民币服务；第二，在华外资银行的市场格局由分行主导向法人主导平稳过渡；第三，向外资银行开放中国境内公民的人民币业务。按照中国加入世界贸易组织的承诺以及国务院颁布的《中华人民共和国外资银行管理条例》相关规定，中国银监会及时批准了符合条件的外资法人银行开展中国境内公民人民币业务；第四，持续推动银行卡业务开放。2014 年 11 月 27 日，国务院决定对《中华人民共和国外资银行管理条例》进行修改，修改的重点是根据外资银行在中国设立运营的实际情况，在确保有效监管的前提下，适当放宽外资银行准入和经营人民币业务的条件，为外资银行设立运营提供更加宽松、自主的制度环境。根据新修改的《中华人民共和国外资银行管理条例》，从 2015 年 1 月 1 日起对外资银行实施三项扩大开放的措施：一是取消外资法人银行境内分行营运资金的最低数量要求；二是取消设立外资银行营业性机构前须先设立代表处的要求；三是将外资银行申请经营人民币业务的开业年限要求从 3 年降至 1 年，并相应取消须连续 2 年盈利的要求。此外，按照内地与港澳关于建立更紧密经贸关系的最新安排，自 2015 年 3 月 1 日起，首次以准入前国民待遇加负面清单模式对港澳银行业实施进一步开放。除负面清单所列限制性措施外，港澳银行业机构在广东省将享受与内地市场主体相同待遇，其在内地发展空间进一步拓宽。

截至 2014 年年底，15 个国家和地区的银行，在华设立了 38 家外商独资银行（下设分行 296 家）、2 家合资银行（下设分行 3 家）和 1 家外商独资财务公司；26 个国家和地区的 66 家外国银行，在华设立了 97 家分行。另有 47 个国家和地区的 158 家银行，在华设立了 182 家代表处；35 家外资法人银行、62 家外国银行分行获准经营人民币业务；31 家外资法人银行、28 家外国银行分行获准从事金融衍生产品交易业务；6 家外资法人银行获准发行人民币金融债；4 家外资法人银行获准发行信用卡；3 家外资法人银行获准开办信贷资产证券化项目。外资银行在我国 27 个省份的 69 个城市设立了机构，形成具有一定覆盖面和市场深度的总行、分行、支行服务网络，营业网点达 1 000 家。其中约 17.2%的机构网点位于东北和中西部地区，对提升当地金融覆盖面和金融服务均等化水平发挥了积极作用。在华外资银行资产总额 27 920.88 亿元，同比增长 9.16%；负债合计 24 831.79 亿元，同比增长 8.58%；各项贷款合计 11 866.75 亿元，同比增长 7.22%，不良贷款率 0.81%；各项存款合计 15 489.12 亿元，同比增长 3.74%；流动性比例 71.62%，实现税后利润 197.23 亿元。

2. 保险业的对外开放

中国保险业对外开放的历程，主要经历了四个阶段。

第一阶段：1980～1992 年。这可以看做是中国保险业对外开放的准备阶段。随着改革开放的不断深入，中国开始允许一些境外保险公司设立代表处，主要从事沟通母公司与中国内地保险业的联系；对中国内地保险市场进行考察调研；介绍国际保险业发展动态及经营管理经验等。通过这些活动，境外保险公司代表处为增进中外保险业相互了解和交流合作发挥了积极作用，加深了对中国内地保险市场的认识和了解，扩大了其母公司在华的影响，为下一步进入中国内地保险市场开展业务打下了基础。

第二阶段：从 1992 年到中国加入世界贸易组织之前。这是中国保险业对外开放的试点阶段，国务院选择上海作为第一个保险业对外开放城市，美国友邦保险公司于 1992 年 9 月作为第一家外资保险公司在上海设立分公司，标志着中国保险业开始实施对外开放。1996 年加拿大宏利保险公司与中国对外经济贸易信托有限公司合资设立了我国第一家合资寿险公司——中宏人寿保险有限公司。至加入世界贸易组织前，中国共有外资保险公司 28 家，外资经营地域范围逐步扩大到广州等地。中国加入世界贸易组织之前，保险公司经营范围主要涵盖境外企业的各项保险和境内外商投资企业的财产险及与其相关的责任险，外国人和境内个人缴费的人身保险业务，以及上述两项业务的再保险。1992 年 7 月，中国人民银行颁布了《上海外资保险机构暂行管理办法》，对外资保险公司设立的条件、业务范围、资金运用以及对外资保险公司的监管等做出较为明确的规定，成为这一时期对外资保险公司进行管理的重要依据。

第三阶段：从 2001 年年底中国加入世界贸易组织至 2004 年年底。中国正式加入世界贸易组织，标志着中国保险业对外开放进入一个新的阶段。根据中国加入世界贸易组织的对外承诺，保险业是对外开放力度较大的行业之一。加入世界贸易组织以来，中国保险业认真履行对外承诺，陆续有 12 家符合条件的外资保险公司进入中国市场，外资保险公司受到的限制逐步减少。外资保险公司实际经营保险业务的城市已由加入世界贸易组织之前的 5 个增加到目前的 14 个。一批境外寿险公司与中粮、五矿、中海油、海尔等大型国有企业合作，以合资公司的形式进入中国保险市场。同时，外资保险公司业务增长迅速，保费收入从 2001 年年底的 33.29 亿元增长到 2004 年年底的 98.04 亿元，增长了约 2 倍。为适应加入世界贸易组织的新形势，国务院于 2001 年 12 月颁布了《中华人民共和国外资保险公司管理条例》，为进一步扩大保险市场对外开放、加强对外资保险公司的管理提供了法律依据。

第四阶段：从 2004 年年底开始。2004 年 12 月 11 日，保险业加入世界贸易组织的过渡期基本结束，标志着我国保险业进入全面对外开放的新时期。按照加入世界贸易组织的承诺，中国保险业对外资保险公司开放全部地域和除有关法定保险以外的全部保险业务。目前，除了外资在合资寿险公司中的股份比例不得超过 50%、外资产险公司不得经营有关法定保险业务以及对外资保险经纪公司股份比例和业务等若干限制外，保险业已按照加入世界贸易组织承诺基本实现全面对外开放，这意味着中国保险业将在更高领域和更深层次参与国际保险市场的竞争与合作。2012 年，中国放开外资保险公司不得经营交强险的限制，目前，除合资寿险公司外方股比不得超过 50%以外，在业务和地域范围方面外资保险公司已享受国民待遇。外资保险公司保持了平稳健康的发展态势，截至 2013 年年末，共有 15 个国家和地区的保险公司在中国设立了 56 家外资保险公司，设立各级分支机构近 2 000 家，2013 年，外资保险公司原保费收入 680 亿元，占全行业市场份额的 3.95%，在北京、上海、深圳和广东等外资保险公司相对集中的区域保险市场上，外资保险公司发展更快，在当地市场份额分别为 14.77%、15.28%、7.33%和 8.47%。与此同时，中资保险公司稳步推进"走出去"战略，开拓海外市场的能力与意愿不断增强。截至 2013 年年末，共有 12 家中资保险公司在中国大陆地区以外设立了 29 家保险经营机构，4 家中资保险公司设立了 7 家海外代表处，6 家中资保险公司在境外上市，为中国保险公司实施国际化战略，提升国际竞争力进行了有益的探索。

3. 证券业的对外开放

证券业开放的历史从 1992 年沪、深两市 B 股市场开放算起。1992 年中国允许境外投资者在中国境内使用外汇投资于中国证券市场上特定的股票——人民币特种股票（简称为 B 股）；1993 年起中国允许境内企业到香港、纽约、伦敦和新加坡等地向境外投资者发行股票筹集资金，并将其发行的股票（简称为 H 股、N 股、L 股和 S 股等）在境外证券交易所上市。1995 年 8 月，由中国建设银行与美国摩根斯坦利等中外金融机构合资成立了中国第一家中外合资的投资银行——中国国际金融有限责任公司。2001 年 12 月 11 日之后，中国逐步实现了加入世界贸易组织时证券业对外开放的承诺，即加入世界贸易组织后，外国证券机构可以直接从事 B 股交易；外国证券机构驻华代表处可以成为所有中国证券交易所的特别会员；允许外国服务提供者设立合资公司，从事国内证券投资基金管理业务，外资比例不超过 33%；加入世界贸易组织后 3 年内，外资比例不超过 49%；加入世界贸易组织后 3 年内，允许外国证券公司设立合资公司，外资比例不超过 1/3，合资公司可以不通过中方中介从事 A 股的承销，B 股、H 股及政府与公司债券的承销和交易，以及基金的发起。截至 2015 年 6 月底，中国已经批准设立 11 家中外合资证券公司和 45 家中外合资基金管理公司，其中 18 家合资基金管理公司的外资股权已达 49%。

在认真履行加入世界贸易组织承诺的同时，中国还主动实施部分开放资本市场的措施。在人民币资本项下未实现完全自由兑换的情况下，从 2002 年 12 月开始，中国试行合格境外机构投资者（Qualified Foreign Institution Investors，QFII）制度，允许符合条件的境外投资者通过中方授权的境外机构，在一定的额度内投资境内股票市场和其他证券市场。2011 年年底，人民币合格境外机构投资者（RMB Qualified Foreign Institution Investors，RQFII）制度正式启动，允许符合条件的人民币境外合格机构投资者运用来自境外的人民币资金投资境内证券市场。截至 2015 年 9 月 30 日，QFII 获批数量为 273 家，累计批准投资额度为 775.58 亿美元，RQFII 获批数量为 141 家，累计批准投资额度为 4 125

亿元。

为了进一步扩大中国资本市场对外开放，2014 年 4 月 10 日，中国证监会和香港证券及期货事务监察委员决定批准开展沪港股票市场交易互联互通机制（简称沪港通）试点，2014 年 11 月 17 日，沪港通试点正式启动。沪港通是指上海证券交易所和香港联合交易所允许两地投资者通过当地证券公司（或经纪商）买卖规定范围内的对方上市的股票。沪港通包括沪股通和港股通两部分：沪股通是指投资者委托香港经纪商，经由香港联合交易所设立的证券交易服务公司，向上海证券交易所进行申报（买卖盘传递），买卖规定范围内的上海证券交易所上市的股票；港股通是指投资者委托内地证券公司，经由上海证券交易所设立的证券交易服务公司，向香港联合交易所进行申报（买卖盘传递），买卖规定范围内的香港联合交易所上市的股票。截至 2015 年 6 月底，共有 113 家香港券商和 94 家内地券商参与沪港通交易，内地投资者开通港股通交易权限账户近 70 万户；沪港通和港股通交易金额分别达到 10 052.99 亿元和 4 139.86 亿元。

14.4.2 中国金融业全球化面临的挑战

1. 中国金融业竞争力面临的挑战

与改革开放之初相比，银行、证券、保险三大金融行业不仅在资金实力上日益强大，而且在资本充足率、行业体系、所有制结构、服务领域和水平等方面也有了质的飞跃，显示了很强的竞争实力。然而，在看到我国金融业发展成绩的同时，我们还应当清醒地认识到，我国金融业的发展，还远远不能适应未来激烈的市场竞争需要，尤其是在中国金融业全面对外开放的情况下，中国金融业竞争力将面临诸多挑战。

（1）金融人才竞争加剧。人才竞争是金融业国际竞争的关键。从已进入中国的外资银行、保险公司等金融机构来看，除少数高级管理人员和专业人员外，一般都要采取本土化策略，中资银行、保险公司等金融机构面临着优秀专业人才流失的压力。受体制等因素的制约，中资银行、保险公司等金融机构尤其是国有控股银行、保险公司的员工综合福利待遇不如外资银行、保险公司等金融机构具有竞争力，在外资银行、保险公司高薪、高职、良好的培训体系、灵活的升迁机制以及先进的人才管理方式的吸引下，中资银行、保险公司人才流失问题会日益凸显。在对外开放过程中，中资银行、保险公司如果不能尽快完善人才培养、使用和激励机制，优秀人才的外流将会直接削弱其市场竞争力，进而影响到中国金融业对外开放的效果。

（2）金融企业文化缺乏。先进的企业文化，是金融企业长期在经营发展过程中不断创造并积累的软竞争力，是一家金融企业的“精、气、神”，也是一家金融企业生存和发展的“根”和“魂”。制度可以借鉴，科技可以引进，但文化是独有的，渗透和内化在全体员工中的价值观念是难以复制的。事实上，在最成功的企业里，位居第一位的往往不是企业的利润指标，不是规章制度，也不是管理工具、管理方法和手段，甚至也可以说不是科学技术，而是企业或公司的文化。要特别重视先进的、优秀的企业文化建设，以文化建设来凝聚人，来陶冶人，培养企业的优秀团队。企业文化的核心，集中体现在企业发展的价值取向和对共同目标的认同和遵循，中国金融企业通常缺乏自己的文化，激励、约束机制都是以经济为导向，事实证明，这样的价值导向长期来说是无益的，金融企业的稳定发展是不可持续的。

（3）金融机构公司治理不完善。科学健全的公司治理是提升金融业竞争力的关键。完善的公司治理，不仅仅是公司决策、实施和监督的制度和程序安排，而是要在实践中严格遵循和执行，要真正发挥董事会的战略决策作用，使其承担起金融机构经营和财务稳健性的最终责任，要通过完善董事、监事和高管人员选任、考核和退出机制，建立高素质、专业化、国际化的董事会和高管层，上下联动，避免由于机构层级过多、管理链条过长而导致的执行力低、甚至上下脱节的情况发生，真正建立起统一、执行有力的内控体制，并按照现代金融企业标准，提高金融企业内部审计的独立性和有效性，实行审慎的会计制度和严格的信息披露制度，形成独立内审和市场外部监督相互促进的约束机制，完善金融机构的激励约束机制，促使金融机构高管层形成稳定预期，为金融机构的长远发展持续做出贡献。目前，中国大多数金融机构都没有按照现代企业制度，建立健全企业的公司治理，即使是已经改制上市的金融机构，在公司治理方面更多地也只是结构上的"形似"而非"神似"，表现为金融机构内控机制不健全，金融机构大案要案频发，不仅加大了金融机构的经营风险，而且削弱了金融机构的竞争能力。

（4）金融创新能力不强。创新是企业竞争力尤其是金融企业竞争力形成的重要源泉，因为现代金融业具有知识密集、技术密集和资本密集的特点，金融业务、金融管理、金融机构以及金融制度的创新成为提高金融绩效的必经途径，现实中富有竞争力的国际金融集团如花旗、汇丰都能通过金融产品和技术等创新，向全球客户提供一站式服务以求获得利益增长。中资金融机构由于体制、技术和观念上的制约，使其金融自主创新意识不强和创新能力不足，而外资金融机构由于熟悉国际金融领域，长期分析国际金融形势，注重市场开发，早已经市场磨炼形成创新制胜的观念并具备很强的技术和金融产品创新能力。基于此，外资金融机构可迅速确立在新型金融业务方面的优势，建立业务竞争优势壁垒，争夺优质客户、高端业务，压缩中资金融机构的经营空间，加大中资金融机构业务竞争能力提升的时间成本。

（5）风险管理水平不高。风险管理能力是提升金融业竞争力的重要保证。金融风险的防范和化解，以及对风险的管理，包括识别、交易和转移，始终是金融业永恒的话题。从当前国际金融市场的发展来看，金融风险的管理和控制仍然是全球金融业面临的重大问题，金融全球化给全世界经济发展带来了极大的商业机会，提供了更多的金融融资渠道，但由于金融生态环境的风险，最终会影响到经济的持续发展，并形成金融行业的风险。面对成因复杂的金融风险，外资金融机构一般都已推行全面风险管理制度，建立涵盖信用风险、市场风险、操作风险在内的全面风险管理体系，并拥有先进的风险管理技术和手段。近年来，尽管中资金融机构风险管理水平已有所提高，风险管理能力有所增强，但在风险管理的理念、风险识别的技术和风险处置的方法等方面，与外资金融机构相比仍有一定的差距，这样势必就会影响到中资金融机构竞争力的提升。

2. 中国金融安全需要考虑的问题

金融全球化的影响具有两重性，金融全球化在大大提高国际金融市场效率、有效配置资源、促进世界经济发展的同时，也带来了众多负面影响，突出表现为加大金融风险和引发金融危机。亚洲金融危机的爆发为人们重视金融安全问题不断地敲响了警钟，也为人们在金融全球化潮流中维护金融安全提供了极其重要的经验教训。正因如此，从金融的实质角度界定金融安全概念时，特别强调一国对外金融的安全，认为一国国际收支和资本流动的各个方面，无论是对外贸易，还是利用外商直接投资、借用外债等都属于金融安全问题的范畴，其状况如何直接影响着经济安全。需要指出的是，强调对外金融的安全，并不意味着忽略内部金融的安全，对目前的开放经济体而言，内外部经济往往是交织和融合在一起的。过分强调外部均衡的能力和状态而忽略内部均衡的状态来谈金融安全可能有失偏颇。其实，这种对金融安全概念的界定中本身就已经包含了内外部金融安全，因为货币资金融通既可以是在国内金融市场进行，也可能是在国际金融市场进行。

金融全球化的加速发展和国际金融危机的频繁发生，对中国金融业的发展带来了深刻的影响，给中国金融安全的维护带来了严峻的挑战，既然金融全球化已成不可逆转与抗拒的历史潮流，中国的金融业又不可能背离一个全球开放的国际环境而孤立运行，因此，我们应该权衡利弊，加强管理，趋利避害，顺应这一潮流，积极主动迎接挑战。通常，一国维护其金融安全的能力要受制于一国内在因素和外在因素的影响，内在因素是指经济体系本身的原因引起的金融形势恶化，包括实体经济和金融体系的完善程度；外在因素包括一国在国际金融体系中的地位和国际游资的冲击。鉴于中国的具体国情，在金融安全方面应考虑以下方面。

第一，提升国家的经济实力。国际经验表明，如果一国发生金融危机，当局通常都是通过动用各种资源来控制局势、摆脱危机。可动用的资源有行政资源和经济资源。行政资源如动员社会力量、争取国际社会的支持等，但更重要的是经济资源，而且要动用大量的经济资源来进行救助。显然，救助能否顺利实施、信心缺失能否得以弥补，都将取决于国家的经济实力。提高国家经济质量，增强国家经济实力，是中国参与金融全球化、防范和化解金融风险的基础。

第二，增强金融业国际竞争力。积极深化金融体制改革，大力推进金融创新，防范和化解金融风险，是增强中国金融业在国际金融市场上竞争力的制胜法宝。发展各类金融市场，形成多种所有制和多种经营形式，结构合理，功能完善，高效安全的现代金融体系，是中国金融业建设和发展的方向和目标。今后中国金融业应逐步建立与社会主义市场经济发展相适应的金融机构体系、金融市场体系和金融调控监管体系，通过多种形式造就一大批懂国际金融管理决策、熟悉国际经济和国际金融动态，精通外语与计算机操作，能够得心应手地研究国际金融现象、走势及金融理论的高层次国际金融人才，努力提高金融业务经营管理水平，增强金融业自我约束和自我发展能力，提高中国银行业、证券业、保险业国际竞争力，消除金融隐患。

第三，提高金融监管能力。在金融全球化过程下，中国应根据国情和国际监管趋势，健全覆盖面广、操作性强、鼓励金融创新的金融监管法律框架，加强金融风险监管，建立健全金融监管机构之间以及同中国人民银行、财政部等宏观调控部门的协调机制，理顺银行、证券、基金、信托、保险等各类金融业务的法律边界，强化按照金融产品及业务属性实施的功能监管，完善金融监管体制，健全存款人、证券投资者和被保险人保护制度，规范金融企业市场退出机制，严格按照市场化原则依法处理有问题的金融机构，加强金融监管国际合作，不断提高金融监管水平和能力，有效地防范来自中国经济外部的冲击，特别是国际游资的冲击，维护中国金融稳定和安全。

第四，积极稳妥地推进金融业的对内和对外开放。金融业外开放应采取积极、慎重的方针。金融业对外开放的程度取决于众多的因素，包括经济发展速度、金融体制改革的进程、国内金融机构的竞争力、金融法规的完善程度、金融监督管理水平及国际金融市场的变化。因此，中国金融业对外开放应采取积极稳妥、顺序渐进的方式，坚持主动性、可控性和渐进性的原则，逐步构建符合国家安全发展战略要求的、有管理的金融开放格局。中国金融业在对外开放的同时，还应搞好金融业对内开放，引入庞大的民间资本这一“生力军”，填补金融市场空白，压缩外资金融机构在中国金融市场战略布局的空间，提高其竞争成本，从而削弱其对国家金融安全的威胁。

➢本章小结

1. 金融全球化是经济全球化的内在要求，同时又是经济全球化的重要动力，将经济全球化推向前所未有的广度和深度。国内外学术界具有代表性的看法主要有：金融全球化是经济全球化的核心；金融全球化是一种趋势；金融全球化是一个过程；金融全球化是世界各国或地区金融活动趋于一体化；等等。概括起来，金融全球化是经济全球化的重要组成部分，是金融业跨国境发展而趋于全球一体化的趋势，是全球金融活动和风险发生机制日益紧密关联的一个客观历史过程。

2. 真正意义上的金融全球化是 20 世纪 90 年代以来出现的，但它是在前期金融国际化的基础上发展起来的，与世界经济总体发展进程相适应，金融全球化的演变过程也经历了离岸金融发展阶段、放松金融管制阶段和金融全球化时代阶段。

3. 影响金融全球化的因素主要有政治因素、经济因素、制度因素和技术因素。

4. 金融全球化是经济全球化的高级阶段，是贸易一体化和生产一体化的必然结果，金融全球化主要表现为金融机构全球化、金融资本全球化、金融业务全球化、金融市场全球化和金融监管全球化。

5. 金融全球化是一把“双刃剑”，一方面，它对各国经济金融发展既能够产生积极的推动效应，促进国际贸易和国际投资的发展，促进全球金融业自身效率的提高，促进金融监管领域的国际协调与合作；另一方面，它又会带来负面的影响，增加金融风险，削弱国家宏观经济政策的有效性，加速金融危机在全球范围内的传递，增加国际金融体系的脆弱性。金融全球化对不同类型的国家产生的影响也存在差异。

6. 改革开放以来，中国银行业、保险业和证券业均按照循序渐进的原则，不断扩大金融业对外开放的范围，随着金融全球化的推进，中国金融业竞争力将在人才、企业文化、法人治理、金融创新和风险管理等方面受到挑战，中国应通过提升国家的经济实力、增强金融业国际竞争力、提高金融监管能力、积极稳妥地推进金融业的对内和对外开放等措施，来维护中国金融安全。

➢关键概念

金融全球化　离岸金融　金融管制　金融危机　金融监管　国际投资

➢复习思考题

1. 影响金融全球化的因素有哪些?
2. 简述金融全球化的主要表现。
3. 金融全球化有哪些积极效应?
4. 金融全球化有哪些负面影响?
5. 金融全球化给中国金融业竞争力带来哪些挑战?
6. 在金融全球化条件下，中国金融安全需要考虑哪些问题?

参 考 文 献

陈树生. 2005. 汇率理论与汇率政策研究. 长沙：湖南大学出版社
陈燕. 2005. 中央银行理论与实务. 北京：北京大学出版社
贺瑛. 2006. 国际金融学. 上海：复旦大学出版社
胡炳志. 2003. 中国金融制度. 北京：中国金融出版社
黄达. 2003. 金融学. 北京：中国人民大学出版社
李成. 2003. 货币金融学. 北京：科学出版社
李成. 2006. 金融监管学. 北京：科学出版社
李成. 2007a. 金融监管学. 北京：高等教育出版社
李成. 2007b. 中级金融学. 西安：西安交通大学出版社
李成. 2008a. 金融投资学. 西安：西安交通大学出版社
李成. 2008b. 金融学. 西安：西安交通大学出版社
李念斋. 2003. 中国货币政策研究. 北京：中国统计出版社
李杨. 1999. 金融全球化研究. 上海：上海远东出版社
李羽中. 2005. 当代西方金融理论. 北京：经济日报出版社
刘子操，杜能. 2003. 人身保险. 北京：中国金融出版社
米什金 F S. 1998. 货币金融学. 北京：中国人民大学出版社
彭兴韵. 2002. 金融发展的路径依赖与金融自由化. 上海：上海三联书店
瓦什 C E. 2001. 货币理论与政策. 陈雨露译. 北京：中国人民大学出版社
汪红驹. 2003. 中国货币政策有效性研究. 北京：中国人民大学出版社
王广谦. 2001. 中央银行学. 北京：高等教育出版社
王佩真. 2005. 货币金融理论与政策. 北京：中国金融出版社
闻岳春，严谷军. 2006. 西方金融理论. 北京：商务印书馆
伍海华. 2002. 西方货币金融理论. 北京：中国金融出版社
信玉红. 2005. 国际金融学. 北京：中国经济出版社
叶蜀君. 2005. 国际金融. 北京：清华大学出版社
余力. 2003. 宏观金融学. 西安：西安交通大学出版社
张荔. 2003. 金融自由化效应分析. 北京：中国金融出版社
郑功成. 2005. 财产保险. 北京：中国金融出版社
朱淑珍. 2002. 金融创新与金融风险. 上海：复旦大学出版社